Vera Moser (Hrsg.)

Die inklusive Schule

Standards für die Umsetzung

unter Mitarbeit von Helga Deppe, Sibylle Hausmanns,
Dieter Katzenbach, Ulrike Meister, Irmtraud Schnell &
Eva Katharina Wingerter

Verlag W. Kohlhammer

Dieses Werk einschließlich aller seiner Teile ist urheberrechtlich geschützt. Jede Verwendung außerhalb der engen Grenzen des Urheberrechts ist ohne Zustimmung des Verlages unzulässig und strafbar. Das gilt insbesondere für Vervielfältigungen, Mikroverfilmungen und für die Einspeicherung in elektronische Systeme.

Alle Rechte vorbehalten
© 2012 W. Kohlhammer GmbH Stuttgart
Umschlag: Gestaltungskonzept Peter Horlacher
Gesamtherstellung:
W. Kohlhammer Druckerei GmbH + Co. KG, Stuttgart
Printed in Germany

ISBN 978-3-17-021907-6

Inhaltsverzeichnis

Vorwort
Standards für die Umsetzung von Inklusion im Bereich Schule 7
Vera Moser

1 Rechtliche Grundlagen schulischer Inklusion/Angemessene Vorkehrungen

Eckpunkte der Monitoring-Stelle zur UN-Behindertenrechtskonvention zur Verwirklichung eines inklusiven Bildungssystems (Primarstufe und Sekundarstufen I und II) 13

2 Strukturelle Voraussetzungen und Ressourcen im Kontext von Schulentwicklung

Strukturelle Voraussetzungen inklusiver Bildung 21
Dieter Katzenbach & Irmtraud Schnell

Lokale Bildungslandschaften und Inklusion 40
Wolfgang Mack

Inklusive Schulentwicklung 49
Rolf Werning

Qualifizierte Begleitung inklusiver Schulentwicklung 62
Barbara Brokamp

Auf dem Weg zur inklusiven Schule – mit Hilfe des Index für Inklusion 71
Ines Boban & Andreas Hinz

Der Bewertungsraster zu den schulischen Integrationsprozessen – ein Ausgangspunkt für Schulentwicklung 77
Vittorio Emanuele Sisti-Wyss

Inklusive Qualitätsentwicklung auf der Grundlage Vorurteilsbewusster Bildung und Erziehung 82
Petra Wagner

Von der Schulbegleitung zum Teilhabemanagement 91
Oliver Knuf

3 Transitionen

Barrierefreie Passagen in inklusiver Erziehung und Bildung. Der Übergang von der Kindertageseinrichtung zur Schule 101
Maria Kron

Die neue Schuleingangsstufe aus inklusionspädagogischer Perspektive –
ein barrierefreier Schulstart für alle schulpflichtigen Kinder?............... 114
Ute Geiling

Von der Grundschule in die Sekundarstufe I............................ 126
Ursula Mahnke

Inklusionsstandards für Schulen für den Bereich Übergang Schule – Beruf.... 135
Kirsten Hohn

4 Professionalisierung und Ausbildung

Professionalisierung und Ausbildung von Lehrkräften für inklusive Schulen .. 153
*Vera Moser & Irene Demmer-Dieckmann unter Mitarbeit von
Birgit Lütje-Klose, Simone Seitz, Ada Sasse und Ursula Schulzeck*

5 Inklusiver Unterricht

Humane entwicklungs- und leistungsförderliche Strukturen im inklusiven
Unterricht 175
Annedore Prengel

Gemeinsam und individuell – Anforderungen an eine inklusive Didaktik..... 184
Ulrike Meister & Irmtraud Schnell

6 Lern- und entwicklungsbezogene Diagnostik

Nachteilsausgleiche 193
Irmtraud Schnell

Pädagogische Testdiagnostik für die inklusive Schule 195
Holger Probst & Nils Euker

Unterrichtsbegleitende Diagnostik 206
Reimer Kornmann

Klassenführung, guter Unterricht und adaptive Lehrkompetenz............. 214
Irmtraud Schnell

7 Unabhängige Beratung

Unabhängige Beratung als Qualitätsmerkmal inklusiver Bildung 221
Sibylle Hausmanns & Eva Katharina Wingerter

Zu den Autoren und Autorinnen................................... 234

Vorwort

Standards für die Umsetzung von Inklusion im Bereich Schule

Vera Moser

Seit der Ratifizierung der UN-Behindertenrechtskonvention durch die Bundesrepublik Deutschland stehen viele Fragen zur Klärung an, *in welcher Weise* die Konvention umgesetzt werden kann – dies betrifft insbesondere die inhaltliche Füllung dessen, was mit der Bereitstellung der „angemessenen Vorkehrungen" gemeint ist. *Dass* sie umgesetzt werden muss, und zwar auch in einem definierten Zeitraum, ist jedoch inzwischen auch durch einschlägige Rechtsgutachten eindeutig belegt und insofern unumstritten.

Die Bundesregierung hat das Deutsche Institut für Menschenrechte mit dem Monitoring der Umsetzung der Konvention beauftragt. Zugleich sind auf den verschiedenen Ebenen von Regierungs- und Nicht-Regierungsorganisationen inzwischen Verlautbarungen veröffentlicht worden bzw. in Arbeit, um Empfehlungen für die Umsetzung zu erarbeiten. Auch ein „Nationaler Aktionsplan der Bunderegierung zur Umsetzung des Übereinkommens der Vereinten Nationen über die Rechte von Menschen mit Behinderungen" liegt inzwischen vor, und die einzelnen Bundesländer haben ebenfalls solche Aktionspläne bereits entwickelt oder solche in Arbeit. Für den Bereich der Schule hat die Kultusministerkonferenz eine Arbeitsgruppe zur Überarbeitung der „Empfehlungen zur sonderpädagogischen Förderung" eingerichtet, um auf die veränderten Vorgaben durch die Konvention einzugehen. Diese neuen Empfehlungen wurden der Öffentlichkeit Ende 2010 unter dem Titel „Inklusive Bildung von Kindern und Jugendlichen mit Behinderungen in Schulen" zur Kommentierung vorgelegt und am 20. 10. 2011 verabschiedet. Richtungsweisend ist an diesem Papier, dass inklusive Bildung nicht mehr als Problem der sonderpädagogischen Förderung gesehen wird und die einfache Fortschreibung der „Empfehlung zur Sonderpädagogischen Förderung" von 1994 aufgegeben wurde – kritische Stimmen haben jedoch zu Recht angemerkt, dass eine Prioritätensetzung inklusiver Bildung gegenüber dem Sonderschulsystem nicht erkennbar sei: „Die Papiere spiegeln die verbindliche Richtungsentscheidung der Konvention für *ein* inklusives Bildungssystem nicht wider" (Deutsches Institut für Menschenrechte 2011, 8, Herv. i. O.).

Die Einrichtung inklusiver Schulen kann keineswegs als primär sonderpädagogische Aufgabe verstanden werden. Sie bezieht sich zwar vordringlich auf die Belange behinderter Kinder und Jugendlicher, wenn man die UN-Behindertenrechtskonvention zugrunde legt; Inklusion ist aber ebenfalls bezogen auf die besonderen

Bedürfnisse von Menschen aus marginalisierten Lebenslagen – der Bildungsbericht 2010 weist inzwischen ein Drittel aller schulpflichtigen Kinder und Jugendlichen als betroffen von Risikolebenslagen aus. Insofern fehlen dringende und verbindliche bildungspolitische Empfehlungen dahingehend, wie das Schulsystem als Ganzes auf diese Befunde und die Konvention zu reagieren hat, inwiefern die Umsetzung von Inklusion von den Kultus- und den lokalen Schulbehörden initiiert werden sollte (Anpassung der Schulgesetze, Erarbeitung von Verwaltungsvorschriften) und welche notwendigen Voraussetzungen dafür zu schaffen sind. Insbesondere an ersten Praxisbeispielen wird deutlich, dass umfassende Kenntnisse über die Entwicklung inklusiver Schulen nicht konsistent zusammengetragen wurden und unklar blieb, inwiefern an vorhandenes Wissen aus der langjährigen Integrationsforschung und -praxis angeknüpft werden kann (letzteres Problem ist z. T. auch wissenschaftspolitisch verursacht, in dem ein Streit darüber entbrannt ist, ob Inklusion Integration ablösen sollte, Inklusion gegenüber Integration etwas qualitativ oder quantitativ anderes sei oder ob Integration eine z. T. nur unzureichende Praxis einer besseren Idee war). Auch hier hat das Papier des Deutschen Instituts für Menschenrechte vom 31. 3. 2011 eindeutig Position bezogen:

> „Die Wirk- und Überzeugungskraft der Konvention wäre größer, wenn alle wüssten, dass Inklusion – anders als vermutet – sehr gut erprobt ist. Zu wenig Beachtung finden wissenschaftliche Untersuchungen, die nicht nur zeigen, dass Inklusion gelingt, sondern auch, dass der Unterricht für Schülerinnen und Schüler mit unterschiedlichen Begabungen elementare Anreize für individuelles Lernen schafft." (Deutsches Institut für Menschenrechte 2011, 5)

In diesem Buch wird ebenfalls die ausdrückliche Position vertreten, dass Integration und Inklusion keineswegs unterschiedliche Ansätze darstellen, Inklusion jedoch in der Konsequenz noch stärker auf Schulentwicklung fokussiert ist und dabei zur Grundlage hat, auf Etikettierungen von Schüler/innen zur Ressourcengewinnung zu verzichten.

Aufgrund der beschriebenen noch unklaren Gemengelage über die Frage nach dem „Wie" der Umsetzung der UN-Behindertenrechtskonvention hat sich – auch auf Anregung der „BAG Gemeinsam leben – gemeinsam lernen" – eine Arbeitsgruppe aus dem Bereich der Integrations- und Inklusionsforschung gegründet, die mit den hier vorliegenden Standards zur Umsetzung von Inklusion für den Bereich Schule Leitlinien aufzeigen will, die für die Entwicklung inklusiver Schulen orientierend sein sollten. Standards basieren dabei auf normativen Überzeugungen zu sogenanntem „best practice", sie sind sowohl gewonnen aus vorhandenen Forschungsergebnissen, Ausbildungsbestimmungen, aber auch aus Kenntnissen gelungener Praxis. Sie können als Minimal- oder Durchschnitts- bzw. Regelstandards formuliert werden. Wir haben in diesem Buch allerdings auf diese Differenzierung verzichtet, da hierfür noch keine ausgewiesenen Forschungsbefunde vorliegen. Beschrieben sind also in erster Linie Regelstandards. Solche Standards sind allerdings in den individuellen Schulentwicklungsprozessen noch einmal mit Indikatoren zu versehen, die für die konkrete Implementierung und Evaluation von Inklusion vonnöten sind.

Standards stehen derzeit jedoch in der Kritik, da sie primär im Kontext von output-orientierten Steuerungskonzepten im Bildungssystem genutzt werden. Entwickelt man aber zusätzliche Standards, die sich auf weitere Qualitätsdimensionen von Bildungsprozessen beziehen, werden auch andere Funktionen von Schule sichtbar, nämlich ihre Sozialisations- und ihre Integrationsfunktion. Demnach wird unter „out-put" nicht alleine der Anstieg von spezifischen kognitiven Leistungen einzelner Schüler/innen verstanden, sondern auch der Aspekt der Entwicklung einer förderlichen Lernumgebung. Dieser Aspekt wurde zudem als explizite Aufgabe des Lehrerhandelns in den Standards der Kultusministerkonferenz formuliert: „Lehrer und Lehrerinnen beteiligen sich an der Schulentwicklung, an der Gestaltung einer lernförderlichen Schulkultur und eines motivierenden Schulklimas" (Ständiges Sekretariat der Kultusministerkonferenz 2004, 3). In der Expertise des Erziehungswissenschaftlers Terhart ist darüber hinaus festgehalten, dass Standards keineswegs dauerhafte Konzepte seien, sondern sich in der ständigen Weiterentwicklung, auch durch Evaluationsschleifen, befänden: „Die Arbeit an Standards für die Lehrerbildung setzt eine *permanente Auseinandersetzung mit unterschiedlichen Leitbildern für den Lehrerberuf sowie Leitbildern für Schule und Unterrichten* voraus" (Terhart 2002, 2.1, Herv. i. O.). Insofern sind auch die hier vorgelegten Standards Orientierungslinien, die der weiteren Diskussion, Evaluation und Entwicklung unterliegen.

Die Entwicklung von Standards zur Umsetzung von Inklusion wurde für folgende thematische Bereiche vorgenommen:

- Rechtliche Grundlagen und angemessene Vorkehrungen
- Strukturelle Voraussetzungen und Ressourcen im Kontext von Schulentwicklung
- Transitionen: Übergänge von Kindergarten/Schule, Grundschule/Sek I und Schule/Beruf
- Professionalisierung und Aus-, Fort- und Weiterbildung
- Unterricht (einschl. Standards und Kompetenzen)
- Vorkehrungen zur Sicherung von Lernerfolgen in der inklusiven Schule einschl. Lern- und entwicklungsbezogener Diagnostik
- Unabhängige Beratung.

Die jeweils in den Beiträgen formulierten Standards beziehen sich sowohl auf die Ebene der politisch-rechtlichen Steuerung, der Administration (Verwaltung einschl. Kostenträgern), des einzelnen Systems Schule, der Professionellen wie auch auf das Individuum unter der Perspektive der Bereitstellung „angemessener Vorkehrungen".

Insgesamt geht die Beschreibung von Standards für Inklusion von folgender Definition aus:

> „Inklusive Pädagogik bezeichnet Theorien zur Bildung, Erziehung und Entwicklung, die Etikettierungen und Klassifizierungen ablehnen, ihren Ausgang von den Rechten vulnerabler und marginalisierter Menschen nehmen, für deren Partizipation in allen Lebensbereichen plädieren und auf strukturelle Veränderungen der regulären Institutionen zielen, um der Verschiedenheit der Voraussetzungen und Bedürfnisse aller Nutzer/innen gerecht zu werden." (Biewer 2009, 193)

Diese Formulierung wäre noch dahingehend zu ergänzen, dass Inklusion eine menschenrechtsbasierte, an sozialer Zugehörigkeit orientierte Perspektive ist. Inklusive

Systeme lassen sich hinsichtlich der Dimensionen ihrer Verfügbarkeit, ihrer Zugänglichkeit, ihrer Akzeptierbarkeit und ihrer Anpassungsfähigkeit (vgl. auch Stellungnahme der Monitoringstelle in diesem Band) messen. Sie verstehen sich als eine wesentliche Qualitätsdimension gesellschaftlicher Institutionen und stellen damit auch ein zentrales Qualitätsmerkmal von Schule dar.

Abschließend seien ein paar Dankesworte erlaubt: Dieses Buch ist in einem sehr anregenden und manchmal auch langwierigen Diskussionsprozess entstanden, an dem Irmtraud Schnell, Helga Deppe, Uli Meister, Sybille Hausmanns, Eva Wingerter und Dieter Katzenbach kontinuierlich beteiligt waren. Ohne diese interessanten Gespräche hätte dieses Buch nicht geschrieben werden können. Dafür bedanke ich mich ganz herzlich! Und ohne den unermüdlichen Einsatz von Corinna Kling hätte es auch nicht seine gestalterische Form gefunden. Auch dafür einen ebenso herzlichen Dank! Und schließlich sei allen Autor/innen gedankt, die sich auf den Prozess eingelassen haben, geschriebene Beiträge noch einmal in die z. T. neu konzeptionierten Vorgaben umzuarbeiten und Gedanken von weiteren Expert/innen einzuarbeiten. Auch das ist nicht selbstverständlich!

Berlin, im Februar 2012

Literatur

Autorengruppe Bildungsberichterstattung im Auftrag der Ständigen Konferenz der Kultusminister der Länder in der Bundesrepublik Deutschland und des Bundesministeriums für Bildung und Forschung (2010): Bildung in Deutschland 2010. Bielefeld. Online verfügbar unter: http://www.bildungsbericht.de/zeigen.html?seite=8400 [Stand: 29.10.2011]

Biewer, G. (2009): Grundlagen der Heilpädagogik und Inklusiven Pädagogik. Bad Heilbrunn

Deutsches Institut für Menschenrechte (2011): Stellungnahme der Monitoring-Stelle vom 31.3.2011 – Eckpunkte zur Verwirklichung eines inklusiven Bildungssystems (Primarstufe und Sekundarstufen I und II). Online verfügbar unter: http://www.institut-fuer-menschenrechte.de/uploads/tx_commerce/stellungnahme_der_monitoring_stelle_eckpunkte_z_verwirklichung_eines_inklusiven_bildungssystems_31_03_2011.pdf [Stand: 29.10.2011]

Ständiges Sekretariat der Kultusministerkonferenz (2004): Standards für die Lehrerbildung. Online verfügbar unter: http://www.kmk.org/fileadmin/veroeffentlichungen_beschluesse/2004/2004_12_16-Standards-Lehrerbildung.pdf [Stand: 29.10.2011]

Ständiges Sekretariat der Kultusministerkonferenz (2010): Inklusive Bildung von Kindern und Jugendlichen mit Behinderungen in Schulen. Online verfügbar unter: http://www.kmk.org/fileadmin/pdf/Bildung/AllgBildung/Anhoerungstext-Entwurf-2010-12-03-205-AK.pdf [Stand: 29.10.2011]

Terhart, E. (2002): Standards für die Lehrerbildung. Eine Expertise für die Kultusministerkonferenz. Online verfügbar unter: http://www.sowi-online.de/reader/lehrausbildung/terhart_standards.htm [Stand: 29.10.2011]

1 Rechtliche Grundlagen schulischer Inklusion/ Angemessene Vorkehrungen

Eckpunkte der Monitoring-Stelle zur UN-Behindertenrechtskonvention zur Verwirklichung eines inklusiven Bildungssystems (Primarstufe und Sekundarstufen I und II)[1]

Die UN-Behindertenrechtskonvention hat in Deutschland folgerichtig eine fachliche und rechtspolitische Diskussion darüber ausgelöst, welche Elemente ein inklusives Bildungssystem ausmachen und mit welchen Maßnahmen dieses Ziel erreicht werden kann. Als Beitrag dazu hat die Monitoring-Stelle zur UN-Behindertenrechtskonvention Eckpunkte hinsichtlich der Verwirklichung eines inklusiven Bildungssystems entwickelt.[2]

Die UN-Behindertenrechtskonvention stellt die Bundesrepublik, im Bildungsbereich insbesondere die Länder, vor große Aufgaben: In Anerkennung des Menschenrechts auf inklusive Bildung formuliert Artikel 24 UN-BRK, dass keine Person aufgrund von Behinderung vom allgemeinen Bildungssystem ausgeschlossen werden darf, dass Menschen mit Behinderungen gleichberechtigt mit anderen in der Gemeinschaft, in der sie leben, Zugang zu einem inklusiven, hochwertigen und unentgeltlichen Unterricht an Grundschulen und weiterführenden Schulen haben sollen und dass angemessene Vorkehrungen im Einzelfall getroffen werden müssen.

Um das Recht auf Bildung einzulösen, wurde mit der UN-BRK die Entscheidung getroffen, dass inklusive Bildung im Sinne des gemeinsamen Unterrichts behinderter und nicht behinderter Kinder strukturell zu gewährleisten ist. Ein inklusives Bildungssystem, in dem behinderte und nicht behinderte Menschen gemeinsam lernen, kann am besten die Achtung der menschlichen Vielfalt stärken, die Würde und das Selbstwertgefühl von Menschen mit Behinderungen voll zur Entfaltung bringen und zur wirksamen Teilhabe an einer freien Gesellschaft befähigen. Deutschland hat infolge des Inkrafttretens der Konvention geeignete Maßnahmen zu ergreifen, die zielgerichtet und wirksam sind, um ein inklusives Bildungssystem zügig aufzubauen (progressive Verwirklichung). Außerdem sind die staatlichen Organe verpflichtet, bei Bedarf geeignete Maßnahmen zu ergreifen, die *schon heute* im Einzelfall den Zugang zu einer allgemeinen Bildungseinrichtung sichern und einen diskriminieren-

---

1 Wiederabdruck der Stellungnahme der Monitoring-Stelle zur Umsetzung der UN-Behindertenrechtskonvention (vom 31. März 2011) mit freundlicher Genehmigung des Deutschen Instituts für Menschenrechte. Die Stellungnahme ist verfügbar unter: http://www.institut-fuer-menschenrechte.de/de/monitoring-stelle.html.

2 Die Monitoring-Stelle zur UN-Behindertenrechtskonvention (Monitoring-Stelle), eingerichtet im unabhängigen Deutschen Institut für Menschenrechte in Berlin, hat gemäß der UN-Behindertenrechtskonvention (UN-BRK, die Konvention) den Auftrag, die Rechte von Menschen mit Behinderungen im Sinne der Konvention zu fördern und zu schützen sowie die Umsetzung der UN-BRK in Deutschland konstruktiv wie kritisch zu begleiten. Sie betreibt ein Monitoring hinsichtlich ihrer Umsetzung ganz überwiegend in Bezug auf die strukturelle Ebene.

den Ausschluss verhindern. Kinder und Jugendliche haben gemäß der Konvention den Anspruch auf diskriminierungsfreien Zugang zu einem sinnvollen Bildungsangebot an einer wohnortnahen Regelschule.

Den Eckpunkten liegt das Recht auf inklusive Bildung im Sinne der UN-Behindertenrechtskonvention zu Grunde (siehe UN-BRK Art. 24 in Verbindung mit Art. 5; UN-Sozialpakt: Art. 13). Die Bestimmungen der Konvention, die das Recht auf Bildung inhaltlich aus der Perspektive von Menschen mit Behinderungen konkretisiert, etablieren anerkanntermaßen Achtungs-, Schutz- und Gewährleistungspflichten für die staatlichen Organe (vgl. Deutsches Institut für Menschenrechte (Hrsg.) (2005): Die „General Comments" zu den VN-Menschenrechtsverträgen. Deutsche Übersetzung und Kurzeinführungen, Baden-Baden, S. 263–284). Diese „Pflichtentrias" bezieht sich dabei auf vier Strukturelemente des Rechts auf inklusive Bildung, die Verfügbarkeit, Zugänglichkeit, Akzeptierbarkeit und Adaptierbarkeit (siehe UN-Sozialpaktausschuss, Allgemeine Bemerkungen Nr. 13, Ziff. 6.: Verfügbarkeit bezieht sich auf das Vorhandensein von funktionsfähigen, auf Inklusion ausgerichteten Bildungseinrichtungen und Dienstleistungen; Zugänglichkeit betrifft im Kern den diskriminierungsfreien wie barrierefreien Zugang zu Bildung; die Annehmbarkeit beschreibt Form und Inhalt von inklusiver Bildung (Lehrpläne und Lehrmethoden, insbesondere die Ausrichtung auf die Bildungsziele); das Merkmal der Adaptierbarkeit steht für das Erfordernis, dass Bildung sich flexibel an die sich verändernde Gesellschaft anpasst).

1 Verfügbarkeit

- Das Gesetz sichert den Vorrang des gemeinsamen Unterrichts von behinderten und nicht behinderten Kindern in den Primar- und Sekundarstufen I und II (das heißt alle Schulformen einschließlich Gymnasium). Hierbei sollte eine qualitativ hochwertige Form des „Gemeinsamen Unterrichts" standardisiert werden.
- Die Schulträger werden gesetzlich verpflichtet, im Rahmen einer Schulentwicklungsplanung die Einrichtungen und Dienste im Sinne der Inklusion zu entwickeln. Die hierfür notwendigen Beratungs- und Unterstützungsstrukturen für Schulen und Lehrkräfte sollten rechtlich abgesichert werden.
- Das Landesrecht bietet die Grundlagen, die Verfügbarkeit der erforderlichen Kompetenzen und Ressourcen im Regelschulsystem flexibel zu organisieren. Es befördert den schrittweisen und konsequenten Personal-, Finanz- und Sachmitteltransfer in den Regelschulzusammenhang. Etwaige beamtenrechtliche Fragen sind zu lösen.
- Das Gesetz enthält alle erforderlichen Regelungen, um die Aus-, Fort- und Weiterbildung von allen Pädagoginnen und Pädagogen an den Anforderungen eines inklusiven Bildungssystems auszurichten. Die Ausbildungs- und Prüfungsordnungen und die Berufsbilder werden an die inklusive Pädagogik angepasst. Das bedeutet, dass sich der Anspruch inklusiver Bildung nicht nur an die verschiedenen Schulformen richtet, sondern sich auch in der Fachdidaktik niederschlagen muss. Insbesondere sollten zeitnah Programme für die Fort- und Weiterbildung für die Pädagoginnen und Pädagogen und andere Berufsgruppen, etwa für den Bereich der schulischen Sozialarbeit, angeboten werden.

- Das Gesetz reflektiert in den Regelungen zur Barrierefreiheit (etwa im Bauordnungsrecht) in Bezug auf Schulen in öffentlicher und in freier Trägerschaft die gewachsenen Anforderungen an Barrierefreiheit im inklusiven Schulsystem. Die zuständigen Stellen, etwa die Schulträger, sollten binnen einer erkennbaren Frist Pläne für den schrittweisen Ausbau der Barrierefreiheit vorlegen.
- Zugunsten des Ausbaus von allgemeinen Schulen werden keine neuen Sondereinrichtungen zur Beschulung geschaffen. Die Umwandlung von Förderschulen in Kompetenzzentren hin zu „Schulen ohne Schüler" wird gefördert. Andere Entwicklungskonzepte werden nur genehmigt, wenn die Einrichtung nicht zugleich nur Lernort für Kinder mit sonderpädagogischem Förderbedarf ist. Bestehende Sonderklassen sowie Kooperationsklassen an allgemeinen Schulen laufen aus.
- Mithilfe geeigneter Maßnahmen stellt das Gesetz sicher, dass die Bedarfe blinder, gehörloser und hörsehbeeinträchtigter Menschen im Regelschulzusammenhang angemessene Berücksichtigung finden (siehe UN-BRK: Artikel 24 Abs. 4).
- Insbesondere sollte in Abstimmung mit den anderen Ländern dafür gesorgt werden, dass in Zukunft hinreichend Kompetenzen vorhanden sind, um die speziellen Bildungsbedarfe dieser Gruppen zu erfüllen.
- Es werden Maßnahmen ergriffen, um den Anteil der Lehrkräfte mit Behinderungen zu erhöhen.

2 Zugänglichkeit

- Der Zugang zur Regelschule wird durch einen Rechtsanspruch auf eine inklusive, wohnortnahe und hochwertige allgemeine Bildungseinrichtung abgesichert (Grundbildung sowie weiterführende Schulen) (siehe UN-BRK: Artikel 24 Abs. 2a) in Verbindung mit Artikel 5 Abs. 2). Dieser Anspruch umfasst auch „angemessene Vorkehrungen" (angemessene Vorkehrungen nach Artikel 2 Unterabsatz 4 sind nicht Anpassungsleistungen, keine unbillige Belastung darstellen, um zu gewährleisten, dass eine Person mit Behinderungen in einer konkreten Situation ihre Rechte ausüben oder genießen kann) auf allen Stufen der schulischen Laufbahn mit korrespondierenden Verpflichtungen der staatlichen Organe und zuständigen (nichtstaatlichen) Stellen (siehe UN-BRK: Artikel 24 Absatz 2c)). Mit dieser gesetzlichen Klarstellung ist verbunden, dass der „Ressourcenvorbehalt" im Sinne der BVerfG-Entscheidung von 1997 überwunden wird (vgl. die Entscheidung des Bundesverfassungsgerichts vom 08.10.1997, 1BvR 9/97, die in Folge des Inkrafttretens der UN-BRK nicht mehr maßgeblich ist).
- Die etwaige noch bestehende gesetzliche beziehungsweise untergesetzliche „Sonderschulverpflichtung" oder andere den Zugang hindernde Barrieren werden in diesem Zuge abgeschafft. Die zwangsweise Zuweisung an eine Sondereinrichtung gegen den Willen des Kindes beziehungsweise der Erziehungsberechtigten wird verboten (Schulverweis denkbar, aber innerhalb des Regelschulsystems). Es wird rechtlich klargestellt, dass Erziehungsberechtigte keine Beweislast haben, im förmlichen Verfahren die „Integrationsfähigkeit" des Kindes darzulegen.

- Das Landesrecht enthält für den Bereich Bildung ein justiziables Diskriminierungsverbot auf Grund von Behinderung (etwa im Schulrecht oder Landesgleichstellungsgesetz) (siehe UN-BRK: Artikel 2, 3, 5, 6 und 7). Dabei sollte sich das Gesetz am Verständnis von Behinderung im Sinne der UN-BRK, die Behinderung in der Wechselwirkung zwischen einer längerfristigen Beeinträchtigung und der Umwelt erkennt, orientieren (siehe UN-BRK: Artikel 1 Unterabsatz 1).
- In das Gesetz wird eine Legaldefinition von „angemessenen Vorkehrungen" im Sinne der UN-Behindertenrechtskonvention aufgenommen (siehe UN-BRK: Artikel 2 Unterabsatz 3). Es anerkennt die „Verweigerung angemessener Vorkehrungen" als einen Tatbestand der Diskriminierung (siehe UN-BRK: Artikel 2 Unterabsatz 2). Das Gesetz listet Regelbeispiele für angemessene Vorkehrungen im schulischen Bereich auf, etwa
    - die notwendigen baulichen Veränderungen,
    - die Bereitstellung von kontinuierlicher sonderpädagogischer Förderung im Regelschulzusammenhang (Team-Teaching),
    - die Gewährleistung von Hilfsmitteln,
    - die Durchführung zieldifferenten Unterrichts,
    - die Praxis des Nachteilsausgleichs (z. B. Schreibzeitverlängerung).
- Das Gesetz sollte eine (staatliche) Stelle bestimmen, der die Organisation und Koordination angemessener Vorkehrungen im Einzelfall obliegt. Die Kostenträger im Zuständigkeitsbereich des Landesgesetzgebers werden zur Kooperation mit der zuständigen Stelle verpflichtet. Die Art der Zusammenarbeit zwischen den Beteiligten wird konkretisiert.
- Die Kostenträgerschaft der angemessenen Vorkehrungen wird klar geregelt. Die haushaltsrechtlichen Entscheidungen für die reibungslose Zuweisung der Ressourcen zur Durchführung angemessener Vorkehrungen werden gewährleistet.
- Für den Fall, dass Vorkehrungen abgelehnt werden, obwohl sie dem Verpflichtungsträger zumutbar sind, stellt das Gesetz die gerichtliche Überprüfbarkeit sicher. Die Beweislast dafür, dass bis zur Grenze der unbilligen Belastung alles unternommen wurde, liegt bei den staatlichen Trägern (siehe UN-Sozialpaktausschuss (2009): Allgemeine Bemerkungen Nr. 20: Nicht-Diskriminierung, UN Doc. E/C.12/GC/20 vom 10.6.2009, Ziff. 40). Es existieren gesetzliche Sanktionsregeln für den Fall, dass ein staatlicher Träger nachweislich angemessene Vorkehrungen verweigert hat (siehe ebd.). Es sollte Regelungen wie Schadensersatz, Schmerzensgeld etc. zugunsten von Betroffenen geben.
- Der Grundsatz „Wohl des Kindes" verbindet sich mit der Vermutung, dass das Kindeswohl im inklusiven Regelschulzusammenhang am besten verwirklicht werden kann. Dieser Grundsatz darf nicht als Schranke des Rechts auf inklusive Bildung gelten. Vielmehr leitet der Grundsatz die Interpretation der rechtlichen Bestimmungen und zwingt, das Individualrecht aus der Perspektive des Rechtsinhabers oder der Rechtsinhaberin zu sehen.
- Die in einigen Ländern vorgesehene Einführung des genannten Wahlrechts der Eltern, zwischen Regel- und Sonderbeschulung zu entscheiden, ist nur übergangs-

weise vertretbar: Sollte die Existenz eines Elternwahlrechts nachweislich den Aufbau eines inklusiven Bildungssystems verzögern oder untergraben, beispielsweise weil es die erforderliche Reorganisation von Kompetenzen und Ressourcen für das Regelschulsystem erschwert und in diesem Zuge das Sonderschulwesen stärkt, ist das Elternwahlrecht mit dem Gebot der progressiven Verwirklichung des Rechts auf inklusive Bildung nicht in Einklang zu bringen.
- Das Recht auf Inklusion ist ein Recht der Person mit Behinderung. Die Eltern haben bei der Ausübung der elterlichen Sorge den Leitgedanken der Inklusion zu beachten und ggf. zu erklären, warum sie keine inklusiven Bildungsangebote wahrnehmen. Die Elternberatung, von welcher Seite auch immer, muss einbeziehen, Eltern das Recht auf inklusive Bildung vorzustellen und die Eltern hinsichtlich ihrer Gewährsfunktion aufzuklären.

3 Akzeptierbarkeit

- Das Gesetz reflektiert Bildungsziele der UN-Behindertenrechtskonvention (siehe UN-BRK: Artikel 24 Abs. 1 a)–c); Artikel 24 Abs. 3 Satz 1). Die Lehrpläne sollten in Bezug auf die erweiterten Zielstellungen hin fortentwickelt werden.
- Die Bildungsziele eines inklusiven Bildungssystems: Stärkung des Bewusstseins der menschlichen Möglichkeiten sowie des Bewusstseins der Würde und des Selbstwertgefühls des Menschen. Stärkung der Achtung vor den Menschenrechten, den Grundfreiheiten und der menschlichen Vielfalt. Entfaltung der Persönlichkeit der Menschen mit Behinderungen, Förderung ihrer Begabungen und ihrer Kreativität sowie ihrer geistigen und körperlichen Fähigkeiten mit dem Ziel der Befähigung zur wirksamen Teilhabe an einer freien Gesellschaft (siehe UN-BRK: Artikel 24 Abs. 1 a) bis c)).
- Das Gesetz enthält die Verpflichtung der relevanten staatlichen Träger, die Klasse zieldifferent und binnendifferenziert zu unterrichten. Alle Schülerinnen und Schüler erhalten ein Zeugnis, das der tatsächlichen Zieldifferenzierung im Klassenverbund angemessen Rechnung trägt.
- Das Gesetz stellt eine umfassende und unabhängige Beratung der Schülerin oder des Schülers und der Erziehungsberechtigten sicher. Die Beratung sollte über einen Rechtsanspruch abgesichert werden.
- Das Verfahren, mit dem der sonderpädagogische Förderbedarf festgestellt wird, ist in Zukunft an den Anforderungen eines inklusiven Bildungssystems auszurichten. Ein der Inklusion verpflichtetes Verfahren zielt darauf, alle Schülerinnen und Schüler zu begutachten und insbesondere in Bezug auf Menschen mit Behinderungen Art und Umfang der „angemessenen Vorkehrungen" (siehe oben) zu bestimmen, die für die erfolgreiche und sinnvolle Integration und Förderung der Kompetenzen notwendig und angemessen sind.
- Es besteht die gesetzliche Verpflichtung, die betroffene Person sowie die Erziehungsberechtigten einzubeziehen (Grundsatz der Partizipation). Kinder haben das Recht, gehört zu werden (siehe UN-BRK: Artikel 7 Abs. 3). Betroffene und deren Erziehungsberechtigte erhalten Informationsrechte gegenüber den Schulen und Behörden.

- Die Länder steigern auf allen Ebenen das Bewusstsein für die Rechte von Menschen mit Behinderungen (siehe UN-BRK: Artikel 8 Abs. 2 b)).

4 Anpassungsfähigkeit

- Der Aufbau eines inklusiven Bildungssystems im Sinne der UN-Behindertenrechtskonvention sollte unter unabhängiger wissenschaftlicher Begleitung erfolgen und die eingeführten Maßnahmen mit Zwischenzielen versehen und nach wissenschaftlichen Kriterien evaluiert werden.
- Die Kultusministerien gewährleisten, dass die Konzepte und Programme zur Lehreraus-, fort- und -weiterbildung die wissenschaftlichen Erkenntnisse und internationale Erfahrungen in Bezug auf inklusive Pädagogik angemessen widerspiegeln.
- Die Kultusministerien sollten die Anpassung des Systems durch die Vermittlung guter Praxisbeispiele befördern.
- Die rechtlichen Grundlagen für die statistische Informationsgewinnung werden an den Standards der UN-BRK ausgerichtet. Es kommen menschenrechtsgestützte Indikatoren zur Anwendung (siehe UN-Sozialpaktausschuss (2009): Allgemeine Bemerkungen Nr. 20: Nicht-Diskriminierung, UN Doc. E/C.12/GC/20 vom 10.6.2009, Ziff. 41), etwa ein Indikator „Exklusions-Quote", der nach Abstimmung unter den Ländern in allen Ländern unter Anwendung derselben Prämissen regelmäßig berechnet wird. Schülerinnen und Schüler, die Außen- oder Kooperationsklassen zugeordnet werden, sind in die Exklusions-Quote einzubeziehen.

©Deutsches Institut für Menschenrechte: www.institut-fuer-menschenrechte.de

Literatur

Vereinte Nationen (2007): Das Recht von Menschen mit Behinderung auf Bildung. Bericht des Sonderberichterstatters über das Recht auf Bildung, Venor Munoz; UN Doc. A/HRC/4/29 vom 19. Februar 2007

Vereinte Nationen (2009): Thematische Studie des Amtes des Hohen Kommissars der Vereinten Nationen für Menschenrechte über die Förderung des Bewusstseins für das Übereinkommen über die Rechte von Menschen mit Behinderungen uns seines Verständnisses; UN Doc. A/HRC/10/48 vom 26. Januar 2009, Ziff. 52–53

Vereinte Nationen/Ausschuss für die Rechte des Kindes (2007): Allgemeine Bemerkung Nr. 9: Die Rechte von Kindern mit Behinderungen; UN Doc. CRC/C/GC/9 vom 27. Februar 2007

Vereinte Nationen/Ausschuss für wirtschaftliche soziale und kulturelle Rechte (2009): Allgemeine Bemerkung Nr. 20: Nichtdiskriminierung bei den wirtschaftlichen, sozialen und kulturellen Rechten (Artikel 2 Absatz 2 des Internationalen Paktes über wirtschaftliche, soziale und kulturelle Rechte); UN Doc. E/C.12/GC/20 vom 2. Juli 2009

Vereinte Nationen/Ausschuss für wirtschaftliche soziale und kulturelle Rechte (1999): Allgemeine Bemerkung Nr. 13: Das Recht auf Bildung (Artikel 13); UN Doc. CESCR E/C.12/1999/10 vom 8. Dezember 1999, abgedruckt in: Deutsches Institut für Menschenrechte (Hrsg.) (2005): Die „General Comments" zu den VN-Menschenrechtsverträgen. Deutsche Übersetzung und Kurzeinführungen, Baden-Baden, S. 263–284

2 Strukturelle Voraussetzungen und Ressourcen im Kontext von Schulentwicklung

Strukturelle Voraussetzungen inklusiver Bildung

Dieter Katzenbach & Irmtraud Schnell

Auf die Regelschulen kommen mit der Inklusion Aufgaben zu, die sie aus eigener Kraft nicht werden bewältigen können. Hierzu sind geeignete Rahmenbedingungen zu schaffen, die auf verschiedenen Ebenen – Bildungspolitik, Schulverwaltung, Einzelschule – angesiedelt sind, die ihrerseits in einem gesamtgesellschaftlichen Kontext zu sehen sind. Im In- und Ausland liegen langjährige Erfahrungen vor, wie diese Rahmenbedingungen zu gestalten sind. Bevor diese im Folgenden dargestellt werden, sollen zunächst die wichtigsten Bezüge zu den einschlägigen Artikeln der UN-Konvention aufgezeigt werden.

Bezug zur UN-Konvention

Der zentrale Bezugspunkt ist natürlich der Artikel 24 der UN-Konvention: In Absatz 2 (b) wird Kindern und Jugendlichen mit Behinderung der *Zugang zu inklusivem Unterricht* garantiert. In den nachfolgenden Sätzen (c)–(e) wird der individuelle Anspruch auf *angemessene Vorkehrungen* zur Sicherung des persönlichen Bildungserfolgs festgehalten.

Diese Forderungen der UN-Konvention sind in einen weiteren Kontext eingebettet, schließlich beschreibt die Konvention ein gesamtgesellschaftliches Projekt, und die Vorhaben im Bildungsbereich haben, wie alle anderen Vorhaben auch, nur dann eine Chance auf Realisierung, wenn sie auf einem breiten gesellschaftlichen Konsens beruhen. Ohne Anspruch auf Vollständigkeit ist daher im vorliegenden Zusammenhang insbesondere auf weitere in der Konvention festgehaltene Regelungen zu verweisen.

Als *Allgemeine Verpflichtung* ist in Artikel 4 niedergelegt, dass Gesetze und Verfahrensregelungen den Anforderungen der Konvention anzupassen sind, hier ist speziell Absatz (1) von Bedeutung für die Novellierung der Schulgesetze.

> „Die Vertragsstaaten verpflichten sich, die volle Verwirklichung aller Menschenrechte und Grundfreiheiten für alle Menschen mit Behinderungen ohne jede Diskriminierung aufgrund von Behinderung zu gewährleisten und zu fördern. Zu diesem Zweck verpflichten sich die Vertragsstaaten,
> a) alle geeigneten Gesetzgebungs-, Verwaltungs- und sonstigen Maßnahmen zur Umsetzung der in diesem Übereinkommen anerkannten Rechte zu treffen;
> b) alle geeigneten Maßnahmen einschließlich gesetzgeberischer Maßnahmen zur Änderung oder Aufhebung bestehender Gesetze, Verordnungen, Gepflogenheiten und Praktiken zu treffen, die eine Diskriminierung von Menschen mit Behinderungen darstellen; […] (UN-BRK/Deutsche Bundesregierung 2008, Art. 4 (1))

Im Hinblick auf die Ressourcenfrage ist Absatz (2) des gleichen Artikels von höchster Bedeutung, denn hier verpflichten sich die Vertragsstaaten zur Umsetzung der Konvention unter „Ausschöpfung ihrer verfügbaren Mittel". Im Wortlaut heißt es:

> „Hinsichtlich der wirtschaftlichen, sozialen und kulturellen Rechte verpflichtet sich jeder Vertragsstaat, unter Ausschöpfung seiner verfügbaren Mittel und erforderlichenfalls im Rahmen der internationalen Zusammenarbeit Maßnahmen zu treffen, um nach und nach die volle Verwirklichung dieser Rechte zu erreichen, unbeschadet derjenigen Verpflichtungen aus diesem Übereinkommen, die nach dem Völkerrecht sofort anwendbar sind." (ebd., Art. 4 (2))

Im rechtsverbindlichen englischen Original heißt es deutlicher als „unter Ausschöpfung der vorhandenen Mittel": „to the maximum of its available resources". Zu beachten ist zudem die Formulierung, dass „nach und nach" („progressively" im englischen Original) die volle Verwirklichung dieser Rechte erreicht werden soll. Dies eröffnet natürlich einen weiten Interpretationsspielraum, verlangt aber auf der anderen Seite, dass die Dinge auch nicht auf die lange Bank geschoben werden können; mithin, dass konkrete Maßnahmenpläne erstellt werden müssen.

In Absatz (3) desselben Artikels ist schließlich festgehalten, dass Menschen mit Behinderung – und hier werden Kinder mit Behinderung explizit erwähnt – über ihre Selbstvertretungsorgane an den Gesetzgebungsverfahren aktiv zu beteiligen sind.

Besondere Relevanz besitzt zudem Artikel 8: Bewusstseinsbildung. Hier verpflichten sich in Absatz (1) die Vertragsstaaten,

> „sofortige, wirksame und geeignete Maßnahmen zu ergreifen, um
> a) in der gesamten Gesellschaft, einschließlich auf der Ebene der Familien, das Bewusstsein für Menschen mit Behinderungen zu schärfen und die Achtung ihrer Rechte und ihrer Würde zu fördern;
> b) Klischees, Vorurteile und schädliche Praktiken gegenüber Menschen mit Behinderungen, einschließlich aufgrund des Geschlechts oder des Alters, in allen Lebensbereichen zu bekämpfen;
> c) das Bewusstsein für die Fähigkeiten und den Beitrag von Menschen mit Behinderungen zu fördern.
> (2) Zu den diesbezüglichen Maßnahmen gehören
> a) die Einleitung und dauerhafte Durchführung wirksamer Kampagnen zur Bewusstseinsbildung in der Öffentlichkeit [...]" (ebd., Art. 8 (1))

Diese Selbstverpflichtung zur Öffentlichkeitsarbeit und Bewusstseinsbildung gilt selbstverständlich auch für die Maßnahmen im Bildungsbereich.

Im Kontext der zu erwartenden Konflikte um die Ausgestaltung des Bildungssystems einschließlich der Bereitstellung der angemessen Vorkehrungen ist schließlich noch Artikel 12: Gleiche Anerkennung vor dem Recht von Belang. Hier heißt es:

> „Die Vertragsstaaten treffen geeignete Maßnahmen, um Menschen mit Behinderungen Zugang zu der Unterstützung zu verschaffen, die sie bei der Ausübung ihrer Rechts- und Handlungsfähigkeit gegebenenfalls benötigen." (ebd., Art. 12)

Damit soll dieser knappe und sicherlich unvollständige Überblick über die einschlägigen Artikel der UN-Konvention abgeschlossen werden. Ihre Bedeutung für den Transformationsprozess hin zur Inklusion versuchen wir im Folgenden aufzuzeigen.

Überblick über den Forschungsstand

In der öffentlichen wie auch in der Fachdiskussion wird manchmal der Eindruck erweckt, mit der UN-Konvention und dem damit einhergehenden Begriffswandel von der Integration zur Inklusion käme eine völlig neue Herausforderung auf das Bildungssystem zu. Das mag in einzelnen Aspekten zutreffen, prinzipiell ist aber festzuhalten, dass wir – auch in Deutschland, das ja bekanntlich nicht gerade zu den Vorreitern dieser Entwicklung gehört – über 40 Jahre Erfahrung mit der integrativen Beschulung von Kindern und Jugendlichen haben (vgl. Katzenbach 2011 zu einem knappen Überblick über die Forschungslage). Und unter Einbeziehung internationaler Erfahrungen lassen sich so fundierte Erfahrungswerte für die Gestaltung der Rahmenbedingungen eines inklusiven Bildungssystems benennen und hieraus Perspektiven für die Zukunft ableiten. Diese sollen im Folgenden auf verschiedenen Ebenen diskutiert werden.

Gesellschaftliche Entwicklungen – Zeitdiagnosen: Inklusion in Zeiten gesellschaftlicher Desintegration?

Wenn die Realisierung der UN-Konvention nur im gesamtgesellschaftlichen Rahmen denkbar ist, dann scheint es sinnvoll, die Entwicklung dieses Rahmens hier zumindest in groben Zügen zu erörtern. Denn trotz der unbestreitbaren Erfolge in der Behindertenpolitik der letzten Dekaden, die letztlich die Verabschiedung der UN-Konvention erst möglich gemacht haben, fällt diese doch in eine Zeit zumindest ambivalenter gesellschaftlicher Entwicklungen. So analysieren Soziologen wie Heitmeyer (1997a, b; vgl. auch Heitmeyer & Imbusch 2005) gesellschaftliche Desintegrationstendenzen und fragen danach, was (post-)moderne Gesellschaften eigentlich noch zusammen hält. Die vielfach beschriebene Erosion traditioneller Werte führt zwar zu einer Befreiung von überkommenen Rollenmustern und vorgegebenen Lebensentwürfen. Die damit einhergehende Pluralisierung der Lebensformen hat zu einer größeren Akzeptanz von Verschiedenheit geführt, und davon haben offenbar auch Menschen mit Behinderung profitiert. Gefordert ist jedoch zugleich der „flexible Mensch", so die prägnante Formulierung des amerikanischen Sozialwissenschaftlers Richard Sennett (1998) – Menschen, die sich nicht ständig flexibel auf neue Arbeitsmarkterfordernisse einschließlich der damit verbundenen räumlichen Mobilität einstellen können, drohen so neue Exklusionsrisiken.

Mit dieser Flexibilisierung geht eine immense Beschleunigung der Prozesse im Arbeitsleben einher, die Sennett mit der Maxime der neuen Ökonomie beschreibt: „Nichts langfristiges" (1998, 27). Es spricht daher von der „Stärke schwacher Bindungen", die heute gefordert seien und meint damit zum einen, „dass flüchtige

Formen von Gemeinsamkeit den Menschen nützlicher seien als langfristige Verbindungen, zum anderen, dass starke soziale Bindungen wie Loyalität ihre Bedeutung verloren hätten" (ebd., 28). Mit der Ausbreitung schwacher Bindungen und der damit gewonnenen Flexibilität entsteht allerdings ein Folgeproblem, nämlich die Erzeugung von Verbindlichkeit. Wenn Vertrauen und Loyalität an Bedeutung verlieren, weil es zu lange dauert, bis diese Formen sozialer Bindung aufgebaut werden, braucht es einen anderen Modus zur Sicherstellung des sozialen Austauschs. Es ist in allen Lebensbereichen festzustellen, dass aus diesem Grund Verträge an die Stelle von Vertrauen und Loyalität zur Regelung sozialer Beziehungen treten. Diese Tendenz ist auch im Sozial- und Bildungssektor zu beobachten: Eltern schließen Erziehungsverträge mit Schulen, Institutionen und Träger sozialer Dienste schließen kreuz und quer Zielvereinbarungen und auch die Einführung des Persönlichen Budgets für Menschen mit Behinderung geht einher mit einer vertragsförmigen Gestaltung der Beziehung zwischen Klienten und Dienstleistungserbringer – um nur einige Beispiele zu nennen.

Wenn soziale Beziehungen immer häufiger vertragsförmig organisiert werden, dann wird die Fähigkeit zur Selbstvermarktung zur zentralen personalen Kompetenz – wenn man sich als potenter Vertragspartner anbieten will und muss. Der Soziologe Ulrich Bröckling führt diesen Gedanken fort, indem er Sennetts Rede vom flexiblen Menschen noch weiter zuspitzt und von der *neuen Subjektivierungsform des Unternehmerischen Selbst* spricht (vgl. Bröckling 2007):

> „Die Individuen sollen ihre Macht über sich selbst, ihr Selbstwertgefühl und Selbstbewusstsein und ihre Gesundheit ebenso maximieren wie ihre Arbeitsleistung und ihren Wohlstand; sie sollen das umso besser können, je aktiver und selbstverantwortlicher sie ihr Leben in die Hand nehmen." (ebd., 61)

Der moderne Mensch sieht sich so vor die Daueraufgabe der *Selbstoptimierung* gestellt; eine Aufgabe, die viele Menschen offenbar so massiv unter Druck setzt, dass sie dem nur noch durch dauerhafte Einnahme stimmungsaufhellender Medikamente standhalten können. Auch die epidemiologische Ausbreitung depressiver Erkrankungen kann in diesem Zusammenhang gesehen werden.

Nun lässt sich beobachten, dass diese Erfordernisse des Arbeitsmarktes sich auch in scheinbar modernen Bildungskonzeptionen bis hin in den Elementarbereich widerspiegeln. So wird die Autonomie des Bildungssubjekts zwar zu Recht betont, die andere Seite des Bildungsprozesses, nämlich die von Abhängigkeit und Bedürftigkeit der heranwachsenden Generation, droht dabei mehr und mehr unterschlagen zu werden (vgl. Freyberg 2009; Gerspach & Naumann 2010). Vom kompetenten Säugling zum unternehmerischen Selbst, auf diese Parole ließe sich dieser Trend verkürzen. Für Kinder und Jugendliche mit Behinderung, die eben häufig einen höheren Unterstützungsbedarf haben, ist diese Tendenz offenkundig mit besonderen Risiken behaftet.

Mit Münch (2009, 163 ff.) lässt sich zudem ein „Strukturwandel der Solidarität" beobachten, anstelle von „Brüderlichkeit" trete die „Fairness" als leitendes Prinzip sozial- bzw. wohlfahrtsstaatlicher Regelungen. Im Prinzip der Brüderlichkeit begründen sich Leistungsansprüche durch die unmittelbare Zugehörigkeit zur Solidargemeinschaft, die üblicherweise nationalstaatlich organisiert und qua Staatsangehörigkeit gegeben ist. Das Prinzip der Fairness hingegen setzt auf die vertragsförmig organisierte Risikogemeinschaft, die national, aber genauso gut transnational organisiert werden kann. Für vertragsförmige Beziehungen ist es aber konstitutiv, dass die Vertragspartner *frei und unabhängig* sind. Es ist fraglich, inwieweit genau diese Bedingung für Menschen mit Behinderung gegeben ist, die ja bereits bei Eintritt in die Risikogemeinschaft Unterstützungsleistungen bedürfen. Insofern birgt auch diese Tendenz, die sich in der BRD beispielhaft in der Umstellung der Altersvorsorge vom Umlageprinzip auf die Kapitaldeckung zeigt, wiederum neue Exklusionsrisiken für Menschen mit Behinderung. Die Drift von Brüderlichkeit zu Fairness ist für das Bildungssystem insofern von besonderer Bedeutung, als in der Inklusionspädagogik ja die Zugehörigkeit das zentrale solidaritätsstiftende Moment darstellt. Die Legitimation, hierfür dann auch einen nicht unerheblichen Anteil der Bildungsausgaben zur Verfügung zu stellen, kann also nur durch den Appell auf das tradierte Motiv der Brüderlichkeit gesichert werden. Dies kann insbesondere dann zum Problem werden, wenn die Entscheidungen über Ressourcenverteilung im Bildungssystem zunehmend dezentralisiert werden. Dies ist fachlich zwar geboten (siehe unten), kann aber dazu führen, dass die Legitimation dieser Ausgaben auf der Ebene jeder einzelnen Schulgemeinde hergestellt werden muss – und dies kann zunehmend schwieriger werden.

Soviel zu dem gesamtgesellschaftlichen Kontext, in dem sich die Inklusionsdebatte bewegt und der sicherlich dauerhafter Aufmerksamkeit bedarf, aber nur schwer zu beeinflussen ist. Kommen wir nun zu den Ebenen, auf denen konkrete Handlungsschritte anstehen.

Die politischen Entscheidungsträger – Umsteuerung verlangt klare Perspektiven

Die internationalen Erfahrungen machen deutlich, dass die Entwicklung hin zur Inklusion nur gelingen kann, wenn diese von den politischen Entscheidungsträgern aktiv unterstützt wird. Entsprechende Empfehlungen wurden von der European Agency for Development in Special Needs Education (vgl. EADSNE 2009a, b) auf internationaler Ebene und von der am Deutschen Institut für Menschrechte angesiedelten Monitoringstelle (DIM 2011) für die bundesdeutsche Politik formuliert.

Pijl und Frissen verweisen in einem Übersichtsartikel allerdings zu Recht auf die Schwierigkeiten der direkten Beeinflussung von Bildungseinrichtungen von außen. Direkte Vorgaben durch Politik und Bildungsadministration, so fassen Pijl und Frissen (2009, 369) die internationalen Erfahrungen zusammen, führen häufig nur dazu, dass Schulen gezwungen sind, nur so zu tun, als würden sie diese Vorgaben erfüllen, ohne dass sich in der tatsächlichen Unterrichtspraxis etwas Wesentliches ändert. Diese Erfahrung hat in verschiedenen Ländern zu der Strategie geführt, möglichst viel Entscheidungskompetenz auf die Akteure vor Ort, also auf die Kommunen bzw. auf die Einzelschulen und ihre Kollegien, zu verlagern. Nur ließe sich allenthalben beobachten, dass die Politik gleichsam Angst vor ihrer eigenen Courage bekommt. Pijl und Frissen fassen zusammen:

> „Policymakers are expected to steer, be in control and stimulate progress in education, but the more control they exert, the less progress is made. If they really push hard, they force schools into pretending that the expected changes have been implemented. And if they finally deregulate and handover the authority to decide, they tend to just handover the authority to decide what they regard as good decisions, which means that they did not hand over anything at all. This in fact is another form of disconnection: suggesting that schools are in charge, but meanwhile bombarding them with new regulations in order to control outcomes. There is a tragedy at work typical of all policies in complex domains: that of the un-intended outcomes […]. In order to avoid or to correct these, policymakers produce large and dense amounts of regulations." (Pijl & Frissen 2009, 374)

Die beiden Autoren ziehen hieraus den Schluss (vgl. ebd.), dass die Politik alleine das Bildungssystem nicht zu einem inklusiven machen kann, aber die Politik könne diesen Prozess maßgeblich voranbringen,

a) indem sie klare Erwartungen an die Schulen formuliert, ohne ihnen vorzuschreiben, wie sie diese erfüllen soll,
b) indem sie Hindernisse beseitigt, die durch Verordnungen und Regelungen – wie zum Beispiel der Leistungsbewertung und zur Versetzung – und durch das Finanzierungssystem gegeben sind,
c) indem sie die Weiterbildung von Lehrerinnen und Lehrern unterstützt und
d) indem sie ein System der Ressourcenvergabe entwickelt, das so weit wie möglich auf formale Etikettierungen verzichtet.

Schließlich machen Pijl & Frissen deutlich, dass die Politik zwar von den Lehrerinnen und Lehrern verlangen könne, die volle Verantwortung für alle ihre Schülerinnen und Schüler zu übernehmen. Zudem könne man „Hintertürchen und Fluchtwege", also das Verweisen „schwieriger" Schülerinnen und Schüler an Spezialisten und Sondereinrichtungen, systematisch erschweren. Aber letztlich bleibe es unverzichtbar, dass die Lehrerinnen und Lehrer wissen, dass sie mit den neuen Anforderungen nicht alleine gelassen werden, und dass sie auf wirkungsvolle Unterstützung vertrauen können.

Diese Erfahrungen und Empfehlungen aus dem internationalen Kontext treffen in Deutschland allerdings auf eine Schulstruktur, die durch ein außergewöhnlich hohes Maß der hierarchischen Gliederung gekennzeichnet ist. Es ist offensichtlich, dass das für die Inklusion fundamentale Prinzip der unhintergehbaren Zugehörigkeit – bzw. umgekehrt ausgedrückt: das Prinzip der Nichtaussonderung – in einem deutlichen Spannungsverhältnis zu dem gegliederten Schulsystem der Bundesrepublik Deutschland steht. Die gegenwärtige bildungspolitische Großwetterlage ist allerdings kaum anders zu deuten, als dass sich an dieser Sachlage in den nächsten Jahren nichts ändern wird. Auch die reformfreudigeren Parteien haben sich in den meisten Bundesländern offenbar mit einem Zwei-Säulen-Modell arrangiert, das nach der Zeit des gemeinsamen Lernens in der – meist vierjährigen – Grundschule eine Art Bestandschutz des Gymnasiums vorsieht. Daneben wird eine Sekundarstufenschule eingerichtet, in der – mehr oder weniger integriert – verschiedene Bildungsgänge mit unterschiedlichen Abschlüssen angeboten werden. Man kann und muss diese Entwicklung aus fachlicher Sicht deutlich kritisieren, als Rahmenbedingungen künftiger Weiterentwicklungen in Richtung Inklusion wird man sie gleichwohl zur Kenntnis nehmen müssen.

Des ungeachtet werden sich auch die Gymnasien den Anforderungen der Inklusion nicht entziehen können, und es wird zu beobachten sein, ob sie neben der (letztlich selbstverständlichen) zielgleichen Unterrichtung sinnes- und motorisch beeinträchtigter Schüler/innen nicht auch noch weitere Aufgaben übernehmen werden, wie etwa die Aufnahme von Kindern, die derzeit dem Förderschwerpunkt geistige Entwicklung zugeordnet werden (vgl. Schöler 2009). Inwieweit diese Strategie wirklich sinnvoll ist, kann hier nicht weiter diskutiert werden.

Dies ist vor allem dann von Belang, wenn es um die technisch-organisatorischen Fragen wie die Umsteuerung von Ressourcen aus den Sonderschulen in das Regelschulsystem geht: So liegt es im Förderschwerpunkt Lernen nahe, hier zunächst einmal von durchschnittlichen Prävalenzquoten sonderpädagogischen Förderbedarfs auszugehen und die Regelschulen mit einer entsprechenden sonderpädagogischen Grundausstattung zu versorgen. Aber dabei ist eben zu beachten, dass sich die Schüler/innen mit diesen Unterstützungsbedarfen dann ganz sicher nicht über alle Schulformen des Einzugsgebiets statistisch gleich verteilen werden. Mit anderen Worten: Sie werden wohl kaum an den Gymnasien zu finden sein, was wiederum zu einer deutlich höheren Prävalenzquote in den anderen Sekundarstufenschulen führen wird, insbesondere in Regionen mit einer hohen Gymnasialquote.

Die Ebene der Schulorganisation – Grundstruktur und Finanzierung des Unterstützungssystems

Die UN-Konvention beschreibt in Artikel 24 einen zweifachen Auftrag: Der in Absatz (2) in den Sätzen (a) und (b) geforderte Zugang zu einem inklusiven Bildungsangebot zielt auf die Ebene des Schulsystems, während die in den folgenden Sätzen (c)–(e) verlangte Gewährleistung „angemessener Vorkehrungen" sich auf die Ebene des Individuums bezieht. Damit ist ein weiteres Spannungsfeld markiert, nämlich wie ein individueller, auf dem Vorliegen einer Behinderung basierender Unterstützungsanspruch mit der Idee der Inklusion vereinbar ist, auf Etikettierungen weitgehend zu verzichten.

Gemeinhin werden auf organisatorischer Ebene drei Aspekte genannt, die bei der Realisierung eines inklusiven Bildungsangebots zu beachten sind, wenn man anerkennt, dass die Regelschulen aus eigener Kraft den Auftrag der Inklusion nicht werden erfüllen können:

1. der Umfang zusätzlicher Ressourcen
2. der Modus der Verteilung bzw. der Steuerung dieser Ressourcen
3. die Organisation – sonderpädagogischer – Expertise.

Auch wenn diese drei Aspekte natürlich eng miteinander zusammen hängen, erscheint es dennoch sinnvoll, sie zunächst – auch vor der Folie internationaler Erfahrungen – getrennt zu diskutieren.

Umfang der Ressourcen

Eigentlich müsste man erst die Bedarfe inhaltlich bestimmt haben, bevor man über den Umfang und die Verteilung zusätzlicher Ressourcen nachdenkt. Vor dem Hintergrund der UN-Konvention ist gleichwohl geboten, sich zunächst über das Gesamtvolumen der zur Verfügung stehenden Ressourcen zu vergewissern, um dann über deren sinnvolle Verwendung zu entscheiden. Denn die UN-Konvention verlangt nichts monetär bzw. fiskalisch Unmögliches, aber es wird (siehe oben Artikel 4 (2)) die „Ausschöpfung der vorhandenen Mittel" zugesichert; wobei umstritten ist, auf welchen Haushaltsrahmen (Kultus- oder Gesamthaushalt) sich der Begriff bezieht. Also sollten zumindest die jetzt bereits für die Finanzierung von Schulplätzen in Sondereinrichtungen zur Verfügung gestellten Ressourcen in gleicher Höhe auch für die inklusive Beschulung zur Verfügung gestellt werden. Damit wird gleichsam eine *absolute Untergrenze* der finanziellen Ausstattung eines inklusiven Bildungsangebots beschrieben, die im Interesse eines gelingenden Transformationsprozesses kurzfristig ausgeweitet werden sollte. Es wird dann in einem zweiten Schritt unter fachlichen Gesichtspunkten zu prüfen sein, ob diese Mittel für ein qualitativ hochwertiges Bildungsangebot ausreichen, oder ob sie – nicht zuletzt aufgrund der generellen Unterfinanzierung des deutschen Bildungssystems – doch deutlich aufgestockt werden müssen.

Allerdings ist der Gesamtumfang der in der sonderpädagogischen Förderung eingesetzten Mittel – nicht zuletzt aufgrund der verteilten Kostenträgerschaft (siehe unten) – letztlich gar nicht bekannt. Eine Gesamtkostenrechnung erweist sich daher als wesentlich komplizierter als auf den ersten Blick vermutet, und es liegen daher allenfalls Modellrechnungen und Kostenschätzungen vor. Preuss-Lausitz (2000a, b) kam dabei bekanntlich in einer Ende der 1990er Jahre durchgeführten Studie zu dem Ergebnis, dass die integrative Beschulung in städtischen Regionen etwas teurer als die Beschulung in Sonderschulen kommt, in Landkreisen erwies sich die integrative Beschulung dagegen sogar als kostengünstiger. Klemm (2009, 16) argumentierte zehn Jahre später etwas vorsichtiger, indem er die Notwendigkeit regionalisierter Kalkulationen betonte.

Unstrittig ist allerdings, dass die Einspareffekte bei der Umstellung auf ein inklusives Bildungssystem nur dann auftreten, wenn auf die Unterhaltung von Sondereinrichtungen (weitgehend) verzichtet wird. Die mit dem Argument des Elternwahlrechts hierzulande immer wieder geforderte Aufrechterhaltung paralleler Angebote ist auf jeden Fall die kostspieligste Variante. Und es ist mehr als nur scheinheilig, genau hierüber begründen zu wollen, dass die Ressourcen für den Ausbau inklusiver Angebote begrenzt seien. Wenn – wie zum Beispiel im Bundesland Hessen geschehen – weiterhin ein Ressourcenvorbehalt in die Gesetzgebung aufgenommen wird, dann kann dieser – anders als in der aktuellen hessischen Gesetzesnovelle – eigentlich nur noch für die Sondereinrichtungen gelten.

Modelle der Ressourcensteuerung

Bildungsökonomen unterscheiden im Groben drei Möglichkeiten der Finanzierung öffentlicher Bildung. Meijer hat für die European Agency analysiert, welche Auswirkungen die unterschiedlichen Finanzierungsmodelle auf die Angebotsstruktur sonderpädagogischer Förderung haben, und welche Anreize für oder gegen inklusive Organisationsformen diese bieten. Unterschieden werden kann zum einen hinsichtlich der Indikatoren der Ressourcenbemessung, also nach welchen Kriterien der Umfang der Ressourcen bestimmt wird, und zum anderen hinsichtlich des Adressaten, also wer über die Ressourcen und deren Verwendung verfügt.

Hinsichtlich der Indikatoren werden üblicherweise drei Modelle benannt: 1. Input-, 2. Throughput- und 3. Output-basierte Systeme.

1. Bei einer Input-Finanzierung sonderpädagogischer Unterstützung werden Ressourcen auf der Basis gemessener Bedarfe bereitgestellt, also auf der Grundlage von sonderpädagogischen Gutachten, schlechten Schulleistungen oder auch der Quote benachteiligter Schülerinnen und Schüler. Der Vorteil der Input-Finanzierung besteht darin, dass individuelle Unterstützungsbedarfe dingfest gemacht sind und damit auch einklagbar werden. Das Problem der Input-Finanzierung liegt bekanntermaßen in der Objektivierung dieser Bedarfe, wie sich z. B. in den extremen Unterschieden der Prävalenzquoten sonderpädagogischer Förderung (und zwar quer durch alle sonderpädagogischen Förderschwerpunkte) zwischen den Bundesländern drastisch zeigt. Außerdem bringt die Input-Finanzierung das Ressourcen-Etikettierungs-Dilemma auf den Plan, dass eben zusätzliche Ressourcen nur um den Preis der Besonderung namentlich benannter Schülerinnen und Schüler zu haben sind. Schließlich werden durch die Input-Finanzierung die Systeme belohnt, die eine große Zahl von Schülerinnen und Schülern mit Förderbedarf gleichsam „erzeugen".
2. Bei den sogenannten Throughput-Modellen geht man nicht von Bedarfen, sondern von Aufgaben aus. Hier wird das Unterstützungssystem also nicht auf der Basis eigens benannter Schülerinnen und Schüler finanziert, sondern es wird ein Dienst vorgehalten, der dann bestimmte Funktionen zu übernehmen hat. Der Umfang der Ressourcen bemisst sich dann an einem Indikator wie der Gesamtschülerzahl, der über bestimmte Sozialindices noch einmal nachkorrigiert werden kann. Der Vorteil der Throughput-Systeme liegt zum einen in der Vermeidung von Etikettierungs-Prozessen und zum anderen in der höheren Flexibilität der Mittelverwendung. Der Nachteil liegt darin, dass der Nachweis der sachgemäßen Mittelverwendung schwierig ist und dass die über die Pauschalzuweisung zur Verfügung gestellten Mittel – insbesondere in kleinen Systemen wie z. B. einer kleinen Grundschule und hohem individuellen Unterstützungsbedarf – manchmal nicht ausreichen.
3. Output-Modelle schließlich operieren über bestimmte Zielindikatoren, wie gute Schulleistungen oder eine niedrige Sonderschulüberweisungsquote. Diese Modelle haben den Vorteil, dass die erwünschten Ergebnisse belohnt werden. Der Nachteil besteht zum einen darin, dass sich die schulische Aufmerksamkeit auf

die Indikatoren zentriert („teaching-for-testing") und in der Gefahr der Verbreitung von Strategien zum Unterlaufen der Indikatoren („Durchziehen" von Schülern ohne angemessene Unterstützung; „Krankheit" von leistungsschwachen Schülern an den Testtagen etc.). Und schließlich stellt sich bei diesen Modellen die Frage der Legitimation von Mittelkürzungen aufgrund schlechter Ergebnisse einer Schule; unter dem Strich bedeutet das ja nichts anderes, als dass die Schülerinnen und Schüler der folgenden Jahrgänge die Zeche für das aktuell schlechte Abschneiden der Schule zu zahlen haben. Das macht nicht wirklich Sinn.

Auch hinsichtlich der Adressaten der Ressourcen finden sich im internationalen Vergleich sehr unterschiedliche Modelle und Vorgehensweisen. Meijer (vgl. ebd., 183 ff.) unterscheidet als potenzielle Empfänger der Mittel a) die Klienten, d. h. die Schüler/innen bzw. deren Eltern etwa in Form von Bildungsgutscheinen oder persönlicher Budgets, b) die Regelschulen, c) die Sonderschulen, d) die Kommunen oder e) Regionalen Einrichtungen. Kombiniert mit den Varianten der Input-, Throughput- bzw. Output-Steuerung ergeben sich so 15 verschiedene Möglichkeiten der Finanzierung sonderpädagogischer Unterstützungssysteme, wobei empirisch gesehen in allen untersuchten Ländern der Europäischen Gemeinschaft Mischformen vorzufinden sind. Meijer (ebd., 186 ff.) diskutiert ausführlich deren Vor- und Nachteile; vor allem erörtert er dabei die Frage, welche Steuerungsimpulse in Richtung inklusive Bildung von den jeweiligen Modellen ausgehen. Wir werden diese Überlegungen unten bei unserem eigenen Vorschlag zur „Architektur des Unterstützungssystems" wieder aufgreifen.

Geteilte Kostenträgerschaft – Notwendigkeit der Koordination und der Gesamtplanung

Ein wesentliches Hindernis auf dem Weg zu einer inklusiven Schulstruktur besteht nicht allein im begrenzten Umfang der zur Verfügung stehenden Ressourcen, sondern darin, dass die hierfür potenziell zur Verfügung stehenden Mittel nicht aus einer Hand verteilt werden. An den Kosten beteiligt bzw. zu beteiligen sind in Deutschland (mindestens):

a) Die Länder, in der Regel vertreten durch die Kultusbehörden, die für das lehrende Personal aufkommen.
b) Die Schulträger (in der Regel die Landkreise und kreisfreien Städte), denen die bauliche und sächliche Ausstattung obliegt, die für den Schülertransport aufkommen und die das nicht-lehrende Personal (Sekretär/innen, Hausmeister, Techniker/innen, evtl. Küche) sowie meist auch die Schulsozialarbeiter/innen bezahlen.
c) Die Gemeinden, die die Horte unterhalten und die häufig auch an der Finanzierung der Ganztagsangebote an den Schulen beteiligt sind.
d) Die Träger der Sozialhilfe, die für die Finanzierung von Unterrichtsassistenz (Integrationshelfer) entweder im Rahmen der Eingliederungshilfe (SGB 12, § 54) oder den Hilfen zur Erziehung (SGB 8 § 35a) zuständig sind.

e) Die Krankenkassen, die gegebenenfalls für die Bereitstellung apparativer Hilfen sowie anderer Formen der Heilmittelerbringung (z. B. Logopädie, Krankengymnastik) aufkommen müssen.

Die verteilten Zuständigkeiten führen zu komplizierten Verfahrenswegen und zeitaufwändigen Abstimmungsprozessen, die derzeit noch häufig von den Eltern organisiert werden. Das ist im Grunde unzumutbar und droht zudem Kinder, deren Eltern die dafür notwendigen Kenntnisse und auch die Durchsetzungsfähigkeit fehlen, massiv zu benachteiligen oder gar gänzlich vom gemeinsamen Unterricht auszuschließen. Es braucht daher auf kommunaler Ebene eine institutionalisierte Form und geregelte Verfahren, in der die verschiedenen Kostenträger koordiniert werden. Zudem weisen Elternvertreter (nicht nur in diesem Zusammenhang) immer wieder auf die Notwendigkeit eines von der staatlichen Verwaltung unabhängigen Beratungsangebots hin (vgl. Hausmanns & Wingerter in diesem Band und Artikel 12 der BRK). Die Einrichtung von Inklusionsbeiräten auf kommunaler Ebene könnte hier als Sicherung einer koordinierten Bereitstellung der angemessenen Vorkehrungen wirken.

Organisation von Expertise

Wenn im Kontext der UN-Konvention von Expertise gesprochen wird, so geschieht dies in der bundesdeutschen Diskussion meist im Hinblick auf die bekannten sonderpädagogischen Förderschwerpunkte. In einem umfassenderen Verständnis von Inklusion, das weitere bildungsrelevante Differenzkategorien wie z. B. Geschlecht oder den sozio-kulturellen Hintergrund der Schüler/innen mit aufgreift, kann das sonderpädagogische Know-How nur ein Teil eines breiter angelegten Unterstützungssystems der Schule sein. Damit sollen die sonderpädagogisch relevanten Förderbedarfe nicht übergangen werden, müssen aber in einer neuen Systematik gedacht werden. Dies zeichnet sich zumindest in der internationalen Diskussion deutlich ab (vgl. hierzu z. B. Katzenbach & Schroeder 2007; Katzenbach 2005).

Sonderpädagogische Grundversorgung

Im internationalen Maßstab geht die Entwicklung dahin, jede Einzelschule mit einer sonderpädagogischen Grundausstattung zu versorgen, die – in den traditionellen Kategorien gedacht – die Förderschwerpunkte Lernen, Sprache und Verhalten abdeckt. Diese Grundausstattung ist meist als Teil eines umfassenderen innerschulischen Unterstützungssystems organisiert. Dieses System umfasst neben der Sonderpädagogik auch Angebote der Sozialpädagogik bzw. Sozialarbeit sowie der Gesundheitsvorsorge und ist zudem meist auf die jeweiligen Besonderheiten der Einzelschule hin abgestimmt.

Die sonderpädagogische Grundausstattung erfolgt durch eine Throughput-Finanzierung. Der Umfang bemisst sich an der Gesamtschülerzahl, eventuell korrigiert durch bildungsrelevante Sozialindices, die das Einzugsgebiet der Schule abbilden. Bei der Einrichtung solcher Unterstützungssysteme ist auf der Basis der vorliegenden Erfahrungen auf verschiedene Aspekte zu achten:

a) *Aufgabenbeschreibung:* Throughput-basierte Systeme werden nicht über gutachterlich festgestellte Bedarfe bei einzelnen namentlich ausgewiesenen Schüler/innen finanziert, sondern über Aufgaben- bzw. Funktionsbeschreibungen für das Gesamtsystem. Diese Beschreibungen müssen einerseits präzise genug sein, um über die sachgerechte Verwendung der Mittel Auskunft geben zu können. Die Beschreibungen dürfen aber auch nicht zu eng gefasst sein, weil sonst die besondere Qualität dieser Systeme, nämlich flexibel und bedarfsgerecht operieren zu können, durch einen Wust von Regelungen erstickt zu werden droht. Regelungsbedürftig ist zudem die Kooperation und Arbeitsteilung innerhalb des Unterstützungssystems, d. h. zwischen Sonderpädagogik und Schulsozialarbeit. Vielerorts scheint es sich bewährt zu haben, diese Arbeitsteilung vorab inhaltlich nicht zu eng festzulegen (etwa in den Stellenbeschreibungen), sondern stattdessen Routinen zu entwickeln, nach denen im Einzelfall (zügig) entschieden wird, wer welche Kompetenzen mitbringt und daher entsprechende Aufgaben übernimmt. Beispielhaft zu nennen sind hier die wöchentlichen Sitzungen des „student-support-teams" in Schulen des kanadischen Bundesstaats New Brunswick (vgl. Hinz 2007). Die Aufgaben von Sonderpädagog/innen im Rahmen eines solchen schulinternen Unterstützungssystems werden sich vom Unterrichten hin zu Tätigkeiten wie Beobachten, Beraten, Diagnostizieren, Planen etc. verlagern (vgl. Perner & Porter 2008). Dies steht in einem gewissen Konflikt mit dem hierzulande gewachsenen Modell des Gemeinsamen Unterrichts, soweit sich dieser durch eine möglichst weitgehende Doppelbesetzung und das Team-Teaching von Regelschul- und Sonderpädagog/in auszeichnet. Diese Möglichkeit darf für den Fall hoher individueller Unterstützungsbedarfe jedoch nicht grundsätzlich ausgeschlossen werden. Die Zuständigkeit der Sonderpädagog/innen erstreckt sich nach dem Modell des schulinternen Unterstützungssystems jedenfalls nicht mehr nur auf die Integrationsklasse(n), sondern auf die ganze Schule. Dies ergibt sich zwingend aus der Finanzierungslogik, denn wenn es keine namentlich ausgewiesenen Schüler/innen mit sonderpädagogischen Förderbedarfen in den Bereichen Lernen, Sprachen und Verhalten mehr gibt, entfällt auch die Möglichkeit, diese Schüler/innen zum Zweck der Ressourcenbündelung in einer (Integrations-)Klasse zu konzentrieren. Das dadurch veränderte Rollenbild bleibt selbstverständlich nicht ohne Auswirkungen auf die Qualifizierung von Sonderpädagog/innen (siehe den Beitrag von Moser & Demmer-Dieckmann et al. in diesem Band).

b) *Fachliche Anbindung:* Schulische Unterstützungssysteme müssen ein Nähe-Distanz-Problem austarieren. Sind sie „weit weg" von der/dem einzelnen Lehrer/in organisiert (etwa in regionalen Beratungs- oder Kompetenzzentren oder auf Schulämtern), so riskieren sie, dass der Aufbau vertrauensvoller Kooperationsbeziehungen misslingt. Sind sie zu nahe am Geschehen, laufen sie Gefahr, vom System assimiliert zu werden, entweder in inhaltlicher Hinsicht (der Außenblick geht verloren) oder in organisatorischer Hinsicht (Missbrauch als Vertretungsreserve). Da zudem die fachlichen Herausforderungen in den Bereichen Lernen, Sprache und Verhalten zu weit gestreut sind, um verlässlich dann doch von einem nur kleinen Team (oder gar einer einzigen Person) vor Ort vollumfänglich kompetent bearbeitet zu werden, ist die fachliche Anbindung an eine „zweite Ebene", das heißt an ein regionales Kompetenzzentrum, sinnvoll, auch wenn die Sonderpädagog/innen auf jeden Fall Teil des Kollegiums der Regelschule sein sollten.

c) *Mindestumfang:* Es ist schließlich darauf zu achten, dass bei bloßer Umverteilung der zur Verfügung stehenden Mittel bei kleinen Einheiten, wie sie insbesondere im Grundschulbereich vorzufinden sind, der Ressourcenumfang, sprich: das Stundenkontingent, nicht so klein wird, dass die Wirkung dieser Ressource zu verpuffen droht. Man sollte daher eine Ausstattung im Umfang von mindestens einer halben Stelle nicht unterschreiten.

Regionale und überregionale Kompetenzzentren

Aufgrund der deutlich geringeren Fallzahlen bei den Sinnesbehinderungen, bei den gravierenden kognitiven und motorischen Beeinträchtigungen sowie in den Bereichen Autismus und Unterstützte Kommunikation ist eine pauschalisierte sonderpädagogische Grundversorgung nicht möglich.

Es lässt sich hier international der Trend feststellen, das hierzu erforderliche Know-How in Kompetenzzentren zunächst auf kommunaler Ebene zu bündeln. Die Zentren sind häufig aus den ehemaligen Sondereinrichtungen hervorgegangen – wobei hier meist die Zusammenfassung aller in der Region befindlichen Förderschwerpunkte in einer Institution angestrebt wird. Diese Zentren kooperieren dann gegebenenfalls wieder mit überregionalen Einrichtungen, so zum Beispiel häufig im Bereich der Sinnesbeeinträchtigungen.

Die kommunalen Zentren fungieren im Sinne der oben beschriebenen „zweiten Ebene", das heißt, sie stellen zusätzliches (Spezial-)Wissen für die Unterstützungsteams der Einzelschulen zur Verfügung. Dies funktioniert in der Regel in der Form von Beratung, kann aber, im Falle höherer Unterstützungsbedarfe, auch die Bereitstellung zusätzlichen Personals für die Dauer der Schulzeit der jeweiligen Schüler/in bedeuten.

Die Kompetenzzentren lassen sich ebenfalls über eine Throughput-Finanzierung betreiben. Der Indikator ist hier die – wiederum durch Sozialindices korrigierte – Gesamtschülerzahl des Einzugsbereichs. Die genannten fallbezogenen zusätzlichen Ressourcen sind durch eine ergänzende Input-Finanzierung zu gewährleisten.

Fazit: Beispiel eines kommunalen/regionalen Kompetenzzentrums

Um die bisherigen Überlegungen zusammenzufassen und zu veranschaulichen, haben wir nachfolgend die Grundstruktur eines kommunalen Kompetenzzentrums in groben Zügen skizziert (vgl. hierzu auch Drolsbach et al. 2010). Wie sich gezeigt hat, nimmt die Art und Weise der Finanzierung eines Unterstützungssystems erheblichen Einfluss sowohl auf dessen Organisation als auch auf die Gestaltung der inhaltlichen Arbeit selbst. Deshalb soll das eingangs formulierte Dilemma der UN-Konvention hier noch einmal aufgegriffen werden: Die Bezugnahme der Konvention auf den Grundgedanken der Inklusion verlangt den Verzicht auf Etikettierungen, und das bedeutet in die nüchterne Sprache der Bildungsfinanzierung übersetzt eine Throughput-basierte Ausstattung des Unterstützungssystems. Auf der anderen Seite verlangt die Konvention die „angemessenen Vorkehrungen" für den einzelnen Menschen mit Behinderung, und dies muss nicht zwangsläufig, kann aber im Einzelfall durchaus ein Input-Modell erfordern. Daraus ergibt sich die Notwendigkeit von Mischformen und es stellt sich das Organisationsproblem, auf welcher Verwaltungsebene diese Mischform eingesetzt wird. Denkbar ist das gesamte Spektrum von einer zentralen Lösung (Kultusbehörde) bis hin zur Einzelschule, die dies im Rahmen eines globalen Budgets zu regeln hätte. Da sich nun gerade die hohen Unterstützungsbedarfe zwischen den Schulen statistisch *nicht* ausgleichen (es ist eben möglich, dass sich in der einen Schule kein, in der Nachbarschule sich aber zeitgleich zwei oder drei Schüler mit hohem Unterstützungsbedarf befinden), würde die letztgenannte Lösung voraussichtlich zu erheblichen Unstimmigkeiten führen. Auf der anderen Seite zeigen die internationalen Erfahrungen, dass inklusive Schulstrukturen am besten gefördert werden, indem die Ressourcenverteilung möglichst nahe am Ort des Geschehens vorgenommen wird, und das heißt letztlich auf kommunaler Ebene (vgl. Meijer 1999).

Diese Einsicht ist nicht ganz leicht auf bundesdeutsche Verhältnisse zu übertragen, zumal sich der Aufbau der Schulverwaltung von Bundesland zu Bundesland deutlich unterscheidet. Wir abstrahieren daher von den Verwaltungsstrukturen und schlagen vor, für den Einzugsbereich von ca. 10 000 Schüler/innen ein kommunales/regionales Ressourcen- und Kompetenzzentrum zu schaffen. Abstrahiert man von erheblichen Unterschieden zwischen den Bundesländern wie auch von den regionalen Unterschieden innerhalb der Länder und legt zunächst einmal die von der KMK für die BRD berichteten Durchschnittswerte der Quote sonderpädagogischen Förderbedarfs auf der einen Seite und der durchschnittlichen Lehrerversorgung auf der anderen Seite zugrunde, so müsste ein solches Zentrum unter Zusammenfassung aller sonderpädagogischen Förderschwerpunkte über ein Volumen von ca. 70 Stellen verfügen. Auf der Basis von Sozialindices ließe sich diese Zahl gegebenenfalls nach oben oder unten korrigieren. Bis zu dieser Verwaltungsebene ließe sich so eine Throughput-Finanzierung realisieren.

- Dabei sollten etwa 70 % dieses Stellenkontingents (also etwa 50 Stellen) direkt zur sonderpädagogischen Grundausstattung an die Einzelschulen weitergeleitet werden. Der Modus wäre auch hier die Throughput-Finanzierung über Gesamtschülerzahl der Schule und korrigierende Sozialindices.
- Weitere 15 % des Kontingents (etwa 10 Stellen) könnten das Ressourcenzentrum für die fallspezifische Unterstützung zur Verfügung stellen. Der Modus der Vergabe sollte zwischen Ressourcenzentrum und Schule ausgehandelt werden – hierbei wäre der individuelle Bedarf der Schüler/in ebenso zu berücksichtigen wie die jeweilige Situation der Schule.

- Weitere Aufgaben des Zentrums wären die Bereitstellung zusätzlicher Expertise („Zweite Ebene") sowie die Vernetzung mit den anderen relevanten Institutionen und Kostenträgern. Hierfür könnten die restlichen 15 % des Stellenkontingents (etwa 10 Stellen) eingesetzt werden.

Modell eines kommunalen/regionalen Kompetenz- und Ressourcen-Zentrums Einzugsbereich von etwa 10 000 Schüler/innen			
Aufgabengebiete			
(A) Ressourcen und Ressourcensteuerrung			(B) Expertise Zweite Ebene über der Einzelschule	(C) Kooperation/ Vernetzung mit den weiteren Unterstützungssystemen
Ressourcenpool (ca. 70 Stellen) *Ausgangsbasis:* Aktuell bestehende Stellenausstattung im Einzugsbereich *Zielperspektive:* An der Gesamtschülerzahl bemessen, korrigiert durch Sozialindices			Lernen, Sprache, Verhalten Zusammenarbeit mit den überregionalen Zentren für die Sinnesbeeinträchtigungen Autismus Unterstützte Kommunikation Umfassende Behinderung Übergangsbegleitung Kita – Schule Grundschule – Sek I/II Schule – Arbeitswelt	Schulträger Kinder- und Jugendhilfe Behindertenhilfe Krankenkassen Gemeinwesen
Ressourcenverteilung				
70 % Weiterleitung sonderpädagogischer Grundausstattung an die Einzelschulen (Indikatorgesteuert)	15 % Zusätzliche fallbezogene Unterstützung bei erhöhten Bedarfen	15 % Ausstattung der Bereiche (B) Expertise und (C) Vernetzung und Kooperation		
ca. 50 Stellen	ca. 10 Stellen	ca. 10 Stellen		

Abb. 1: Lokales Kompetenzzentrum

Die Einzelschule – Rahmung einer Kultur des Sich-Beratens

Damit eine wie auch immer organisierte Infrastruktur der Unterstützung tatsächlich Wirkung entfaltet, bedarf es selbstverständlich auch gravierender Veränderungen in der einzelnen Schule. Diese sind in diesem Band unter verschiedenen Aspekten ausführlich diskutiert. Hier soll nur noch einmal an die schulinternen organisatorischen Anforderungen erinnert werden, wie sie oben bereits skizziert wurden. Nimmt man die begriffliche Weiterentwicklung von der Integration zur Inklusion ernst, dann stehen alle Schulen – auch diejenigen, die bereits Gemeinsamen Unterricht eingeführt haben – vor der Aufgabe, ein schulinternes System unterrichtsbegleitender Hilfen aufzubauen. Dieses System unterscheidet sich von dem bekannten Modell der Integrationsklasse, wie oben bereits beschrieben, insofern, als es sich eben nicht nur an gutachterlich etikettierte Schülerinnen und Schüler richtet, sondern potenziell allen Schüler/innen und deren Lehrer/innen zur Verfügung steht.

Wir haben oben Pijl und Frissen mit der Feststellung zitiert, dass es für den Erfolg der Inklusion unverzichtbar ist, dass sich die Lehrerinnen und Lehrer mit dieser Aufgabe nicht allein gelassen fühlen. Unterstützung *haben* und Unterstützung *annehmen* sind allerdings zwei Paar Schuhe. Die Erfahrungen mit der Einführung von Team-Strukturen in Schulen zeigen, dass hier noch ein weiter Weg zu gehen ist, um vom klassischen Einzelkämpfertum der Lehrkraft hin zur (interdisziplinären) Kooperation zu kommen. Daher wird auch die skizzierte Organisationsform sonderpädagogischer Unterstützung nur dann effektiv wirksam werden, wenn es den Schulen gelingt, diese in eine institutionalisierte Form zu bringen. Dies verlangt z. B. regelmäßige Team-Sitzungen, mit anderen Worten: Raum und Zeit, um im Einzelfall zu klären, wie die Arbeitsteilung organisiert wird, wer welche Aufgaben übernimmt. Gelingt es nicht, hier zeitsparende, effektive Routinen zu entwickeln, dann droht ein solches Unterstützungssystem rasch Gefahr zu laufen, von den Kolleginnen und Kollegen nicht als *Ent-*, sondern als weitere *Be*lastung erlebt zu werden. Für die Entwicklung einer Kultur des Sich-Beratens, die von der schlichten Einsicht ausgeht, dass niemand Alles können kann, müssen aber ein angemessener zeitlicher Rahmen und entsprechende räumliche Bedingungen zur Verfügung gestellt werden. Andernfalls wird die Akzeptanz eines inklusiven Schulkonzepts im Kollegium auf Dauer nicht zu halten sein.

Kultivieren Kollegien jedoch jene Kooperation und gegenseitige Beratung, die die individuellen Befindlichkeiten ihrer Schülerinnen und Schüler als Ausgangspunkt ihrer pädagogischen Bemühungen betrachten, besteht die Chance, dass alle Schülerinnen und Schüler in die Individualisierung der Lernprozesse einbezogen werden. Gemeinsam können solche Kollegien auch Widerstände gegen inklusionsfeindliche Maßnahmen formulieren und alternative Strategien entwerfen. So entwickeln sich Schulen auf dem Weg zur Inklusion als bessere Schulen für alle Kinder und Jugendlichen – das zeigen viele Schulen, auch in Deutschland, heute schon.

Die auf kommunaler Ebene einzurichtenden Inklusionsbeiräte unterstützen einerseits Eltern und Lehrkräfte bei der Festlegung der angemessenen Vorkehrungen für einzelne Kinder (s. o.), sie evaluieren andererseits inklusionsorientierte Entwicklungen, entwerfen Konzepte zu ihrer Verstetigung und sichern so die inklusive Entwicklung ihrer Kommune.

Standards

Wir fassen unsere Überlegungen in den folgenden Standards zusammen:

a) Politisch-rechtliche Ebene

- Öffentlichkeitsarbeit/Kampagnen zur Umsetzung
- Klares Bekenntnis der Politik zu inklusiver Bildung (Verzicht auf Bestandsgarantien für die Sonderschulen)

- Benennung von Zielvorgaben und eines Zeitrahmens zur Umsetzung (10-Jahres-Plan)
- Erarbeitung konkreter Maßnahmenpakete, erste Schritte
- Erarbeitung von Regelungen für die Übergangszeit wie z. B. das Untersagen von Neuaufnahmen in Grundstufenklassen der Schulen im Förderschwerpunkt Lernen
- Bereitstellung eines angemessenen Budgets für den Transformationsprozess
- Einrichtung eines Inklusionsbeirates auf kommunaler Ebene
- Finanzierungsmodelle, die
  - die Ressourcensteuerung weitgehend regionalisieren/kommunalisieren
  - weitgehend Throughput-basiert (Formulierung der Aufgaben des Unterstützungssystems: Umfang der Ressourcen orientiert an der Gesamtschülerzahl → sonderpäd. Grundversorgung der Einzelschule) und nur in Ausnahmen (hohe Unterstützungsbedarfe) Input-basiert operieren

b) Administrative Ebene (Verwaltung einschl. Kostenträgern)

- Verpflichtung *aller* Schulen (und aller *Schulformen*) zur Inklusion
  - Schwerpunktschulen allenfalls im Transformationsprozess
  - Einbezug der Gymnasien
- Regionale/kommunale Unterstützungsinfrastruktur für die Schulen (Berücksichtigung möglichst aller Heterogenitätsdimensionen)
- Vernetzung der Kostenträger, rechtzeitige Planung der „angemessenen Vorkehrungen"
- Sicherstellung unabhängiger Beratung der Eltern

c) Institutionelle Ebene

- Schulinternes System unterrichtsbegleitender Hilfen (student-support-team)
- Institutionalisierte Formen der (inter-disziplinären) Kooperation
- Weiterentwicklung der Konzepte des Gemeinsamen Unterrichts (Konzentration der Schüler/innen mit sonderpädagogischem Förderbedarf und den ihnen persönlich zugeordneten Ressourcen im I-Strang der Schule) in Richtung der inklusiven Schule (Teilhabesicherung als Aufgabe der gesamten Schule in allen Klassen)

d) Ebene der Professionellen

- Zugänglichkeit von Weiterbildungsangeboten/professionellem Austausch zur Sicherung der fachdidaktischen und methodischen Kenntnisse zur Gestaltung heterogenitätsgerechten Unterrichts
- Zeit und Raum für die Arbeit in Teams, Kultur des Sich-Beratens

e) Ebene der Schüler/innen und ihrer Eltern

- Angemessene Balance zwischen möglichst weitgehendem Verzicht auf Etikettierung und Sicherung der individuell notwendigen angemessenen Vorkehrungen
- Ermöglichung von peer-Kontakten

Literatur

Bröckling, U. (2007): Das unternehmerische Selbst: Soziologie einer Subjektivierungsform. Frankfurt

Deutsche Bundesregierung (2008): Gesetz zu dem Übereinkommen der Vereinten Nationen vom 13. Dezember 2006 über die Rechte von Menschen mit Behinderungen sowie zu dem Fakultativprotokoll vom 13. Dezember 2006 zum Übereinkommen der Vereinten Nationen über die Rechte von Menschen mit Behinderungen. Bundesgesetzblatt Jahrgang 2008 Teil II Nr. 35. Bonn

Deutsches Institut für Menschenrechte (DIM) (2011): Eckpunkte zur Verwirklichung eines inklusiven Bildungssystems (Primarstufe und Sekundarstufen I und II). Empfehlungen an die Länder, die Kultusministerkonferenz (KMK) und den Bund. Berlin: Deutsches Insitut für Menschenrechte. Online verfügbar unter: http://www.institut-fuer-menschenrechte.de [Stand: 10.10.2011]

Drolsbach, B., Katzenbach, D., Koch, A., Kornmann, R., Moser, V., Thiele, A. & Schnell, I. (2010): Expertise Ressourcenbeschaffung Inklusion. Gießen

European Agency for Development in Special Needs Education (EADSNE) (Hrsg.) (2009a): Grundprinzipien zur Förderung der Qualität in der inklusiven Bildung: Empfehlungen für Bildungs- und Sozialpolitiker/innen. Middelfart. Online verfügbar unter: http://www.european-agency.org/publications [Stand: 10.10.2011]

European Agency for Development in Special Needs Education (EADSNE) (Hrsg.) (2009b): Entwicklung eines Satzes von Indikatoren – für die inklusive Bildung in Europa. Middelfart. Online verfügbar unter: http://www.european-agency.org/publications [Stand: 10.10.2011]

Freyberg, T. von (2009): Tantalos und Sisyphos in der Schule. Zur strukturellen Verantwortung der Pädagogik. Frankfurt am Main

Gerspach, M. & Naumann, T. (2010): Besorgte Nachfragen zur Debatte um die Elementarpädagogik. In: Zeitschrift für Inklusion, 3. Online verfügbar unter: http://www.inklusion-online.net/index.php/inklusion/article/viewArticle/72/76 [Stand: 10.10.2011]

Heitmeyer, W. (Hrsg.) (1997a): Was hält die Gesellschaft zusammen? Frankfurt am Main

Heitmeyer, W. (Hrsg.) (1997b): Was treibt die Gesellschaft auseinander? Frankfurt am Main

Heitmeyer, W. & Imbusch, P. (2005): Integrationspotenziale einer modernen Gesellschaft. Wiesbaden

Hinz, A. (2007): Inklusion – Vision und Realität! In: Katzenbach, D. (Hrsg.): Vielfalt braucht Struktur – Heterogenität als Herausforderung für die Unterrichts- und Schulentwicklung. Frankfurt am Main

Katzenbach, D. (2005): Braucht die Inklusionspädagogik sonderpädagogische Kompetenz? In: Geiling, U. & Hinz, A. (Hrsg.) (2005): Integrationspädagogik im Diskurs. Auf dem Weg zu einer inklusiven Pädagogik? Bad Heilbrunn

Katzenbach, D. (2011): Praktisch erprobt, empirisch gesichert. Forschungsergebnisse zum gemeinsamen Unterricht behinderter und nichtbehinderter Kinder. Schulverwaltung spezial, 3, 19–21

Katzenbach, D. (Hrsg.) (2007): Vielfalt braucht Struktur – Heterogenität als Herausforderung für die Unterrichts- und Schulentwicklung. Frankfurt am Main

Katzenbach, D. & Schroeder, J. (2007): „Ohne Angst verschieden sein zu können" – Über Inklusion und ihre Machbarkeit. In: Zeitschrift für Heilpädagogik, 58 (6), 202–213 [Downloadmöglichkeit unter www.inklusion-online.net]

Klemm, K. (2009): Sonderweg Förderschulen: Hoher Einsatz, wenig Perspektiven. Eine Studie zu den Ausgaben und zur Wirksamkeit von Förderschulen in Deutschland. Gütersloh

Meijer, C. (1999): Finanzierung der sonderpädagogischen Förderung. Eine Studie über den Zusammenhang zwischen Finanzierung und sonderpädagogischer bzw. integrativer Förderung in

17 europäischen Ländern. Middelfart. Online verfügbar unter: http://www.european-agency.org [Stand: 10.10.2011]

Münch, R. (2009): Das Regime des liberalen Kapitalismus. Inklusion und Exklusion im neuen Wohlfahrtsstaat. Frankfurt/New York

Perner, D. & Porter, G. (2008): Creating Inclusive Schools: Changing Roles and Strategies. In: Parette, H. & Peterson-Karlan, G. (Hrsg.): Research-based Practices in Developmental Disabilities. Austin/Texas

Pijl, S. J. & Frissen, P. (2009): What Policymakers Can Do to Make Education Inclusive. In: Educational Management Administration & Leadership, 37 (3), 366–377

Preuss-Lausitz, U. (2000a): Kosten bei integrierter und seperater sonderpädagogischer Unterrichtung. Eine vergleichende Analyse in den Bundesländern Berlin, Brandenburg und Schleswig Holstein. Max-Traeger Stiftung, Frankfurt am Main

Preuss-Lausitz, U. (2000b): Gesamtbetrachtung sonderpädagogischer Kosten im Gemeinsamen Unterricht und im Sonderschulsystem. Ergebnisse einer empirischen Studie. In: Zeitschrift für Heilpädagogik, 51 (3), 95–101

Schöler, J. (2009): „Geistig Behinderte" am Gymnasium - Integration an der Schule für „Geistig Behinderte". In: Jerg, J., Merz-Atalik, K., Thümmler, R. & Tiemann, H. (Hrsg.): Perspektiven auf Entgrenzung. Bad Heilbrunn, 95–102

Sennett, R. (1998): Der flexible Mensch: Die Kultur des neuen Kapitalismus. Frankfurt am Main

Lokale Bildungslandschaften und Inklusion

Wolfgang Mack

Inklusion hat weitreichende Implikationen für alle Institutionen des Bildungssystems. Es bedarf einer Öffnung der Schule in mehrfacher Sicht, einer neuen Form der Kooperation von Schule und Fachdiensten für individuelle Entwicklungsbegleitung, Förderung und soziale Integration, es bedarf neuer didaktischer Konzepte und Ansätze der Schulentwicklung. Inklusion erfordert jedoch mehr als Reformen der Institutionen im Bildungsbereich, Anspruch und Prozess der Inklusion machen auch einen neuen Blick auf Bildungsprozesse des Subjekts erforderlich. Dabei ist auch nach dem Verhältnis von Bildung und Lebenslage zu fragen. Damit weitet sich der Blick von den Institutionen auf sozialräumliche Bedingungen von Bildung und auf eine sozialräumliche Planung und Gestaltung von Bildungspolitik: Inklusion erfordert also eine sozialräumliche Perspektive auf Bildung und Bildungspolitik. Diese Perspektive wird mit dem Begriff Bildungslandschaften markiert.

Bezug zur UN-Behindertenrechtskonvention

Das Recht auf Bildung für Menschen mit Behinderungen wird in Artikel 24 der UN-Behindertenrechtskonvention (BRK) formuliert. „Um dieses Recht ohne Diskriminierung und auf der Grundlage der Chancengleichheit zu verwirklichen, gewährleisten die Vertragsstaaten ein integratives Bildungssystem auf allen Ebenen und lebenslanges Lernen" (BRK Artikel 24, (1)). Um diesen Rechtsanspruch zur Geltung bringen zu können, werden in Absatz 2 des Artikel 24 der UN-Behindertenrechtskonvention geeignete Verfahren zur Sicherung dieses Rechtsanspruchs genannt: Die Vertragsstaaten verpflichten sich sicherzustellen, dass „in Übereinstimmung mit dem Ziel der vollständigen Integration wirksame individuell angepasste Unterstützungsmaßnahmen in einem Umfeld, das die bestmögliche schulische und soziale Entwicklung gestattet, angeboten werden" (BRK Artikel 24, (2e)).

Damit werden in der Konvention neben den Strukturen des Bildungssystems auch individuelle Unterstützungsmaßnahmen und Kontextbedingungen angesprochen. Als Kontextbedingung kann das in der Konvention genannte Umfeld interpretiert werden. Der Text lässt offen, ob damit ausschließlich Schule als Umfeld gesehen wird oder ob damit auch das außerschulische Umfeld einbezogen werden soll. Da das außerschulische Umfeld einen bedeutsamen Einflussfaktor für individuelle Entwicklung darstellt und menschliche Entwicklung im Wechselspiel von Individuum und Umwelt erfolgt, wie es insbesondere in der ökosystemischen Entwicklungspsychologie betont wird, liegt es nahe, von einem Verständnis von Umfeld auszugehen, das neben der Schule auch das Wohnumfeld, das Quartier oder die Gemeinde samt der sozialen, wirtschaftlichen und kulturellen Infrastruktur einbezieht.

Bildungslandschaften in einem inklusiven Bildungssystem

Der ökosystemische Ansatz der Entwicklungspsychologie fragt nach den Umweltbedingungen im Prozess der Entwicklung der Persönlichkeit. Das Umfeld wird dabei jedoch aus der Perspektive des Individuums betrachtet, es ist eines von mehreren Wirkungsfaktoren der Entwicklung. Gefragt wird dabei, welche Faktoren auf welche Weise wirksam werden. Diese entwicklungspsychologische Perspektive macht auf Fragen aufmerksam, welche Wirkungen das Bildungssystem auf individuelle Bildungsverläufe hat und wie individuelle Entwicklungen dadurch beeinflusst werden. Diese entwicklungspsychologische Perspektive ermöglicht es jedoch nicht, gesellschaftliche Widersprüche, Macht- und Herrschaftsstrukturen und deren Folgen in Bezug auf Bildungsmöglichkeiten und -gelegenheiten zu thematisieren. Dazu bedarf es einer sozialräumlichen Perspektive auf Bildung, die sich an soziologischen Theorien orientiert, in denen das Verhältnis von Sozialstruktur und Raum thematisiert wird. In dieser Perspektive geht es um den Sozialraum. Mit diesem Begriff wird der soziale Raum der Gesellschaft und die Beschaffenheit und Struktur physisch-materieller Räume aufeinander bezogen und Gegenstand analytischen und politisch-praktischen Handelns. Im Mittelpunkt der Betrachtung stehen territoriale Einheiten wie das Quartier, die Gemeinde oder Stadt. Auf diese sozialräumlichen Ansätze der Analyse gesellschaftlicher Verhältnisse und sozialer Strukturen, der politischen Intervention und der fachlichen Gestaltung und Strukturierung von Dienstleistungsangeboten im Bereich der Bildung und der Sozialen Arbeit rekurriert das Konzept „Bildungslandschaften". Gleichwohl können mit dem Ansatz und Konzept Bildungslandschaften auch Aufgaben und Fragen der Entwicklung des Individuums, wie sie das ökosystemische Modell der Entwicklungspsychologie beschreibt, aufgegriffen und bearbeitet werden.

Begriff und Konzept Bildungslandschaften

Mit dem Begriff Bildungslandschaften werden Ansätze und Strategien regionaler oder kommunaler Jugend- und Schulpolitik bezeichnet, mit denen versucht wird, in einer Region oder Kommune Bedingungen für das Aufwachsen von Kindern und Jugendlichen auf eine neue Weise zu gestalten. Vielfältige Gelegenheiten und Angebote für Bildung an vielen Orten im regionalen oder kommunalen Raum sollen Bildung als einen umfassenden Prozess der Entwicklung der Persönlichkeit besser fördern und insbesondere Bildungsbenachteiligungen von Kindern und Jugendlichen in benachteiligten Lebenslagen und schwierigen Lebensverhältnissen abbauen.

Bildungslandschaften entstehen und basieren auf der Kooperation von Institutionen und Initiativen aus den Bereichen Bildung, Jugend, Soziales, Wirtschaft, Kultur, Gesundheit, Sport, unter Einbezug gesellschaftlicher Gruppen und Verbände, Gewerkschaften, Kirchen und Vereine; sie alle sind am Aufbau und an der Gestaltung von Bildungslandschaften zu beteiligen. Schule und Jugendhilfe repräsentieren zentrale öffentliche Institutionen der Jugend- und Schulpolitik im Projekt „Bildungslandschaften". Ohne eine gestaltende und steuernde kommunale Politik und Verwaltung bleiben Kooperationen von Jugendhilfe und Schule allerdings in situativer, bilateraler Zusammenarbeit, in stadtteilbezogenen oder in thematischen Arbeitskreisen verhaftet. Deshalb stellen kommunale Verwaltung und Politik einen zentralen und unverzichtbaren Akteur in einem Projekt Bildungslandschaften dar. Ohne einen Einbezug und eine Beteiligung der Bürger/innen kann kaum von einem Projekt Bildungslandschaften gesprochen werden. Öffentliche demokratische Prozesse der Planung und Entscheidung sowie partizipative Verfahren in allen Handlungsbereichen sind ein unverzichtbares Merkmal von Bildungslandschaften, wenn sie mehr sein sollen als nur eine neue Variante der administrativen Kontrolle und politischen Steuerung im sozialen Nahraum der Kommune (vgl. Mack 2008).

Anlässe und Hintergründe

Der Begriff Bildungslandschaften ist relativ neu in der bildungspolitischen Diskussion, er hat aber mittlerweile eine sehr hohe Aufmerksamkeit und breite Verwendung gefunden. Dabei wird der Begriff nicht einheitlich gebraucht, worin sich widerspiegelt, dass es sich hier um eine bildungspolitische Suche nach einem tragfähigen Konzept handelt, mit dem bisher nur unzulänglich bearbeitete Fragen aufgegriffen werden. Dennoch sollen hier wichtige Aspekte aufgezeigt werden, sie markieren bildungstheoretische, bildungspolitische und administrativ-steuerungspolitische Dimensionen des Interesses am Thema Bildungslandschaften:

Es geht zunächst einmal um die Öffnung für Bildungsmöglichkeiten und Bildungsgelegenheiten über formale Bildung hinaus, insbesondere auch über die formale Bildung der Institution Schule durch den Einbezug anderer institutioneller und außerinstitutioneller Bildungsgelegenheiten in der Jugendhilfe, der Erwachsenenbildung, der beruflichen Bildung, im Bereich der Selbstorganisationen und des ehrenamtlichen Engagements von Kirchen, Verbänden und Vereinen. Es geht also darum, diese Institutionen und weitere intermediäre Instanzen einzubeziehen und als Akteure der Gestaltung von Bildungsangeboten und -gelegenheiten wahrzunehmen. Das heißt, Bildung zu diskutieren im Wechselspiel von formaler, non-formaler und informeller Bildung.

Den zweiten Hintergrund für das Interesse an Bildungslandschaften sehe ich in dem Versuch, den selektiven Wirkungen bei den Zugängen zu sozialen Räumen etwas entgegenzusetzen. Schule eröffnet soziale Räume, steuert dies aber in einem gegliederten Schulsystem wie in Deutschland sozial selektiv – wir wissen über den Zusammenhang von Bildungswahlentscheidung, Bildungserfolg und sozialen Hintergründen der Schülerinnen und Schüler. Man kann das Interesse an Bildungslandschaften auch dergestalt interpretieren, dass damit ein Versuch unternommen wird, diese selektiven Effekte und Ungleichheiten auszugleichen, unter anderem durch Vermittlung in andere soziale Kontexte und in andere soziale Netzwerke – das ist mit dem Begriff des sozialen Raumes und mit einer sozialräumlichen Perspektive auf Bildung gemeint.

Ein dritter Aspekt, der in der Diskussion um Bildungslandschaften eine Rolle spielt und bei dem mit dem Konzept auch neue Wege beschritten werden, bezieht sich auf die Frage der Organisation und Steuerung von Bildungsangeboten und Bildungsinstitutionen. Damit ist der Anspruch verbunden, das strenge bürokratische System der Schule und der Schulverwaltung zu öffnen für andere Formen der Steuerung und Organisation – bürgerschaftliche Beteiligung, partizipative Verfahren und Möglichkeiten, Bürgerinnen und Bürgern an den Planungen und Entscheidungen aktiv einzubeziehen, z. B. über das öffentliche Aushandeln von politischen Entscheidungen. Es geht also darum, von der alten Form der Organisation des Bildungssystems zu neuen Formen der Gestaltung zu gelangen, und dabei offenen, diskursiven und partizipativen Prozessen mehr Raum zu geben.

Schule und Schulentwicklung in sozialräumlicher Perspektive

In einer sozialräumlichen Perspektive kann Schulentwicklung nicht weiter als binnenschulische Angelegenheit aufgefasst werden; Schulentwicklung muss in Bezug zum sozialräumlichen Umfeld und, in einem weiteren Sinne, zum lokalen Bildungsraum erfolgen. Dabei stellt sich vor dem Hintergrund von Prozessen sozialräumlicher Segregation, in deren Folge sich Armutsviertel in den Städten herausbilden, die bildungspolitische und pädagogische Frage, wie Schulentwicklung so geplant und konzeptualisiert werden kann, dass diese Ungleichheiten und Ausgrenzungen durch Schulen nicht verstärkt werden, sondern dass die Schule im Gegenteil einen Beitrag dazu leistet, Ungleichheiten abzumildern und Zugänge zu Bildung zu eröffnen. Schulentwicklung muss deshalb daran gemessen werden, ob und wie sie Prozessen der sozialen Polarisierung und damit einhergehend der sozialräumlichen Spaltung in den Städten mit benachteiligten städtischen Quartieren gegensteuert.

In dieser sozialräumlichen Perspektive steht nicht mehr die Entwicklung der Schule und des Schulsystems vor Ort im Fokus des Interesses, sondern die Entwicklung einer lokalen Bildungslandschaft (vgl. Mack & Schroeder 2005). Es geht dabei um die Frage, wie der Bildungsraum der Stadt insgesamt im Sinne eines Abbaus von Bildungsbarrieren und der Öffnung von Zugängen zu Bildung auch für sozial benachteiligte Gruppen in den Blick genommen und gestaltet werden kann. Schule und Schulentwicklung erscheinen dann als Bestandteile einer lokalen Bildungslandschaft, zu der auch viele andere Institutionen gehören wie Einrichtungen und Angebote der Jugendhilfe, Kultureinrichtungen, Institutionen im Bereich der Gesundheitsförderung, des Sports oder der Ausbildungs- und Arbeitsförderung.

Begriff und Konzept der Bildungslandschaften markieren somit einen raumbezogenen Zugang zu Bildung und Bildungspolitik. Als geographische Räume werden dabei je nach Kontext unterschiedliche Gebietseinheiten in den Blick genommen, sie können eine gesamte Region umfassen oder auf einen einzelnen Stadtteil bezogen werden. Dies spiegelt sich in der unterschiedlichen Verwendung der Begriffe regionale, lokale und kommunale Bildungslandschaften.

Programme und Forschungen

Regionale Ansätze in der kommunalen bzw. regionalen Bildungspolitik werden durch Programme von Stiftungen, des Bundes und der Länder gefördert. Darüber hinaus haben sich zahlreiche Kommunen auf den Weg gemacht, ihre bildungspolitischen Kompetenzen und Zuständigkeiten neu zu ordnen und dabei Strukturen von kommunalen Bildungslandschaften aufzubauen.

An der Förderung lokaler bzw. regionaler Bildungslandschaften sind maßgeblich Programme und Initiativen von Stiftungen, des Bundes und einiger Länder beteiligt. Wesentliche Impulse sind von Schulentwicklungsprogrammen der Bertelsmann Stiftung in den 1990er Jahren ausgegangen, die eine regionale Perspektive auf Schulentwicklung und Schulqualität eingenommen haben und dabei in mehreren Programmetappen den Blick von der Schule auf weitere Bildungsakteure erweitert haben (Lohre et al. 2008). Der Ansatz einer kommunalen Bildungspolitik ist konzeptionell und theoretisch begründet worden durch das NRW-Gutachten „Zukunft der Bildung – Schule der Zukunft" (vgl. Bildungskommission NRW 1995). In der Folge sind, den Ansatz des NRW-Gutachtens und Impulse der Programme der Bertelsmann Stiftung aufnehmend, mehrere Programme aufgelegt worden. Das Bundesministerium für Bildung und Forschung (BMBF) hat mit dem Programm „Lernende Regionen" diesen Ansatz aufgegriffen, allerdings mit einer großen Offenheit in Bezug auf thematische Schwerpunkte und der Definition von Regionen. Das Folgeprogramm „Lernen vor Ort" des BMBF ist dabei wesentlich stärker auf eine kommunale Perspektive fokussiert. Mit dem Programm wird in bundesweit 40 Kreisen und kreisfreien Städten in einer gemeinsamen Förderung durch das BMBF und ca. 140 Stiftungen der Aufbau eines Bildungsmanagements und die Entwicklung von transparenten Strukturen von der frühkindlichen Bildung bis zur Weiterbildung unterstützt.

Neben Bundes- und Landesprogrammen haben insbesondere Programme von Stiftungen wichtige Impulse bei der Förderung regionaler Bildungslandschaften gesetzt. Mit dem Programm „Lebenswelt Schule" der Deutschen Kinder- und Jugendstiftung und der Jacobs Foundation sind in Bad Bramstedt (Schleswig-Holstein), Bernburg/Salzlandkreis (Sachsen-Anhalt), Weinheim (Baden-Württemberg) und Weiterstadt (Hessen) kommunale Bildungslandschaften mit Bildungsbüros und Prozessbegleitungen aufgebaut worden. In der Evaluation dieses Programms wurden Strukturen und Prozesse in diesen Bildungslandschaften in den Blick genommen, gefragt worden ist nach Faktoren für das Gelingen solcher Bildungslandschaften (Schubert et al. 2011). Als wichtige Gelingensbedingungen werden die Steuerung in der Bildungslandschaft durch einen Steuerungskreis, der Einbezug aller wichtiger Akteure in der Bildungslandschaft, Einbezug und Beteiligung der professionellen Akteure aus dem formalen und non-formalen Bildungsbereich sowie der Adressaten der Angebote und Leistungen in der Bildungslandschaft genannt (ebd., 7 f.).

In der „Weinheimer Initiative" haben sich bundesweit Städte und Landkreise zusammengeschlossen, um bessere Bedingungen für kommunales Bildungsmanagement im Bereich des Übergangs von der Schule in Ausbildung und Arbeit zu entwickeln und aufzubauen. Der Fokus der Initiative richtet sich dabei auf die berufliche Integration sozial- und marktbenachteiligter Jugendlicher. Als wichtiges Strukturelement hat sich dabei das Instrument der „Kommunalen Koordinierung" im lokalen Übergangsmanagement erwiesen (vgl. Kruse et al. 2010). In einer Expertise sind als Bedingungen für den Erfolg der kommunalen Koordinierung die Bereitschaft der Kommunen, Verantwortung in der Bildungspolitik zu übernehmen, der Aufbau von Strukturen in den Kommunen, die es ermöglichen, alle wichtigen Akteure in dem Handlungsbereich Übergang Schule – Beruf zu beteiligen, die Abstimmung der Verantwortlichkeiten zwischen den in diesem Bereich tätigen Institutionen, die Verknüpfung der Handlungsbereiche und die demokratische Legitimation dieser kommunalen Koordinierung durch entsprechende Beschlüsse in den kommunalen Parlamenten hervorgehoben worden (vgl. Kruse et al. 2010, 161 ff.).

Bedeutung des Konzepts „Bildungslandschaften" für Inklusion

Inklusion wird in der (sonder-)pädagogischen Debatte vorwiegend auf die institutionelle Gestaltung und Formierung von Bildungsangeboten und -möglichkeiten bezogen. Damit einher geht eine erstaunliche Reduktion dessen, was mit dem Begriff Inklusion analytisch, politisch und ethisch korrespondiert, nämlich ein Anspruch der Teilhabe und der gesellschaftlichen Integration, ein Gegenbegriff zur Exklusion. Angesichts massiver Prozesse der Marginalisierung und des Ausschlusses von sozialen Gruppen aus zentralen Bezügen ökonomischer, sozialer, kultureller und politischer Teilhabe, von Exklusionsprozessen von Angehörigen der unteren sozialen Statusgruppen der Gesellschaft, kann dieses zentrale gesellschaftliche Problem in der Diskussion um Inklusion nicht ausgeblendet werden. Diese Ausgrenzung nimmt eine konkrete Gestalt in sozialräumlichen Segregationsprozessen an und wird verschärft durch sich seit Jahren in Deutschland abzeichnende postwohlfahrtsstaatliche Tendenzen in der Sozialpolitik. Bezogen auf Fragen der Inklusion in und durch Bildung ist es deshalb erforderlich, Bezug zu nehmen auf Prozesse der sozialräumlichen Ausgrenzung und Marginalisierung. Damit verbunden ist der Anspruch, Inklusion in und durch Bildung nicht allein in Bezug auf einzelne Bildungsinstitutionen zu diskutieren, sondern im Gesamt der Bildungsmöglichkeiten und -gelegenheiten in einem Quartier oder einer Kommune.

Konzepte und Programme zur Förderung von Inklusion müssen diesen Sachverhalt berücksichtigen. Inklusion kann nur gelingen, wenn soziale Benachteiligung und ihre Folgen für Bildung in den Blick genommen werden. Soll der mit Inklusion bezeichnete Anspruch eingelöst werden, kommt es darauf an, Kindern, Jugendlichen und Erwachsenen, die von Armut und sozialer Ausgrenzung betroffen sind, in Schule und Jugendhilfe, Berufsbildung und Erwachsenenbildung Möglichkeiten und Perspektiven zu bieten. Inklusion ohne Berücksichtigung der sozialen Lage geht nicht. Deshalb sind Konzepte erforderlich, in denen neben dem gemeinsamen Unterricht für behinderte und nichtbehinderte Kinder und Jugendliche, neben der Förderung von Kindern und Jugendlichen mit Migrationshintergrund im Bildungssystem und in der Sozialen Arbeit auch eine Bearbeitung und eine Minderung der Folgen von sozialer Benachteiligung erfolgt und sozialer Ausgrenzung politisch und pädagogisch entgegengewirkt wird. Inklusion erfordert deshalb soziale Integration.

An dieser Stelle wird das Konzept Bildungslandschaften für Inklusion bedeutsam. Es ermöglicht, das Problem der Bildungsbenachteiligung von sozial benachteiligten Kindern und Jugendlichen zu bearbeiten. Mit dem Konzept programmatisch verbunden ist der Anspruch, Prozessen der sozialräumlichen Exklusion und deren Verstärkung durch Ausschluss von Bildung bzw. durch Benachteiligung bei der Bildungsbeteiligung vor Ort etwas entgegenzusetzen und neue Zugänge zu Bildung, in Bezug auf formale und non-formale Bildungsangebote und informelle Bildungsgelegenheiten zu eröffnen. Mit der mit dem Konzept Bildungslandschaften verbundenen sozialräumlichen Perspektive werden, anders formuliert, Anschlüsse zum Anspruch der Inklusion möglich. Das Konzept Bildungslandschaften konkretisiert mit dem bildungspolitischen Anspruch, Teilhabe an Bildung für alle zu ermöglichen und Zugänge zu Bildung insbesondere für benachteiligte soziale Gruppen zu verbessern, allgemeine Grundsätze, wie sie im Diskurs über Inklusion formuliert werden. Neben dieser sozialräumlichen, in diesem Sinne auch sozialpolitischen Dimension ist das mit dem Begriff Bildungslandschaften verbundene bildungspolitische Programm auch in einem weiteren Sinne mit dem Prinzip der Inklusion kongruent: Stärkung bürgerschaftlicher Beteiligung, Öffnung der Politik und Verwaltung für partizipative Verfahren und das Prinzip des Aushandelns und Gestaltens vor Ort durch alle Beteiligten sind Prinzipien, die für eine Umsetzung des Prinzips der Inklusion als zentrale administrative und institutionelle Voraussetzungen von zentraler Bedeutung sind. Somit gibt es Entsprechungen und Bezüge zwischen beiden Ansätzen, dem Konzept der Bildungslandschaften und dem Prinzip der Inklusion, in programmatischer und in politisch-praktischer Perspektive. Bildungslandschaften sind auf kommunaler bzw. regionaler Ebene deshalb als ein geeignetes bildungspolitisches Konzept und Verfahren zu verstehen, Prozesse der Inklusion zu unterstützen und zu fördern.

Standards

a) Politisch-rechtliche Ebene

- *Inklusion ist ein zentrales Thema lokaler Bildungslandschaften:* Fragen der Inklusion werden in allen relevanten Gremien der Bildungsregion kontinuierlich bearbeitet, das Thema ist auf der strategischen Ebene und in den operativen Arbeitseinheiten fester Bestandteil der Arbeit der Bildungslandschaften.
- *Der kommunale Raum ist eine wichtige Ressource für Inklusion:* Gemeinde und Quartier sind bildungsrelevante Orte und bei der Gestaltung von Angeboten und Maßnahmen als Ressource einzubeziehen. Bildungsplanung ist deshalb auch als Teil der Stadtentwicklung und Sozialplanung zu konzeptualisieren, integrierte Formen der Planung müssen sich auf die Gestaltung des städtischen Raums in Bezug auf Teilhabe und Nutzung von formalen Bildungsangeboten und informellen Bildungsgelegenheiten beziehen.

- *Lokale Bildungslandschaften fördern soziale Integration:* Soziale Ausgrenzung im Bildungssystem und ungleiche Verteilungen der Zugangsmöglichkeiten zu Bildung stehen dem Anspruch der Inklusion entgegen. Bildungsbenachteiligung von Kindern und Jugendlichen in sozial benachteiligten Lebensverhältnissen wird durch inklusive Angebote und Strukturen in lokalen Bildungslandschaften abgebaut, sozial integrative Strukturen im Bildungsbereich werden gestärkt. Deshalb kooperieren Institutionen der Bildung und der Sozialen Arbeit und entwickeln aufeinander abgestimmte Angebote und Maßnahmen für benachteiligte Kinder und Jugendliche. Mit integrierten Handlungsansätzen von Schule, Jugendhilfe, Ausbildung, kommunaler Wirtschaftsförderung, Wohnungsbaupolitik und Stadtplanung werden Formen einer integrativen Stadtpolitik aufgebaut.

b) Administrative Ebene

- *Gewährsleute für Inklusion sind in den Bildungslandschaften in allen wichtigen Gremien und an allen wichtigen Entscheidungen beteiligt:* Vertreterinnen und Vertreter von Initiativgruppen, Selbstorganisationen von Menschen mit Behinderungen und Einrichtungen der Behindertenhilfe sind in den Gremien auf der Steuerungsebene und in den Arbeitskreisen vertreten.
- *In lokalen Bildungslandschaften werden Fachdienste für individuelle Förderung und Unterstützung in geeigneter Weise organisiert:* In der Bildungsregion sind Fachdienste und professionelles Personal für individuelle Förderung von Kindern und Jugendlichen in allen Bildungsinstitutionen erreichbar. Art und Weise der Organisation hängen davon ab, wie landesspezifische Formen der Organisation eines inklusiven Bildungssystems gestaltet sind. In den Bildungslandschaften werden auf der Basis der staatlichen Organisation des Bildungssystems fachliche, organisatorische und administrative Unterstützungssysteme eingerichtet. Diese Fachdienste können kommunale Förderzentren mit spezifischen Beratungs-, Förder- und Unterstützungsangeboten mit dezentralisierten und ambulanten Formen der individuellen Förderung und Unterstützung kombinieren.

c) Institutionelle Ebene

- *In lokalen Bildungslandschaften wird Inklusion in einer Lebenslaufperspektive für alle Institutionen im Bereich der Bildung und der Sozialen Arbeit thematisch relevant:* Alle Institutionen der Bildung, der Sozialen Arbeit und der sonderpädagogischen Förderung sind gefragt und an der Entwicklung, der Einführung und der Verbesserung inklusiver Ansätze und Konzepte beteiligt. Dabei wird Inklusion in einer Lebenslaufperspektive für alle Institutionen im Bereich der Bildung und der Sozialen Arbeit als handlungsleitende Maxime relevant.
- *Die Gestaltung von Übergängen im Bildungssystem ist ein wichtiger Indikator für Inklusion in einer Bildungslandschaft:* Übergänge im Bildungssystem werden barrierefrei gestaltet und ermöglichen Anschlüsse in weitere Bildungsgänge sowie in Ausbildung und Arbeit.

Literatur

Bildungskommission NRW (1995): Zukunft der Bildung – Schule der Zukunft. Denkschrift der Kommission „Zukunft der Bildung – Schule der Zukunft" beim Ministerpräsidenten des Landes Nordrhein-Westfalen. Neuwied/Kriftel/Berlin

Deutsches Institut für Menschenrechte (2008): Übereinkommen über die Rechte von Menschen mit Behinderungen. Online verfügbar unter: http://www.institut-fuer-menschenrechte.de/de/menschenrechtsinstrumente/vereinte-nationen/menschenrechtsabkommen/behindertenrechtskonvention-crpd.html#c1911 [Stand: 29.10.2011]

Kruse, W. & Expertengruppe Jugend (2010): Von der Schule in die Arbeitswelt. Bildungsmanagement als kommunale Aufgabe. Stuttgart

Lohre, W., Becker, M., Madelung, P., Schnoor, D. & Weisker, K. (2008): Selbständige Schule in regionalen Bildungslandschaften. Eine Bilanz. Troisdorf

Mack, W. (2008): Bildungslandschaften. In: Coelen, T. & Otto, H.-U. (Hrsg.): Grundbegriffe Ganztagsbildung. Das Handbuch. Wiesbaden, 741–749

Mack, W. & Schroeder, J. (2005): Schule und lokale Bildungspolitik. In: Kessl, F., Reutlinger, C., Maurer, S. & Frey, O. (Hrsg.): Handbuch Sozialraum. Wiesbaden, 337–353

Schubert, H., Rädler, M., Schiller, K., & Schmager, S. (2011): Ergebnisse der externen Evaluation des Programms „Lebenswelt Schule" in den Jahren 2010 bis 2011. Abschlussbericht, unveröffentlichtes Manuskript. Köln

Inklusive Schulentwicklung

Rolf Werning

Einleitung

In Artikel 24 der UN-Behindertenrechtskonvention von 2006 wird ein inklusives Bildungssystem gefordert, um das Recht von Menschen mit Behinderung auf Bildung ohne Diskriminierung und auf der Grundlage der Chancengleichheit zu verwirklichen. Ein zentraler Aspekt von Inklusion ist die institutionelle Entwicklung einer Schule für Alle. Damit rückt eine systemische Betrachtungsweise in den Vordergrund: Wie müssen Schulen beschaffen sein, damit alle Kinder und Jugendliche aufgenommen und optimal gefördert werden können? Die Frage der Inklusion und Exklusion wird nicht an den Schülerinnen und Schülern, sondern an der Institution festgemacht. Es wird die Idee einer Schule angesprochen, die keinen Menschen ausschließt und bemüht ist, allen Personen die Möglichkeit der vollen sozialen Teilhabe am gemeinsamen Leben zu geben. Inklusion bedeutet aus dieser Perspektive, aktiv gegen Diskriminierung, Benachteiligung und Exklusion einzutreten und beschreibt damit einen dauerhaften Schulentwicklungsauftrag.

Im Kontext der Schulentwicklungsforschung wurde in den 1990er Jahren die Bedeutung der Einzelschule als pädagogische Handlungseinheit herausgestellt, um die Qualität von Bildungs- und Erziehungsprozessen zu verbessern. „Schulen handeln [...] angesichts von Umwelten, die ihre Arbeitsbedingungen vorgeben. Wie sie dies dann als korporative Akteure tun, ist hochgradig variabel. Sie sind auch hier verantwortliche Akteure, die ihr Zusammenhandeln und ihre Aufgabenerfüllung optimal oder defizitär gestalten können" (Fend, 2008, 146). Die Entwicklung der einzelnen Schule rückt damit als Basis für die Qualitätsentwicklung immer mehr in den Mittelpunkt (vgl. Fend 2008; Kempfert & Rolff 1999). Und indem der Einzelschule mehr Verantwortung übertragen wird, wird auch die Kontrolle der Qualitätsentwicklung über eine Outcome-Steuerung eingeführt (vgl. Klieme 2004). Schulen sollen immer besser werden; der Qualitätsanspruch und der Qualitätsdruck steigen, wobei die Frage, was Qualität im pädagogischen Feld beinhaltet, sehr unterschiedlich beantwortet wird. So zeigt sich auf der einen Seite eine Konzentration auf Bildungsstandards und eine „‚empirische Verobjektivierung' der Leistungen" (Heinrich 2010, 129). Auf der anderen Seite wird die Qualität von Schule an einer inklusiven Orientierung gemessen, bei der es um die Reduktion von Diskriminierung und Bildungsbenachteiligung von einzelnen Gruppen von Schülerinnen und Schülern geht (vgl. Ainscow et al. 2006). Dass dies nicht unproblematisch ist, zeigen die Erfahrungen in England und den USA. In den USA führt die Form des High-Stakes-Testing (sanktionsbewehrte Leistungstests), das eingesetzt wird, um die jährliche Lernentwicklung der Schüler/innen (insbesondere im Lesen und in Mathematik) zu testen, zu einer messbaren Veränderung der Schulkultur. So kommen Valli, Croninger, Chambliss, Graeber und Buese (2008) in ihrer Studie zu „High-Stakes Accountability in Elementary Schools" zu dem Ergebnis, dass durch High-Stakes-Testing die Vielfalt des Curriculums eingeschränkt wird. „Teach to the test" bestimmt – zumindest in den Wochen vor den Tests – den Unterricht. Schüler/innen werden in homogenen Lerngruppen zusammengefasst, um für die Testanforderungen zu lernen. Lernschwache Schüler/innen werden zum Verlassen der Schule bewegt. Schwache Schüler/innen werden in dem Jahr vor dem obligaten Test nicht versetzt, um sie dann im nächsten Jahr gleich zwei Jahre weiterkommen zu lassen. Um sogenannte hoffnungslose Fälle, die die Testanforderungen nicht erreichen können, kümmert man sich weniger (vgl. auch Lind 2009).

Eine einseitige Überbewertung von Bildungsstandards, Vergleichsarbeiten und Tests unterstützt die Entwicklung einer Schulkultur, die mit inklusiven Werten im Widerspruch steht: „On the face of it, inclusion and the standard agenda are in conflict because they imply different views of what makes an improved school, different ways of thinking about achievements and different routes for raising them" (Ainscow et al. 2006, 12). Herauszustellen ist, dass Standards und die Einführung von Feedbackstrukturen zu Lern- und Leistungsentwicklungen von Schüler/innen an Schulen keineswegs unvereinbar mit inklusiven Prozessen sind. Die Frage ist, wie Schulen die unterschiedlichen Ansprüche, die sich aus den divergierenden Anforderungen von Fordern und Fördern, Bewerten und Unterstützen, Selektieren und Integrieren ergeben, bearbeiten. Wenn sich dabei ein neoliberales Konzept von Schule durchsetzt, in dem es konkurrierend um das beste Abschneiden bei Vergleichsarbeiten geht und in dem das Erreichen von Bildungsstandards in ausgewählten Lernfeldern als der zentrale Wert von Bildung angesehen wird, dann werden inklusive Werte schnell als Überforderung angesehen. Für die Entwicklung inklusiver Schulen ist es vielmehr notwendig, die in Deutschland eingeführten Regelstandards durch Mindeststandards zu ersetzen, die Kompetenzstufen definieren, unter die kein/e Schüler/in der allgemeinen Schule zurückfallen soll (vgl. BMBF 2007, 27f.). Im Rahmen individueller Lern- und Entwicklungspläne, die mit den Eltern und den Schüler/innen zu entwickeln sind, können dann für jeden Lernenden individuelle Bildungsziele definiert werden, die je nach Lernvoraussetzungen höhere oder niedrigere Anforderungen beinhalten können. Damit ist sicherzustellen, dass für alle Schüler/innen Bildungsangebote auf ihren jeweiligen Entwicklungsniveaus bereitgestellt werden. Statt einer Überhöhung der kriterialen und sozialen Bezugsnorm, wie sie durch die Regelstandards vorangetrieben wird, kann aus der Verbindung von Mindeststandards und individuell definierten Bildungszielen die Förderung aller Schülerinnen und Schüler in heterogenen Lerngruppen umgesetzt werden. Im Folgenden sollen nun zentrale Qualitätsmerkmale inklusiver Schulen skizziert werden.

Was kennzeichnet gute inklusive Schulen?

Dyson, Howes & Roberts (2002, 2004) haben einen systematischen Forschungsüberblick über Studien zu inklusiven Schulen in England vorgelegt. Dabei konnten sie vier Aspekte herausarbeiten, die inklusive Schulen auszeichnen (vgl. auch Dyson 2010):

1 Die Bedeutung von Schulkultur

Hierzu gehört eine Kultur, die durch Anerkennung und Wertschätzung von Unterschiedlichkeit, die durch die Bereitstellung von Bildungsangeboten für alle Schüler/innen auf ihren jeweiligen Entwicklungsständen, die durch eine ausgeprägte Kooperation zwischen den Lehrkräften sowie durch die Förderung der Zusammenarbeit zwischen Schülerinnen und Schülern und durch die konstruktive Einbeziehung von Eltern geprägt ist.

2 Leitung und Mitbestimmung

Hierzu gehört eine kompetente und starke Schulleitung, die sich zu inklusiven Prinzipien bekennt, die auf Partizipation und Verantwortung im Umgang mit dem Kollegium setzt und eine unterstützende und wegbereitende Funktion im Entwicklungsprozess übernimmt.

3 Strukturen und Praktiken

Inklusive Schulen haben kein einheitliches organisatorisches Modell. Sie tendieren jedoch zu flexibleren und weniger segregierenden Unterrichtsformen und mehr pädagogischer Flexibilität was individuelle Lernpläne, Individualisierung und Differenzierung im Unterricht und den Einsatz von Sozialformen etc. betrifft.

4 Unterstützung durch Bildungspolitik und -verwaltung

Eine inklusionsförderliche und unterstützende Bildungspolitik und Schulverwaltung erleichtert die Entwicklung inklusiver Schulen deutlich.

Nun stellt sich Frage, ob inklusive Schulen nur dann entstehen, wenn optimale Bedingungen vorliegen: Wenn also die politischen Rahmenbedingungen stimmen, die Schulleitung und die Lehrkräfte explizit an der Entwicklung einer inklusiven Schule arbeiten und mit tiefer Überzeugung inklusive Werte vertreten. Dass es nicht immer solcher exzeptionellen Bedingungen bedarf, zeigt eine weitere Studie aus England, in der Entwicklungsprozesse ganz normaler englischer Schulen begleitet wurden (vgl. Ainscow, Booth & Dyson 2004, 2006, 2009; Dyson & Gallannaugh 2007). Hier machten sich Schulen auf den Weg, Benachteiligung und Diskriminierung zu minimieren, ohne Inklusion explizit anzustreben. Bei diesem Entwicklungsprozess waren zwei Aspekte besonders bedeutsam:

> „Erstens war der Motor, der die Entwicklung der Schulen vorantrieb, nicht das Auftreten einer charismatischen Leitungsperson oder eine plötzliche Bekehrung zu inklusiven Prinzipien, sondern es war die Herausforderung, sich mit Befunden über die aktuellen Praxen der Schule und deren Auswirkungen auf die vorhandenen Schüler/innen auseinanderzusetzen. Gewiss brachten die Lehrkräfte Prinzipien mit, die für dieses Engagement nötig waren, aber es handelte sich dabei um Werte wie ‚das Beste für alle Schüler/innen zu wollen' […]. Doch was das Denken und die Praxen veränderte, war nicht die Hinwendung zu einem Strauß neuer Werte, sondern gemeinsames Engagement angesichts von Befunden über reale Kinder in realen Klassen, durch die die bisherigen Annahmen der Lehrkräfte über sich selbst und die Schüler/innen ins Wanken geraten waren." (Dyson 2010, 125)

Hier wird deutlich, dass Schulentwicklungsprozesse an konkreten Problemstellungen im pädagogischen Alltag ansetzen. So beschreibt Schratz (2003) Schulentwicklungsprozesse in vier Phasen. Phase 1 beschreibt den Zustand der relativen Zufriedenheit. Häufig werden die (nach einer Phase der Zufriedenheit) auftretenden Probleme zunächst geleugnet bzw. verschoben (Phase 2). Wenn der Problemdruck nicht nachlässt und man erkennt, dass die bisherigen Problemlösungsmuster nicht erfolgreich sind, entsteht Konfusion (Phase 3). „Man beginnt einzusehen, dass die alten ‚Glaubenssätze' nicht mehr stimmen, dass das eigene Verhalten – *‚mehr von Demselben statt Neuem'* – sogar den Problemdruck erhöhen kann" (ebd., 15, Herv. i. O.). Erst wenn die Reproduktion alter, nicht mehr wirksamer Problemlösungsmuster durchbrochen wird, beginnt eine Entwicklung in Richtung Erneuerung (Phase 4).

> „Für Schulentwicklung ist der Schritt von der dritten Phase (Konfusion) in die vierte (Erneuerung) der Entscheidendste. Es ist auch der Schwierigste, da LehrerInnen in ihrer Ausbildung einerseits darauf nicht vorbereitet worden sind, andererseits weil durch den Blickwechsel vom ‚Ich und meine Klasse' zum ‚Wir und unsere Schule' gegenwärtig so etwas wie ein Kulturbruch in der Arbeit von Lehrerinnen und Lehrern stattfindet […]." (ebda.)

In der vierten Phase muss das bisher Bekannte und Vertraute verlassen werden, was meist mit dem Gefühl der Unsicherheit oder Unzufriedenheit verbunden ist. Dieser Schritt wird als Übergang von der unbewussten zur bewussten Inkompetenz beschrieben. Das Ziel ist dann der Aufbau bewusster Kompetenz. „Der Aufbau bewusster Kompetenzen heißt in unserem Fall der Erwerb von Fähigkeiten Schule gemeinsam lebendig zu gestalten […]. Dieser Prozess benötigt einer Zielvorgabe entsprechende Instrumente zur Erreichung der gemeinsamen Ziele" (Schratz 2003, 16). Schulentwicklung ist dabei ein systematisch angelegter Lernprozess der Schule zur Verbesserung der Qualität. Der Aufbau neuer Kompetenzen findet in den zentralen Bereichen der Unterrichtsentwicklung, der Personalentwicklung und der Organisationsentwicklung statt (vgl. Rolff 2007).

Auch für die Entwicklung inklusiver Schulen sind diese Bereiche von besonderer Bedeutung. Personalentwicklung ist wichtig, da Inklusion – und damit die Steigerung von Heterogenität – die Anforderungen an die Tätigkeit der Lehrkräfte erhöht. Insbesondere die Anforderungen an pädagogisch/psychologisches Wissen, an die Methodenkompetenzen und die diagnostischen Kompetenzen erweitern sich durch die unterschiedlichen Voraussetzungen, Lernstrategien und besonderen pädagogischen Bedürfnisse der Schüler/innen. Damit kommen den von Rolff, Buhren,

Lindau-Bank und Müller (2000) beschriebenen Aspekten der Personalentwicklung, wie Forschung und Selbstbeurteilung, Reflexion und Feedback sowie Zusammenarbeit und Arbeitsteilung, eine besondere Rolle zu.

Unterrichtsentwicklung ist ein zentraler Bereich in inklusiven Schulen. Heterogenität in Lerngruppen allein bringt nicht automatisch eine Qualitätsverbesserung des Unterrichts mit sich. Vielmehr stellt Heterogenität eine didaktische Herausforderung dar, wie mit der Vielfalt der Schülerinnen und Schüler umgegangen werden kann. Konsens besteht darüber, dass bei allen didaktischen Überlegungen zum inklusiven Unterricht innere Differenzierung zentral ist (vgl. Werning 2006). Verschiedene didaktische Konzepte sind entsprechend entwickelt worden (vgl. dazu Werning & Lütje-Klose 2006; Heimlich 2007).

Unter Organisationsentwicklung versteht man, dass eine Organisation von innen heraus, durch die Mitglieder selbst, neue Ziele und Qualitätskriterien definiert und deren Verwirklichung in Angriff nimmt. Organisationsentwicklung ist somit die Grundlage einer „lernenden Organisation", in der sich die Menschen und die Organisation weiterentwickeln. Organisationsentwicklung im schulischen Kontext bezieht sich immer auf die ganze Schule und nicht nur auf Teilaspekte. Gleichzeitig ist aber zu betonen, dass nur eine schrittweise Entwicklung möglich ist, „die an Subeinheiten der Schule wie Fachkonferenzen anknüpfen kann, aber auch am Kooperationsklima, an der Schulleitung, am Schulprogramm oder einer Abteilung" (Rolff 2007, 24). Zu den grundlegenden Bereichen von Organisationsentwicklung zählt Peter Senge, Direktor des Center for Organizational Learning an der MIT Sloan School of Management in Cambridge (Massachusetts), u.a. die gemeinsame Entwicklung von Visionen und das Team-Lernen (vgl. Senge 1996).

Ein weiterer Aspekt, der über die Organisationsentwicklung im engeren Sinne hinausgeht, ist die Entwicklung der Schule-Umwelt-Beziehungen. Inklusion – verstanden als die Minimierung von Bildungsbenachteiligung und Exklusion – ist nicht allein eine nur schulisch zu beantwortende Herausforderung. So zeigen Forschungen, dass die Lernleistungen von Kindern nicht allein von ihren Fähigkeiten und der schulischen Förderung abhängen, sondern von ihrem sozioökonomischen und soziokulturellen Hintergrund, von Elternunterstützung und Kind-Eltern-Beziehungen sowie von der Zusammensetzung der Schülerschaft einer Schule und der Klasse (vgl. Duckworth 2008). Dabei wird der Einfluss der Schule meist über- und der Einfluss der anderen Bereiche meist unterschätzt. Inklusive Schulen müssen deshalb die Beziehungen zu den außerschulischen Lebensfeldern der Schüler/innen bewusst entwickeln.

Visionen, Team-Lernen und die Beziehung zu außerschulischen Kontexten als Entwicklungsbereiche inklusiver Schulen

Zum Abschluss sollen die Bereiche der Visionen/Leitbildentwicklung, des Team-Lernens und der Gestaltung der Beziehungen zu der außerschulischen Lebenswelt der Schüler/innen dargestellt werden, da sie in der bisherigen Diskussion zur inklusiven Schulentwicklung kaum diskutiert worden sind.

Leitbildentwicklung an inklusiven Schulen

Senge (1996, 18) betont, dass eine Organisation auf Dauer kaum erfolgreich sein kann, wenn es keine gemeinsamen Ziele und Wertvorstellungen gibt. „Wenn eine echte Vision vorhanden ist [...], wachsen die Menschen über sich selbst hinaus: Sie lernen aus eigenem Antrieb und nicht, weil man es ihnen aufträgt" (ebd., 18). Zu einer Vision von Schule gehört somit die Entwicklung eines gemeinsamen Leitbildes, um darauf aufbauend eine pädagogische Perspektive für die Qualitätsentwicklung der Institution zu formulieren, die den Weg des Entwicklungsprozesses aufzeigt.

Inklusive Pädagogik beschreibt einen Perspektivenwechsel bei der Ausgestaltung der Relation zwischen der Institution Schule und den in ihr lernenden und lebenden Menschen. Damit ist auch ein bestimmtes Leitbild verbunden. Statt der Anpassung des Kindes an die Schule ist nun die Institution aufgefordert, sich gegenüber der Individualität der Schüler/innen zu öffnen. Damit wird das vorherrschende Konstrukt homogener Lerngruppen durch eine bewusst heterogene Orientierung ersetzt. Wenn diese Perspektive umgesetzt werden soll, dann müssen bestehende schulische Routinen und scheinbar unverrückbare Normalitäten hinterfragt werden. Um dies nachhaltig zu erreichen, ist die Entwicklung einer gemeinsamen inklusiven Perspektive nötig, die die Grundlage für eine gemeinsame Entwicklung von Leitlinien zur inklusiven Arbeit an Schulen darstellt. Ein Leitbild stellt dabei das pädagogische Selbstverständnis einer Schulgemeinde dar (vgl. Kempfert & Rolff 1999, 61) und umfasst die gemeinsam getragene Vorstellung von der Qualität der pädagogischen Arbeit. Philipp und Rolff (1998) haben in einem Arbeitsbuch die Entwicklung von Schulprogrammen und Leitbildern vorgestellt. Sie beschreiben zwölf Schritte zur Erstellung eines Schulprogramms (vgl. ebd., 23):

1. Initiierung
2. Kollegiumsbeschluss/Schulkonferenz
3. Bildung einer Entwicklungsgruppe/Steuergruppe
4. Bestandserhebung und Umweltanalyse
5. Diagnose der Schule: Stärken und Schwächen
6. Erarbeitung einer gemeinsamen Vision
7. Formulierung von Leitsätzen
8. Entwicklungsschwerpunkte finden und auswerten
9. Prioritätensetzung
10. Endformulierung des Textes
11. Abstimmung/Genehmigung
12. Umsetzung
13. Evaluation

Den Schritten 4 bis 7 kommt dabei eine besondere Bedeutung zu, da hier die zentrale inhaltliche Arbeit stattfindet. Der Aufwand, den eine solche Entwicklungsarbeit mit sich bringt, macht sich jedoch schnell bezahlt. Eine Schule, in der die Personen nicht eine zumindest in größeren Bereichen geteilte gemeinsame Auffassung bezüglich der inklusiven Förderung von Schülerinnen und Schülern vertreten, wird sich in ständigen Auseinandersetzungen befinden. Gute inklusive Schulen haben sich deshalb auf Leitlinien der Arbeit im Kollegium verständigt, die auch mit den Eltern diskutiert werden. Darin sind die Grundsätze der inklusiven Arbeit fixiert. Im Folgenden wird ein Beispiel aus einem regionalen Integrationskonzept in Niedersachsen vorgestellt:

Leitlinien der inklusiven pädagogischen Arbeit

Tabelle 1

- Die Gesamtverantwortung für alle Kinder liegt bei der Grundschule.
- Gemeinsames Lernen soll in Schule und Unterricht in größtmöglichem Maß realisiert werden (Primat der inneren Differenzierung und Individualisierung).
- Die Grundschule stellt sich auf die Vielfalt der Schülerinnen und Schüler ein. Heterogenität wird als pädagogische Chance und Herausforderung angesehen.
- Pädagogische Arbeit setzt an den Stärken der Kinder an.
- Fördern ist integrativer Bestandteil des Grundschulunterrichts.
- Unterricht baut auf der Akzeptanz heterogener Lerngruppen auf.
- Differenziertes und individualisiertes Lernen verlangt eine differenzierte Leistungsbewertung.
- Integrativer Unterricht erfordert die Kooperation von Lehrkräften. Dazu ist ein institutionelles Konzept für Kooperation notwendig.
- Sonderpädagogen und Sonderpädagoginnen arbeiten nicht mehr überwiegend kindzentriert, sondern entwickeln in Kooperation mit den Lehrkräften der Grundschule Lern- und Entwicklungsmöglichkeiten für Kinder mit erschwerten Lernbedingungen im gemeinsamen Unterricht.
- Integration wird als gemeinsamer Schulentwicklungsauftrag verstanden.

Aufbauend auf einem solchen konsensuell erarbeiteten Leitbild können dann auf der Ebene des Unterrichts, der Organisationsentwicklung wie auch auf der Ebene der Personalentwicklung konkrete Indikatoren einer inklusiven Schule benannt, und die für die Umsetzung notwenigen Ressourcen definiert und eingefordert werden. Leitbilder bieten zudem Anlässe für weitere pädagogische Diskussionen, für Wertediskussionen wie auch für Diskussionen über das professionelle Selbstverständnis der Pädagog/innen und über die Möglichkeiten der Unterrichtsgestaltung. Leitbilder sind somit eine Art „Leitradar", die die weitere Entwicklung in unterschiedlichen pädagogischen Bereichen ausrichten können und gleichzeitig die gemeinsam vertretene Grundlage bilden, auf denen weitere Entwicklungen fußen können.

Team-Lernen und Kooperation

„Das Team-Lernen ist von entscheidender Bedeutung, weil Teams, nicht einzelne Menschen, die elementare Lerneinheit in heutigen Organisationen bilden. Sie sind die ‚Nagelprobe' für die Praxis. Nur wenn Teams lernfähig sind, kann die Organisation lernen" (Senge 1996, 19 f.). Lernende Organisationen sind auf Teams angewiesen, die miteinander kooperieren, indem sie beginnen, miteinander zu denken und nicht gegeneinander bestimmte Überzeugungen durchsetzen wollen. Teamarbeit beschreibt so die Zusammenarbeit von zwei oder mehr Personen eventuell aus unterschiedlichen Disziplinen, die eine gemeinsame Aufgabe, ein gemeinsames Problem in einem gegenstandsbezogenen Gruppenprozess bearbeiten, indem sie ihr personales und disziplinspezifisches Wissen und Können einbringen, um daraus auf einer metadisziplinären Ebene ein kollektives Wahrnehmungs-, Deutungs- und Handlungsmuster zu entwickeln (vgl. Werning 1996, 171).

Inklusive Schulen sind durch kooperative Strukturen nach innen und nach außen gekennzeichnet. Nach innen erfordert inklusive Bildung die Zusammenarbeit von Regelschullehrkräften mit anderen Expertinnen und Experten. Kanada verdeutlicht dies: Die Mehrzahl der Schulen in Kanada verfügt neben den regulären Lehrpersonen auch über Sonderpädagog/innen, Zweitsprachlehrkräfte, Integrationshelfer/innen und Unterrichtsassistent/innen, die in Teams kooperieren. Lehrkräfte haben die Möglichkeit, sich kompetente Unterstützung zu holen (vgl. Löser 2009). Die Chance liegt in der Erweiterung professioneller Kompetenzen und Handlungsfähigkeiten sowie in der Überwindung der Rolle der Lehrkraft als „Einzelkämpfer/in". Darüber eröffnen sich vielfältige Lern- und Anregungsmöglichkeiten bei der alltäglichen Bewältigung der Aufgabe, alle Schülerinnen und Schüler auf ihrem jeweiligen Entwicklungsstand zu fördern, Förderpläne zu erstellen und zu reflektieren, Lernprozesse in der Lerngruppe anzuregen und zu unterstützen (vgl. MacKay 2006a). In Schweden werden Entwicklungspläne durch „Pupil-Welfare-Teams" erstellt (European Agency 2005). Verschiedene Schulmitarbeiter/innen (z.B. eine Sonderpädagogin, eine Psychologin und eine Schulkrankenpflegerin, Lehrkräfte) erarbeiten diese in professionsübergreifenden Teams. Es ist herauszustellen, dass inklusive Schulen nicht ohne sonderpädagogische Kompetenz funktionieren. Zugleich ist zu betonen, dass durch die (professionsübergreifende) Teamarbeit die Verantwortung für Kinder mit sonderpädagogischem Förderbedarf nicht allein bei den Sonderpädagog/innen, sondern bei allen Lehrkräften und Mitarbeiterinnen und Mitarbeitern einer Schule liegt. Es ist deshalb notwendig, im Rahmen eines Schulentwicklungsprozesses konkrete Absprachen für die Teamarbeit zu treffen. Eberwein und Knauer (1999, 294) haben hierfür wichtige Grundsätze benannt. Dazu gehören u.a. der offene Austausch über die gegenseitigen Vorstellungen von Kooperation und das jeweilige Rollenverständnis, die Thematisierung der eigenen Verunsicherung und Befürchtungen durch die Anwesenheit von weiteren Erwachsenen im Unterricht, die gemeinsame Entwicklung eines neuen Selbst – und Aufgabenverständnisses, konkrete Vereinbarungen über die Funktionen der Lehrkräfte im Unterricht sowie wöchentliche Teamsitzungen.

In Deutschland fällt die Kooperation im Gemeinsamen Unterricht bis heute schwer. In einer Untersuchung zur Kooperation zwischen Grundschullehrkräften und Sonderpädagog/innen im Gemeinsamen Unterricht in Niedersachsen zeigte sich, dass nur an wenigen integrativen Schulen produktive Formen der Zusammenarbeit praktiziert wurden (vgl. Werning, Urban & Sassenhausen 2001; Lütje-Klose, Urban, Werning & Willenbring 2005). Es zeigte sich aber auch, dass dort, wo die Entwicklung kooperativer Strukturen als Aufgabe der Schulentwicklung bzw. als übergreifende Aufgabe der Modellentwicklung angesehen und bearbeitet wurde, gut funktionierende und wegweisende Ansätze entstanden sind.

Inklusive Schulen im Kontext

Kooperation findet in inklusiven Schulen nicht nur im Binnenraum, sondern auch nach außen, mit den Eltern, mit Einrichtungen in der Gemeinde und in dem Stadtteil statt. Die Umsetzung von Inklusion kann nicht nur auf die Schule gerichtet sein, sondern muss die Schule im Kontext ihrer sozialen Beziehungen wahrnehmen (vgl. Dyson 2008). In der inklusiven kanadischen Provinz New Brunswick ist dies unter den Begriffen „Child-Centered Schools" und „School-Centered Communities" zusammengefasst (MacKay 2006b). Beide Ausrichtungen haben zum Ziel, dass sich Schulen den Kindern anpassen. Wesentlich ist dabei die *Öffnung der Schule*. Gemeint ist eine Zusammenarbeit mit anderen Gruppen und Organisationen, z. B. Wirtschaftsunternehmen und Stadtteilinitiativen. Schulen nehmen aus dieser Perspektive heraus eine zentrale Position im Stadtteil ein (vgl. ebd., 6). Als hilfreich für die gelingende inklusive Beschulung wird in New Brunswick neben der professionellen Unterstützung innerhalb der Schule ein gutes externes Netzwerk außerhalb der Schule angesehen (vgl. MacKay 2006a, 126 f.). Das externe Netzwerk bietet den Lehrpersonen die Möglichkeit zur frühzeitigen und effizienten Hilfe und Beratung von außen. Um dieses Vorgehen zu systematisieren, werden „District Multi-Disciplinary-Teams" installiert (MacKay 2006a, 214).

In England werden sogenannte „extended schools" ausgebaut und evaluiert. „Extended schools" bieten eine große Palette von Angeboten für die Kinder, die Eltern und die Gemeinde an. Dies sind „childcare, adult education, parenting support programmes, community-based health care and social care services, multi-agency behaviour support teams and after-school activities" (DfES 2005, 7). Ein zentraler Bereich der „extended schools" liegt in der Elterneinbindung. Dazu gehören Kurse zur Kindererziehung, Lernangebote für Familien, in denen die Eltern mit ihren Kindern lernen können, aber auch die Vermittlung an außerschulische Experten wie Sprachtherapeuten, kinder- und jugendpsychologische Beratung, Gesundheits- und Sexualberatung (vgl. ebd., 7 f.).

Die besondere Bedeutung von Elterneinbindung wird – anders als in den USA oder England – bisher in deutschen Schulen wenig beachtet (vgl. Sacher 2008). Dabei zeigen internationale Forschungen, dass die Elternpartizipation ein entscheidender Faktor für den schulischen Lernerfolg darstellt (vgl. Textor 2009; Henderson & Mapp 2002; Jeynes 2005, 2007, 2011; Desforges with Abouchaar 2003). In den Meta-Analysen von Jeynes (2005, 2007, 2011) zeigt sich, dass besonders die positive elterliche Erwartungshaltung und das Zutrauen in die Fähigkeiten des Kindes sowie der Erziehungsstil und die Kommunikation mit dem Kind die stärksten Effekte auf eine positive Lernentwicklung haben. Die Kontrolle der Hausaufgaben oder die Teilnahme an Schulveranstaltungen hingegen zeigten keine große Wirkung. „Parental expectations and style may create an educationally oriented ambience, which establishes an understanding of a certain level of support and standards in the child's mind" (Jeynes 2005, 262). Diese Ergebnisse machen deutlich, dass inklusive Schulen eine Form der Elternarbeit entwickeln müssen, die über Elternsprechtage hinausgeht und stattdessen auch Bereiche der Erziehungsberatung und Erziehungsunterstützung umfassen sollten.

Fazit

Inklusive Schulentwicklung umfasst wie jeder schulische Entwicklungsprozess Unterrichtsentwicklung, Personalentwicklung, Organisationsentwicklung und die Vernetzung der Schule mit der familiären und außerschulischen Lebenswelt der Schülerinnen und Schüler. Dabei ist es das Ziel, die Möglichkeiten von Schule zu vergrößern für alle Schülerinnen und Schüler ein lernförderlicher Entwicklungsraum zu werden. Bei der Entwicklung inklusiver Schulen muss nicht auf optimale Bedingungen gewartet werden. Vielmehr kann auf jeder Ebene begonnen werden. Ob man mit der Leitbildentwicklung anfängt oder Teamarbeit einführt, ob man Kooperatives Lernen in heterogenen Gruppen einsetzt, oder mit Kooperativer Lernbegleitung (vgl. Werning 2005) und kollegialer Fallbesprechung (vgl. Burg 2005) beginnt, oder ob man mit dem Index of Inclusion (Booth & Ainscow 2002; deutsche Fassung von Boban & Hinz 2003) arbeitet, immer gibt es Auswirkungen auf die ganze Schule. Die Grundvoraussetzung ist die Bereitschaft der Lehrkräfte, sich der Herausforderung zu stellen, an der Verbesserung der sozialen Teilhabe aller Kinder und Jugendlichen und der Minimierung von Exklusion und Diskriminierung zu arbeiten. „Thus an inclusive school is one that is on the move, rather than one that has reached a perfect state" (Ainscow et al. 2006, 25).

Standards

a) Politisch-rechtliche Ebene

- Auf der politisch-rechtlichen Ebene muss Inklusion als Aspekt von Qualität von Schulen fixiert und befördert werden und in Beziehung zu anderen Qualitätsaspekten schulischer Bildung gesetzt werden.
- Das Diskriminierungsverbot ist maßgeblich.
- Die in Deutschland eingeführten Regelstandards sind durch Mindeststandards zu ersetzen.

b) Administrative Ebene

- Auf der Ebene der Schulverwaltungen muss Inklusion als Profil schulischer Entwicklung unterstützt und gefördert werden.

c) Institutionelle Ebene

- Auf der Ebene der Institution Schule müssen Schulentwicklungsprozesse, orientiert an inklusiven Leitbildern, initiiert werden.
- Schulen sollten sich als „Lernende Organisationen" verstehen.
- Schulentwicklungen beziehen sich auf die Ebene der Leitbildes, die Ebene der Leitung und Mitbestimmung, die Ebene der organisatorischen Struktur und des Unterrichts sowie die Ebene der Praktiken – hier ist insbesondere die Einführung multiprofessioneller Teams zu berücksichtigen.

- Weiterhin müssen sich inklusive Schulen insbesondere auch für die Eltern öffnen. Sie sollten sich als Teil „Regionaler inklusiver Bildungslandschaften" verstehen.

d) Ebene der Professionellen

- Professionelle in inklusiven Schulen sind insbesondere auch der Aufgabe der Schulentwicklung verpflichtet.
- Dies schließt die Teilnahme an entsprechenden Fort- und Weiterbildungen ebenso ein wie die Bereitschaft zum Teamteaching in multiprofessionellen Teams.

e) Ebene der Schüler/innnen und ihrer Eltern

- Schüler/innen und Eltern sind an der Entwicklung inklusiver Schulen zentral zu beteiligen.

Literatur

Ainscow, M., Booth, T. & Dyson, A. (2004): Understanding and developing inclusive practices in schools: a collaborative action research network. International Journal of Inclusive Education, 8 (2), 125–139

Ainscow, M., Booth, T., Dyson, A., Farell, A., Frankham, P., Gallannaugh, F., Howes, A. & Smith, R. (2006): Improving schools, developing inclusion. London

Ainscow, M., Booth, T. & Dyson, A. (2009): Inclusion and the standards agenda: negotiating policy pressures in England. In: Hick, P. & Thomas, G. (Hrsg.): Inclusion and diversity in England (Vol. 2): developing inclusive schools and school systems. London, 280–294

Avci-Werning, M. (2004): Prävention ethnischer Konflikte in der Schule: Ein Unterrichtsprogramm zur Verbesserung interkultureller Beziehungen. Münster/New York u. a.

Boban, I. & Hinz, A. (2003): Index für Inklusion. Lernen und Teilhabe in der Schule der Vielfalt entwickeln. Online verfügbar unter: http://www.eenet.org.uk/resources/docs/Index%20German.pdf [Stand: 06.12.2010]

Booth, T. & Ainscow, M. (2002): Index for Inclusion. Developing Learning and Participation in Schools. London

Bundesministerium für Bildung und Forschung (Hrsg.) (2007): Zur Entwicklung nationaler Bildungsstandards – Expertise. Bildungsforschung Band 1: Zur Entwicklung nationaler Bildungsstandards. Bonn/Berlin

Burg, C.-G. (2005): Kollegiale Fallbesprechung und Hospitationen bei Schülerproblemen. In: Grewe, N. (Hrsg.): Praxishandbuch Beratung in der Schule. Neuwied, 299–310

Desforges, C., with Abouchaar, A. (2003): The Impact of Parental Involvement, Parental Support and Family Education on Pupil Achievement and Adjustment: A literature review. Research Report 433. London

DfES (2005): Extended schools: Access to opportunities and services for all. A prospectus. London

Duckworth, K. (2008): The Influence of Context on Attainment in Primary School: Interactions between children, family and school contexts (Centre for Research on the Wider Benefits of Learning, Institute of Education). London

Dyson, A. (2010): Die Entwicklung inklusiver Schulen: drei Perspektiven aus England. DDS – Die Deutsche Schule, 102 (2), 115–129

Dyson, D. (2008): Schools, communities and community agencies. In: Alenkaer, R. (Hrsg.): Den inkluderende skole i et ledelsesperspektiv. Copenhagen

Dyson, A. & Gallannaugh, F. (2007): National policy and the development of inclusive school practices: a case study. In: Cambridge Journal of Education, 37 (4), 473–488

Dyson, D., Howes, A. J. & Roberts, B. (2004): What do we really know about inclusive schools? A systematic review oft he research evidence. In: Mitchell, D. (Hrsg.): Special educational needs and inclusive education: Major themes in education. London

Dyson, D., Howes, A. J. & Roberts, B. (2002): A systematic review of the effectiveness of school-level actions for promoting participation by all students. Research evidence in education library. (London, EPPI-Centre, Social Science Research Unit, Institute of Education)

Eberwein, H. & Knauer, S. (1999): Rückwirkungen integrativen Unterrichts auf Teamarbeit und Lehrerrolle. In: Eberwein, H. (Hrsg.): Integrationspädagogik. Weinheim/Basel, 291–295

European Agency (2005): Special Needs Education within the Education System. Online verfügbar unter: http://www.european-agency.org/nat_ovs/Sweden/4.html [Stand: 08.05.2009]

Fend, H. (2008): Schule gestalten: Systemsteuerung, Schulentwicklung und Unterrichtsqualität. Wiesbaden

Heimlich, U. (2007): Didaktik des gemeinsamen Unterrichts. In: Walter, J. & Wember, F. B. (Hrsg.): Sonderpädagogik des Lernens. Handbuch Sonderpädagogik (Band 2). Göttingen u. a., 357–375

Heinrich, M. (2010): Zum Problem der Anerkennung fragiler Bildungsprozesse innerhalb neuer Steuerung und demokratischer Governance. In: Aufenanger, S., Hamburger, S. F., Ludwit, L. & Tippelt, R. (Hrsg.): Bildung in der Demokratie. Beiträge zum 22. Kongress der Deutschen Gesellschaft für Erziehungswissenschaft. Opladen/Farmington Hills, 125–143

Henderson, A. T. & Mapp, K. L. (2002): A New Wave of Evidence. The Impact of School, Family, and Community Connections on Student Achievement. National Center for Family & Community Connections with Schools. Online verfügbar unter: http://www.sedl.org/connections/ressources/evidence.pdf [Stand: 20.09.2011]

Jeynes, W. (2005): A Meta-Analysis of the Relation of Parental Involvement to Urban Elementary School Student Academic Achievement. Urban Education, 40 (3), 237–269

Jeynes, W. H. (2007): The Relationship Between Parental Involvement and Urban Secondary School Student Academic Achievement: A Meta-Analysis. Urban Education, 42 (1), 82–110

Jeynes, W. H. (2011): Parental Involvement and Academic Success. New York/London

Kempfert, G. & Rolff, H. G. (1999): Pädagogische Qualitätsentwicklung. Ein Arbeitsbuch für Schule und Unterricht. Weinheim/Basel

Klieme, E. (2004): Begründung, Implementation und Wirkung von Bildungsstandards: Aktuelle Diskussionslinien und empirische Befunde. Zeitschrift für Pädagogik, 5, 625–634

Lind, G. (2009): Amerika als Vorbild? Erwünschte und unerwünschte Folgen aus Evaluationen. In: Bohl, T. & Kiper, H. (Hrsg.): Lernen aus Evaluationsergebnissen – Verbesserungen planen und implementieren. Bad Heilbrunn, 78–97

Löser, J. M. (2009): Der Umgang mit kultureller und sprachlicher Vielfalt an Schulen. Ein Vergleich zwischen Kanada, Schweden und Deutschland. Frankfurt am Main

Lütje-Klose, B., Urban, M., Werning, R. & Willenbring, M. (2005): Sonderpädagogische Grundversorgung in Niedersachsen – Qualitative Forschungsergebnisse zur pädagogischen Arbeit in Regionalen Integrationskonzepten. Zeitschrift für Heilpädagogik, 3, 82–94

MacKay, A. W. (2006a): Connecting Care and Challenge: Tapping Our Human Potential. Inclusive Education: A Review of Programming and Services in New Brunswick. Online verfügbar unter: http://www.gnb.ca/0000/publications/mackay/mackay-e.asp [Stand: 28.08.2008]

MacKay, A. W. (2006b): Author's summary – connecting care and challenge: trapping our human potential. Online verfügbar unter: http://www.gnb.ca/0000/publications/mackay/mackay-e.asp [Stand: 30.11.2007]

Philipp, E. & Rolff, H.G. (1998): Schulprogramme und Leitbilder entwickeln. Ein Arbeitsbuch. Weinheim

Rolff, H.G. (2007): Studien zu einer Theorie der Schulentwicklung. Weinheim/Basel

Rolff, H.-G., Buhren, C.G., Lindau-Bank, D. & Müller, S. (2000): Manual Schulentwicklung. Handlungskonzept zur pädagogischen Schulentwicklungsberatung (3. Auflage). Weinheim/Basel

Sacher, W. (2008): Elternarbeit. Gestaltungsmöglichkeiten und Grundlagen für alle Schularten. Bad Heilbrunn

Schratz, M. (2003): Qualität sichern: Schulprogramme entwickeln. Seelze

Senge, P.M. (1996): Die Fünfte Disziplin. Kunst und Praxis der lernenden Organisation. Stuttgart

Textor, M.R. (2009): Bildungs- und Erziehungspartnerschaft in der Schule: Gründe, Ziele, Formen. Norderstedt

United Nations (2006): Convention on the Rights of Persons with Disabilities. Online verfügbar unter: http://www.un.org/disabilities/convention/conventionfull.shtml [Stand: 26.08.2011]

Valli, L., Croninger, R.G., Chambliss, M.J., Graeber, A.O. & Buese, D. (2008): Test driven. High-stakes accountability in elementary schools. New York/London

Werning, R. (1996): Das sozial auffällige Kind. Lebensweltprobleme von Kindern und Jugendlichen als interdisziplinäre Herausforderung. Münster/New York

Werning, R. (2006): Lerngruppenintegration. In: Arnold, K.-H., Sandfuchs, U. & Wiechmann, J. (Hrsg.): Handbuch Unterricht. Bad Heilbrunn, 351–359

Werning, R. (2005): Kooperative Lernbegleitung. In: Grewe, N. (Hrsg.): Praxishandbuch Beratung in der Schule. Neuwied

Werning, R. & Lütje-Klose, B. (2006). Einführung in die Pädagogik bei Lernbeeinträchtigungen. München/Basel

Werning, R., Urban, M. & Sassenhausen, B. (2001): Kooperation zwischen Grundschullehrern und Sonderpädagogen im Gemeinsamen Unterricht. Zeitschrift für Heilpädagogik, 5, 178–186

Qualifizierte Begleitung inklusiver Schulentwicklung

Barbara Brokamp

In diesem Beitrag wird die Unterstützung inklusiver schulischer Entwicklungsprozesse durch externe Moderator/innen dargestellt. Ein Schwerpunkt wird dabei auf die Qualifizierung dieser Prozessbegleiter/innen gelegt. Der Beitrag basiert auf Erfahrungen eines Projekts der Montag Stiftung Jugend und Gesellschaft. Die Montag Stiftung Jugend und Gesellschaft setzt sich mit ihren Projekten u. a. für die Teilhabe *aller* Menschen, insbesondere benachteiligter Kinder und Jugendliche, an gesellschaftlichen Prozessen – entsprechend ihrer individuellen Potenziale – ein. Durch die Unterstützung inklusiver Prozesse soll diesem Anliegen entsprochen werden. Durch die UN-Behindertenrechtskonvention ist die Leitidee Inklusion für das deutsche Schulsystem nicht beliebig, sondern sie ist normativ vorgegeben und wird sich so in allen Bereichen und Ebenen der Schulentwicklung widerspiegeln und spürbare Veränderungen bewirken.

Der Index für Inklusion

Als ein Schulentwicklungsinstrument mit der Leitidee Inklusion wird der „Index for Inclusion" in diesem Band bereits ausführlich beschrieben. Tony Booth, der Autor des „Index for Inclusion" (Booth 2000, 2011) versteht unter Inklusion die Umsetzung inklusiver Werte in die Praxis. In der aktuellen, dritten Ausgabe des „Index for Inclusion" (Booth 2011) setzt er sich ausführlich mit inklusiven Werten auseinander: „Change in schools becomes inclusive development when it is based on inclusive values […]" (ebd., 11). Unter solchen Werten versteht er Mut, Ehrlichkeit, Gewaltlosigkeit, Vertrauen, Leidenschaft etc., wobei er fünf Werte besonders heraushebt: Gleichwertigkeit, Partizipation, Gemeinschaft, Wertschätzung von Vielfalt und Nachhaltigkeit (im Original: „equality, participation, community, respect for diversity, and sustainability"; ebd., 21).

Inklusive Schulentwicklung orientiert sich an diesen Werten, und sie zeigen sich in allen Aktivitäten, Konzepten, Beziehungsgestaltungen und Kulturen der Schule.

Lässt man diese Werte lebendig werden, bedeuten die Entwicklungsprozesse

- einen Beitrag zur Realisierung der Menschenrechte;
- ein Ernstnehmen und Respektieren unterschiedlicher Kinder, Jugendlicher, Eltern, Kolleg/innen und aller MitarbeiterInnen einer Schule mit ihren jeweiligen Perspektiven und Potenzialen, Meinungen und Haltungen;
- eine Anerkennung der Gleichwertigkeit dieser Vielfalt;
- die aktive Teilhabe aller;

- das Verständnis und Bewusstsein, dass Schule Teil einer globalen Welt ist, auf die sie wirkt und umgekehrt;
- die Verantwortungsübernahme für Nachhaltigkeit.

Im Index für Inklusion sind es vor allem die vielen Fragen, die im Dialog alle Beteiligten zum Reflektieren anregen und Ideen zum Handeln bieten sollen. Er wird seit seinem Erscheinen in mehreren Bundesländern angewendet, bisher meistens initiiert von einzelnen interessierten Schulen und einigen größer angelegten Projekten. In Sachsen-Anhalt und Schleswig Holstein wurde durch Andreas Hinz und Ines Boban der Index in bedeutendem Maße eingeführt, in Wiener Neudorf durch die Initiative der Gemeinde (vgl. Braunsteiner & Germany 2011) und in der Region Köln–Bonn durch die Montag Stiftung Jugend und Gesellschaft verbreitet: Im Rahmen des Projektes „Regionale Bildungsinitiative Index für Inklusion – Vielfalt als Entwicklungschance" (vgl. www.montag-stiftungen.de) unterstützt die Montag Stiftung Jugend und Gesellschaft seit 2007 inklusive Veränderungsprozesse in Bildungseinrichtungen. Als operative Stiftung unterstützt sie konkrete Schulentwicklungsprozesse durch externe Begleiter/innen sowie mithilfe des Index für Inklusion.

Prozessbegleitungen für Schulen

Erfahrungen aus Schulentwicklungsprozessen allgemein zeigen, dass Schulen sich *Verlässlichkeit, Kontinuität und v. a. Zeit* wünschen, um in Ruhe ihre Projekte und Prozesse zu entwickeln. Mithilfe des Index für Inklusion wird angeboten, auf drei Ebenen an der Veränderung mitzuwirken: bei der Gestaltung der Kultur, der Entwicklung von Strategien und Strukturen und dem praktischen Handeln. Grundsätzlich wird an konkreten Veränderungsvorhaben oder „Baustellen" der Schulen angeknüpft. Zusätzliche Belastungen sollen nicht entstehen, ganz im Gegenteil: Mit der inklusiven Haltung können Dinge anders gesehen und entsprechende Anknüpfungspunkte und Ideen entwickelt werden. Besonders die Fragen eignen sich gut zur (Selbst)Reflexion:

> „Es sind Fragen, die – werden sie im Sinne einer dialogischen Verständigung und mit dem Ringen um gemeinsames Handeln gestellt und angenommen –, sofort auf eigene Erfahrungen, auf die eigene Person und Situation, die eigene Organisation (Team, Leitung, Unternehmen etc.) bezogen sind. Sie können eigentlich nicht in einem schon im Vorhinein gewussten, abgeklärten Sinne, in einem schon vordefinierten Rahmen beantwortet werden. Vielmehr laden sie zur inneren Teilhabe ein, sich zu öffnen, Verantwortung zu übernehmen für die eigene Position, den eigenen Standpunkt, die eigene Sichtweise, für die ich bereit bin, handelnd mit anderen tätig zu werden." (Brokamp 2011, 241)

Den Anspruch, in dieser Weise Prozesse zu initiieren und zu begleiten, können Moderator/innen aus dem eigenen System, Kolleg/innen aus der eigenen Schule, kaum oder nicht realisieren. Aus folgenden Gründen bieten *externe Prozessbegleiter/innen* eher die Möglichkeiten und sind im Grunde unverzichtbar:

- sie sehen sogenannte blinde Flecken einzelner Akteure sowie des Gesamtsystems;
- sie bieten neue Denkmuster an;

- sie nehmen andere Perspektiven ein;
- sie helfen bei Rollenunklarheiten;
- sie behalten eher den Blick aufs Ganze;
- sie kennen viele Systeme und können ihre Erfahrungen einbringen;
- sie können von außen individuelle Akteure und Einrichtungen ermuntern und ermutigen, Veränderungsprozesse zu initiieren;
- sie können den Index für Inklusion als Begleitinstrument einführen, ohne dass Interessen Einzelner dahinter vermutet werden oder die Gefahr besteht, dass die Arbeit mit dem Index auf Wenige delegiert wird;
- sie bieten durch ihre Unterstützung eine zusätzliche Ressource für die Schule;
- sie veranlassen die Übernahme gemeinschaftlicher und gemeinsam verantworteter Aufgabenbereiche.

Qualifizierung für externe Prozessbegleiter/innen

Aus diesem Grund hat die Montag Stiftung Jugend und Gesellschaft eine Qualifizierung für externe Prozessbegleiter/innen entwickelt. Entlang eines typischen Schulentwicklungsprozesses wird deutlich, welche Kompetenzen von Prozessbegleitern wirkungsvolle Unterstützung bieten können. Wegen der widersprüchlichen Wirklichkeit der Schulentwicklung (vgl. Rahm & Schley 2005, 5) kommt es vor allem auf die innere Bereitschaft der Beteiligten an, neue Denkmuster zu entwickeln:

- Ausgehend von einer bestimmten Situation werden Bedürfnisse formuliert, in welchem Bereich sich etwas ändern soll. Es wird mit dem Leitbild abgeglichen, falls nicht noch an ihm gearbeitet wird.
- Eine Steuergruppe koordiniert die unterschiedlichen Bedarfe und Notwendigkeiten und Projekte der Schule. Auf Grundlage einer Potenzialanalyse werden Schwerpunkte gesetzt und Ziele formuliert.
- Daraus werden Entwicklungsschritte formuliert und Maßnahmen entwickelt und terminiert.
- Mögliche Zwischenergebnisse werden ausgewertet und eventuell wird der Prozess modifiziert. Das endgültige Erreichen der Ziele wird gleich wieder neue „Baustellen" sichtbar machen. ...

In dieser kurzen Beschreibung deutet sich an, wie vielfältig die Beratung und Unterstützung durch externe Begleiter/innen sein können und in welchen Phasen sie unentbehrlich sind. Grundlage zur Entwicklung einer Struktur für die Qualifizierung von Begleiter/innen von Schulentwicklungsprozessen mit dem Referenzrahmen Inklusion sind folgende Überlegungen:

- Wie werden Kontexte der Situation erschlossen, wie die Kultur einer Schule erfasst?
- Wie werden Rollen in den Schulen definiert, welche Strukturen und Strategien prägen die Schule?
- Was kann dazu beitragen, dass eine Schule in Bezug auf die Umsetzung inklusiver Kulturen, Strukturen, Praktiken steuerungsfähig wird?

- Welche konkreten Praktiken prägen die Schule?
- Wie werden Bedürfnisse aller Schulmitglieder gesehen und berücksichtigt?
- Was ist veränderbar? Realistisch? Ressourcen, Energien?
- Wie setzt sich eine Steuergruppe zusammen?
- Wie werden Arbeitsweisen vereinbart?
- Was sind Bedarfe und Notwendigkeiten einer Schule?
- Wie wird eine Potenzialanalyse erstellt?
- Wie werden unter großer Teilhabe Ziele und Indikatoren formuliert?
- Wie wird gleichzeitig ausgehalten, dass Schulentwicklungen Paradoxien enthält und sie nützlich sein können (vgl. Rahm & Schley 2005, 10)?
- Wie wird ein Plan mit Maßnahmen und Zeitabfolgen erstellt?
- Wie wird er eingehalten?
- Wann sollte der Prozess modifiziert werden?
- Was kann dazu beitragen, dass Modifizierungen als Ausdruck von kraftvoller und flexibler Veränderung gesehen wird?
- Wie kann die Wirksamkeit überprüft werden und Selbstwirksamkeit sichtbar werden?
- Wie werden Ergebnisse in andere Bereiche der Schule und darüber hinaus transferiert und Nachhaltigkeit gewährleistet?

Aus diesen Überlegungen, die für die Gestaltung der Prozesse allgemein bedeutsam sind, lassen sich Kompetenzen für die Begleiter/innen ableiten. Der Anspruch an inklusive Prozesse realisiert sich in erster Linie in der Haltung und der Teilhabe möglichst vieler Akteure. In die Entwicklung des Kompetenzprofils für die (zukünftigen) Prozessbegleiter/innen wurden etliche Schulentwickler/innen sowie „Index-Erfahrene" einbezogen. Folgende Kompetenzen sollen Prozessbegleiter/innen entwickeln. Anzustreben ist, dass sie

- als Vorbild und Modell im Sinne der im Index für Inklusion vertretenen Wertehaltungen (Respekt, Anerkennung von Vielfalt etc.) wirken;
- über fundierte Kenntnisse über Schulentwicklungs- und Organisationsentwicklungsprozesse in allen Bereichen der Kulturbildung, des strategischen Handelns, der Strukturetablierung und des Entwickelns von Praktiken verfügen;
- Klarheit und Kenntnisse über die Rollen und Aufgaben von Akteuren, Entscheidungs- und Funktionsträgern in Bildungseinrichtungen haben;
- Kenntnisse und Anwendungserfahrungen von Steuerungsmodellen auf verschiedenen Ebenen sowie eigene Steuerungsfähigkeiten in Bezug auf Vorbereitungen der Systeme für Entscheidungsprämissen haben;
- Rollenklarheiten über eigene Aufgabenbereiche als externe Begleiter/innen, Berater/innen und Steuernde haben;
- über Kompetenzen in Gruppensteuerungsprozessen und Beziehungsgestaltungen verfügen;
- umfangreiche Methodenkompetenz in Moderations- sowie Partizipationsverfahren und entsprechenden Tools (Visualisierungen etc.) haben;
- teamfähig und kooperativ sind;

- sich phantasievoll, kreativ, spontan und flexibel zeigen;
- Kenntnisse über (kommunale, politische) Strukturen, in denen die jeweiligen Systeme wirksam sind, haben;
- Zusammenhänge zwischen Systemen, regionalen Umfeldern, Stadtteilen und Kooperationspartnern herstellen können;
- Ideen entwickeln, um Strukturen zu schaffen, in denen Veränderungsprozesse gesteuert und gestaltet werden können;
- auf die Etablierung und Realisierung inklusiver Werte achten;
- eine Beteiligung aller Akteure einer Einrichtung gewährleisten;
- helfen, blinde Flecken (individuelle und systemische) auszuleuchten und Barrieren aufzudecken;
- beraten und steuern in dem Sinne, dass die Einrichtungen gut in die Lage versetzt werden, an der Leitidee Inklusion orientierte Entscheidungen zu fällen;
- Kompetenzen zur Fortsetzung der Prozesse auch ohne Unterstützung durch externe ProzessbegleiterInnen vermitteln;
- selbst Vorbild/Rollenmodell in der Arbeit mit dem Index sind, indem ihr Handeln aus einer inklusiven Haltung heraus Inklusion realisiert (vgl. Brokamp 2011b).

Neun Module

Aus diesen Anforderungen wurde eine Qualifizierung mit neun Modulen entwickelt, die einen Beitrag zur Entwicklung der Kompetenzen leisten soll. Interessierte Teilnehmer/innen bewerben sich bei der Stiftung, und es wird darauf geachtet, dass die Zusammensetzung der Gruppe möglichst heterogen ist. Alle Teilnehmer haben neben Fortbildungserfahrungen entweder Erfahrungen in Führungsrollen oder Steuergruppen in einer Bildungs- oder beratenden Einrichtung sammeln können. Gleichzeitig sind einige Teilnehmer freiberufliche Organisationsentwickler/innen oder Berater/innen – diese heterogene Zusammensetzung ermöglicht eine Perspektivenvielfalt, die die Gestaltung der Module bereichert. Durch Kooperation mit etlichen Kompetenzteams in Nordrhein-Westfalen (regionale staatliche Lehrerfortbildungsteams) und Fortbildungseinrichtungen anderer Träger werden Multiplikator/innen auch dort wirksam, so dass die Leitidee Inklusion in vielen Bereichen wirksam werden kann. Grundlage aller entwickelten Module ist die permanente Reflexion der eigenen (inklusiven) Haltung sowie des eigenen Verhaltens. Die von Tony Booth erarbeiteten inklusiven Werte sind dabei Leitidee und beinhalten gleichzeitig, dass die Module gemeinsam weiter entwickelt werden. Bestandteile jeden Moduls sind das Einbringen eigener Erfahrungen, theoretischer Inputs, Übungen, Perspektivwechsel, kollegialer Feedbacks und die Anwendung des Index für Inklusion.

Hier werden wesentliche Inhalte der neun Module erläutert (vgl. Brokamp 2011b):

1 Selbstkonzept und Rolle als Prozessbegleiter/in

Im Mittelpunkt dieses Moduls stehen die Klärung der Rolle als Prozessbegleiter/in und die Entwicklung eines Verständnisses einer wertebasierten Moderation. Die eigene Haltung wird in verschiedenen Zusammenhängen reflektiert: Wie sehe ich andere? Wie offen bin ich? Wie werde ich gesehen? Wie gehe ich mit Perspektivenvielfalt um? Welche Ausgrenzungserfahrungen habe ich? Wie viel Vertrauen und Zutrauen bringe ich mit? Wie gehe ich mit Feedback um? Sehe ich Ressourcen oder Defizite? Fragen und vor allem die eigene Erfahrung der Arbeit (u. a. mit diesen Fragen aus dem Index) spielen eine große Rolle.

2 Einen Begleitprozess in der inklusiven Organisationsentwicklung anlegen und beginnen

Hier geht es um die Gestaltung der Anfangsphase im Gesamtprozess. Die Kultur der Schule, ihr Verständnis von Inklusion werden sichtbar gemacht und klare Absprachen über Erwartungen und Aufträge getroffen. Gegenseitiges Ver- und Zutrauen sollen eine wertschätzende Atmosphäre prägen. Viele reflektierte Übungen helfen, diese Rolle zu internalisieren. Partizipationsmöglichkeiten werden erprobt.

3 Umgang mit Perspektivenvielfalt – als Ressource

Die Menschen in einer Institution haben unterschiedliche Meinungen, Erwartungen, Perspektiven und Ideen. Individuelle Erfahrungen in Kontakten zu Kolleg/innen, Leitungen, Entscheidungsträgern oder auch biographische Muster prägen das Verhalten in der Begegnung mit neuen Herausforderungen bzw. Anforderungen in der Schule oder Einrichtung. Oft werden Auseinandersetzungen mit Ängsten vor Veränderungen geführt – sie äußern sich als Widerstand und werden als destruktiv erlebt. Eine inklusive Wertehaltung kann helfen, die dahinterliegenden Ängste zu erkennen, Bedenken als wichtige differenzierte Betrachtungen zu identifizieren und dadurch neue Lösungsmuster zu entwickeln – unter Einbeziehung möglichst vieler Akteure. Gleichzeitig schärft inklusives Denken die Wertschätzung anderer im Sinne einer angemessenen Verantwortungsübergabe. Prozessbegleiter/innen können nicht für andere Probleme lösen, sie können mitdenken, ihre Erfahrungen zur Verfügung stellen und ein Setting schaffen, in dem das Mitdenken aller gewünscht ist, wertgeschätzt wird und im Sinne einer Verantwortungsübernahme gefordert wird.

4 Inklusive Veränderungssprozesse

Hier geht es um Grundlagen von Prozessgestaltungen. Neben Stolpersteinen, Widersprüchen, Verwirrungen werden Hilfen für realistische Planungen entwickelt. Wieder steht die Orientierung an inklusiven Grundideen im Mittelpunkt des Moduls. Wie kann der Blick konsequent auf Prozessentwicklungen gerichtet werden und vermeintliche Fehler als Triebfeder erkannt werden? Wie können wir auf die inklusive Leitidee achten? In welchem Verhältnis steht der Veränderungsprozess einer

Einrichtung zu ihrem Umfeld, zu anderen Bildungseinrichtungen, zur Kommune? Auch hier ist die Partizipation der Akteure vor Ort das zentrale Thema.

5 Rolle und Funktion von Steuer- und Lenkungsgruppen in inklusiven Organisationsentwicklungsprozessen

Jeder Veränderungsprozess bedarf der Steuerung, die sich auch in der Arbeitsstruktur abbilden sollte. Unterschiedliche Modelle und Ansätze werden favorisiert – in inklusiven Prozessen muss besonders auf die Partizipation aller Akteure an der Struktur (wer ist Mitglied der Steuergruppe, wer wird repräsentiert und was genau ist ihre Funktion?) und dem Prozess (wie können alle aktiv teilhaben?) geachtet werden. In gewissem Sinne finden Steuerungsprozesse auf allen Ebenen statt – eine Steuerung für alle Bereiche durch Wenige kann nicht funktionieren. Umso wichtiger ist es, eine Verantwortungsübernahme Vieler in ihrer jeweiligen Ebene zu erreichen bzw. zuzulassen und diese genau zu definieren. Hier gewinnen die Potenziale und Kompetenzen jedes Einzelnen an Bedeutung, wenn sie durch aktives Handeln sichtbar werden können. In diesem Modul spielt erneut die Reflexion des eigenen Verständnisses von verantwortlichem Handeln, Zutrauen und Vertrauen eine große Rolle. Der Index bewährt sich auch hier als hilfreiches Instrument in der Qualifizierung. Arbeitsschwerpunkte sind Methoden für die Anwendung in Kollegien, Anleitungen zur Reflexion im System und mögliche Strukturen für die Entwicklung einer entsprechenden Arbeitskultur.

6 Der Index für Inklusion in der konkreten Anwendung

Die Teilnehmenden setzen sich vornehmlich mit den Möglichkeiten, die der Index in Veränderungsprozessen bietet, auseinander. Wie können wir eine Haltung entwickeln? Wie „transportieren" wir sie wirkungsvoll? Welche Bedeutung hat das neue Curriculum, das Tony Booth in der neuen Edition entwickelt hat? Wie verstehen wir „sustainability"?

Unterschiedliche Methoden werden als „tool" für den Umgang mit dem Index angeboten. Gleichzeitig sollen die nutzenden Einrichtungen Angebote erhalten, wie sie später – ohne externe Hilfe – wirkungsvoll mit dem Index weiterarbeiten können. An dieser Stelle wird auch die Teamarbeit der Prozessbegleiter/innen thematisiert. Sie wirken als Modell durch ihr Handeln – ihre Kooperationsfähigkeit hat eine Vorbildfunktion bzw. bietet ein Modell für Teams in Institutionen.

7 Nicht zu unterschätzen: Methoden- und Visualisierungskompetenz

Hier geht es um Methoden, die den inklusiven Prozess unterstützen – nicht um Methoden um der Methoden willen. Sie müssen sich an den inklusiven Werten messen lassen: Partizipation, Vertrauen, Verantwortung, auch Mut und Risiko, Irrtum und Fehler, Anschlussfähigkeit und Nachhaltigkeit, Kooperation etc. Visualisierungen sind wichtig, um die erarbeiteten Ergebnisse festzuhalten und wertzuschätzen. Sie können Prozesse und Aussagen verständlicher und transparenter machen, dokumentieren und dadurch Partizipation erhöhen. Methoden können motivieren und Mut machen – sie dürfen jedoch nicht als Mittel zum Zweck missbraucht werden – und sie sind wirkungsvoll, wenn sie Transfermöglichkeiten bieten. Lernen, denken, entwickeln, handeln und gestalten sollen Spaß machen und Lust auf mehr!

8 Prozesse moderieren bei Vernetzungen, Kooperationen, Fusionen, Neugründungen

Aktuelle Entwicklungen im Bildungsbereich spielen sich zunehmend auch auf kommunaler Ebene ab. Es entstehen Bildungslandschaften, Schulen als dienstleistende Familienzentren, Bildungseinrichtungen als Stadtteilzentren oder auf internationaler Ebene, „community schools/full service schools" (Kanada) und „Brede Schools" (Niederlande). Projekte von anschlussfähigen Übergängen zwischen verschiedenen Bildungseinrichtungen und Schulformen werden konzipiert, Schulen geschlossen, zusammengelegt oder neu gegründet. All diese Prozesse erfordern eine Begleitung und sollten sich in ihrer Ausrichtung an inklusiven Werten orientieren. Die Unterstützung durch Fragen aus dem Index und mit Hilfe externer Begleitung ist in solchen komplexen Strukturen ebenso selbstverständlich und wirkungsvoll wie in einzelnen Einrichtungen. Es bedarf viel Übung und Erfahrungen, solche vielschichtigen Prozesse entsprechend zu moderieren. Ängste, Kränkungen und Enttäuschungen sind manchmal groß und führen dazu, dass die Gesamtentwicklung, die gemeinsame Verantwortung für Kinder aus dem Stadtteil, aus dem Blick verloren wird. So können hier auch Kompetenzen vertieft werden, die für die externe Begleitung von Kommunen oder Verbünden, dem Managen von Netzwerken nützlich sind. Hier sei ausdrücklich auf den „Kommunalen Index für Inklusion" (Montag Stiftung Jugend und Gesellschaft 2010, 2011) verwiesen.

9 Der Abschluss eines Prozesses – und Fragen zur Evaluation

Hier geht es um den Abschluss des Begleitprozesses, nicht des Veränderungsprozesses einer Einrichtung. Die Teilnehmenden entwickeln Indikatoren für den Abschluss ihrer Begleitung – sie erarbeiten Transfermöglichkeiten für die Kollegien, geben Impulse für mögliche Evaluationen und Brücken für weitere Prozesse. Feedbackmethoden werden erfahren und als wichtige Ressource genutzt. Die Frage nach der Überprüfbarkeit von inklusiven Haltungen steht ebenso im Mittelpunkt dieses Moduls wie die Reflexion der eigenen Entwicklung – auch bei den Prozessbegleiter/innen. Den Teilnehmer/innen werden Möglichkeiten gegeben, sich kollegial zu beraten und die Qualifizierungsmaßnahme weiter zu entwickeln. Der Index für Inklusion sowie die Qualifizierungsmaßnahme insgesamt werden kritisch reflektiert.

Neben den bisher entwickelten neun Modulen und regelmäßigen kollegialen Beratungen werden weitere Themen, je nach aktuellen Anlässen, begleitend angeboten. Als Inputs dienen gemeinsame Hospitationen oder „Lernreisen" zu interessanten

„next-practice"-Modellen. Beispielhaft seien hier von der Stiftung koordinierte Zusammentreffen aller interessierten Prozessbegleiter/innen genannt, die alle vier bis sechs Wochen stattfinden und (immer mit einer Indexfrage beginnend) Raum bieten, Erfahrungen auszutauschen, Methoden vorzustellen, theoretische Inputs zu geben und in den Diskurs zu kommen. Das Interesse an der Teilnahme der Qualifizierung ist steigend, neben einzelnen Interessierten melden sich auch zunehmend Fortbildungsträger und Verantwortliche aus staatlichen Fortbildungsbereichen aller Ebenen. Den neuen Herausforderungen und der neuen inklusiven Qualität von Schulentwicklungsprozessen kann nur entsprochen werden, wenn an einer weiteren Entwicklung der Fortbildungen partizipativ gearbeitet wird. Gerne setzt die Stiftung hier weitere Impulse und ist offen für Anregungen.

Literatur

Boban, I. & Hinz, A. (Hrsg.) (2003): Index für Inklusion. Halle-Wittenberg: Martin-Luther-Universität

Booth, T. & Ainscow, M. (Hrsg.) (2000): Index for Inclusion. Developing Learning and Participation in Schools. Bristol

Booth, T. & Ainscow, M. (Hrsg.) (2011): Index for Inclusion. Developing Learning and Participation in Schools. Bristol

Braunsteiner, M.-L. & Germany, S. (2011): Wiener Neudorf und United Nations aus dem Blickwinkel des begleitenden ForscherInnenteams – ausgewählte Ergebnisse der Begleitforschung zum Projekt „INKLUSION – Vernetzung der Bildungseinrichtungen der Gemeinde Wiener Neudorf". In: Flieger, P. & Schönwiese, V. (Hrsg.): Menschenrechte – Integration – Inklusion. Bad Heilbrunn, 177–197

Brokamp, B. (2011): Ein kommunaler Index für Inklusion – oder: Wie können sinnvoll kommunale inklusive Entwicklungsprozesse unterstützt werden? In: Flieger, P. & Schönwiese, V. (Hrsg.): Menschenrechte – Integration – Inklusion. Bad Heilbrunn, 237–245

Brokamp, B. (2011b): Inklusive Veränderungsprozesse erfordern eine qualifizierte Unterstützung. In : Ziemen, K., Langner, A., Köpfer, A. & Erbring, S. (Hrsg.): Inklusion – Herausforderungen, Chancen und Perspektiven. Hamburg, 21–32

Hameyer, U. & Rolff, H.-G. (2009): Editorial: Kritische Ereignisse in der Schulentwicklung. In: journal für schulentwicklung, 13 (3), 4–5

Imhäuser, K.-H. & Brokamp, B. (2011): Vorwort. In: Demmer, C.: Schule anders denken, gestalten und evaluieren. Bonn, 2–3. Online verfügbar unter: http://www.montag-stiftungen.de/jugend-und-gesellschaft/veroeffentlichungen-2/projektveroeffentlichungen.html [Stand: 19.09.2011]

Montag Stiftung Jugend und Gesellschaft (Hrsg.) (2010): Kommunaler Index für Inklusion. Ein Arbeitsbuch. Bonn

Montag Stiftung Jugend und Gesellschaft (Hrsg.) (im Druck): Inklusion vor Ort. Der Kommunale Index für Inklusion – ein Praxishandbuch. Berlin

Rahm, S. & Schley, W. (2005): Von der Kraft der Paradoxien. In: journal für schulentwicklung, 3, 9–21

Rolff, H.-G. (Hrsg.) (2010): Führung, Steuerung, Management. Seelze

Auf dem Weg zur inklusiven Schule – mit Hilfe des Index für Inklusion

Ines Boban & Andreas Hinz

Der folgende Text wendet sich den Erfahrungen aus der Arbeit mit dem Index für Inklusion zu (Boban & Hinz 2003). So weit verbreitet er mit seinen etwa 5000 Exemplaren im deutschen Sprachraum auch sein mag – ist er denn tatsächlich eine Hilfe für die Entwicklung von Schulen, die sich auf einen inklusiven Weg begeben wollen oder bereits unterwegs sind? Bevor diese Frage anhand einiger Beispiele beleuchtet wird, erscheint es sinnvoll, das Verhältnis von Inklusion und Standards in den Blick zu nehmen und zu überlegen, ob der Index für Inklusion sich als Material mit impliziten Standards verstehen lässt. Im Anschluss an einige Aussagen zu Ergebnissen inklusiver Schulentwicklung auf der Basis des Index wird ein vorläufiges Fazit versucht.

Standards und Inklusion?

Bereits seit einigen Jahren wird die Kontroverse geführt, inwieweit Inklusion und Standards überhaupt zusammenpassen (vgl. Geiling & Hinz 2005). So stellt Sander eine prinzipielle Unverträglichkeit zwischen beiden fest und begründet dies vor allem mit der homogenisierenden Logik von Standardisierungen: „Wer Bildungsstandards setzt, nimmt das Scheitern der Diskriminierten bewusst hin" (2005, 112) – dies führt zwangsläufig zu Erfüllenden und Nicht-Erfüllenden, unabhängig davon, ob es sich um Mindest- oder Durchschnittsstandards handelt. Kurz gefasst: „Bildungsstandards diskriminieren" (ebd., 113). Dagegen vertritt Brokamp die Position, dass es sich nicht um eine prinzipielle Unverträglichkeit handelt, sondern vielmehr die zentrale Frage darin besteht, mit welchen Kriterien Standards verbunden werden und welche Konsequenzen sie nach sich ziehen. Zum einen geht es um den Erwerb von zentralen Kompetenzen – und nicht von kleinschrittig aufgelisteten Inhalten und Fähigkeiten –, die „auf allgemeinen Bildungszielen" basieren (2005, 114). Zum anderen stellt sich die Frage der Konsequenzen, die nicht notwendigerweise in der Segregation der „Nicht-Erreichenden" liegen müssen, sondern auch Anlass für Reflexion des Unterrichts, seiner Methoden, der Unterstützungsbedürfnisse bestimmter Kinder und der Schule sein können (ebd., 115). Sie können dann auch „der Wertschätzung der Lehrer/innen dienen, wenn sie ihre erfolgreiche Arbeit feststellen" (ebd.).

Vielleicht stellt es eine vermittelnde Position dar, wenn an anderer Stelle argumentiert wurde, dass es eher darauf ankommt, wie Standards definiert werden. So wie die Qualitätsdebatte in der Schule über weite Strecken geführt wird, erscheint sie doch eher als eine Debatte über die Qualität von Schüler/innen als über die Qualität von Schule, gemessen über die Leistungsergebnisse der Schüler/innen (vgl. Hinz

2007). Damit kann sie als eine pervertierte Debatte bezeichnet werden in dem Sinne, dass der Horizont der Aufmerksamkeit sich nicht in erster Linie auf die Schule selbst richtet, sondern Schulqualität indirekt über Schülerleistungen erschlossen werden können soll. Hier kann der Index für Inklusion eine andere Perspektive bieten, denn „mit dem ‚Index für Inklusion' liegt jetzt ein Instrumentarium vor, mit dem Schulentwicklung als Prozess in Richtung Inklusion schrittweise vorangebracht werden kann – orientiert an den Gegebenheiten der einzelnen Schule und unter Beteiligung aller" (Deppe-Wolfinger 2005, 109).

Der Index für Inklusion als implizite Setzung von Standards?

Der Index für Inklusion unterstützt Schulen in ihrer Entwicklung auf dem Weg zur Inklusion: In ihm wird ein Vorgehen mit fünf Phasen vorgeschlagen und eine breite Systematik angeboten, mit deren Hilfe Schulen sich miteinander verständigen können, wo sie aktuell auf diesem Weg stehen und wie nächste Schritte zum „Nordstern" Inklusion (vgl. Hinz 2006) aussehen können. Diese Systematik mag auf den ersten Blick überfordernd aussehen, denn sie enthält drei Dimensionen, sechs Bereiche, 44 Indikatoren und 560 Fragen. Es geht darum, inklusive Kulturen zu entwickeln, also am eigenen Selbstverständnis als Schule zu arbeiten, inklusive Strukturen zu etablieren, die mit einem inklusiven Selbstverständnis zusammenpassen, und inklusive Praktiken, die die Vielfalt der Beteiligten anerkennen und ihr entsprechen. Die breite Palette von Reflexionsanstößen macht aber, wie die Erfahrung zeigt, durchaus Sinn, denn jede Schule befindet sich an einem eigenen Punkt der Entwicklung, bearbeitet jeweils spezifische Fragestellungen und treibt individuelle Vorhaben voran, auf die der Index mit einem sehr breiten Buffet von Reflexionsanstößen besser eingehen kann. Von seinem Selbstverständnis ist er also gerade kein Instrument zur Standardisierung inklusiver Schulen, sondern bringt die spezifische Situation einer Schule mit seinem Buffet von Fragen unter inklusiven Aspekten in den Fokus und lädt zum Dialog mit allen Beteiligten ein. Damit bringt er die prozessuale Ebene von Inklusion in den Vordergrund und wendet sich gegen eine verkürzte Sicht von Inklusion, die vor allem strukturelle Momente in den Mittelpunkt stellt (vgl. Boban & Hinz 2011b).

Auch wenn er sich explizit von „Abhaklisten" distanziert, die Menschen vorzuschreiben drohen „what people should do or think" (Booth & Ainscow 2011, 19), kann er doch gleichzeitig auch implizit als Menü verstanden werden, das aufzeigt, welche Aspekte – in inklusiven Kulturen, Strukturen und Praktiken – für die Entwicklung einer inklusiven Schule dem internationalen Diskurs entsprechend wichtig sein können. Im Index wird zu Dialogen angeregt darüber, wie inklusive Qualität im Handeln auf der Mikroebene deutlich wird und weiterentwickelt werden kann. Die zahlreichen Übersetzungen in andere Sprachen und Adaptionen für andere Kulturen sind ein deutlicher Beleg dafür, so detailreich nachzufragen, etwa:

- Vermeiden Mitarbeiter/innen und Schüler/innen stereotype Geschlechterzuschreibungen bei Leistungserwartungen, Zukunftsperspektiven oder bei der

Aufgabeverteilung, z. B. Getränke servieren oder technische Unterstützung? (Dimension A, Bereich 2, Indikator 6, Frage 8; Boban & Hinz 2003, 65)
- Lernen alle Kolleg/innen, wie sie Mobbing und Gewalt auch im Hinblick auf Rassismus, Sexismus und Homophobie begegnen können? (Dimension B, Bereich 2, Indikator 2, Frage 12; ebd., 73)
- Prüfen die Lehrer/innen Möglichkeiten, den Bedarf an individueller Unterstützung bei Schüler/innen zu reduzieren? (Dimension C, Bereich 1, Indikator 1, Frage 10; ebd., 81)

Bei Vorstellung des Index auf der internationalen Tagung 2000 in Manchester war es ein wichtiges Moment, bei einem damals in Deutschland sehr auf die Schülerleistungen verengten Verständnis von Schulqualität für Schulen mit integrativer Ausrichtung, so die Integrative Grundschule im sozialen Brennpunkt in Hamburg, eine andere, mit der Heterogenitätsprogrammatik kompatible Vorstellung von Qualität entwickeln zu helfen. Und damit kann der Index für Inklusion dann doch eine wichtige Rolle spielen bei der Diskussion um Standards für die Entwicklung inklusiver Schulen. Hier wird Schulen bewusst in den Plural gesetzt, denn es kann nicht um die Vorstellung einer inklusiven Schule gehen – das wäre ein Widerspruch zum Anspruch auf Heterogenität entsprechend den jeweiligen Kontextbedingungen.

Ergebnisse der Arbeit mit dem Index für Inklusion

Die folgenden Beispiele sind der eigenen Zusammenarbeit mit sieben Schulen in Sachsen-Anhalt entnommen, die im Rahmen der Ganztagsschulentwicklung mit Mitteln des *Investitionsprogramms Zukunft, Bildung und Betreuung* (IZBB) in ihrer Entwicklung auf der Basis des Index für Inklusion von der Martin-Luther-Universität Halle-Wittenberg über drei Jahre unterstützt und begleitet wurden (vgl. Boban, Hinz et al. 2010). Übersichten über Erfahrungen mit dem Index für Inklusion im deutschsprachigen Raum finden sich mehrfach in der Literatur (vgl. z. B. Boban & Hinz 2011a, dort auch weitere Kurzberichte).

Mit Blick auf Dimension A stellt die Einrichtung und die Kultivierung der Arbeit in den extrem heterogen zusammengesetzten Index-Teams, insbesondere mit Schüler/innen der jeweiligen Stufe, den markantesten und grundlegendsten Wandel hin zu inklusiveren Kulturen dar. In den meisten Schulen gelingt es in hohem Maße, sich auf diese massive Veränderung einzulassen, lediglich in zwei Schulen gibt es nach Wechseln der Schulleitungen Stagnation bzw. einen Abbruch der Entwicklung. Sicherlich ist für die produktive Entwicklung in den anderen Schulen auch von Bedeutung, dass in die zunächst durch Schulbegleiter/innen realisierte Moderation viele methodische Überlegungen für eine so heterogene Steuergruppe einfließen. So entsteht neben einem methodischen Wegweiser zur Moderation der Arbeit mit dem Index-Team auch ein Heft für Kinder, in dem Kinder aus Index-Teams ihre Erfahrungen berichten (vgl. KM 2011). In ca. 40 Interviews mit allen beteiligten Gruppen und Rollen nach zwei Jahren Schulentwicklungsarbeit zeigt sich interessanterweise bei der Frage nach der Partizipation von Schüler/innen das Phänomen einer stufenspezifischen Fassung von deren Kompetenz: Viele Erwachsene berichten, dass die älteren Schüler/innen sehr wichtige, geradezu unverzichtbare Impulse zur Weiterentwicklung der Schule beitragen, jüngere dagegen noch nicht im wünschenswerten Maß den Überblick haben und auch tendenziell überfordert sein können. Dies wird sowohl im Gymnasium als auch in Sekundarschulen (Sachsen-Anhalts zusammengelegten Haupt- und Realschulen) konstatiert – und ebenso auch in Grundschulen! In den Interviews wird ebenso deutlich, dass einzelne Beteiligte ihre Sicht auf die Verschiedenheit von Kolleg/innen reflektieren und sie deren Spezifik mehr nachvollziehen und akzeptieren können, ohne sich über sie aufzuregen – und in einem Interview wird auch die Analogie zu Schüler/innen und ihren individuellen Lernwegen hergestellt. Weiter wird in einer reformorientierten Grundschule im Rückblick festgestellt, wie sehr die Erwachsenen die Kinder in ihren Fähigkeiten und ihrem Durchhaltevermögen unterschätzt haben; hier ist ein System von „Botschaftern" installiert worden, mit dem der Informationsfluss zwischen den Klassen und dem Index-Team gesichert wird. Diese ersten Tendenzen können nach drei Jahren Begleitung nicht hoch genug eingeschätzt werden, denn Haltungen und Dialogkultur verändern sich langsam und langfristig.

Bei Dimension B lassen sich viele Ergebnisse in einzelnen Schulen benennen, denn die Entwicklung der Ganztagsschule geht stark mit strukturellen Veränderungen einher. So wird in einem Gymnasium – trotz der 15 Jahre lang bestehenden Einigkeit über die Unveränderbarkeit dieses komplexen Systems – die Struktur des Ganztags neu gestaltet, sowohl was den Tagesbeginn, als auch was die Ablösung des 45-Minuten-Rhythmus durch 90-minütige Blöcke sowie die Struktur musikalischen Einzelunterrichts für Internats- und Fahrschüler/innen angeht. Hier ist die „freundliche Penetranz" von Schülerseite den Berichten von Erwachsenen zufolge der entscheidende Faktor. In anderen Schulen werden nach Sanierungsarbeiten Schulgebäude und Außenbereiche gemeinsam geplant und gestaltet. Dabei geben Grundschulen die frustrierende Erfahrung wieder, dass ministerielle Vorgaben die eigentlichen Möglichkeiten einer echten Ganztagsgrundschule auf kooperative Modelle von Halbtagsschule mit nachmittäglichen Hortangeboten einschränken. Gleichzeitig stellt eine Grundschule in freier Trägerschaft fest, dass sie trotz anderer struktureller Möglichkeiten die Verzahnung von Schule und Hort nur begrenzt und asymmetrisch begonnen hat. Eine weitere strukturell bedeutende Veränderung stellt die Verankerung der Arbeit des Index-Teams als ständigen Tagesordnungspunkt in allen schulischen Gremien dar. Darüber hinaus gibt es vielfältige strukturelle Veränderungen, so fungiert etwa das Index-Team bei einer unvorhergesehenen und als Bedrohung wahrgenommenen Fusionsankündigung als Krisenstab, der alle Arbeitsgruppen und Aktivitäten der Schule koordiniert. Eine Sekundarschule beschließt und realisiert den Beitritt zu einem regionalen Förderzentrum, in dessen Rahmen die Kooperation mit der Basisförderschule und weiteren beteiligten Schulen des Primar- und Sekundarbereichs intensiviert wird. In einer Grundschule wird die Veränderung der inklusiven Kultur auch darin deutlich, dass im Aktionsplan bei verschiedenen Vorhaben gemeinsam mit Erwachsenen auch Kinder „den Hut aufhaben" und das Vorankommen koordinieren und ggf. auch kontrollieren. In dieser Schule sind es auch die Schüler/innen, die dafür sorgen, dass ein für alle Beteiligten über Bilder lesbarer Vertretungsplan realisiert wird – denn in jeder jahrgangsübergreifenden Lerngruppe sind Kinder, die auf das Lesen von Bildern angewiesen sind, weil Schrift für sie noch nicht durchschaubar ist.

Was die Dimension C angeht, so finden sich einige Entwicklungsschritte. Mehrere Grundschulen planen und beginnen mit einer Fortbildung zum offenen Unterricht, Programme zur Streitschlichtung werden eingeführt, die Aktivierung von Eltern, Schüler/innen und außerschulischen Kooperationspartner/innen gelingt eher in Maßen. Interessanterweise kommt es am Ende des dreijährigen Beobachtungszeitraums in zwei weiterführenden Schulen zum gleichen Vorschlag von Schüler/innen im Index-Team: Nachdem so viel an Strukturen verändert worden ist, wäre es doch nun an der Zeit, an die Evaluation des Unterrichts heranzugehen. Beide Schulleiter reagieren mit freundlichem Kopfnicken ...

Fazit

Wie die Erfahrungen in Sachsen-Anhalt zeigen, ist der Index für Inklusion eine Hilfe für Schulen, neue Qualitäten zu entwickeln. Die Ergebnisse beziehen sich auf alle Dimensionen im Index, zum einen werden beginnende Veränderungen von inklusiver werdenden Kulturen deutlich, vor allem über einen anerkennenderen und kooperativeren Umgangsstil zwischen Erwachsenen und Schüler/innen, beginnend mit der gemeinsamen Arbeit in den Index-Teams. Doch auch strukturell werden Veränderungen deutlich, indem die Interaktionsstrukturen planmäßig weiterentwickelt und im Zusammenhang mit der Ganztagsschulentwicklung vielfältige Planungen überlegt und realisiert werden. Und auch die Qualität inklusiver Praktiken wird beispielsweise durch die weitere Öffnung des Unterrichts oder die Einführung des Kooperativen Lernens gesteigert. Erfahrungen in anderen Kontexten bestätigen diese Aussagen, auch unabhängig davon, wie mit dem Index gearbeitet wird, ob ein aufwändiger Schulentwicklungsprozess mit der ganzen Schule eingeleitet wird, sich eine Steuergruppe einer Schule vom Index anregen lässt oder Kolleg/innen ihren Unterricht mit Hilfe des Index reflektieren. Gleichwohl ist klar, dass mit der Orientierung an einem inklusiven Nordstern es zwar leichter fällt Kurs zu halten, aber das Reisetempo nicht schneller wird und schon gar nicht die Reise bereits halb bewältigt ist. Dennoch wird deutlich, dass mit den angestrebten Schlüsselkonzepten des Index, dem Abbau von Barrieren für Lernen und Teilhabe und dem Aufbau entsprechender Ressourcen, der Demokratisierung von Schule durch Partizipation und der Unterstützung von Vielfalt (Boban & Hinz 2003, 10–14) in den Schulen gearbeitet wird; insofern bewegen sie sich auf der zweiten Ebene der Inklusion, der Reflexion und dem Abbau von Barrieren in Systemen (vgl. Booth 2008).

In diesem Sinne bleibt der Index für Inklusion zu einem gewissen Maße – wie Inklusion auch selbst – in einem Spannungsverhältnis zu einem wenig inklusiv strukturierten Bildungssystem mit standardisierten Erwartungen. Dieses Spannungsverhältnis kann nicht aufgelöst, aber es kann zugunsten inklusiver Gewichtungen gestaltet werden. Wenn mit den kurz skizzierten Beispielen klar wird, dass jede Schule ihren eigenen Weg und ihre eigenen Schritte zu inklusiveren Kulturen, Strukturen und Praktiken mit allen an der Schule Beteiligten aushandeln muss und sie so ihre Möglichkeitsräume definiert, sind auch der Standardisierung inklusiver Schulen deutliche Grenzen gesetzt.

Literatur

Boban, I. & Hinz, A. (Hrsg.) (2003): Index für Inklusion. Lernen und Teilhabe in Schulen der Vielfalt entwickeln. Halle (Saale)

Boban, I. & Hinz, A. (2011a): „Index für Inklusion" – ein breites Feld von Möglichkeiten zur Umsetzung der UN-Konvention. In: Flieger, P. & Schönwiese, V. (Hrsg.): Menschenrechte – Integration – Inklusion. Aktuelle Perspektiven aus der Forschung. Bad Heilbrunn, 169–175

Boban, I. & Hinz, A. (2011b/im Druck): Inklusion – mehr als ein neuer pädagogischer Begriff: eine internationale Schulreformentwicklung. In: Schulmagazin, 5–10

Boban, I., Hinz, A., Gille, N., Kirzeder, A., Laufer, K. & Trescher, E. (2010): Entwicklung zur/der Ganztagsschule auf der Basis des Index für Inklusion. Abschlussbericht des Teilprojektes I zur Umsetzung des Investitionsprogramms Zukunft Bildung und Betreuung im Land Sachsen-Anhalt. Halle (Saale)

Booth, T. (2008): Ein internationaler Blick auf inklusive Bildung: Werte für alle? In: Hinz, A., Körner, I. & Niehoff, U. (Hrsg.): Von der Integration zur Inklusion. Grundlagen – Perspektiven – Praxis. Marburg, 53–73

Booth, T. & Ainscow, M. (2011): Index for Inclusion. Developing Learning and Participation in Schools. Bristol

Brokamp, B. (2005): Welche Chancen bieten Bildungsstandards für die Weiterentwicklung der Inklusion? In: Geiling, U. & Hinz, A. (Hrsg.): Integrationspädagogik im Diskurs. Auf dem Weg zur inklusiven Pädagogik? Bad Heilbrunn, 113–116

Deppe-Wolfinger, H. (2005): Was macht die inklusive Qualität einer guten Schule aus und wie kann sie umgesetzt werden? In: Geiling, U. & Hinz, A. (Hrsg.): Integrationspädagogik im Diskurs. Auf dem Weg zur inklusiven Pädagogik? Bad Heilbrunn, 106–109

Geiling, U. & Hinz, A. (Hrsg.) (2005): Integrationspädagogik im Diskurs. Auf dem Weg zur inklusiven Pädagogik? Bad Heilbrunn

Hinz, A. (2007): Inklusive Qualität von Schule. In: VHN, 76, 10–21

Hinz, A. (2006): Kanada – ein „Nordstern" in Sachen Inklusion. In: Platte, A., Seitz, S. & Terfloth, K. (Hrsg.): Inklusive Bildungsprozesse. Bad Heilbrunn, 149–158

Kultusministerium des Landes Sachsen-Anhalt (Hrsg.) (2011/im Druck): Handbuch Selbstevaluation für Schulen in Sachsen-Anhalt. Magdeburg

Sander, A. (2005): Bildungsstandards und Bildungsbarrieren: Thesen aus Perspektive einer inklusiven Pädagogik. In: Geiling, U. & Hinz, A. (Hrsg.): Integrationspädagogik im Diskurs. Auf dem Weg zur inklusiven Pädagogik? Bad Heilbrunn, 110–113

Der Bewertungsraster[1] zu den schulischen Integrationsprozessen – ein Ausgangspunkt für Schulentwicklung

Vittorio Emanuele Sisti-Wyss

Es geht nicht darum festzustellen, wie leistungs- und funktionsfähig ein Kind ist, damit es als „integrierbar" gelten kann, sondern um die Frage, wie eine Schule beschaffen, ausgestattet und organisiert sein muss, damit sie in der Lage ist, ein Kind zu integrieren (Bless & Kronig 2000).

In den 1990er Jahren stellten sich im Kanton Aargau nur wenige Schulen diesem postulierten Paradigmawechsel. Umso intensiver wurden in den Pioniergemeinden von Anbeginn erste Diskussionen über Indikatoren und Standards geführt, welche die Voraussetzung bildeten, Kinder und Jugendliche mit besonderen Bedürfnissen erfolgreich integrieren zu können.

Mit dem strategischen Entscheid der Bildungsdirektion zur Integration, welche im Kanton Aargau immer im Sinne von Inklusion verstanden wurde, sollte die Umsetzung ausgebaut und die Kompetenz der Lehrkräfte im Umgang mit Heterogenität gestärkt werden. Bei der angestrebten flächendeckenden Einführung der integrativen Beschulung (2005–2009) drängte sich ein gemeinsamer Orientierungsrahmen für Integrationsprozesse auf. Der „Bewertungsraster zu den schulischen Integrationsprozessen" wurde analog zu den bereits bestehenden Instrumenten in den Themenbereichen „Schulführung" und „Schulinternes Qualitätsmanagement" entwickelt. Die drei Publikationen stehen unter www.schulevaluation-ag.ch als Download zur Verfügung.

Die Instrumente, welche vom Institut Forschung und Entwicklung der Pädagogischen Hochschule der Fachhochschule Nordwestschweiz in Zusammenarbeit mit dem Bildungsdepartement des Kantons Aargaus erarbeitet wurden, sollen den Schulen helfen, den Ist-Zustand im Vergleich mit dem gewünschten Soll-Zustand zu erfassen. Der Bewertungsraster dient somit als Planungsinstrument, um Schulentwicklungsprozesse in die Wege zu leiten. Im Weiteren werden die Instrumente im Rahmen der externen Schulevaluation für den Qualitätsnachweis verwendet. Indem Beurteilungsaspekte und -kriterien schulübergreifend festgelegt sind, wird es möglich, eine Schulbeurteilung vorzunehmen, die auf eine offizielle und anerkannte Bewertungsgrundlage Bezug nimmt.

---

1 Hier erfolgt die Verwendung des maskulinen Artikels gemäß der Schweizer Grammatik, um eine Verortung von Publikationen innerhalb anderer Kontexte zu erleichtern.

Aufbau des Bewertungsrasters

Das Instrumenten-Set setzt sich aus drei Elementen zusammen:

Dimensionen und Leitsätze

Der Bewertungsraster zu den schulischen Integrationsprozessen ist in acht zentrale Qualitätsbereiche, sogenannte Dimensionen, gegliedert:

1. Umgang mit Heterogenität: Grundlagen und Konzepte
2. Gestaltung des Zusammenlebens
3. Lehr- und Lernarrangements im Unterricht
4. Lernprozessbezogene Begleitung der Schülerinnen und Schüler
5. Förderplanung und Fördermaßnahmen für Kinder und Jugendliche mit besonderen schulischen Bedürfnissen
6. Lernerfassung und Beurteilung
7. Lernprozess- und unterrichtsbezogene Zusammenarbeit
8. Infrastruktur und Support

Zu jeder Dimension ist ein Leitsatz festgelegt, der als normativer Orientierungspunkt für die Praxisgestaltung dient. Der Leitsatz zu Dimension 3 lautet beispielsweise:

> Der Unterricht ist auf die Vielfalt der Lernenden ausgerichtet. Die Lehr- und Lernarrangements sind so gestaltet, dass die unterschiedlichen Lernvoraussetzungen im Unterricht berücksichtigt werden und dass die Basislernziele bzw. die Ziele gemäß individuellem Förderplan von allen Schülerinnen und Schülern erreicht werden können – bei Bedarf in unterschiedlichem Tempo und mit unterschiedlichen Lernschritten.

Damit werden die Qualitätsansprüche, die eine gute Schule im Bereich „Schulische Integrationsprozesse" erfüllen sollte, zusammengefasst.

Vierstufige Bewertungsskala

Zu jeder der acht Dimensionen und den dazugehörigen Leitsätzen sind in einer vierstufigen Bewertungsskala je sechs bis acht praxisnahe und konkrete Merkmale beschrieben. Diese sind in vier Qualitätsstufen gegliedert:

- *Defizitstufe (Stufe 1):* Im Bereich „Schulische Integrationsprozesse" ist die Schul- und Unterrichtspraxis noch wenig entwickelt. Defizit meint hier, dass im Hinblick auf die spezifischen Integrations-Anforderungen die Praxis noch Mängel aufweist, welche die beabsichtigte schulische Integrationspraxis behindern und bezüglich derer daher ein Entwicklungsbedarf besteht.
- *Elementare Entwicklungsstufe (Stufe 2):* Grundlegende Anforderungen an eine funktionsfähige Praxis im Bereich der schulischen Integration sind erfüllt. Wichtige Anliegen der integrativen Schulung werden angegangen; gute Ansatzpunkte sind vorhanden und lassen sich weiterentwickeln. Optimierungsbedarf zeigt sich

vor allem im Fortschreiten vom individuellen Bemühen zu einer institutionell und schulkulturell getragenen, gemeinsamen Praxis.
- *Fortgeschrittene Entwicklungsstufe (Stufe 3):* Die Schule weist in der Integrationspraxis ein gutes Niveau auf. Sie verwirklicht das, was von Expertinnen und Experten als gute Integrationspraxis bezeichnet wird, wobei sowohl die individuellen als auch die institutionellen Aspekte einer guten Integrationspraxis angemessen berücksichtigt sind.
- *Excellence-Stufe (Stufe 4):* Die Schule übertrifft im Bereich der Schulischen Integrationsprozesse die „normalen" Erwartungen. Sie erfüllt – zusätzlich zu den wünschbaren Qualitäten aus Stufe 3 – gewisse Anforderungen, die nur mit einem überdurchschnittlichen Engagement und mit einer außergewöhnlichen Praxisexpertise auf diesem Gebiet realisiert werden können.

Beispiel zu Dimension 7: Lernprozess- und unterrichtsbezogene Zusammenarbeit

Defizitstufe	Elementare Entwicklungsstufe	Fortgeschrittene Entwicklungsstufe	Excellence-Stufe
Der Einbezug von externen Fachstellen (z. B. schulpsychologischer Dienst) geschieht – wenn überhaupt – eher konzeptlos, ohne vorgängige Rücksprache mit den anderen beteiligten Personen.	Der Dienstweg für den Einbezug externer Fachstellen ist geklärt und ist den Beteiligten bekannt. Im Übrigen ist der Einbezug von externen Fachstellen den einzelnen Lehrpersonen überlassen. Die Kontaktaufnahme beschränkt sich in der Regel auf vereinzelte Abklärungen und ist eher zufällig und individuell beliebig.	Die Zusammenarbeit mit externen Fachpersonen und Fachstellen ist institutionell geregelt und wird bedarfsgerecht genutzt. Externe Unterstützung ist unbürokratisch abrufbar; sie ermöglicht in akuten Problemfällen flexible, situationsadäquate Lösungen.	Die fachliche und inhaltliche Zusammenarbeit mit externen Fachstellen ist systembezogen institutionalisiert und findet über die aktuellen Koordinationsanlässe hinaus regelmäßig statt (Fallbesprechungen, regelmäßiger fachlicher Austausch).

Die Unterscheidung von vier Qualitätsstufen soll einerseits die Standortbestimmung erleichtern: Wo stehen wir innerhalb einer allgemeinen Entwicklungssystematik? Andererseits soll dadurch aufzeigt werden, welche Stufe für die Schule die Zone der nächsten Entwicklung ist. Ziel der einzelnen Schule muss es sein, die Defizitstufe zu überwinden und sich in möglichst vielen Dimensionen schrittweise zur nächsten Entwicklungsstufe vorzuarbeiten. Die Excellence-Stufe umreißt einen idealen (visionären) Zustand, der von besonders motivierten und leistungsfähigen Schulen erreicht werden kann (Landwehr 2008).

Leitfragen zur Selbsteinschätzung

Die Merkmale der fortgeschrittenen Entwicklungsstufe (Stufe 3) werden in einem separaten Dokument zu Leitfragen umformuliert, mit deren Hilfe sich die Qualität des Ist-Zustandes im Rahmen einer Selbstbewertung erfassen lässt. Mit Hilfe dieser Fragen soll die Aufmerksamkeit auf diejenigen Punkte gelenkt werden, welche bei der Umsetzung des jeweiligen Leitsatzes besonders bedeutsam sind. Die Fragen dienen den Schulen auch zur Vorbereitung auf eine externe Schulevaluation in diesem Themenbereich.

Beispiele von Leitfragen zur Dimension 5: Förderplanung und Fördermaßnahmen sind u. a.:

- Sind die Entwicklungsziele und die Fördervorhaben differenziert auf den Bedarf des Kindes sowie seines Umfeldes abgestimmt?
- Werden die Lernenden selber altersgemäß in den förderdiagnostischen Prozess einbezogen?
- Ist eine enge Zusammenarbeit von Klassenlehrperson und Fachpersonen gewährleistet?

Weiterentwicklung der Selbstevaluationsinstrumente

Erste Erfahrungen haben gezeigt, dass der Bewertungsraster zu den schulischen Integrationsprozessen in der Praxis einerseits auf hohe Akzeptanz stößt, andererseits nur bedingt für eine datengestützte Selbstevaluation nutzbar ist. Dies führte zur Entwicklung eines zusätzlichen webbasierten Selbstevaluationstools, dem sogenannten EvalTool.

EvalTool

Das EvalTool übernimmt die Systematik des Bewertungsrasters zu den schulischen Integrationsprozessen. Die acht Dimensionen sowie die entsprechenden Qualitätsmerkmale werden eins zu eins abgebildet. Neu werden in einem Itempool die einzelnen Qualitätsmerkmale der Stufe 3 in Fragen gefasst, welche sich nicht nur an Lehrpersonen, sondern auch an Eltern sowie Schülerinnen und Schüler richten. Zusätzlich steht ein attraktives audiovisuelles Befragungstool für kleinere Kinder, die mit dem Ausfüllen eines Fragebogens überfordert wären, zur Verfügung.

Selbstevaluation in fünf Arbeitsschritten

Die Schritte eins bis drei sind darauf ausgerichtet, einen eigenen Fragebogen auszuarbeiten. Aus dem vorhandenen Itempool können Fragen direkt übernommen werden. Es ist auch möglich, die Fragen individuell anzupassen oder eigene hinzuzufügen. Zudem können bereits vorhandene Standardfragebogen genutzt werden.

Die Befragungsblöcke können nach Belieben geordnet und redaktionell bearbeitet werden. Mit dem Hinzufügen von adressatenbezogenen Fragen ist eine differenzierte Auswertung mit Gruppenvariablen sicher gestellt. Der konzipierte Fragebogen kann ausgedruckt und für ein Evaluationsprojekt in Paper-Pencil-Form verwendet werden. Mit den Schritten vier und fünf kann man die erarbeitete Befragung webbasiert durchführen und automatisch auswerten lassen. Schulen, welche für diese Dienstleistung eine Jahreslizenz lösen, können auch jederzeit auf die gespeicherten Evaluationsdaten zurückgreifen. Ein zeitlich limitierter Zugang steht allen Interessierten unter www.evaltool.ch zur Verfügung.

Fazit

Erste Erfahrungen haben bestätigt, dass mit den vorgestellten Evaluationsinstrumenten in den einzelnen Schulen differenzierte Standortbestimmungen bezüglich ihrer Integrationsprozesse vorgenommen werden können. Die gewonnenen Erkenntnisse bieten eine verlässliche Grundlage, um erforderliche schulinterne Entwicklungsschwerpunkte festzulegen. Dabei hat sich gezeigt, dass Schulleitungen vielfach auf fachkundige Unterstützung der pädagogischen Hochschule angewiesen sind, damit die Daten aus Selbstevaluationsprojekten produktiv genutzt und die Entwicklungsvorhaben im Rahmen der vielfältigen Weiterbildungs- und Supportangebote gezielt geplant und umgesetzt werden können.

An Schulen, denen es gelingt, ihre Ressourcen mit Hilfe der Unterstützungsangebote optimal zu nutzen und sich von der Defizitstufe zur Excellence-Stufe weiter zu entwickeln, wird sich die Integrationsfähigkeit wesentlich erhöhen. In den kommenden Jahren sind Schulen, aber auch die Aus- und Weiterbildungsinstitute sowie das Bildungsdepartement herausgefordert, den Konsolidierungsprozess gemeinsam weiter zu führen und anstehende Problembereiche auf allen Ebenen konstruktiv zu lösen, sehr zum Wohl der Kinder und Jugendlichen mit den unterschiedlichsten Begabungen und Bedürfnissen.

Literatur

Bless, G. & Kronig, W. (2000): Im Schatten der Integrationsbemühungen steigt die Zahl der Sonderklassenschüler stetig an. In: schweizer schule, 2, 3–12

Landwehr, N. (2008): Instrumente zur Schulevaluation und zur Schulentwicklung. Bewertungsraster zu den schulischen Integrationsprozessen an der Aargauer Volksschule. Online verfügbar unter: www.ag.ch/schulqualitaet/.../bewertungsraster_schuliintegration.pdf [Stand: 10.10.2011]

Links

www.schulevaluation-ag.ch
www.evaltool.ch

Inklusive Qualitätsentwicklung auf der Grundlage Vorurteilsbewusster Bildung und Erziehung

Petra Wagner

Schulen und Kitas in Deutschland unterscheiden sich erheblich in Bezug auf ihre Funktionsgesetze und ihre institutionelle Logik, auch in der Frage nach Standards (vgl. den Beitrag von Werning zu Inklusiver Schulentwicklung in diesem Band). Die verbindlich geforderte Qualität einer pädagogischen Einrichtung an den Leistungen der Kinder oder Schüler/innen messen zu wollen, die sie entlässt, trifft bei den Akteuren im Kindergarten tendenziell auf Unverständnis oder Abwehr, deutlich etwa an den Kontroversen um „Sprachstandsfeststellungen" und „Sprachtests". Ein solches Ansinnen erscheint gefangen im „Lehr-Lern-Kurzschluss", der Vorstellung, man könne mit Lehrhandlungen bestimmte Lernergebnisse erzielen (vgl. Holzkamp 1993, 391), und unvereinbar mit dem zeitgenössischen Bildungsbegriff, der seit zehn Jahren den fachlichen Diskurs in der Frühpädagogik befeuert.

Standards – Lernen – pädagogische Qualität: Was Schulen von Kitas lernen können

Bildung als „subjektive Aneignungstätigkeit, mit der sich der Mensch ein Bild von der Welt macht" (Preissing & Heller 2009, 42), eingebettet in die je spezifischen sozial-historischen Verhältnisse, mit dem Ziel, diese gemeinsam mit anderen verantwortungsvoll zu gestalten, geht aus von einem lernenden Subjekt, dessen eigensinnige Prozesse der (Ko-)Konstruktion von Welt seitens der Pädagog/innen nicht vorgegeben oder vollständig unter Kontrolle genommen werden können. Was Pädagog/innen tun und was Kinder lernen, steht demzufolge keineswegs in einem Ableitungsverhältnis, sondern muss getrennt voneinander betrachtet und beschrieben werden. Ein bestimmtes Selbstverständnis ist die Folge: Pädagog/innen tragen einerseits eine große Verantwortung dafür, Erfahrungen und Kompetenzen zu ermöglichen, gleichzeitig brauchen sie ein hohes Maß an Selbstbescheidung, um zu akzeptieren, dass Kinder auf je unterschiedliche Weise davon Gebrauch machen. Indikatoren zur Bestimmung und Überprüfung pädagogischer (Prozess-)Qualität beziehen sich in diesem Verständnis in erster Linie auf das Handeln der Pädagog/innen. Dass sie mit daran beteiligt sind, die Qualität zu definieren, ist ebenfalls in diesem Bildungsverständnis begründet, das auf Kompetenzen, Autonomie und Solidarität zielt.

Mit der Investition des Bundesministeriums für Familie, Senioren, Frauen und Jugend in einen länder- und trägerübergreifenden Forschungsverbund, der in fünf großen Teilprojekten eine „Nationale Qualitätsinitiative im System der Tageseinrichtungen für Kinder" (1999–2003) realisierte, bekam die Fachdebatte um Qualität in Kitas großen Auftrieb, noch vor der PISA-Diskussion und der Erstellung verbindlicher Kita-Bildungsprogramme in den Bundesländern. Eine Kontroverse bestand darin, ob Qualität „universell" bestimmt werden könne oder jeweils konzeptbezogen. Die Kontroverse blieb unabgeschlossen: Vier Teilprojekte beanspruchten, ihre Kriterien und Instrumente (für Schulkinder, 0–6-Jährige; Trägerqualität) seien quasi „konzeptneutral". Ein Teilprojekt entwickelte seine Qualitätskriterien und Verfahren der internen und externen Evaluation explizit für ein bestimmtes pädagogisches Konzept, für die Arbeit nach dem Situationsansatz. Die Autorinnen nennen dafür folgende Gründe:

> „Wir sind der Überzeugung, dass Qualität und Qualitätsentwicklung nicht unabhängig von konzeptionellen Überlegungen und Entscheidungen gedacht werden kann. Wer immer Qualität entwickeln und bewerten will, muss seine Leitvorstellungen von Bildung und Erziehung, seine Ziele und pädagogischen Grundsätze offen legen und fachlich begründen. Es muss klar sein, **was** entwickelt, überprüft und bewertet werden soll. Wir haben unserer Definition von Qualität das Konzept Situationsansatz zu Grunde gelegt. Mit der Formulierung von Qualitätsansprüchen und Qualitätskriterien haben wir dieses Konzept gleichzeitig präzisiert und auf der Grundlage neuer Erkenntnisse der Bildungsforschung aktualisiert." (Preissing & Heller 2009, 64; Herv. i. O.)

Inklusion als wertebezogener Rahmen für Qualitätsentwicklung

In der Diskussion um Inklusion erhält diese Kontroverse neue Nahrung: Tony Booth, Mitautor des „Index für Inklusion" (Booth, Ainscow & Kingston 2010; vgl. auch den Beitrag von Boban & Hinz in diesem Band), bemängelt, dass „die Werte, die einem verbesserten, weiter entwickelten Schul- oder Bildungssystem zugrunde liegen, nur selten explizit gemacht werden" (2011, 28). Dies sei jedoch unverzichtbar für eine systematische Praxisentwicklung, für die er „Inklusion als wertebezogenen Rahmen" vorschlägt, innerhalb dessen er zahlreiche „inklusive Werte" (wie Gleichheit, Rechte, Teilhabe, Respekt für Vielfalt u. a.) erläutert:

> „Der Rahmen, den ich entwickelt habe, ist nicht als Rezept gedacht, sondern als eine Einladung zum Dialog. Indem Menschen die Werte diskutieren, die sie ihren Handlungen und den Handlungen anderer zugrunde legen möchten, durchlaufen sie eine Art Alphabetisierung in Bezug auf Werte [im Orignal ‚value literacy'; Anmerkung P. W.] und werden zunehmend fachkundig in moralischen Diskussionen." (Booth 2010, 6)

Die Diskussionen seien Gelegenheiten der „Werte-Alphabetisierung", zu der es auch gehöre, „komplexe Urteile angesichts sich widerstreitender moralischer Argumente zu fällen" (ebd.). Im Index für Inklusion gehört diese Auseinandersetzung mit Werten zur Dimension „Inklusive Kulturen entfalten". Booth folgert selbstkritisch aus Erfahrungen mit dem Index für Inklusion, dass dem Potenzial von Einrichtungskulturen, Entwicklung zu unterstützen oder zu unterminieren, in der Vergangenheit zu wenig Aufmerksamkeit geschenkt wurde. Dabei sei „die Entwicklung von geteilten inklusiven Werten und kollaborativen Beziehungen" überaus folgenreich für die beiden anderen Dimensionen „Inklusive Leitlinien etablieren" und „inklusive Praxis entwickeln" (vgl. Booth et al. 2010, 21 f.).

Vorurteilsbewusste Bildung und Erziehung als inklusives Praxiskonzept

Vorurteilsbewusste Bildung und Erziehung ist ein frühpädagogischer Ansatz, eine Adaption des „Anti-Bias-Approach" (Ansatz gegen Einseitigkeiten und Diskriminierung) von Louise Derman-Sparks, der in den 1980er Jahren in den USA entwickelt wurde. In Deutschland wurde er seit 2000 als Praxiskonzept für Kindertageseinrichtungen erprobt und verbreitet und als „Vorurteilsbewusste Bildung und Erziehung" übersetzt, bei der es darum geht, sich der Ursachen und Wirkungen von Vorurteilen und Diskriminierung in Kindertageseinrichtungen bewusst zu werden und pädagogische Praxis gezielt zu verändern. Gemeint sind Vorurteile und Abwertungen aller Art, die an den unterschiedlichen Merkmalen von Menschen festgemacht werden: an Hautfarbe, Herkunft, Sprache wie auch Religion, Geschlecht, sozialer Schicht, sexueller Orientierung, Alter, Behinderung.

Ausgangspunkt ist die Erkenntnis, dass sich Kinder auch aus Vorurteilen und Einseitigkeiten ihr Bild von der Welt konstruieren. Dabei ist wichtig, welcher sozialen Gruppe sie selbst angehören. Für Kinder aus diskriminierten oder benachteiligten Familien können abwertende Urteile über ihre soziale Gruppe zu Beschädigungen ihres Selbstbildes führen, die ihre Lernbereitschaft ernsthaft gefährden. Damit die Erfahrungen von Kindern mit Abwertung und Ausgrenzung nicht zur Lernbehinderung werden, brauchen sie Bildungseinrichtungen, in denen sie selbst in ihrer Besonderheit wahrgenommen und gestärkt werden. Respekt für ihre eigenen Familienkulturen und die aktive Auseinandersetzung mit anderen hilft ihnen, mit Unterschieden kompetent umzugehen. Eine klare Positionierung gegen Ausgrenzung und Diskriminierung vermittelt ihnen Schutz und ein inneres Bild davon, wie man unfairem Verhalten und Denken widerstehen kann. Es stärkt sie darin, sich selbstbewusst und neugierig auf Bildungsprozesse einzulassen.

Die bildungs- und gesellschaftspolitische Relevanz und Brisanz des Ansatzes liegt in der Verknüpfung des Rechts auf Bildung mit dem Recht auf Schutz vor Diskriminierung. Damit hat Vorurteilsbewusste Bildung und Erziehung eine klare Wertorientierung: Unterschiede sind gut, diskriminierende Vorstellungen und Handlungsweisen sind es nicht. Respekt für die Vielfalt findet eine Grenze, wo unfaire Äußerungen und Handlungen im Spiel sind. Es gehe darum, so Louise Derman-Sparks, die Spannung zwischen dem „Respektieren von Unterschieden" und dem „Nicht-Akzeptieren von Vorstellungen und Handlungen, die unfair sind", jeweils kreativ auszutragen (Derman-Sparks 1989, XI). Dies erfordert auf der Seite der pädagogischen Fachkräfte Diversitätsbewusstsein einerseits sowie die Fähigkeit zur diskriminierungskritischen Analyse und Intervention andererseits. Es entspricht dem Credo der Inklusion, einerseits Heterogenität wertzuschätzen und zu berücksichtigen und andererseits Beteiligungsbarrieren abzubauen (vgl. Sulzer & Wagner 2011, 26).

Mit seinen Leitzielen und Handlungsprinzipien erweist sich der Ansatz Vorurteilsbewusster Bildung und Erziehung als „inklusives Praxiskonzept", das im Kitabereich insbesondere aufgrund seines Theorie-Praxis-Bezugs geschätzt wird (siehe www.kinderwelten.net; Wagner 2009). In Implementierungsprojekten, an denen bundesweit zahlreiche Kitas unterschiedlicher Träger beteiligt waren, wurde ein Qualitätshandbuch erarbeitet, das die Ansprüche an vorurteilsbewusstes pädagogisches Handeln genauer bestimmt. Diese Instrumente sind auch für den Gebrauch in Schulen und anderen pädagogischen Einrichtungen anregend.

Qualitätshandbuch für Vorurteilsbewusste Bildung und Erziehung

Das Handbuch orientiert sich an den vier Zielen vorurteilsbewusster Arbeit: Kinder in ihren Identitäten stärken, wozu das Respektieren ihrer Familienkulturen gehört (Ziel 1); allen Kindern Erfahrungen mit unterschiedlichen Menschen ermöglichen, damit sie kompetent werden im Umgang mit Diversität (Ziel 2); das kritische Denken über Vorurteile, Einseitigkeiten und Diskriminierung anregen (Ziel 3) und das Aktivwerden gegen Einseitigkeiten, Unrecht und Diskriminierung ermutigen und unterstützen (Ziel 4).

Pädagogische Fachkräfte realisieren diese Ziele in vier Handlungsfeldern: in der vorurteilsbewussten Gestaltung der Lernumgebung, der Interaktion mit Kindern, der Zusammenarbeit mit Eltern und der Zusammenarbeit im Team. Zu jedem Handlungsfeld pro Ziel sind es zwei bis vier Ansprüche, die im Handbuch pädagogisches Handeln präzisieren, und diese mit jeweils vier bis acht Qualitätskriterien ausführen. Die Vorgehensweise zur internen Evaluation, die Kita-Teams mit diesem Instrument vornehmen können, folgt der Systematik der Materialien für die Qualitätsentwicklung im Situationsansatz (Preissing & Heller 2009, 64 ff.): Selbsteinschätzung der Einzelnen, Strukturierte Gruppendiskussionen zur Teameinschätzung, Zusammenfassung der Einschätzungen und Verabredungen für die Weiterarbeit. Dabei werden Stärken sichtbar, die es zu erhalten gilt. Entwicklungsbedarf wird ebenfalls sichtbar, realisierbare Veränderungen werden geplant und durchgeführt. Ausschlaggebend ist, wieweit es den Kolleg/innen gelingt, mit Hilfe des Handbuchs in einen fachlichen Austausch einzutreten, der Erkenntnisse befördert und fachliche Begründungen für das pädagogische Handeln vertiefen hilft.

Die Erfahrung zeigt, dass dieses meistens gelingt. Auch wenn nicht das ganze Handbuch bearbeitet wird, sondern nur ein Ausschnitt davon, wie dieser im Kontext einer Fortbildung für Multiplikator/innen im Rahmen von KINDERWELTEN: Es ist ein Qualitätsanspruch im Handlungsfeld „Zusammenarbeit im Team" zum zweiten Ziel Vorurteilsbewusster Bildung und Erziehung, bei dem die Entwicklung von „Diversitätsbewusstsein" im Vordergrund steht (vgl. Wagner 2011).

In der Fortbildung wird den Teilnehmer/innen zunächst der Qualitätsanspruch mit den Kriterien vorgestellt:

> 2.11 Pädagogische Fachkräfte erarbeiten sich im Team eine sachlich korrekte und wertschätzende Sprache, um Unterschiede zwischen Menschen zu benennen.
> 2.11.1 Pädagogische Fachkräfte machen sich die negativen Auswirkungen von abwertenden Bezeichnungen für Menschen bewusst und achten auf eine anerkennende Sprache.
> 2.11.2 Pädagogische Fachkräfte vermeiden es, Kinder und ihre Familien als „anders" oder von der Norm abweichend zu bezeichnen und verwenden stattdessen sachlich korrekte Beschreibungen für ihre Merkmale, Verhaltensweisen, Fähigkeiten.
> 2.11.3 Pädagogische Fachkräfte vermeiden die Verwendung von „wir" oder „man", wenn „ich" oder „ihr" oder „wir hier in der Gruppe" gemeint ist.
> 2.11.4 Pädagogische Fachkräfte achten bei der Beschreibung von Familien auf deren Individualität und machen sie nicht zu Repräsentanten einer ganzen sozialen Gruppe.
> 2.11.5 Pädagogische Fachkräfte orientieren sich bei der Beschreibung ethnischer Vielfalt an der konkreten Lebensrealität der Familien in Deutschland und vermeiden touristische und folkloristische Bilder.
> 2.11.6 Pädagogische Fachkräfte achten darauf, Menschen mit Behinderungen nicht defizitär oder bemitleidenswert zu beschreiben, sondern realistisch mit ihren Stärken und Beeinträchtigungen.
> 2.11.7 Pädagogische Fachkräfte beschreiben körperliche Merkmale von Menschen sachlich korrekt und schließen nicht vorschnell von ihrer Hautfarbe, Augenform, Haarfarbe und -struktur auf ihre Herkunft.
> 2.11.8 Pädagogische Fachkräfte beschreiben Hautfarbnen mit sachlich korrekten Bezeichnungen für die unterschiedlichen Farbtöne und unterlassen bei der Beschreibung von Menschen dunkler Hautfarbe abwertende Bezeichnungen wie „Neger", „Farbige", „Mischling".

Der Arbeitsauftrag für Kleingruppen lautet: Diskutieren Sie die Kriterien zu diesem Anspruch. Wie wichtig sind Sie Ihnen? Wo können Sie mitgehen? Wo gibt es Widerspruch? Wieweit erfüllen Sie sie? Bringen Sie Beispiele mit.

Die Vorstellung der Ergebnisse im Plenum zeigt, dass sich die Teilnehmer/innen von ihrem je unterschiedlichen Ausgangspunkt aus mit dem Anspruch beschäftigt haben, sachlich korrekt und wertschätzend über Unterschiede zu sprechen. Unterschiedliche Aspekte standen für sie im Vordergrund, z. B. die Auseinandersetzung mit Normen/Normalität/Normalisierung:

> „Ich bin über den Begriff ‚Normen' gestolpert. Normen sind ja veränderbare Größen, z. B. die Ehe, sie galt früher als normal, Eheleute sind zusammen geblieben. Heute gibt es eher die Scheidung, wenn es nicht mehr klappt. Wie kommen wir zu bestimmten Normen, wer gibt Normen vor, wodurch verändern sie sich? Es wäre gut, das im Team zu diskutieren. Auch die Frage zu stellen: Wie geht es mir, wenn mein Verhalten als ‚nicht normal' bezeichnet wird?"

Einige Teilnehmer/innen haben sich gefragt, wie es kommt, dass man häufig nicht wertschätzend über Unterschiede spricht und was man dagegen tun kann:

> „Wenn ich mir die Zeit nehme zu formulieren, dann kann ich mich sachlich korrekt und wertschätzend ausdrücken. Oft stehe ich aber unter Handlungsdruck und kann das dann nicht so ausdifferenzieren."

> „Ich hatte den Eindruck, dass hier hehre Ziele formuliert sind. Die sind aber wichtig und richtig, sehr umfassend. Es muss eine Reflexion über die eigene Sprache stattfinden, und da gilt es, zu üben und zu üben."

> „Man ist sich oft nicht bewusst, was man sagt. Die Reflexion muss vorher kommen."

> „Ob man mit diesen Kriterien arbeiten kann, hängt von der Bereitschaft ab, sich mit sich selbst kritisch auseinander zu setzen."

> „Man braucht Mut, um sich im Team auf die Sprachverwendung anzusprechen."

> „Man braucht Zeit, bis man andere Begriffe übernommen hat. Gut wäre es, eine Sammlung zu machen mit wertschätzenden Worten/Bezeichnungen."

> „Wenn ich bei mir selbst schaue, wie oft ich von ‚wir' schreibe, wenn ich Deutsche meine, obwohl ich nicht mal Deutsche bin. Es wäre vielleicht gut, mit Erzieher/innen anhand von Bildern zu üben, ein Kind zu beschreiben und damit Sprachverwendungen zu überprüfen. Oder zu sammeln: was sind abwertende und anerkennende Ausdrücke, z. B. wenn bei uns von ‚Kopftuchmüttern' geredet wird."

Manche Teilnehmer/innen sprechen das Dilemma an, das in der Verwendung von Bezeichnungen liegt, auf Grund derer es Abwertung in der Gesellschaft gibt.

> „Es heißt da, man solle die Beschreibung ‚mit Behinderungen' nicht defizitär sehen. Will man allerdings Eingliederungshilfen bekommen, so muss man das so schreiben, also sehr auf Defizite und Bedürftigkeiten hin orientiert, fast so, dass die Kinder scheitern müssen. Das ist ein Widerspruch, eine starke Spannung."

> „Warum wird die Behinderung überhaupt hervorgehoben? Schon das ist problematisch!"

Das Dilemma wird von den Teilnehmer/innen diskutiert: Unterschiede zu benennen geht nicht ohne die Verwendung von Kategorien, die bereits mit Bewertungen „belegt" sind. Die Kategorien zu verwenden heißt aber immer auch, eine Praxis der Vereinfachung, Verallgemeinerung und damit der Verzerrung von tatsächlicher Vielschichtigkeit fortzusetzen. Sie nicht zu verwenden heißt aber nicht, dass die Zuschreibungen und Diskriminierungen entlang bestimmter Merkmale aus der Welt sind, sie werden dadurch nur nicht benannt. Es geht nicht anders: Wir müssen Kategorien verwenden, als Begriffe, um die Welt zu begreifen und gleichzeitig müssen wir uns hüten, sie selbst schon für die Wirklichkeit zu halten, denn das hieße, ihre Wirkmächtigkeit selbst zu verharmlosen. Hier liegen wichtige Erkenntnisse und Ansatzpunkte werden erkennbar, wie mit Hilfe des Handbuchs Erkenntnisprozesse und Praxisveränderungen angeregt werden können:

> „Die Ansprüche im Team zu besprechen wäre gut. Man könnte sich dann besser darauf aufmerksam machen, wenn einem im Folgenden etwas Abfälliges in der Sprache auffällt. Wenn ich z.B. nicht merke, was ich da gerade sage, aber eine Kollegin merkt es und stupst mich dann an und nimmt Bezug auf diesen Anspruch, dann kann ich mitgehen, ohne mich angegriffen zu fühlen."

> „Die Kriterien und Ansprüche sind hilfreich, aber es ist ein langwieriger Prozess, bis man wirklich zu einer wertschätzenden Sprache kommt!"

Inklusive Organisationsentwicklung

Das Beispiel zeigt, wie mühsam und kleinteilig eine inklusive Praxis entwickelt werden muss. Während pädagogische Fachkräfte sich hierbei auf die Mikroprozesse im Alltag mit Kindern, Eltern und Kolleg/innen konzentrieren, braucht inklusive Qualitätsentwicklung flankierende Maßnahmen auf der Mesoebene der institutionellen Kultur und Struktur. Hier sind die Träger der Einrichtungen gefragt. Das Handbuch für die Vorurteilsbewusste Kitapraxis wird ergänzt durch ein Handbuch für die Trägerqualität (ebenfalls noch unveröffentlicht, siehe www.kinderwelten.net), das Ansprüche an vorurteilsbewusstes Trägerhandeln enthält.

Es orientiert sich an den zehn Dimensionen von Trägerqualität, wie sie in einem Teilprojekt der Nationalen Qualitätsinitiative definiert und konkretisiert wurden (Fthenakis et al. 2003):

- Organisations- und Dienstleistungsentwicklung
- Konzeption und Konzeptionsentwicklung
- Qualitätsmanagement
- Personalmanagement
- Finanzmanagement
- Familienorientierung und Elternbeteiligung
- Gemeinwesenorientierte Vernetzung und Kooperation
- Bedarfsentwicklung und Angebotsplanung
- Öffentlichkeitsarbeit
- Bau und Sachausstattung.

Im Handbuch zur vorurteilsbewussten Trägerqualität werden zu diesen Dimensionen, verstanden als Aufgabenfelder von Trägern, Qualitätsansprüche im Hinblick auf Vorurteilsbewusste Bildung und Erziehung formuliert und mit Beispielen aus der Trägerpraxis illustriert. Zum Aufgabenfeld „Personalmanagement" sind die Ansprüche z. B. folgende:

> 4.1 Der Träger sichert die Rahmenbedingungen für eine kontinuierliche Selbst- und Praxisreflexion der Fachkräfte zum Umgang mit Unterschieden und Ausgrenzung.
> 4.2 Der Träger berücksichtigt bei seiner Personalauswahl, dass eine Vielfalt an Kompetenzen und Erfahrungen in den Teams repräsentiert ist.
> 4.3 Der Träger analysiert strukturelle Hinderungsgründe für Angehörige von Minderheiten und ergreift Maßnahmen zur Förderung der Vielfalt, bei der Personalentwicklung, auch bei der Besetzung von Leitungspositionen.
> 4.4 Der Träger achtet darauf, dass alle seine Instrumente der Personalführung die Ziele und Prinzipien vorurteilsbewusster Bildung und Erziehung berücksichtigen.

In Arbeitsgruppen mit Trägervertreter/innen wurde deutlich, dass diese Ansprüche Trägerhandeln außerordentlich herausfordern. Neben praktischen Veränderungen auf Trägerebene hat sie diese Auseinandersetzung um Ziele und Ansprüche vorurteilsbewusster Arbeit, so die Schilderung der Trägervertreter/innen, den pädagogischen Fachkräften näher gebracht, weil sie deren Arbeit besser verstehen und mehr Verständnis dafür haben, was sie brauchen, um inklusive Arbeit leisten zu können, auch wenn sie es nicht in der Hand haben, für die erforderlichen Arbeitsbedingungen und notwendigen Ressourcen zu sorgen.

Inklusion als bildungspolitisches Großprojekt – unter Beteiligung Aller

Das verweist auf die Makroebene des Bildungssystems und auf die Notwendigkeit, es inklusiv auszurichten, damit seine Selektivität und sein Zwang zur Homogenisierung die auf anderen Ebenen erreichte inklusive Qualität nicht fortlaufend zunichte machen. Louise Derman-Sparks sieht darin auch eine Handlungsaufforderung an jede Einzelne und jeden Einzelnen – und hat dabei auch Qualitätsstandards im Blick:

> „Um Inklusion zu verbreiten, müssen wir sowohl in der Kindergruppe/in der Klasse tätig sein als auch darüber hinaus. Die Infrastruktur des gesamten Bildungssystems, die frühe Bildung und Erziehung eingeschlossen, bedarf einiger Änderungen, um die Prinzipien vorurteilsbewusster Bildung und Erziehung zu unterstützen. Erforderlich sind Strategien für die Aus- und Weiterbildung pädagogischer Fachkräfte, entsprechende Lehrmaterialien, kontinuierliche Weiterbildungsmöglichkeiten für Fachkräfte, und auch Zeit, um sich mit anderen zu treffen und über die Arbeit zu reflektieren und sie kritisch einzuschätzen. Es erfordert außerdem, sich dafür einzusetzen, dass vorurteilsbewusste Bildung und Erziehung/Anti-Bias Pädagogik [synonyme Verwendung von Derman-Sparks; beides wird als ‚inclusive education' bezeichnet; Anmerkung P. W.] pädagogische Qualitätsstandards durchdringt und so zu einem integralen Bestandteil der Curricula in allen Jahrgangsstufen wird." (2010, 11)

Auch das gehört zum bildungspolitischen Großprojekt, das Inklusion zweifellos bedeutet: sich dafür einsetzen, dass inklusive Werte pädagogische Qualitätsstandards durchdringen. Oder im Sinne des Index für Inklusion, sich selbst verpflichten, für inklusive Kulturen, Strukturen und Praxen zu sorgen, wozu eine intensive Auseinandersetzung mit den Zielen, Werten und Strategien gehört. Sich die Mühe machen, die Qualität präzise zu beschreiben und sich dieses nicht aus den Händen nehmen lassen von anderen, die bestimmen wollen, was bei Inklusion „herauskommen" soll. Für die Überzeugung streiten, dass „pädagogische Qualität immer durch diejenigen definiert und interpretiert werden kann und muss, die für ihre Umsetzung in der Praxis Verantwortung tragen" (Preissing & Heller 2009, 69). Einfacher, so scheint es, ist Inklusion in der Praxis nicht zu haben.

Literatur

Berliner Senatsverwaltung für Jugend, Bildung und Sport (2004): Berliner Bildungsprogramm für die Bildung, Erziehung und Betreuung von Kindern in Tageseinrichtungen bis zu ihrem Schuleintritt. Vorgelegt von INA gGmbH. Berlin

Booth, T. (2010): Wie sollen wir zusammenleben? Inklusion als wertebezogener Rahmen für pädagogische Praxisentwicklung. Vortrag im Rahmen der Internationalen Fachtagung „Bildung konsequent inklusiv" von KINDERWELTEN/INA gGmbH am 11.06.2010 in Berlin. Übersetzung Englisch – Deutsch: Kinderwelten. Online verfügbar unter: www.kinderwelten.net [Stand: 12.09.2010]

Booth, T., Ainscow, M. & Kingston, D. (2010): Index für Inklusion. Lernen, Partizipation und Spiel in der inklusiven Kindertageseinrichtung entwickeln (3. Auflage). Frankfurt am Main (Dt. Fassung hrsg. durch GEW)

Derman-Sparks, L. & A.B.C. Task Force: Anti-Bias-Curriculum (1989): Tools for empowering young children. Washington D.C.

Derman-Sparks, L. (2010): Anti-Bias Education for Everyone – Vorurteilsbewusste Bildung und Erziehung für Alle. Vortrag im Rahmen der Internationalen Fachtagung „Bildung konsequent inklusiv" von KINDERWELTEN/INA gGmbH am 11.06.2010 in Berlin. Übersetzung Englisch – Deutsch: Kinderwelten. Online verfügbar unter: www.kinderwelten.net [Stand: 12.09.2010]

Fthenakis, W., Hanssen, K., Oberhuemer, P. & Schreyer, I. (Hrsg.) (2003): Träger zeigen Profil. Qualitätshandbuch für Träger von Kindertageseinrichtungen (Teilprojekt V der Nationalen Qualitätsinitiative im System der Tageseinrichtungen für Kinder). Weinheim/Basel

Holzkamp, K. (1993): Lernen. Subjektwissenschaftliche Grundlegung. Frankfurt/New York

Kinderwelten/INA gGmbH (2010): Qualitätshandbuch für Vorurteilsbewusste Bildung und Erziehung in Kitas. Berlin, unveröffentlicht

Preissing, C. & Heller, E. (Hrsg.) (2009): Qualität im Situationsansatz. Qualitätskriterien und Materialien für die Qualitätsentwicklung in Kindertageseinrichtungen (2. Auflage). Berlin

Sulzer, A. & Wagner, P. (2011): Inklusion in der Frühpädagogik: Qualifikationsanforderungen an die Fachkräfte. Expertise für die WIFF im DJI, München. www.weiterbildungsinitiative.de

Wagner, P. (2009): „Dass jedes Kind dazugehört und alle Kinder gut lernen können …". Die Bedeutung vorurteilsbewusster Bildung und Erziehung für die Schule. In: Peter Ustinov Institut zur Erforschung und Bekämpfung von Vorurteilen (Hrsg.): Kompetenz im Umgang mit Vorurteilen. Vorurteilsbewusstes Unterrichten an Grundschulen. Wien, 7–15

Wagner, P. (2011, im Erscheinen): Diversitätsbewusstsein als Qualifikationsanforderung an pädagogische Fachkräfte. In: PFV-Jahrbuch, 94–103

Von der Schulbegleitung zum Teilhabemanagement

Oliver Knuf

Begriffsbestimmung

Die Unterstützung von sogenannten Kindern mit Behinderungen in der Schule durch zusätzliches Nicht-Lehrpersonal geht auf die 1980er Jahre zurück und ist zunächst als Übernahme grundpflegerischer Leistungen zum Ermöglichen des Schulbesuches installiert worden. Die Ausweitung dieser Tätigkeiten in den 1990er und 2000er Jahren auch auf Bereiche der Jugendhilfe (SGB VIII, § 35a) hat ein Volumen angenommen – in einigen Kommunen hat sich die Anzahl der Schulbegleiter in den dreistelligen Bereich entwickelt –, welches das Tätigkeitsfeld in den Fokus der inklusiven Schule rücken lässt. Die Ausformung dieser Tätigkeit ist regional und historisch gewachsen und entspricht keinem bundesweiten Standard, was sich an verschiedenen Merkmalen manifestiert. So haben sich für die Ausführenden unterschiedliche Bezeichnungen entwickelt, wie Integrationsbegleiter/in, Schulassistent/in, Unterrichtshelfer/in oder eine Variante aus den jeweiligen Wortbestandteilen. Damit die Fortsetzung der aus der Inklusions-/Integrationsdebatte bekannten „babylonischen Sprachverwirrung" (Wocken 2010, 204) aufgelöst wird, muss sich eine allgemein akzeptierte und dem Verständnis zur Tätigkeit passenden Begrifflichkeit etablieren, ohne einer Abwertung der Integration zu unterliegen oder die Inklusion der Träumerei anheim zu stellen. Anglizismen, wie die des „Diversity and Inclusion Manager", haben sich bisher weder begrifflich noch inhaltlich in Deutschland durchgesetzt, so dass hier nur als vorübergehender Arbeitstitel der Begriff des/der Teilhabemanagers/in von der aktuellen Tätigkeit des/der Schulbegleiters/in abgrenzend verwendet und dessen Gebrauch unten ausführlicher begründet wird.

Tätigkeitsinhalte

Die beschriebene Begriffsdiffusion findet in der sehr variablen Tätigkeit ihre Fortführung: Neben Kaffeekochen, Fotokopieren, dem selbstständigen Unterrichten und Gestalten von Unterrichtseinheiten besteht der Kern der Tätigkeit meist aus der Unterstützung eines oder mehrerer Kinder in alltagspraktischen oder pädagogischen Dingen vor, während und nach dem Unterricht sowie in den Pausen, um eine Teilhabe an der Klassengemeinschaft zu ermöglichen. Teilweise übernehmen Schulbegleiter/innen dabei hoch spezialisierte Aufgaben und verfügen über umfassende Fachkenntnisse beispielsweise im Bereich der unterstützten Kommunikation, der Gewaltprävention und der Spezialpflege. Für eine Darstellung der Vielfalt der Aufgabenbereiche sei hier auf Niedermayer (2009, 231 f.), Wohlgemuth (2009, 66 f.)

sowie Bacher, Pfaffenberger und Pöschko (2007, 29 f.) verwiesen. In einer inklusiven Schule muss diese derzeit diffuse Intransparenz der Tätigkeit als Lückenfüller fehlender Personalressourcen und Organisationsstrukturen in Schule verstanden werden. Es gilt dies mittels einer eindeutigen Stellen- und Aufgabenbeschreibung mit dem Ziel abzulösen, sich an den Kriterien der Teilhabe und damit den Belangen der Kinder zu orientieren. Die Tätigkeit des/der Teilhabemanagers/in als „Dreh- und Angelpunkt, um der Achtung von Verschiedenheit und Vielfalt Raum zu schaffen" (Niedermayer 2009, 225) entspricht dabei einem weiter gefassten Auftrag als Schulbegleitung und orientiert sich eher an dem „Diversity and Inclusion Manager".

Folgt man der von Georg Feuser geforderten Didaktik im Sinne einer „Transformation von Bildungs- und Gesellschaftsfragen in die konkrete Erziehungs- und Unterrichtspraxis" (Feuser 2011, 123), ändert dies den Auftrag an den/die Schulbegleiter/in: Die Unterstützung in Form einer Einzelfallhilfe wird aufgelöst und die Unterstützung des gesamten Klassenverbandes in Hinblick auf eine Teilhabe *aller* an Bildung rückt in den Mittelpunkt. Schulbegleitung wird so zur Gemeinschaftshilfe für Schüler/innen mit unterschiedlichsten Bedürfnissen und damit zur Tätigkeit im Sinne einer sozialen Teilhabe durch das tätige Partizipieren an gesellschaftlichen Prozessen (Wocken 2011, 43) – mit anderen Worten, zum Teilhabemanagement. Dies schließt auch – aber nicht nur – pflegerische Leistungen mit ein. Diese Tätigkeit generiert in einem das Lehrpersonal ergänzenden multiprofessionellen Team zum Qualitätsmerkmal inklusiver Schule, bei dem das gemeinsame Aufgabenspektrum weit über die Vermittlung curricularer Inhalte hinausgeht.

Qualifikation und Arbeitsbedingungen

Der/die Schulbegleiter/in selbst ist i. d. R. keine für diese Tätigkeit ausgebildete Fachkraft, da bis dato keine entsprechende Profession existiert. Je nach Qualitätsstandards der Kosten- bzw. Anstellungsträger findet man hier ohne Anspruch auf Vollständigkeit der Auflistung Teilnehmer/innen am Freiwilligen Sozialen Jahr, Ein-Euro-Jobber/innen, pädagogisch interessierte Nicht-Pädagog/innen, aber auch Erzieher/innen, Heilerziehungspfleger/innen sowie Sozial-, Heil- und Sonderpädagog/innen. Dieser Personenkreis ist weitestgehend für die Tätigkeit der Schulbegleitung nicht in Form einer das gesamte Arbeitsfeld umfassenden Qualifikation ausgebildet, so dass man von Quereinsteiger/innen sprechen muss, die mehr oder weniger (beispielsweise in eintägigen Pflegekursen) angelernt werden. Mangels berufsspezifischer Qualifizierung für diese Tätigkeit ist hier Handlungsbedarf. Erste Ansätze zur Professionalisierung – beispielsweise das Modellprojekt zur Qualifizierung von Schulbegleiter/innen am Institut für Schulbildung und Sozialmanagement e.V. (QuaSI) in Thüringen – sind zu erkennen, können aber nur als Statuspassage hin zur Entstehung einer Profession verstanden werden. QuaSI bietet erste wissenschaftlich begleitete curriculare und auf Integration/Inklusion und Teilhabe ausgelegte Standards für folgende Themenfelder: berufliches Selbstverständnis, professionelle Kommunikation, pädagogisches Arbeiten, rechtliche und administrative Rahmenbedingungen, Wissen über Behinderungsarten, Krankheitsbilder und unterstützende Pflege. Schulbegleitung würde dadurch aus dem der Aufgabe nicht gerecht werdenden Status der Hilfstätigkeit und verkürzten Defizitkompensation heraustreten, eine eigene Rolle in der inklusiven Schule übernehmen sowie die Lehrkräfte von der hemmenden Anleitungsaufgabe befreien und die schulische Didaktik durch eine eigene „Didaktik der sozialen Arbeit" (vgl. Martin 1989) ergänzen können. Zur Entstehung einer angemessenen Profession, Professionalität und Professionalisierung muss neben der Praxis die Integrations-/Inklusions- sowie die Professionsforschung hier ihre Verantwortung wahrnehmen. Die Frage nach Abgrenzung zur bzw. Ergänzung der Lehrertätigkeit sowie der Schulsozialarbeit ist dabei zu klären und aus den schmerzhaften Erfahrungen zur Überwindung der Barrieren aus der „komplizierte[n] und konflikterzeugende[n] Situation" (Wulfers 1994, 13) zwischen Schulsoziarbeit und Schule und den damit verbundenen Entwicklungsprozessen zu lernen.

Rechtliche Verortung/Finanzierung

Unabhängig von der UN-Behinderten- bzw. UN-Kinderrechtskonvention und deren Umsetzung in Deutschland existiert ein Anspruch auf Leistungen der Eingliederungshilfe gemäß § 54 SGB XII in Form von Hilfen zu einer angemessenen Schulbildung für Personen, die durch eine Behinderung im Sinne von § 2 Abs. 1 Satz 1/ SGB IX wesentlich in ihrer Fähigkeit, an der Gesellschaft teilzuhaben, eingeschränkt oder von einer solchen wesentlichen Behinderung bedroht sind. Dies gilt für Kinder und Jugendliche mit körperlicher oder geistiger Behinderung. Kinder mit seelischer Behinderung erhalten Eingliederungshilfe gemäß § 35a SGB VIII. Weitere Anspruchsvoraussetzungen können gegenüber anderen Regelungen der Sozialgesetzgebung (bspw. § 35a SGB XI – persönliches Budget) geltend gemacht werden. Diesem Rechtsanspruch auf Sozialleistungen wird i.d.R. mittels einer personellen Ressource – dem/der Schulbegleiter/in – nachgekommen. Dadurch erfährt das aus der Integrations-/Inklusionsdebatte bekannte „Ressourcen-Etikettierungs-Dilemma" (vgl. z.B. Füssel & Kretschmann 1993) über die Feststellung des sonderpädagogischen Förderbedarfs seine Duplizierung: Der/die Schulbegleiter/in wird (ähnlich dem/der Förderschullehrer/in), zum Nachweis eines Rechtsanspruchs auf Eingliederungshilfe und des daraus folgenden Hilfebedarfs, die personifizierte Manifestierung einer Etikettierung von Kindern und Jugendlichen durch die selektierende Feststellung einer Behinderung, die in einer personellen Ressource mündet. Zusätzlich entstehen aufgrund unterschiedlicher Anspruchsvoraussetzungen und Zielsetzungen der Sozialgesetze und Landes(schul)gesetze – welche nur begrenzt und eingeschränkt korrespondieren – Zuständigkeits- und Zielkonflikte. Dies ist vom Gesetzgeber im Sinne der Umsetzung der Behinderten- bzw. der Kinderrechtskonvention aufzulösen. Kann Teilhabemanagement trotzdem in der derzeitigen Interpretation der rechtlichen Rahmenbedingungen ein Lösungsansatz für inklusive Schule sein oder nutzt man nicht zum „‚Machen' der Integration/Inklusion [...] die Instrumente des selektierenden, ausgrenzenden und segregierenden Systems" (Feuser 2011, 118)?

Eingliederungshilfe als häufigste Finanzierungsform der Schulbegleitung geht von einer Hilfe zur angemessenen Schulbildung und zur gesellschaftlichen Teilhabe aus; sie bescheinigt Schule folglich, ihrem Auftrag auf Kosten einer bestimmten Personengruppe nicht ausreichend nachkommen zu können. Der Weg der Teilhabe kann aber nicht über eine damit verbundene (sozialrechtliche) Etikettierung des Schülers/der Schülerin zur Finanzierung des Personals führen und muss anders aufgelöst werden. Auch Lösungsansätze durch das Zusammenführen der Eingliederungshilfe von SGB VIII und SGB XII in einen Integrationsdienst, der dem Jugendamt angegliedert ist, gehen von einem Mangel an inklusiver Schule aus, der durch den gesetzlichen Hilfeanspruch geheilt werden soll. Inklusive Schule benötigt aber eine personelle Ausstattung mit unterschiedlichen fachlichen Kompetenzen die der Idee der Integration/Inklusion Rechnung trägt. Die Ausstattung von Schulen mit einem angemessenen Personalbudget von Seiten des Landes oder von Seiten des kommunalen Schulträgers bzw. deren Kombination wäre hier möglich. Ob und wie hierfür Schulgesetze zu ändern sind (sozialpädagogisches Personal ist bereits teilweise bei Ländern angestellt) oder ob der kommunale Kostenträger (der für das Nicht-Lehrpersonal und Projekte der Schulsozialarbeit zuständig ist) für die Finanzierung in die Verantwortung gerät, ist aufzuschlüsseln. Der Rückgang an Eingliederungshilfen in Form von Hilfen zur angemessenen Schulbildung könnte hierbei als *ein* Indikator für die angemessene Personalausstattung sowie für die gelungene Um-setzung der Teilhabe in der inklusiven Schule fungieren. Dass durch diesen Ansatz zusätzliche (vermeidbare) Kosten entstehen, ist bisher weder nachgewiesen, noch ist bisher eine geeignete Berechnungsgrundlage für die Kosten inklusiver Schule gefunden worden (vgl. Klemm & Preuss-Lausitz 2011, 121).

Räumliche Verortung/Organisationsform

Schulbegleiter/innen sind derzeit Teil eines komplexen Vieleckverhältnisses zwischen Antragstellern (Eltern), Leistungsberechtigten (Kind), Kostenträgern (Sozial- bzw. Jugendamt), Anstellungsträgern (Verein) und Schulen (Lehrkraft), um nur einige an dem System beteiligte Rollen und Institutionen zu nennen. Die Verortung des Teilhabemanagements an der Schule als Zentrum der Teilhabe wäre aber, wie oben dargelegt, die logische Konsequenz und eine Entwirrung des derzeitigen Systems. Die Frage nach dem Teilhabemanager für jede Klasse oder dem Pool an Schulbegleitern für Kinder mit Behinderungen, wie Niedermayer (2009) dies vorschlägt, muss abgelöst werden durch eine Personalbedarfserhebung, die sich an der Teilhabe aller Schüler/innen und der Integration in das Mensch-Umfeld-System (Sander 2009, 106) orientiert. Grundsätzlich wird hier aber eine (mindestens) Zwei-Personen-Lösung in der Klasse empfohlen, um von den positiven Effekten, die bereits aus dem „Zwei-Pädagogen-Prinzip" (Schöler 1999, 74) des Gemeinsamen Unterrichts bekannt sind, und den gesundheitsförderlichen Elementen für Lehrkräfte durch die Rückkopplung mit Kollegen (vgl. DAK-Leuphania-Studie 2011) zu profitieren.

Perspektiven für die nahe Zukunft

Die Studie „Auf dem Weg zur schulischen Inklusion in Nordrhein-Westfalen" geht von einem signifikanten Zwischenpunkt in der Umsetzung etwa im Jahr 2020 aus (vgl. Klemm & Preuss-Lausitz 2011, 124). Eine zeitnahe Umsetzung eines im Sinne der Integration/Inklusion definierten Teilhabemanagements in der inklusiven Schule wird mangels eines theoretischen Überbaus ein von der Logik der Praxis geleitetes Vorhaben sein müssen. Hierfür sollten die oben benannten Hauptstränge beachten werden, die hier als Standards in verschiedene Ebenen überführt werden:

Standards

a) Politisch-rechtliche Ebene

- Es müssen Anstrengungen zur Klärung und Professionalisierung des Tätigkeitsfeldes unternommen werden, insbesondere auch durch entsprechende curriculare Ausbildung und unterstützende Professionsforschung.
- Eine Anpassung der Sozialgesetzgebung auf die Anspruchsvoraussetzungen inklusiver Bildung und der von individuellen stigmatisierenden Anspruchsvoraussetzungen unabhängigen Teilhabe ist erforderlich.
- Das Teilhabemanagement muss in die verschiedenen Ebenen der Gesetzgebung einfließen.

b) Administrative Ebene (Verwaltung einschl. Kostenträgern)

- Eine Finanzierung des Teilhabemanagement entsprechend der derzeitigen rechtlichen Rahmenbedingungen unter Verzicht auf die Stigmatisierung des Kindes ist anzustreben.
- Teilhabemanagement muss inhaltlich als qualifizierte Tätigkeit anerkannt werden – fern einer mechanischen unqualifizierten Hilfsarbeit.

c) Institutionelle Ebene

- Der Aufgabenbereich des Teilhabemanagements ist anhand des Selbstverständnisses einer inklusiven Schule im Sinne einer Integration von Bildungs- und Gesellschaftsthemen in die Unterrichts- und Erziehungspraxis zu klären und aus der Tätigkeit aus der Einzelfallhilfe herauszulösen.

d) Ebene der Professionellen

- Teilhabemanager sind hinsichtlich eines beruflichen Selbstverständnisses, einer professionellen Kommunikation, eines pädagogischen Arbeitens, rechtlicher und administrativer Rahmenbedingungen, eines Wissens über Behinderungsarten, Krankheitsbilder, unterstützende Pflege sowie dem Prinzip der Teilhabe an einem inklusiven Bildungssystem zu qualifizieren.

- Eine auf kooperative Aufgabenergänzung ausgelegte Zusammenarbeit von Lehrkraft und Teilhabemanager/in ist zu vereinbaren.

e) Ebene der Schüler/innen und ihrer Eltern

- Teilhabemanagement ist als eine Ressource für die *gesamte* Klasse zu verstehen: Schüler/innen und Eltern müssen sich von dem *mein* oder *dein* in Bezug auf die Schulbegleiter/innen lösen.
- *Alle* Eltern und Schüler/innen benötigen den Mut und die Toleranz, sich der Teilhabe zu öffnen.

Literatur

Bacher, J., Pfaffenberger, M. & Pöschko, H. (2007): Arbeitssituation und Weiterbildungsbedarf von Schulassistent/innen – Endbericht. Linz; derzeit online nicht verfügbar

Dworschak, W. (2010): Schulbegleiter, Integrationshelfer, Schulassistenten? Begriffliche Klärung einer Maßnahme zur Integration in die Allgemeine Schule bzw. die Förderschule. In: Teilhabe, 49 (3), 131–135

DAK/Leuphania-Universität Lüneburg (Hrsg.) (2011): Gemeinsam Schule entwickeln. Lehrergesundheit – Was hält Lehrer gesund? (Zusammenfassung). Lüneburg. Online verfügbar unter: http://www.leuphana.de/zentren/zag/aktuell/ansicht/datum/2011/04/28/neue-dak-leuphanastudie.html [Stand: 14.11.2011]

Feuser, G. (2011): 25 Jahre Integrations-/Inklusionsforschung: Rückblick – Ausblick. Eine kurze kritische Analyse. In: Behindertenpädagogik, 2, 118–125

Feuser, G. (1995): Behinderte Kinder zwischen Aussonderung und Integration. Darmstadt

Füssel, H.-P. & Kretschmann, R. (1993): Gemeinsamer Unterricht für behinderte und nichtbehinderte Kinder. Witterschlick

Klemm, K. & Preuss-Lausitz, U. (2011): Auf dem Weg zur schulischen Inklusion in Nordrhein-Westfalen. Online verfügbar unter: www.schulministerium.nrw.de/BP/Inklusion_Gemeinsames_Lernen/Gutachten_Auf_dem_Weg_zur_Inklusion_/NRW_Inklusionskonzept_2011_-_neue_Version_08_07_11.pdf [Stand: 14.11.2011]

Martin, E. (1989): Didaktik der sozialpädagogischen Arbeit. Eine Einführung in die Probleme und Möglichkeiten. Weinheim/München

Niedermayer, G. (2009): Die Rolle der Integrationsbegleiter. In: Thoma, P. & Rehle, C. (Hrsg.): Inklusive Schule – Leben und Lernen mittendrin. Bad Heilbrunn, 225–235

Nittel, D. (2000): Von der Mission zum Profession? Bielefeld

Schöler, J. (1999): Integrative Schule – Integrativer Unterricht. Neuwied/Kriftel/Berlin

Stein, A.-D., Krach, St. & Niediek, I. (Hrsg.) (2010): Integration und Inklusion auf dem Weg ins Gemeinwesen. Bad Heilbrunn

Thoma, P. & Rehle, C. (Hrsg.) (2009): Inklusive Schule – Leben und Lernen mittendrin. Bad Heilbrunn

Wocken, H. (2011): Was ist inklusiver Unterricht? Eine Checkliste zur Zertifizierung schulischer Inklusion Teil II. In: Gemeinsam Leben, 20 (1), 41–49

Wocken, H. (2010): Integration & Inklusion. Ein Versuch die Integration vor der Abwertung und die Inklusion vor Träumereien zu bewahren. In: Stein, A.-D., Krach, St. & Niedeck, I. (Hrsg.): Integration und Inklusion auf dem Weg ins Gemeinwesen. Bad Heilbrunn, 204–234

Wohlgemuth, K. (2009): Schulbegleitung in Thüringen – Rahmenbedingungen, Aufgaben und Belastungen. Friedrich-Schiller-Universität Jena (unveröffentl. Skript)

Wulfers, W. (1994): Hassliebe – oder was? Lehrer und Schulsozialarbeiter. In: Päd. extra, 22 (5), 13–14

3 Transitionen

Barrierefreie Passagen in inklusiver Erziehung und Bildung. Der Übergang von der Kindertageseinrichtung zur Schule

Maria Kron

Die Ausgangssituation

In der Biografie fast aller Jungen und Mädchen ist der Übergang vom Kindergarten in die Grundschule der erste institutionelle Wechsel innerhalb des Bildungs- und Erziehungssystems. Dieses System hat sich bisher in unterschiedlichem Ausmaß inklusiven Entwicklungen geöffnet. Kindern mit Beeinträchtigungen wurde (und wird) überwiegend der Besuch einer allgemeinen Schule verweigert oder erschwert, doch nach der Ratifizierung der UN-Behindertenrechtskonvention werden hier Veränderungen in Gang kommen. In Artikel 24 der Konvention verpflichten sich die Vertragsstaaten, Menschen nicht auf Grund einer Behinderung von dem allgemeinen Bildungssystem auszuschließen (Art. 24, 2a) und zu gewährleisten: „Persons with disabilities can access an *inclusive*, quality and free primary education and secondary education on an equal basis with others in the communities in which they live" (ebd., 2b). Möglicherweise werden also in den nächsten Jahren mehr Kinder von einer inklusiven Kindertageseinrichtung in eine inklusive Schule wechseln können und zumindest in diesem Aspekt keinen biografischen Abbruch erfahren. Doch neben diesen Entwicklungen haben auch andere Aspekte, wie z. B. besondere Begabungen, geschlechtsspezifische Aspekte, sozio-ökonomische Aspekte der Familien, nationale bzw. kulturelle oder religiöse Familienhintergründe, innerhalb des Regelschulsystems nicht immer die nötige Aufmerksamkeit erfahren. Die Entwicklungen im Elementarbereich sind hier schon weiter voran geschritten, doch insgesamt hat sich die gesellschaftliche Heterogenität bisher nur bedingt in den Konzepten von Bildung und Erziehung niedergeschlagen. Dies gilt auch für die Überlegungen zur Gestaltung des Übergangs von der Kindertageseinrichtung in die Schule, bei dem zudem auch die sehr unterschiedlichen regionalen und kommunalen strukturellen Bedingungen zu berücksichtigen sind.

Lassen sich vor diesem Hintergrund generelle Aussagen über Risiko- und Gelingensbedingungen treffen? Können wir hier generelle Standards formulieren, die „best practice" beschreiben? Dazu zunächst eine Verständigung über die zu Grunde liegenden Konzepte dieser Phase.

Der Übergang als ko-konstruktiver Prozess der Systeme und ihrer Akteure

Wechsel von der Kindertageseinrichtung in die Schule sind keine Prozesse, die lediglich die einzelnen Kinder betreffen. Es sind soziale Ereignisse innerhalb sich wechselseitig beeinflussender Kontexte, in denen mehrere Subjekte in einem Beziehungsgefüge interagieren und zusammen den Prozess gestalten und bewältigen.

Indem Übergänge nicht als monokausal geformte transitorische Ereignisse verstanden werden, geraten mehrere Akteure bzw. die verschiedenen sich berührenden Lebensbereiche in den Fokus der Betrachtung – das Kind selbst, seine Eltern bzw. die Familie, die Erzieher/innen bzw. die Kindertageseinrichtung, die Lehrer/innen bzw. die Schule. Das Kind lebt in diesen Kontexten, verlässt den einen, tritt in einen anderen neu ein. Die Vorbereitung und Begleitung dieses Prozesses macht die Kompetenzen der sozialen Systeme aus, zwischen denen sich die Transitionen vollziehen. Transitionen sind ko-konstruktive Prozesse, auf die sich die Beteiligten in Abstimmung miteinander (im schlechten Fall: ohne Abstimmung) vorbereiten (Griebel & Niesel 2004). In dem Ablauf müssen Erwartungen, Fähigkeiten und Anforderungen der Akteure aufeinander abgestimmt werden, damit er gelingt. „Schulfähigkeit" ist in diesem Sinn nicht als physisches, emotionales und kognitives Merkmal des Kindes zu sehen, das ihm im Laufe seiner Sozialisation in der Kindertageseinrichtung zuwächst. „Schulfähigkeit" ist in weitem Umfang Prozess, Inhalt und Resultat der Systeme Kindergarten und Schule in Bezug auf die Anschlussfähigkeit gestalteter Lernprozesse. In inklusiven Zusammenhängen ist dies unmittelbar daran gebunden, dass keine Barrieren der Teilhabe aufgebaut werden oder bestehende gesellschaftliche, institutionelle und personale Barrieren abgebaut werden.

Statuspassagen – Jungen und Mädchen vor einem biografisch neuen Lebensabschnitt

Der Übergang von der Kindertageseinrichtung in die Schule ist für das Individuum der Eintritt in eine neue und nachhaltig bedeutsame Lebenswelt und damit eine Phase verdichteter Entwicklungsanforderungen (Welzer 1993), die nur durch intensive Lernprozesse zu bewältigen sind. Es handelt sich um Statuspassagen, um einen Wechsel der Anforderungen und sozialen Positionen. Aus den Perspektiven verschiedener theoretischer Ansätze heraus werden die besonderen Anforderungen in einer solchen Situation nachvollziehbar: Bronfenbrenner (1989) macht uns in seinem *ökologischem Ansatz* darauf aufmerksam, dass mit dem Eingang in eine neue Lebenswelt Veränderungen der Identität und der Rolle, der Beziehungen und Umfelder verbunden sind. Aus Bronfenbrenners systemischer Perspektive sind für deren Bewältigung die Systeme selbst bzw. ihre Akteure verantwortlich. Auch gemäß der *Theorie der kritischen Lebensereignisse*, nach der der Übergang als risikobehafteter biografischer Einschnitt verstanden werden kann, ist eine Neuorganisation der Person-Umfeld-Passung verlangt (Filipp 1995). Ein anderer Fokus zeigt sich in der *individualpsychologischen Perspektive;* danach werden in der Situation individuelle

Anpassungsprobleme sichtbar, die – hierin mit den anderen Theorien übereinstimmend – interaktiv durch die Akteure der abgebenden und aufnehmenden Institution verändert werden können (Dollase 2010, 37).

Ob das Kind diese Neuorganisation als stimmige Phase seiner Biografie erlebt oder als Bruch in derselben, hängt zu einem guten Teil von den Möglichkeiten seiner Mitgestaltung und Reflexion ab. Erlebt es den Prozess als beeinflussbar, wird dies zum Gelingen des Wechsels beitragen (Niesel et al. 2008, 10; Carle & Samuel 2008, 19).

Für viele Kinder stehen mit der individuellen (Re)Organisation auch die Neudefiniton von Normalität und die eigene Positionierung in diesem Spektrum an. Zum einen ist dies der Tatsache geschuldet, dass sie mit den (Leistungs- und Verhaltens) Normen eines für sie neuen Sektors des Bildungs- und Erziehungssystems konfrontiert werden und „Einpassungsleistungen" (Röbe 2011) verlangt werden. Darüber hinaus finden sich viele von ihnen in einem Spektrum von Verschiedenheit wieder, welches sich von der bisher erlebten Normalität in der Kindertageseinrichtung deutlich unterscheidet. Hier werden grundlegende Erfahrungen, bedeutsames Wissen und relevante Normen berührt, die sich das Kind bis dahin in seinem subjektiven Weltbild aufgebaut hat. Die Erfahrungen von Normalität, von erlebter Heterogenität, von Inklusion oder Ausschluss, von Wertschätzung oder Missachtung der Besonderheit, von individueller Unterstützung, ignoranter Gleichbehandlung oder egalitärer Differenzierung erhalten nun ein besonderes Gewicht. Für die Bewältigung des Neuen ist es entscheidend, ob sich das in den bisherigen Kontexten erworbene Wissen in dem schulischen Zusammenhang adaptiv erweitern lässt, ohne dass es zu grundlegenden, nicht aufzulösenden Diskrepanzen mit den bisherigen Erfahrungen kommt.

Eltern in neuer Rolle

Eltern nehmen in dieser Situation eine doppelte Rolle ein. Sie sind zum einen selbst in einem Übergang – aus Mutter und Vater eines Kindergartenkindes werden Eltern eines Schulkindes. Eng mit den eigenen schulischen Erfahrungen verbunden, werden in diesem Prozess eigene Anteile (re)aktiviert, die die Erwachsenen anders, aber oft nicht weniger betroffen erscheinen lassen als ihre Söhne und Töchter. Zum anderen sind sie in ihrer Elternrolle wichtige Begleiter ihres Kindes, die in Kommunikation mit den Erziehern/innen und Lehrern/innen den Übergang moderieren und unterstützen. Bei Eltern von Kindern mit besonderen pädagogischen Bedürfnissen und/oder z. B. mit Migrationshintergrund stellen sich zudem allgemeine Fragen in verschärfter Form: Wie weit wird die Lehrerin den spezifischen Unterstützungsbedarf des Kindes wahrnehmen, wie weit wird sie adäquat darauf eingehen? Wie weit wird die Lehrerin auf kulturelle Besonderheiten Rücksicht nehmen? Wie wird sie die Kommunikation der Kinder untereinander moderieren? Welche Ressourcen stellt die Schule für diese Aufgaben bereit? Da die elterliche Souveränität oder Unsicherheit bei der Bewältigung der neuen Situation eine bedeutende Rolle spielt, zudem Erzieher/innen und Lehrer/innen selbst an einer Verständigung mit den Eltern interessiert sein müssen, um die lebensweltliche Ausgangsbasis des Kindes zu kennen, wird hier der frühzeitige und kontinuierliche Austausch der Erwachsenen und die Beteiligung der Eltern bei der Übergangsgestaltung zu einem besonders bedeutsamen Faktor in der Begleitung des Kindes.

Erzieher/innen und Lehrer/innen – Brückenbauer?

Die Kommunikationsnotwendigkeiten zwischen den sozialpädagogischen Fachkräften der Kindertageseinrichtung und den Lehrern/Lehrerinnen stehen fachlich außer Frage (Carle & Samuel 2008; Hacker 2008, 110ff.). Doch noch leiden die transitorischen Kompetenzen der Systeme Kindertageseinrichtung und Schule in Deutschland stark unter der historisch gewachsenen und bislang deutlichen Trennung der Elementar- und Schulpädagogik (Rauschenbach 2009; Faust 2010). Trotz der inzwischen regelhaft praktizierten Kooperationen gibt es – mit Ausnahmen – noch keine sicher verankerten örtlichen Routinen, die auch wesentliche Grundlagen berühren: das Bild des Kindes in den jeweiligen Erziehungs- und Bildungsvorstellungen, Bildungsinhalte und didaktische Konzepte, das Verständnis von Behinderung und sonderpädagogischem Förderbedarf, die Beziehung von Koedukation und Geschlechtsspezifik, der Bezug auf unterschiedliche sozialökonomische Lebenswelten der Kinder sowie auf ihre kulturellen und religiösen Hintergründe, der Umgang mit Verhaltensbesonderheiten, Vorstellungen von Inklusion, Konzepte inklusiver Arbeit, der Umgang mit Störungen und Konflikten in der Gruppe/Klasse etc. Eine aktive Gestaltung der Anschlussfähigkeit muss von beiden Seiten ausgehen. Ko-Konstruktion des Übergangs bedeutet nicht, das Konzept des jeweils anderen Systems zu übernehmen. Doch die Beteiligten müssen sich über deren Inhalte austauschen und sie ggf. so verändern, dass jeweils die Akteure der einen Institution auf die Konzepte der anderen rekurrieren können, um den Kindern kontinuierliche Lernprozesse zu ermöglichen.

Transitionsforschung – Wissenschaftliche Ergebnisse und praktische Erfahrungen als Orientierungen im Übergang

Kenntnisse zum Übergang von Kindern aus Elementareinrichtungen in die Schule beziehen wir zum einen aus der wissenschaftlichen Begleitforschung, d.h. aus der Auswertung praktischer Erfahrungen vornehmlich in Modellprojekten. Zum anderen können wir uns auf mehr oder weniger breite empirische Untersuchungen in Deutschland und auf internationaler Ebene stützen. Verschiedene Inhalte standen im Fokus der Untersuchungen wie z.B. die Übergangsbewältigung durch die Kinder, die curriculare und didaktische Gestaltung des Übergangs. Allerdings wurden in den wenigsten Fällen inklusive Aspekte ausdrücklich berücksichtigt.

Niesel und Griebel (2004) halten in ihrer Metaanalyse fest, dass der Übergang für die Kinder stressbelastet ist und dass in allen Untersuchungen in verschiedenen Ländern gelungene und misslungene Transitionen konstatiert werden. Misslungene

Transitionen führen zu Bewältigungsreaktionen, die sich in Ängsten, Verhaltens- bzw. Anpassungsproblemen niederschlagen (ebd., 107; Schumacher 2009). In den Studien werden unterschiedliche Erwartungen der Akteure deutlich, ebenso aber auch die pädagogischen Bemühungen zur Unterstützung eines gelingenden Übergangs. Kontextuelle Faktoren, wo immer sie in die Untersuchungen mit aufgenommen wurden, erweisen sich als Variablen mit großer Wirksamkeit (vgl. z. B. die Expertise von Nickolaus et al. 2006).

Carle & Samuel (2008, 227) berichten aus der Anfangszeit des Modellprojekts *Frühes Lernen – Kindergarten und Grundschule kooperieren* in Bremen von gegenseitiger Fremdheit, erwarteter Missachtung und erheblicher Skepsis gegenüber der Arbeit der jeweils anderen Profession. Als eine gute Voraussetzung für gelingende Übergänge erwiesen sich Kooperationen, die das Bewusstsein gemeinsamer Verantwortung für die Kinder im Ortsteil schaffen. Es zeigte sich, dass der Erfahrungs- und Kenntnisstand der Kindertageseinrichtungen von den Schulen besser genutzt werden könnte; beide Seiten müssen jedoch noch daran arbeiten, bildungsferne Eltern zu erreichen. Die Abstimmung der thematischen Arbeit zwischen Kindertageseinrichtung und Grundschule gelingt besonders gut in Form gemeinsamer Projekte, doch scheint der Weg zu einem gemeinsamen Bildungsverständnis noch weit zu sein (ebd., 225–232).

In dem Verbundprojekt *Stärkung der Bildungs- und Erziehungsqualität in Kindertageseinrichtungen und Grundschule. Gestaltung des Übergangs* (TransKiGs) wird auf die Feststellung Wert gelegt, dass Kindertageseinrichtung und (Grund)Schule trotz unterschiedlicher ministerieller Zuständigkeiten einen politischen Rückhalt mit gleicher Ausrichtung von Zielen, Strukturen und Regelungen erfahren müssen. Die Veränderung der Praxis von Kindertageseinrichtung und Grundschule muss in einem umfassenden, gemeinsamen Verständnis von Bildung verankert werden (institutionsübergreifende Rahmenkonzepte). Zudem erwiesen sich überzeugende Materialien zur Übergangsgestaltung sowie Zeit und Unterstützung (Fortbildungen und Prozessbegleitung) für die Veränderungen als hilfreich (Lenkungsgruppe TransKiGs 2009, 10–12).

Durch zahlreiche Studien wird die Bedeutung der Kooperation von vorschulischer Einrichtung, Schule und Eltern bestätigt (z. B. Broström & Wagner 2003; Pianta & Kraft-Sayre 2003; Griebel 2009; Lingenauber 2010). Doch es gibt erst wenige Erfahrungen in der Ausgestaltung dieses Dreiecks. Griebel (2009, 127) berichtet z. B. von einer Befragung von Eltern in Deutschland, nach der nur 3 % einen Gesamtelternabend von Kindergarten und Grundschule erlebten.

Analysen von Übergängen, die Kinder mit besonderen pädagogischen Bedürfnissen betreffen, sind selten. Eine Studie analysierte den Übergang von 46 Kindern mit Beeinträchtigungen im kognitiven oder körperlichen/motorischen Bereich (Kron & Papke 2006; Kron 2009). In den Bildungsvorstellungen, die die Kinder mit Beeinträchtigungen betreffen, zeigen sich hier relativ große Übereinstimmungen zwischen den Erzieher/innen und Lehrer/innen. Bemerkenswert sind jedoch die großen Unsicherheiten bezüglich der Erwartungen der jeweils anderen Seite, sowohl hinsichtlich der Kinder mit wie der Kinder ohne Behinderung. Ein Grund ist u. a. der fehlende

Transfer von Informationen über die jeweilige konkrete Praxis der Erziehung und Bildung. Auch die Zusammenarbeit mit den Eltern – zumindest in der Phase des Übergangs – kann aus fachlicher Sicht nicht zufrieden stellen. Nicht einmal die Hälfte der befragten Klassenlehrer/innen (45,5 %) hatte vor der Einschulung mit den Eltern des betreffenden Kindes gesprochen, dennoch geben 70 % der Lehrer/innen an, auf den Schulbesuch des entsprechenden Kindes gut vorbereitet gewesen zu sein.

Allgemein, so auch für den Übergang von einer integrativen/inklusiven Kindertageseinrichtung in eine Klasse mit Gemeinsamem Unterricht für Kinder mit und ohne Behinderung, stellt es sich als individuell unterstützend heraus, wenn die Jungen und Mädchen den Übergang vom Kindergarten in die Schule zusammen mit zumindest einer Teilgruppe aus der Elementareinrichtung vollziehen (Cowlan et al. 1991). Dies findet in vielen Erfahrungsberichten aus der Praxis seine Bestätigung. Nebst einigen Bedenken, ob in Einzelfällen nicht auch die nachteilige Position eines Kindes mit transportiert und fest geschrieben wird, scheinen die positiven Seiten zu überwiegen.

In einer Untersuchung, die sich vor allem auf die Sicht der Eltern bezieht (Dorrance 2010), werden wir darauf aufmerksam gemacht, dass diese nicht vorrangig das Selbstbild haben, Eltern eines *behinderten* Kindes zu sein (ebd., 329). Sie sehen den Übergang in die Schule als einen entscheidenden Prozess für die soziale Herstellung und Festschreibung von Behinderung (ebd.), oft auch dann, wenn von „Integration" die Rede war. Viele sahen sich während des Einschulungsprozesses einer manipulierbaren Informationspolitik ausgesetzt und erhielten mit ihrem Beratungsbedarf nicht die nötige Unterstützung (ebd., 323).

Standards guter Begleitung des Übergangs von der Kindertageseinrichtung zur Schule

Eine umfangreiche Fachliteratur zum Übergang von der Kindertageseinrichtung in die Schule und darauf bezogene Empfehlungen geben zum einen gute Anhaltspunkte zur Verlaufsgestaltung (z. B. Bertelsmann Stiftung 2008; Frösch et al. 2011; Seckinger 2009; Strätz 2009; v. Niebelschütz & Lingenauber 2010). Praxisnahe detaillierte Vorschläge entstanden vor allem in dem Verbundprojekt TransKiGs (Lenkungsgruppe TransKiGs 2009). Zum anderen liegen mit dem Index für Inklusion von Booth und Ainscow, für deutschsprachige Verhältnisse von Boban & Hinz (2003) für die Schule adaptiert, für die Kindertageseinrichtung adaptiert durch die Gewerkschaft für Erziehung und Wissenschaft (2006), fachlich überzeugende Orientierungen zur Entwicklung und Gewährleistung der Inklusion in Institutionen des Elementar- und des Schulbereichs vor. Die Übergangsprozesse verdienen jedoch zusätzliche Beachtung. Können wir hier Standards formulieren? Angesichts der vorliegenden und dargestellten Überlegungen, Erfahrungen und Ergebnisse wissenschaftlicher Untersuchungen erscheint dies machbar und sinnvoll. Mit Blick auf die regional unterschiedlichen Bildungslandschaften sind solche Standards aber größtenteils eher als Orientierungen in Entwicklungsprozessen zu sehen, die die Besonderheiten vor Ort mit einbeziehen müssen. Vieles ist allgemein bekannt, etliches erhält aus der Perspektive der Inklusion besonderes Gewicht.

Standards

a) Politisch-rechtliche Ebene

- *Ministerielle Abstimmung:* Die Verantwortung für die Bildung im Elementarbereich und in der Schule liegt bei verschiedenen Ministerien und Körperschaften des Landes. Ohne eine Vermittlung und Annäherung der Konzepte kindlicher Entwicklung und Bildung in den betroffenen Ministerien bzw. Ressorts wäre die gemeinsame Gestaltung eines Übergangs Kindertageseinrichtung – Schule von Anfang an durch uneinheitliche, wenn nicht gar sich störende Steuerungsprozesse behindert.
- *Klare gesetzliche Regelungen zur uneingeschränkten Umsetzung der UN-Behindertenrechtskonvention* sind die Voraussetzung, allen Jungen und Mädchen eine gemeinsame Erziehung und Bildung im Elementar- und Schulbereich zu ermöglichen. Dies betrifft vorrangig die Abschaffung von Zugangsverweigerungen und die prinzipielle Sicherstellung ausreichender Ressourcen. Auch die Qualifizierung und Weiterbildung von Fachkräften muss, da Bestandteil der UN-Konvention (Art. 4.1), gesetzlich garantiert werden.
- *Unterstützung auf Ebene des Landes, der Schulbezirke und der Kommunen in Inhalten und mit Ressourcen:* Die Kinder bzw. deren Eltern und die Fachkräfte der Kindertageseinrichtungen und Schulen müssen sich darauf verlassen können, dass die gemeinsame Betreuung, Erziehung und Bildung von Kindern mit sehr unterschiedlichen Ausgangslagen gewollt ist und notwendige Ressourcen dafür zur Verfügung gestellt werden. Sie brauchen die Basis und den Rückhalt für inklusive Konzepte; sie benötigen Zeit und Unterstützung, die über die unmittelbare Betreuungs- bzw. Unterrichtszeit hinausgeht.
- *In der kommunalen Teilhabeplanung* sollte die Kooperation der Einrichtungen auf kommunaler/stadtteilbezogener Ebene zum festen Bestandteil werden. Zur bestmöglichen, familienfreundlichen Sicherung der Erziehung und Bildung aller Kinder sollten auch die Vertreter/innen bestimmter Bevölkerungsteile (Vertreter der Menschen mit Behinderung oder des Ausländer[bei]rats) einbezogen sein. Auch Sonderschulen und heilpädagogische Tageseinrichtungen sollten eingebunden werden, um ihnen die Inklusionspraxis transparent zu machen und eine Öffnung für Konzepte der Inklusion anzuregen.

b) Administrative Ebene (Verwaltung einschließlich Kostenträgern)

- Die *Zuweisung von Ressourcen* und ihre verwaltungsmäßige Abwicklung in Elementarbereich und Schule berühren auch unmittelbar den Übergang zwischen den beiden Feldern. Erst die Sicherheit darüber, was in der Schule zu erwarten ist, erlaubt den Akteuren eine adäquate Abstimmung ihrer Aktivitäten und eine Vorbereitung der Kinder auf den neuen Lebensabschnitt.

- Insbesondere die *Zuweisung personeller Ressourcen* muss unter der Perspektive fachlich qualifizierter und zeitlich ausreichender Unterstützung erfolgen.
- *Ressourcen zur Prozessbegleitung* der Übergangsgestaltung werden in manchen Fällen notwendig werden und sollten bereit stehen, besonders für die Implementation neuer Strukturen der Kooperation, ebenso die Mittel zur weiteren Qualifizierung, auf die die UN-Konvention verpflichtet.
- Eine *flexible Handhabung der administrativen Unterstützung* ist besonders mit Blick auf nicht vorhersehbaren Unterstützungsbedarf von Kindern nötig und darf sich nicht hinter schuljahrsbezogene Regelungen zurückziehen.

c) Institutionelle Ebene (Kindertageseinrichtung und Schule)

Interinstitutionelle Ebene – Inhaltliche Verständigungen auf der Ebene von Kindertageseinrichtung und Schule und gemeinsame konzeptionelle Entwicklungen

- Der *inhaltliche Austausch zwischen Kindertageseinrichtung und Schule* ist essenziell. Um die Passung inklusiver pädagogischer Konzepte von Kindertageseinrichtung und Grundschule zu gewährleisten, müssen die zu Grunde liegenden Philosophien, Auffassungen und Prinzipien geklärt sein und eine Übereinstimmung oder zumindest Anschlussfähigkeit entwickelt werden. In inklusiven Zusammenhängen haben Aspekte der Heterogenität besonderes Gewicht, da hier professionelle und subjektive Haltungen im Widerstreit liegen können. Notwendig ist vor allem die Verständigung über:
  - das Bild des Kindes, Erziehungsvorstellungen und Bildungsphilosophien (Bildungsverständnis, Bildungsbereiche, Bildungsinhalte, Vermittlungsstrategien);
  - die gesellschaftliche Normalität und Heterogenität; Inklusion und Exklusion;
  - den Behinderungsbegriff und Konzepte der Partizipation;
  - das Konzept (des Umgangs mit) kultureller Identität; die aktuelle gesellschaftliche Identität und Realität (Verständigung über das Verhältnis von gesellschaftlicher Zugehörigkeit und nationalem/kulturellem Hintergrund);
  - Kind sein in Armutsverhältnissen, seine Folgen, den pädagogische Bezug darauf;
  - Schulfähigkeit und die Kompetenzen der Systeme (Schulvorbereitung der Kindertageseinrichtung; Aufnahmebereitschaft und -kompetenz der Schule);
  - inklusive Lernkulturen, Formen individueller Zielsetzung und Unterstützung und gruppenumfassende Ziele und Aktivitäten/Projekte.
- Ein *institutionsübergreifendes Bildungskonzept, das auf den inklusiven Charakter der Institutionen Bezug nimmt und einrichtungs- bzw. schulspezifische Profile aufgreift* ist die Grundlage eines kontinuierlichen Lernprozesses der Kinder. Hier ist darauf zu achten, dass Raum bleibt für die individuellen Besonderheiten der Kinder und für ihre spezifische Unterstützung oder Didaktik, die in bestimmten Situationen nötig sein wird. Hier muss *ein Wissenstransfer zwischen Elementarpädagogik und Pädagogik der Primarstufe stattfinden, der auch heilpädagogische und migrationsspezifische Aspekte einschließt*. Auf diesem Weg können gemeinsame oder nutzbar zu

machende Elemente identifiziert werden, damit eine Entwicklung institutionsübergreifender Bildungsaktivitäten oder -konzepte in Gang kommt.
- *Gemeinsame oder vergleichbare Verfahren zur Beobachtung, zur diagnostischen Beschreibung und zur Dokumentation des Lernens und der Gesamtentwicklung des Kindes* sind aus Sicht aller Akteure wichtig. Auch wenn alters- und aufgabenbedingt im Elementar- und Primarbereich unterschiedliche Schwerpunkte berücksichtigt werden und unterschiedliche Verfahren zur Anwendung kommen, müssen Transparenz und Vergleichbarkeit gewährleistet sein. Genaue Beobachtungen und andere diagnostische Aktivitäten sind für *alle* Kinder wichtig, nicht nur für diejenigen mit besonderem pädagogischen Unterstützungsbedarf. Sie lassen eine individuumsgerechte Planung von Lernangeboten zu und erlauben die Reflexion ihrer Wirkung auf die Motivation und Verarbeitung des Kindes. Mit einer vergleichbaren Dokumentation solcher Situationen und Prozesse kann für Lehrer/innen, Eltern und Erzieher/innen der Entwicklungsverlauf eines Kindes unter den Bedingungen seiner jeweiligen Umfelder sichtbar gemacht werden. Für die Erzieher/innen lassen Rückmeldungen aus der Schule eine Reflexion ihrer Einschätzungen und Unterstützungen bzgl. des einzelnen Kindes zu.
- In *gemeinsamen Fortbildungen und gegenseitigen Hospitationen der Erzieher/innen und Lehrer/innen* können die angesprochenen Aspekte entwickelt und vertieft werden. Sie dienen nicht nur zur Verbreiterung des Kenntnisstandes, sondern bieten auch die Gelegenheit, die Denk- und Arbeitsweisen der unterschiedlichen Professionen resp. Personen kennen zu lernen.
- *Kennenlernen der Lehrer/innen seitens der Kinder und der Kinder seitens der Lehrer/innen* vor dem Wechsel kann beide – Kinder wie Lehrer/innen – für die zukünftige Arbeit in der Schule motivieren. Die persönliche Vertrautheit oder zumindest Bekanntheit erleichtert die Einstimmung auf das erste bzw. auf das neue Schuljahr.

Institutionsinterne Ebene – Strukturelle Verankerung von Partizipation und Kooperation

- *Das Konzept der praktischen kooperativen Übergangsbegleitung muss in das Bildungskonzept der Institution eingebettet sein* (z. B. schulvorbereitende Aktivitäten in der Kindertageseinrichtung; Besuche in der Schule; gemeinsame Projekte von Kindergarten- und Schulkindern; evtl. Patenschaften zwischen den Kindern; Rituale des Wechsels). Es sollte die *Partizipation der Kinder* gemäß ihren je besonderen Möglichkeiten einschließen, um ihnen ihren eigenen Beitrag in dem Wechsel bewusst zu machen.
- *Unterstützung der Kooperationsaktivitäten durch Leitung und Team der Institution:* Aktivitäten einzelner Personen zur Inklusion und zum Gelingen des Übergangs für *alle* Kinder sind nicht aussichtsreich, wenn sie nicht ein Teil der Identität der Kindertageseinrichtung oder der Schule ausmachen und von allen mitgetragen werden. Zudem wird der reale Raum für die genannten Aktivitäten erst dann vorhanden sein, wenn die Aufgabenbeschreibung von Erzieher/innen und Lehrer/innen fest verankerte Kooperationsstrukturen in Zeit- und Arbeitsplanung enthält und dies in der Umsetzung nicht hinter anderen Tagesnotwendigkeiten zurück stehen muss.

d) Ebene der Professionellen

- *Schulvorbereitung in der Kindertageseinrichtung*: Dieser Aspekt der Fachkompetenzen von Erzieher/innen muss sicherlich nicht nur zu bestimmten Zeiten abrufbar sein. Bei einer guten Kindertageseinrichtung kann vorausgesetzt werden, dass Kinder nicht erst zu Zeiten des bevorstehenden Wechsels in die Schule vielfältigen Lernangeboten begegneten, mit denen die Erzieher/innen ihre Entwicklung unterstützten. Speziell für die Phase des Übergangs sind jedoch besondere Aktivitäten von großer Bedeutung. In den altersgemischten Gruppen des Kindergartens sind die Jungen und Mädchen des letzten Jahrgangs nun „die Großen". Ein Statuswandel vollzieht sich, der sich in dem Selbstkonzept der Kinder niederschlägt. Aktivitäten und Aufgaben eigens für die ältesten Kinder sowie Rituale in der Zeit des Übergangs unterstützen wirksam den Identitätswandel. Unter dem Gesichtspunkt der Vielfalt und Inklusion sollte dabei die Einzigartigkeit eines jeden Jungen und Mädchens beachtet werden. Wichtig ist hier die Bewusstmachung und Wertschätzung des bisherigen individuellen Lernprozesses des Kindes; es sollte dabei unterstützt werden, realistische und motivierende Erwartungen mit Blick auf die Schule zu bilden.
- *Guter Anfangsunterricht:* Der Empfang in der Schule und die ersten Lernerfahrungen dort prägen entscheidend die Einstellung der Jungen und Mädchen zur Schule. Sie begegnen zunächst einer großen Zahl neuer Kinder, sollen sich auf neue Zeitstrukturen, Themen und Arbeitstechniken einlassen, ihr Bewegungsraum wird enger, es wird von ihnen eine hohe Konzentration gefordert. Die fachliche Kompetenz einer Primarstufenlehrkraft zeigt sich in erster Linie darin, in ihren Planungen diese Umstellung der Kinder mit zu bedenken und zu berücksichtigen, dass sie in einer inklusiven, d. h. heterogenen Klasse von Kindern mit sehr unterschiedlichen Fähigkeiten, arbeitet. In der Fachliteratur finden sich viele Vorschläge zur Gestaltung guten Anfangsunterrichts oder auch der Eingangsstufe (vgl. Prengel 1999; Speck-Hamdan 2009). Wichtig ist, diese auf die Klasse hin zu reflektieren und ggf. zu erweitern, um auch Kindern mit besonderen pädagogischen Förderbedürfnissen Rechnung zu tragen. Die Zusammenarbeit von Lehrkräften aus der Allgemeinen- und der Sonderpädagogik sollte deshalb von Beginn an die Regel sein.
- *Kooperative und reflexive Kompetenzen der Erzieher/innen und Lehrer/innen* sind bei der Übergangsgestaltung neben der fachlichen Kompetenz besonders gefordert. In der Zusammenarbeit mit Kollegen/innen anderer Professionen, deren Zahl sich in inklusiven Zusammenhängen durch z. B. therapeutische Kräfte erhöht, ist eine Kooperation unabdingbar, in der die Beteiligten sich auf unterschiedliche Perspektiven pädagogischer oder therapeutischer Ansätze einlassen, andere Arbeitsstile akzeptieren und Statusfragen als hinderliche Kooperationsbedingung erkennen.

e) Ebene der Schüler/innen und ihrer Eltern

- *Vertraut machen mit dem neuen Lebensraum Schule und Vertrauen schaffen zu dem neuen Lebensraum Schule:* In der Regel wissen die Jungen und Mädchen am Ende ihrer Kindergartenzeit, sich ungefähr in dem Spektrum der Vielfalt einzuordnen; sie kennen ihre Besonderheiten und meist auch ihre Schwächen, Einschränkungen und

Stärken. Eine positive Einstimmung auf die Schule wird vor allem dadurch unterstützt, dass sich die Kinder z. B. bei dem Besuch der zukünftigen Schule oder bei dem Besuch der Lehrerin in der Kindertageseinrichtung eine Vorstellung davon machen können, dass sie in ihrer Besonderheit wahrgenommen werden und in dem neuen Lebensraum einen guten Platz finden können.

- *Abschied von der Kindertageseinrichtung und Neubeginn in der Schule:* Ein bewusst gestalteter Abschied von der Kindertageseinrichtung – ein Rückblick auf die Kindergartenzeit und Rituale des Wechsels, die den Fortschritt in der Biografie markieren – sollen den Jungen und Mädchen ermöglichen, sowohl den Neubeginn wie die Kontinuität ihrer Entwicklung bewusst zu erfahren. Es sind dabei zwei Anteile der Kinder zu berücksichtigen: der Stress und ggf. die Angst in der Umstellung ebenso wie die Motivation, die Freude auf die Schule und die Erwartung neuer Aufgaben. Dabei hilft z. B. die Fortsetzung bisheriger Lernprozesse in bekanntem Rahmen, auf jeden Fall aber auch die Einführung neuer Aufgaben und Strategien, auf die das Kind wartet und die es den Fortschritt in seiner Entwicklung erleben lässt.
- *Der Austausch und die Kooperation im Dreieck Eltern – Kindertageseinrichtung – Schule* sollte selbstverständlich sein (z. B. in gemeinsam veranstalteten Elternabenden, in Aktivitäten mit den Kindern). Ihr Einbezug unterstreicht die gemeinsame Verantwortung aller Beteiligten. Die elterlichen Erfahrungen mit ihrer Tochter oder mit ihrem Sohn sind eine notwendige Ergänzung zur professionellen Sicht der Pädagogen. Sie geben Einblick in die Lebenswelt und Bedürfnislagen des Kindes, umgekehrt verschaffen sie den Eltern differenzierte Informationen, eine größere Sicherheit bzgl. der schulischen Erwartungen und geben ihnen die Gelegenheit, sich selbst aktiv in die Gestaltung des Wechsels einzubringen.

Eine noch so gute Gestaltung des Übergangs darf nicht darüber hinweg täuschen, dass das Kind in der Schule an Maßstäben gemessen wird, die sich nicht (nur) auf seinen individuellen Lernfortschritt beziehen. Der Leistungs*vergleich*, dem die Kinder als Schüler und Schülerinnen nun ausdrücklich unterworfen werden und der ihre Lebenswege entscheidend beeinflussen wird, steht seiner Logik nach im Widerspruch zu der individuellen Wertschätzung, zu der „egalitären Differenz" (Prengel 1993), die essenzieller Bestandteil des Inklusionsgedankens ist. Dies verweist uns darauf, dass Standards der Inklusion im Bereich von Erziehung und Bildung erst dann ihre volle Wirksamkeit entfalten können, wenn gesellschaftliche Weiterentwicklungen in Gang gebracht werden. Die Schule ist kein schlechter Ort, um damit zu beginnen.

Literatur

Bertelsmann Stiftung (Hrsg.) (2008.): Von der Kita in die Schule. Handlungsempfehlungen an Politik, Träger und Einrichtungen. Erstellt von Niesel, R. & Griebel, W. Gütersloh

Boban, I. & Hinz, Andreas (2003): Index für Inklusion. Deutsche Adaption des „Index for Inclusion" von Tony Booth und Mel Ainscow, Halle. Online verfügbar unter: http://www.eenet.org.uk/resources/docs/Index%20German.pdf [Stand: 18. 8. 2011]

Bronfenbrenner, U. (1989): Die Ökologie der menschlichen Entwicklung. Frankfurt am Main
Broström, S. & Wagner, J. (Hrsg.) (2003): Early childhood education in five Nordic countries. Perspectives on the transition from preschool to school. Arhus
Carle, U. & Samuel, A. (2008): Frühes Lernen – Kindergarten und Grundschule kooperieren. Baltmannsweiler
Cowlan, G., Kreie, G., Kron, M. & Reiser, H. (1991): Der Weg der integrativen Erziehung vom Kindergarten in die Grundschule. In: Der Weg der Integration. Schriftenreihe „Lernziel Integration" der Evang. Franz.-ref. Gemeinde (Hrsg.), Bd. 12. Bonn
Diller, A., Leu, H. R. & Rauschenbach, T. (Hrsg.) (2010): Wie viel Schule verträgt der Kindergarten? Annäherung zweier Lernwelten. Wiesbaden
Dollase, R. (2010): Übergänge gestalten. Vom Kindergarten in die Schule – oder: Zur Verkomplizierung einfacher Vorgänge. In: Lin-Klitzing, S., Di Fuccia, D. & Müller-Frerich, G. (Hrsg.): Übergänge im Schulwesen. Chancen und Probleme aus sozialwissenschaftlicher Sicht. Bad Heilbrunn, 35–48
Dorrance, C. (2010): Barrierefrei vom Kindergarten in die Schule? Eine Untersuchung zur Kontinuität von Integration aus der Sicht betroffener Eltern. Bad Heilbrunn
Faust, G. (2010): Kindergarten oder Schule? Der Blick der Grundschule. In: Diller, A., Leu, H. R. & Rauschenbach, T. (Hrsg.): Wie viel Schule verträgt der Kindergarten? Annäherung zweier Lernwelten. Wiesbaden, 43–62
Filipp, H.-S. (1995): Ein allgemeines Modell für die Analyse kritischer Lebensereignisse. In: Filipp, H.-S. (Hrsg.): Kritische Lebensereignisse (3. Auflage). Weinheim, 3–52
Frösch, B., März, M., Meixner, S. & Schiller, U. (2011): Das Ankommen erleichtern. Kollegiale Kooperation von Kindergarten und Grundschule. In: Übergänge, 45–48
Gewerkschaft Erziehung und Wissenschaft (Hrsg.) (2006): Index für Inklusion (Tageseinrichtungen für Kinder). Lernen, Partizipation und Spiel in der inklusiven Kindertageseinrichtung entwickeln. Deutschsprachige Ausgabe (nach Booth, T., Ainscow, M. & Kingston, D.). Online verfügbar unter: dokumente.schnep.de/Inklusion/indexkita.pdf [Stand: 23.08.2011]
Griebel, W. (2009): Übergang Kindergarten – Grundschule: Entwicklung für Kinder und Eltern. In: Becker-Stoll, F. & Nagel, B. (Hrsg.): Bildung und Erziehung in Deutschland. Pädagogik für Kinder von 0 bis 10 Jahren. Berlin u. a., 120–129
Griebel, W. & Niesel, R. (2004): Transitionen. Fähigkeit von Kindern in Tageseinrichtungen fördern, Veränderungen erfolgreich bewältigen. Weinheim, Basel
Hacker, H. (2008.3): Bildungswege vom Kindergarten zur Grundschule. Bad Heilbrunn
Kron, M. & Papke, B. (2006): Frühe Erziehung, Bildung und Betreuung von Kindern mit Behinderung. Bad Heilbrunn
Kron, M. (2009): Übergänge von der inklusiven Kindertageseinrichtung zur Schule – Übergänge in disparaten Landschaften der Erziehung und Bildung. In: Heimlich, U. & Behr, I. (Hrsg.): Inklusive Qualität in der frühen Kindheit – Internationale Perspektiven. Münster, 215–229
Lenkungsgruppe TransKiGs in Zusammenarbeit mit der Koordinierungsstelle TransKiGs (Hrsg.) & Hofmann, J. (Hrsg.) (2009): Übergang Kita – Schule zwischen Kontinuität und Herausforderung. Materialien, Instrumente und Ergebnisse des TransKiGs-Verbundprojekts. Weimar
Lingenauber, S. (2010): Bildungsqualität durch Partizipation. Kinder und Eltern als Akteure im Übergangsprozess. Zeitschrift für Inklusion 3. Online verfügbar unter: http://www.inklusion-online.net/index.php/inklusion/article/view/63/75 [Stand: 23.08.2011]
Nickolaus, R., Ziegler, B., Abel, M., Eccard, C. & Aheimer, R. (2006): Transferkonzepte, Transferprozesse und Transfereffekte ausgewählter Modelle und Schulversuchsprogramme. Expertise zu einem Transferforschungsprogramm. In: Nickolaus, R. & Gräsel, C. (Hrsg.): Innovation und Transfer. Expertisen zur Transferforschung. Baltmannsweiler, 9–444

Niesel, R., Griebel, W. & Netta, B. (2008): Nach der Kita kommt die Schule. Mit Kindern den Übergang schaffen. Freiburg

Pianta, R.C. & Kraft-Sayre, M. (2003): Successful kindergarten transition. Your guide to connecting children, families and schools. Baltimore, MD

Prengel, A. (1993): Pädagogik der Vielfalt. Verschiedenheit und Gleichberechtigung in Interkultureller, Feministischer und Integrativer Pädagogik. Opladen

Prengel, A. (1999): Vielfalt durch gute Ordnung im Anfangsunterricht. Opladen

Rauschenbach, T. (2010): Kindergarten oder Schule? Antworten auf ein ungeklärtes Nebeneinander. In: Diller, A., Leu, H.R. & Rauschenbach, T. (Hrsg.): Wie viel Schule verträgt der Kindergarten? Annäherung zweier Lernwelten. Wiesbaden, 21–41

Röbe, E. (2011): Der lange Weg durch die Institutionen. In: Friedrich Jahresheft/Übergänge XXIX, 14–17

Schumacher, E. (2009): Gesellschaftlicher Wandel und Übergänge – (neue) pädagogische Herausforderungen. In: Becker-Stoll, F. & Nagel, B. (Hrsg.): Bildung und Erziehung in Deutschland. Pädagogik für Kinder von 0 bis 10 Jahren. Berlin u.a., 106–119

Seckinger, M. (2010): Kooperation zwischen Kindergarten und Schule: kein einfaches Unternehmen. In: Diller, A., Leu, H.R. & Rauschenbach, T. (Hrsg.): Wie viel Schule verträgt der Kindergarten? Annäherung zweier Lernwelten. Wiesbaden, 201–212

Speck-Hamdan, A. (2010): Die flexible Eingangsstufe. Konzepte und Erfahrungen. In: Diller, A., Leu, H.R. & Rauschenbach, T. (Hrsg.): Wie viel Schule verträgt der Kindergarten? Annäherung zweier Lernwelten. Wiesbaden, 217–234

Strätz, R. (2010): Kooperation zwischen Kindergarten und Grundschule. Administrative Vorgaben und praktische Erfahrungen. In: Diller, A., Leu, H.R. & Rauschenbach, T. (Hrsg.): Wie viel Schule verträgt der Kindergarten? Annäherung zweier Lernwelten. Wiesbaden, 62–72

v. Niebelschütz, J. & Lingenauber, S. (2010): Das Übergangsbuch: Kinder, Eltern und Pädagoginnen dokumentieren den Übergang von der Kindertageseinrichtung in die Schule. Berlin u.a.

Welzer, H. (1993): Transitionen. Zur Sozialpsychologie biografischer Wandlungsprozesse. Tübingen

Die neue Schuleingangsstufe aus inklusionspädagogischer Perspektive – ein barrierefreier Schulstart für alle schulpflichtigen Kinder?

Ute Geiling

Die Grundschule definiert sich gemeinhin als „Schule für alle Kinder". Da könnte man naiver Weise annehmen, dass dieser Schultyp, respektive seine Eingangsstufe, kaum selektive Strukturen aufweist, sondern vielmehr über strukturelle Merkmale und pädagogische Konzepte verfügt, die es ermöglichen, der „Verschiedenheit der Voraussetzungen und Bedürfnisse aller Nutzer/innen gerecht zu werden" (Biewer 2009, 193). Dem ist nicht so. Deutschland gehört, entgegen dem internationalen Trend, nach wie vor zu den segregationsfreudigen Ländern (Reiser 2002, 402 ff.). Schon schlichte schulstatistische Befunde zur fristgemäßen, schultypbezogenen Einschulung decken den Widerspruch zwischen der beschriebenen Erwartungshaltung und der Einschulungspraxis auf (vgl. Haeberlin 2009, 237 f.; KMK 2010; Statistisches Bundesamt 2010): Ein Teil der schulpflichtigen Kinder wird nicht in die Grundschule des Wohngebiets, sondern in eine Förderschule eingeschult. Diese Praxis widerspricht dem Artikel 24 der UN-Behindertenrechtskonvention, der von den Vertragsstaaten fordert bei der Verwirklichung des Rechts auf Bildung sicherzustellen, „dass Kinder mit Behinderungen nicht aufgrund von Behinderung vom unentgeltlichen und obligatorischen Grundschulunterricht oder vom Besuch weiterführender Schulen ausgeschlossen werden" (Behindertenrechtskonvention 2006, 12 f.).

Allerdings wurden bereits in der Mitte der 1990er Jahre unter dem Stichwort „neue Schuleingangsstufe" in fast allen Bundesländern Deutschlands inklusionspädagogisch interpretierbare Veränderungen in die Organisationsstruktur der Grundschule vorgenommen, die durch mehr Flexibilität eine bessere Förderung aller schulpflichtigen Kinder ermöglichen und Benachteiligungen minimieren sollen (vgl. Faust-Siehl 2001, 194 ff.; Faust 2006, 328 ff.).

Auf der Suche nach Standards für einen inklusiven Schulstart wird zunächst geprüft, ob Ziele, Rahmenbedingungen und Handlungspraxen der neuen Schuleingangsstufe tatsächlich Momente einer inklusiven Schulentwicklung aufweisen bzw. unter welchen Bedingungen diese installiert werden könnten. Zur Bewertung möglicher Organisationsformen der neuen Schuleingangsstufe wird auf einige, ausgewählte Gründe für das *„Steckenbleiben der Integration in Deutschland"* (Reiser 2002, 404 ff., Herv. i. O.) Bezug genommen. Dazu zählt der *„Mythos des Vorteils homogener Lerngruppen"* (ebd., 408, Herv. i. O.), der nach Reiser in Deutschland „unausrottbar" (ebd.) scheint. Bereits im Schuleingangsbereich ist dieser Mythos immer wieder Motivation und Begründung für selektive Maßnahmen. Die damit verbundene *„Kopplung von Leistungsergebnis und sozialer Gruppierung"* (Herv. i. O.)

bewertet Reiser als „skandalös" (ebd.: 406). Bezogen auf die sonderpädagogische Praxis in der allgemeinen Schule problematisiert Reiser (1998, 46 ff.) „die personalisierte additive Service-Leistung", die mit dem oft beklagten Ressourcen-Stigmatisierungs-Dilemma einhergeht. Die Analysen Reisers sind für die Bewertung von Programmen und Handlungspraxen aus inklusionspädagogischer Perspektive und das Nachdenken über entsprechende Standards im Schuleingangsbereich ausgesprochen ertragreich, da sich diese als trennscharfe Fragen nach einer inklusiven Struktur umformulieren lassen:

1. Tragen die Organisationsformen der neuen Schuleingangsstufe dazu bei, dass der „*Mythos des Vorteils homogener Lerngruppen*" (Reiser 2002, 408) reflektiert und überwunden werden kann?
2. Wird die „*Kopplung von Leistungsergebnis und sozialer Gruppierung*" (ebd., 406) in der neuen Schuleingangsstufe minimiert oder aufgehoben?
3. Tragen die Organisationsformen der neuen Schuleingangsstufe dazu bei, „*die Beschränkung des Bedarfs an Unterstützung auf den Bedarf des Kindes*" (ebd., 410, Herv. i. O.) zu überwinden?

Die folgende Analyse orientiert sich weitgehend an diesen Fragen. Ausgespart wird die Transitionsperspektive, das heißt, alle Fragen der Kooperation und der Anschlussfähigkeit zwischen Elementar- und Primarbereich. Verwiesen wird explizit auf den Beitrag von Maria Kron in diesem Buch, der den Gegenstandsbereich aus inklusionspädagogischer Perspektive facettenreich entfaltet.

Die neue Schuleingangsstufe: Ein programmatischer Trend zur inklusiven Schulentwicklung?

Götz (2011, 84) kennzeichnet die neue Schuleingangsstufe als eine Reformidee, die – wie die „alte Schuleingangsstufe" der 1970er Jahre – die Optimierung des Schulanfangs beansprucht, allerdings auf veränderten grundschulpädagogischen Annahmen fußt und in neuer Weise bildungspolitisch motiviert ist. Götz bündelt die programmatischen Zielsetzungen der neuen Schuleingangseinstufe in größter Reichweite in einem „Optimalmodell" (ebd., 85 f.). Dabei bewertet sie als zentral, dass das erste und zweite Schulbesuchsjahr eine organisatorische und pädagogische Einheit darstellen, die jahrgangsübergreifendes Lernen einschließt. Die Verweildauer in der Schuleingangsstufe ist flexibilisiert und dadurch auch in Grenzen individualisierbar. Je nach Lernvoraussetzung und Lerntempo kann ein Kind ein bis drei Jahre in der Eingangsstufe verweilen. „Überflieger" können schon nach einem Schulbesuchsjahr in Klasse drei aufrücken, langsam lernende Kinder haben ein drittes Jahr Lernzeit zur Verfügung, welches nicht auf die Pflichtschulzeit angerechnet wird. Wird das flexible Verweilen in Verbindung mit jahrgangsübergreifendem Lernen praktiziert, könnte dies als zeitbegrenzter Versuch der Entkopplung von „*Leistungsergebnis und sozialer Gruppierung*" (Reiser 2002, 406) interpretiert werden. Das Personal, das an separierende Maßnahmen (z. B. Vorklasse, Schulkindergarten) vor der so konzipierten neuen Schuleingangsstufe gebunden war, kann sich nun produktiv in die Eingangsstufe einbringen (Faust 2006, 37), wodurch Teamarbeit und „*systembezogene sonderpädagogische Serviceleistungen*" (Reiser 1998, 46 ff., Herv. i. O.) zu Standards pädagogischen Arbeitens im Schuleingangsbereich werden könnten. Programmatisch besteht demnach in den bildungspolitischen Verlautbarungen die Zielgröße, dass in der Schuleingangsstufe sonder-, grund- und sozialpädagogische Ressourcen in der Grundschule zusammengeführt werden (Götz 2011, 86). Der Anspruch der neuen Schuleingangsstufe, die Einschulung aller schulpflichtigen Kinder ohne Auslese, ist theoretisch in einem ökosystemischen Schulfähigkeitsmodell verortet (ebd.; Nickel 1981, 19 ff.). Dieser Anspruch wird empirisch durch umfängliche Befunde der Integrationsforschung gestützt, die belegen, dass schulisches Lernen in ausgeprägt heterogenen Lerngruppen erfolgreich ist (vgl. Graumann 2011, 98 ff.). Verspäteten Einschulungen wird im Konzept der neuen Schuleingangsstufe der Kampf angesagt, während vorzeitige Einschulungen auf Elternwunsch unterstützt werden sollen.

Schaut man auf die Realisierungsvarianten der neuen Schuleingangsstufe in den einzelnen Bundesländern (Faust 2006, 328 ff.; 2008, 20 ff.), so weichen diese in ihrer Praxis vielfach vom „Optimalmodell" ab (Götz 2011, 85 f.). Allerdings ist in den programmatischen Zielerklärungen durchgängig erkennbar, dass die neuen Schuleingangsstufen der Bundesländer stets den Anspruch einer inklusiv orientierten Strategie kundtun, in dem Sinne, dass alle schulpflichtigen Kinder in die Grundschule eingeschult werden sollen und auf der Schulverwaltungsebene die Option der unterschiedlichen Verweildauer gegeben ist. Verkündete Zielperspektive ist der Erhalt der Heterogenität der Jahrgangsgruppen (Faust-Siehl 2001, 195). Damit verbunden ist die Annahme, dass die empirisch gut belegten Unterschiede zwischen den schulpflichtigen Kindern nicht als Bedrohung, „sondern als lernförderliches Bereicherungspotenzial" (Götz 2011, 85) gesehen werden sollen. Das heißt, auf der Programmebene der Reform wird in allen Bundesländern dezidiert auf den Leistungsvorteil heterogener Lerngruppen gesetzt.

Die Orientierungen zur neuen Schuleingangsphase erwecken auf der bislang verfolgten Analyseebene die Hoffnung, dass inklusiv orientierte Standards im Sinne der Minimierung selektiver Prozeduren implementiert und dafür auch zusätzliche Ressourcen (multiprofessionelle Ausstattung) bereit gestellt werden. Die neue Schuleingangsstufe in der Ausprägung des „Optimalmodells" (Götz 2011, 86 f.) verbessert also theoretisch die Chancen der Grundschule, ihre „Haltekraft" (Katzenbach, Rinck & Olde 2006) zu erhöhen, da sie bildungsbenachteiligten oder entwicklungsverzögerten Kindern sowie Kindern mit Migrationshintergrund ohne stigmatisierende Zusatzprogramme auf der Basis systeminterner, multiprofessioneller Ressourcen längere Anpassungszeiten an das System der Schule ermöglicht und individuelle Unterstützung vorhält. Die hier formulierten Hoffnungen werden, wie die konkretisierenden Ausführungen im Folgenden zeigen werden, mehrfach enttäuscht.

Die neue Schuleingangsstufe und der Erhalt selektiver Prozeduren

Die positive Bewertung der neuen Schuleingangsstufe, die auf der Annahme eines minimiert selektiven Prozedere im Schuleingangsbereich fußt, also auf dem Prinzip der „Entstandardisierung der Einschulung" (Götz 2011, 84), muss allerdings auch schon auf der Programmebene deutlich eingeschränkt werden, wenn man den Blick auf die Entscheidungsschwelle „behindert – nicht behindert" lenkt. Schulrechtliche Regelungen einiger Bundesländer weisen aus, dass die gemeinsame Unterrichtung von Kindern mit und ohne sonderpädagogischem Förderbedarf im Schuleingangsbereich in der Regel nach wie vor nur als Option eingeräumt wird, auch wenn immer mehr Länder durch das Attribut „vorrangig" mit einer gewissen Nachhaltigkeit darauf orientieren. Positiv hervorzuheben ist Bremen, da hier angezeigt wird, Kinder mit sonderpädagogischem Förderbedarf (Lernen, Sprache und soziale und emotionale Entwicklung) flächendeckend in der Grundschule zu beschulen, das heißt, zumindest für diese Förderbereiche auf einen separierenden Schuleingangsbereich der Förderschulen zu verzichten. Kinder mit Behinderungen sind aber in der Regel, von Ausnahmen abgesehen, auf schulrechtlicher Ebene bei dem Terminus „alle Kinder" nach wie vor nicht mit Selbstverständlichkeit inkludiert.

Haeberlin (2009, 37) zeigt für das Schuljahr 2006/2007 auf, dass in allen Bundesländern Deutschlands ein Teil der Schulanfänger direkt in das Förderschulsystem eingeschult wurde. Diese Situation betrifft auch Bundesländer, die sich auf der Programmebene zu diesem Zeitpunkt dezidiert den Zielsetzungen der neuen Schuleingangsstufe verpflichtet hatten. Bezogen auf alle Einschulungsarten verwehrte z. B. Berlin 2,44 %, Thüringen 3,32 % und Sachsen-Anhalt 4,85 % der Schulanfänger vom ersten Schultag an das Mitgliedschaftsrecht in der Grundschule.

Die Einschulungsstatistik (Statistisches Bundesamt 2010) weist Kinder mit dem Förderschwerpunkt Geistige Entwicklung gesondert aus. Für 2009 wird im bundesdeutschen Durchschnitt angegeben, dass 0,7 % aller Schulanfänger mit dieser Diagnose in die entsprechende Förderschule eingeschult wurden (0,9 % Jungen, 0,4 % Mädchen). Dieser Wert schwankt zwischen den Bundesländern erstaunlich und zwar zwischen einem Anteil von 0,3 % in Hamburg und 1,3 % in Bremen. Im Zeitraum von 1999 bis 2009 ist in zehn Bundesländern ein steigender Trend nachweisbar, der die Einschulung von Kindern in die Förderschule mit dem Schwerpunkt Geistige Entwicklung betrifft. Dieser Detailbefund ist schwer interpretierbar. Eventuell könnte er den unerwünschten Nebeneffekt „härterer" Prognosen bei der Einschätzung der Entwicklungsmöglichkeiten von Schulanfängern anzeigen, der mit der Betonung des präventiven Auftrags der Grundschule zur Verhinderung von Schulversagen im Rahmen der neuen Schuleingangsstufe verbunden ist. Unter Umständen deuten die Zahlen also auf eine „Verschiebung" der Zuweisungspraxis hin, über die Biewer schon vor 10 Jahren (2001, 155) berichtet hat. Wenn Überweisungen an die Förderschule mit dem Schwerpunkt Lernen erschwert wurden, nahmen diese, wie Biewer belegt, an der Schule mit dem Förderschwerpunkt Geistige Entwicklung zu.

Die zur Verfügung stehenden Zahlen der Einschulungsstatistik (Einschulung im Schuljahr 2009/2010, siehe Statistisches Bundesamt 2010) verweisen auch im klassischen Bereich der Grundschule auf Entscheidungsprozeduren, die dem programmatisch verkündeten Ziel „Einschulung aller Kinder" widersprechen. So wurden im Schuljahr 2009 im bundesweiten Durchschnitt 6,7 % der schulpflichtigen Kinder als verspätet eingeschult registriert. Von dieser, auf Programmebene unerwünschten Maßnahme, sind deutlich mehr Jungen als Mädchen betroffen (Jungen: 8,1 %, Mädchen: 5,1 %). Auch hier überrascht die erstaunliche Streubreite der Daten zwischen den einzelnen Bundesländern, die allerdings auch durch veränderte Stichtagsregelungen für den Schulpflichtbeginn erklärbar ist. Im beobachteten Schuljahr sticht Bayern mit einem Anteil von 15,3 % verspätet eingeschulten Kindern hervor, während Rheinland-Pfalz nur einen Anteil von 0,6 % aufweist. Der Anteil der programmatisch erwünschten, vorzeitigen Einschulungen lag zum Beobachtungszeitpunkt im Bundesdurchschnitt bei 5,0 %. Von dieser positiv konnotierten Maßnahme profitieren eher die Mädchen (Mädchen 6,1 %, Jungen 4,0 %).

Die referierten Zahlen zeigen an, dass die programmatisch erwünschte Minimierung der Selektivität der Schuleingangsphase (bezogen auf die Unterscheidung schulfähig – nicht schulfähig) nicht durchgängig beobachtbar ist. Die ungleiche Verteilung der Jungen und Mädchen bei positiv und negativ konnotierten Maßnahmen im Schuleingangsbereich verweist außerdem auf eine systematische Benachteiligung der Jungen.

Die Schulstatistik für das Schuljahr 2009/2010 (Statistisches Bundesamt 2010) bringt – in keiner Weise passfähig zu den oben geschilderten programmatischen Zielsetzungen der neuen Schuleingangsstufe – auch separierende Einrichtungen im Schuleingangsbereich der Grundschulen zum Vorschein (Schulkindergärten, Vorklassen, Eingangsklassen der Eingangsstufe), die schulpflichtige, aber nicht als schulfähig klassifizierte Kinder in homogen konzipierten Lerngruppen auf den Schulbesuch vorbereiten sollen. Diese Beobachtung betrifft vor allem die alten Bundesländer. In den neuen Bundesländern (einschließlich Berlin) und Bremen ist der systematische Rückbau bzw. Verzicht auf diese separierenden Organisationsformen der Förderung in institutionalisierten Formen erkennbar (vgl. Statistisches Bundesamt 2010).

In einigen Bundesländern (z. B. Bayern, Mecklenburg-Vorpommern, Thüringen) existieren – quasi als sonderpädagogische Variante einer neuen Schuleingangsstufe – so genannte Diagnose- oder Förderklassen (vgl. Ratz, Stein & Faas 2009, 182 ff.). Kinder mit Entwicklungsverzögerung haben hier drei Jahre lang Zeit, die Lernstandards der Schuleingangsstufe der Grundschule zu erreichen. Oft sind es sozial benachteiligte Kinder, die für eine derartige Maßnahme ausgewählt werden. Die speziellen Klassen sind entweder an Grund- oder an Förderschulen angegliedert. Diese Formen der separierenden Förderung in homogen konzipierten Kindergruppen stehen im Zusammenhang mit der selektiven Entscheidung „behindert – nicht behindert", auch wenn die Entscheidung zeitlich verzögert werden soll. Eine Aufnahme in die dritte Klasse der Grundschule wird angestrebt, jedoch in weniger als einem Viertel der Fälle realisiert (ebd.; Ellinger & Koch 2007, 83 f.). Stigmatisierungseffekte wurden nicht untersucht, sind aber zu erwarten.

Neben diesen offensichtlichen Verstößen gegen inklusionspädagogisch sinnvolle Schulstrukturen, können ähnliche Handlungspraxen (einschließlich der nicht intendierten negativen Folgen) informell – der offiziellen Statistik verborgen – realisiert werden, wenn die Eingangsklassen in Bezug auf die prognostizierte Verweildauer der Kinder möglichst leistungshomogen zusammengestellt und unterrichtet werden. In größeren Schulen können nach diesem Prinzip sogenannte Dehnklassen, also Klassen für „lernschwache" Kinder mit prognostizierter dreijähriger Verweildauer entstehen, deren Mitglieder von Anfang an durch die negative Schulleistungsprognose stigmatisiert sind.

Die neue Schuleingangsstufe und der Erhalt tradierter Organisationsformen

Faust (2006, 328 ff.; 2008, 20 ff.) unterscheidet bei der Analyse der Variabilität der bundesweiten Modelle, die unter dem Label „neue Schuleingangsstufe" firmieren, vier verschiedene Typen. Diese unterscheiden sich hinsichtlich des Jahrgangsprinzips (Kriterium 1) sowie der Verfügbarkeit zusätzlicher personeller Ressourcen (Kriterium 2). Der Typ I erfüllt beide Kriterien in positiver Ausprägung, das heißt, sowohl Jahrgangsmischung als auch zusätzliche personelle Unterstützung sind konzeptionell vorhanden. In Brandenburg, Berlin, Hessen, Niedersachsen, Nordrhein-Westfalen und Thüringen ist diese Ausprägung der Schuleingangsstufe möglich, allerdings nicht flächendeckend verpflichtend. Das zentrale Element in Typ II ist die Orientierung am Prinzip der Jahrgangsmischung, ohne dass jedoch zusätzliche personelle Ressourcen bereitgestellt werden (Bayern, Baden-Württemberg, Bremen, Hamburg, Schleswig-Holstein). In anderen Bundesländern ist eine weitere Ausgestaltungsform (Typ III) zu beobachten, die sich von den zuvor genannten dadurch unterscheidet, dass hier zwar sonder- oder sozialpädagogische Unterstützung zur Verfügung gestellt wird, die Bildung jahrgangsübergreifender Lerngruppen aber nicht verpflichtend vorgegeben ist (Rheinland-Pfalz und Sachsen-Anhalt). Die Eingangsstufe vom Typ IV (Mecklenburg-Vorpommern, Sachsen) ist dadurch charakterisiert, dass weder Jahrgangsmischung noch zusätzliche Ressourcen in ihr konzeptionell verankert sind. Die Jahrgangsmischung kann allenfalls optional, quasi als Strategie zur Ressourcenoptimierung, beziehungsweise zum Schutz kleiner Schulstandorte genutzt werden. Insgesamt unterscheiden sich die Organisationsformen vom Typ IV kaum von einem traditionellen Schulanfang.

Mit Ausnahme des Typs I haben sich in Deutschland also Schuleingangsstufen etabliert, die aus inklusionspädagogischer Perspektive doch eher enttäuschend sind. Von Ausnahmen abgesehen, kann die neue Schuleingangsstufe in Deutschland demnach so interpretiert und gegebenenfalls auch realisiert werden, dass alle selektiven Prozeduren und die damit verbundenen Exklusionsrisiken für benachteiligte Kinder weitgehend erhalten bleiben. Das ist vor allem dann der Fall, wenn weiter an dem Prinzip der Jahrgangsklasse festgehalten wird. Bei dieser Organisationsform bedeutet flexibles Verweilen, dass ein Kind eine Klasse überspringt oder am Schuljahresende bzw. flexibel während des Schuljahrs in die darunter liegende Jahrgangsstufe abgestuft wird. Zwar ist der Terminus des Sitzenbleibens bzw. des freiwilligen Wiederholens der ersten Klasse nun durch den der „individuellen Verweildauer" ersetzt, für das Kind bleibt aber die beschämende, stigmatisierende Situation des Versagens und der Verlust der vertrauten Bezugspersonen im schulischen Feld harte Realität. Die verhängnisvolle „*Kopplung von Leistungsergebnis und sozialer Gruppierung*" (Reiser 2002, 406) bleibt bestehen, wenn die Schuleingangsstufe mit der Option einer flexiblen Verweildauer auf das Strukturelement Jahrgangsmischung verzichtet.

Der bildungspolitische Grundgedanke der neuen Schuleingangsstufe – auch in eben kritisierten Organisationsformen – ist zwar programmatisch auf die Inklusion jedes einzelnen Kindes in das System der Grundschule gerichtet, dem wirken jedoch Organisationsstrukturen entgegen, die gleichsam dem Homogenitätsprinzip verpflichtet sind (Faust-Siehl & Speck-Hamdam 2001, 8). Das zeigt sich besonders ausgeprägt dort, wo separierende (Sonder-)Klassen, Schulkindergärten, Vorklassen existieren oder informell – dem Mythos des Vorteils leistungshomogener Gruppen folgend – Schulklassen gezielt zusammengesetzt werden. Da der Einfluss der Organisationsstrukturen (Jahrgangsklassenprinzip, Sonderklassen, Schulkindergarten, Vorklasse) mächtig ist, können die erhöhten Exklusionsrisiken für Kinder aus benachteiligten Familien und für Kinder mit Beeinträchtigungen auch unter dem Vorzeichen der neuen Schuleingangsstufe bestehen bleiben. Die selektiven Praktiken gehören damit ganz und gar nicht einer überwundenen Phase in der Geschichte der Schuleingangsstufe an, sondern können sich weiter auch unter dem Label der neuen Schuleingangsstufe immer wieder ereignen.

Im Schuleingangsbereich existieren – parallel zu neuen Praktiken – also noch immer hierarchisch organisierte Entscheidungsprozeduren, die das Mitgliedschaftsrecht einzelner Kinder im System der Grundschule (behindert vs. nicht behindert), die Aufnahme eines Kindes in die Grundschule (schulfähig vs. noch nicht schulfähig), den Verbleib in der sozialen Gemeinschaft einer Schulklasse (Wiederausschulung/Abstufung in eine untere bzw. Wiederholung einer Klassenstufe) in Frage stellen können. Als empirisch gesichert kann gelten, dass von abstufenden Maßnahmen eher sozial benachteiligte Kinder als die des sogenannten Bildungsbürgertums, eher Jungen als Mädchen betroffen und Kinder mit Migrationshintergrund überrepräsentiert sind (vgl. Gomolla & Radtke 2002).

Das Modell FLEX Brandenburg: Hält es den Standards einer inklusiven Schuleingangsphase stand?

Aus inklusionspädagogischer Perspektive hebt sich der – in Anlehnung an Faust (2006; 2008) – beschriebene Typ I der neuen Schuleingangsphase positiv von anderen Umsetzungsvarianten ab. Idealtypisch ist dieser Typ in einer Variante der Gestaltung der Schuleingangsstufe im Land Brandenburg, dem Modell FLEX (Flexible Schuleingangsphase), ausgeprägt. Carle (2008, 74) würdigt die Variante Brandenburgs, indem sie FLEX dem „Modell flexibler, jahrgangsgemischter und integrativer Schuleingangsphasen" zuordnet und seine Stabilität hervorhebt, die auf schulrechtlich abgesicherten Systemveränderungen fußt.

FLEX, eine der beiden Möglichkeitsformen der Schuleingangstufe der sechsjährigen Grundschule Brandenburgs, hat sich in seiner zwanzigjährigen Geschichte systematisch entwickelt und ausgeweitet (Liebers, Prengel & Bieber 2008, 7 ff.). Im Schuljahr 2009/2010 verfügten ca. 40 % der Grundschulen des Landes mit insgesamt 449 FLEX-Klassen über diese Form der Schuleingangsstufe. Im benannten Schuljahr haben damit ca. 25 % der Kinder Brandenburgs ihre Schulbiographie in einer FLEX-Klasse gestartet. Knapp die Hälfte der Schulen (48,6 %) verkörpert zum Beobachtungszeitpunkt das Prinzip einer reinen FLEX-Schule, das heißt, dass in dieser Schule im Schuleingangsbereich nur FLEX praktiziert wird. 51,4 % der FLEX-Grundschulen haben parallel zu FLEX auch reguläre Schuleingangsklassen (Geiling & Simon 2010).

Administrativ verankerte Merkmale der FLEX, wie z. B. das Ausmaß des jahrgangsstufenübergreifenden Unterrichts (12 Stunden) und der Verzicht auf sonderpädagogische Feststellungsverfahren für die Bereiche Lernen, Sprache sowie emotionale und soziale Entwicklung zeigen, dass die FLEX durchaus inklusionspädagogisch interpretierbare strukturelle Elemente aufweist (vgl. Geiling 2008, 133 ff.). Durch die pauschale Zuweisung sonderpädagogischer Ressourcen (5 Stunden pro Klasse und Woche) werden theoretisch „*systembezogene sonderpädagogische Serviceleistungen*" (Reiser 1998, 46 ff.) realisierbar, die in nicht stigmatisierender Art und Weise allen Kindern der Lerngruppe dienen können und den Grundschullehrkräften helfen, Zuständigkeit und Verantwortung zu behalten (vgl. Reiser 2002, 410; Geiling et al. 2008, 163 ff.).

FLEX hat durchaus präventive und kompensatorische Erfolge, die z. B. daraus geschlossen werden können, dass am Ende von FLEX nur sehr wenige Kinder (ca. 1 %) auf Förderschulen wechseln (vgl. Liebers 2008: 72 ff.). Bezogen auf die Leistungsentwicklung der Kinder in FLEX-Klassen hat sich bislang gezeigt, dass sich die FLEX-Klassen trotz „schwierigerer" Zusammensetzung im Leseverständnis, der Lesegeschwindigkeit und im Lernbereich Mathematik von Regelklassen Brandenburgs nicht unterscheiden und teilweise sogar leichte Vorteile aufweisen (vgl. Krüsken 2008, 30 ff.). Systematische Beobachtungen des Unterrichtsgeschehens in FLEX belegen, dass differenzierende und individualisierende Lernangebote zum Schulalltag der Kinder gehören und diese täglich die „Erfahrung von Anstrengungsbereitschaft, Lernfreude und Zugehörigkeit" machen können (Liebers, Prengel & Bieber 2008a).

Trotz der angedeuteten positiven Bilanzen, die FLEX für sich verbuchen kann, sind aus inklusionspädagogischer Perspektive allerdings auch für FLEX deutliche Begrenzungen des Systems zu benennen. Diese ergeben sich grundsätzlich daraus, dass FLEX inklusionspädagogischen Orientierungen nur zeitbegrenzt folgen kann. FLEX ist als Insel in einem insgesamt selektiv konzipierten Bildungssystems mit diesem vielfältig vernetzt. So gibt es in Brandenburg parallel zu FLEX auch Regelklassen für den Schuleingangsbereich (teilweise sogar an einer Grundschule, s. o.), das Förderschulsystem als möglicher Abnehmer „schwieriger" Kinder ist nach wie vor präsent und spätestens mit der dritten Klassenstufe greift die tradierte Logik des leistungsabhängigen sozialen Auf- und Abstiegs im System der Jahrgangsklassen. Für alle eingangs formulierten Fragen, die trennscharf ein System auf seine inklusive Qualität abklopfen sollen, gibt es jeweils sowohl Argumente dafür als auch dagegen. Zum Beispiel lassen Merkmale der FLEX erkennen, dass die *„Kopplung von Leistungsergebnis und sozialer Gruppierung"* (Reiser 2002, 406) zeitweise gelockert wird, allerdings steht dies im Spannungsfeld zur administrativen Vorgabe für die Bewertungspraxis von Schülerleistungen, die im Regelfall seit dem Schuljahr 2006/2007 für das zweite Schulbesuchsjahr Ziffernbenotung vorsieht. Der Verzicht auf Ziffernbenotung und das Festhalten an einer individuell orientierten, verbalen Bewertung ist auch im zweiten Schulbesuchsjahr möglich, allerdings nur auf Antrag der Elternkonferenz und Mehrheitsbeschluss (vgl. Geiling & Simon 2010). Strukturelle Begrenzungen sind weiter insofern zu konstatieren, dass jene Kinder nicht selbstverständlich dazu gehören, denen sonderpädagogischer Förderbedarf in den Bereichen geistige oder motorische Entwicklung, Sehen oder Hören zugeschrieben wurde. FLEX muss deshalb insgesamt als ein ausgesprochen spannungsgeladenes System verstanden werden, in dem der *„Mythos vom Vorteil homogener Lerngruppen"* (Reiser 2002, 408) zwar irritiert aber nicht überwunden wird (vgl. Geiling & Kulig 2009, 87; Geiling & Söllner 2008; Geiling et al. 2008, 163 ff.).

Standards für einen inklusiven Schulstart

Anstelle einer Zusammenfassung sollen abschließend Forderungen für eine inklusive Schuleingangsstufe formuliert werden. Die folgende Listung ist ganz und gar nicht vollständig. Es dominieren Aspekte, die in der vorangegangenen, eng fokussierten Analyse auch tangiert wurden. So werden Überlegungen zur Partizipation von Eltern und Kindern am Schulgeschehen, zum Curriculum, zum professionellen Habitus der Lehrkräfte, zur Diagnostik und zur Didaktik der inklusiven Schuleingangsstufe ausgespart oder nur angedeutet, obwohl sie aus der Perspektive von Standards für einen inklusiven Schulstart eigentlich gebührend Raum finden müssten. Standards, die Maria Kron für den Übergang von der Kindertagesstätte zur Schule und Ulrike Meister und Irmtraud Schnell für eine inklusive Didaktik in diesem Band vorstellen, haben selbstredend auch für den Schuleingangsbereich volle Gültigkeit.

Standards

a) Politisch-rechtliche Ebene

- Eine inklusive Schuleingangsstufe muss auf eine Reform des Schulbeginns gerichtet sein, die über bereits existierende Modelle der neuen Schuleingangsstufe weit hinaus geht. Die Minimierung aller selektiven Barrieren im Schuleingangsbereich ist bereits auf der politisch rechtlichen Ebene konsequent anzustreben. Das schließt den generellen Verzicht auf die Unterscheidungen behindert – nicht behindert,

schulfähig – nicht schulfähig bei der Vergabe des Mitgliedschaftsrechts für die Grundschule mit ein.
- Eine inklusive Grundschule muss als Schule *aller* schulpflichtigen Kinder konzipiert und politisch rechtlich grundgelegt werden, damit sie in ihrem Eingangsbereich einen barrierefreien Zugang zur Teilhabe an Bildung praktizieren und diesen in ihrem gesamten Zuständigkeitsbereich auch garantieren kann.

b) Administrative und institutionelle Ebene

- Separierende Formen der Unterrichtsorganisation (Vorklassen, Schulkindergärten, Diagnose- und Förderklassen) fußen latent auf der Annahme des Vorteils leistungshomogener Lerngruppen. Sie schwächen inklusive Schulentwicklungsprozesse und sind konsequent abzubauen.
- Die Flexibilisierung der Verweildauer einzelner Kinder in der Schuleingangsstufe ist sicherzustellen. Dieses Strukturmerkmal unterstützt Passungen zu den individuellen vorschulischen Lernbiographien der Kinder, indem allen Kindern ausreichend Lernzeit zur Verfügung gestellt wird. Die Prognose über ein verkürztes oder längeres Verweilen einzelner Kinder darf allerdings nicht zur Bildung leistungshomogener Jahrgangsklassen missbraucht werden.
- Das Strukturmerkmal der flexiblen Verweildauer muss konzeptionell an die Organisationsform des jahrgangsstufenübergreifenden Lernens geknüpft sein. Nur durch die Verbindung der flexiblen Verweildauer mit jahrgangsstufenübergreifendem Lernen und individuellen Bewertungsformen kann der verhängnisvollen *„Kopplung von Leistungsergebnis und sozialer Gruppierung"* (Reiser 2002, 408) entgegengewirkt werden.
- Eine inklusive Schuleingangsstufe muss durch pauschale Zuweisung ausreichend mit sozialpädagogischen und sonderpädagogischen Ressourcen ausgestattet sein, wobei eine systembezogene sonderpädagogische Serviceleistung (Reiser 1998, 46 ff.) anzuzielen ist. Die Förder- und Sozialpädagogen/innen sollten möglichst mit ihrer gesamten Stundenkapazität an einer Grundschule tätig sein und zum Kollegium der Grundschule gehören (vgl. Geiling et al. 2008, 163 ff.).

c) Ebene der Professionellen

- Durch die Organisationsstruktur einer konsequent nicht separierenden Schuleingangsstufe werden bislang im Förderschulsystem oder in Vorschulklassen/Schulkindergärten gebundene personelle Ressourcen frei, die in die Schuleingangsstufe eingebracht werden können. Notwendig ist die Bildung multiprofessioneller Teams, die sicherstellen, der Verschiedenheit der Voraussetzungen und Bedürfnisse aller Kinder (vgl. Biewer 2009, 192) in nicht etikettierender Art und Weise gerecht zu werden.
- In den multiprofessionellen Teams sind die jeweiligen Expertisen der unterschiedlichen Professionen zu wahren und weiter zu entwickeln. Über Netzwerkbildung können die Kompetenzprofile der Teams variabel und dynamisch gestaltet werden.

- Die inklusive Schuleingangsstufe stellt sehr hohe Anforderungen an alle Lehrkräfte der Eingangsstufe und an deren professionelle Weiterentwicklung. Wenn Inklusion im Anfangsunterricht realisiert wird, müssen Lehrkräfte ihren Unterricht so umstellen, dass alle Kinder auf ihren jeweiligen Kompetenzständen angeleitet werden. Sie müssen damit eine individualisierende und gleichsam die Gemeinschaft der Kinder achtende Unterrichtspraxis und Teamarbeit realisieren, einschließlich der damit verbundenen Fragen der Leistungsdokumentation, Bewertung und der Kompetenz im Bereich der pädagogischen Diagnostik sowie des sich zuständig Fühlens für eine erweiterte Schülergruppe und mögliche Problemlagen, die im Regelfall nicht mehr an andere Institutionen delegiert werden können. Professionelle haben Anspruch auf externe Unterstützung (Fortbildung, Begleitung, personelle und materielle Ressourcen) sowie Anerkennung ihrer Arbeit.

Literatur

Deutsches Institut für Menschenrechte (2006): Behindertenrechtskonvention. Online verfügbar unter: http://www.institut-fuer-menschenrechte.de/de/menschenrechtsinstrumente/vereinte-nationen/menschenrechtsabkommen/behindertenrechtskonvention-crpd.html#c1917 [Stand: 12.06.2011]

Biewer, G. (2001): Diagnose- und Förderklassen als Alternativmodell im Eingangsbereich heilpädagogischer Schulen. Eine kritische Bilanz der bisherigen Entwicklung in Bayern. In: Zeitschrift für Heilpädagogik, 52 (4), 152–158

Biewer, G. (2009): Grundlagen der Heilpädagogik und Inklusiven Pädagogik. Bad Heilbrunn

Carle, U. (2008): Anfangsunterricht in der Grundschule. Beste Lernchancen für alle Kinder. Gutachten für die Enquetekommission II des Landtags NRW „Chancen für Kinder". Unter Mitarbeit von Metzen, H.; Berthold, B. & Wenzel. Düsseldorf

Ellinger, S. & Koch, K. (2007): Flexible Schuleingangsphase für Kinder mit sonderpädagogischem Förderbedarf. Eine kritische Bilanz zur Effektivität von Diagnose- und Förderklassen. In: Zeitschrift für Heilpädagogik, 58 (3), 82–90

Faust, G. (2006): Zum Stand der Einschulung und der neuen Schuleingangsstufe in Deutschland. In: Zeitschrift für Erziehungswissenschaft, 9 (3), 328–347

Faust, G. (2008): Die Entwicklung der flexiblen Eingangsstufe im Land Brandenburg im Vergleich der Bundesländer. In: Liebers, K., Prengel, A. & Bieber, G. (Hrsg.): Die flexible Schuleingangsphase. Evaluationen zur Neugestaltung des Anfangsunterrichts. Weinheim/Basel, 20–29

Faust-Siehl, G. (2001): Die neue Schuleingangsstufe in den Bundesländern. In: Faust-Siehl, G. & Speck-Hamdan, A. (Hrsg.): Schulanfang ohne Umwege – Mehr Flexibilität im Bildungswesen. Grundschulverband – Arbeitskreis Grundschule e.V. Frankfurt am Main, 194–252

Faust-Siehl, G. & Speck-Hamdan, A. (2001): Einführung. In: Faust-Siehl, G. & Speck-Hamdan, A. (Hrsg.): Schulanfang ohne Umwege – Mehr Flexibilität im Bildungswesen. Grundschulverband – Arbeitskreis Grundschule e.V. Frankfurt am Main, 7–16

Geiling, U. (2008): Selektion in der Schuleingangsphase: Inklusionschancen und Exklusionsrisiken in Abhängigkeit von Organisationsformen. In: Knauder, H., Feiner, F. & Schaupp, H. (Hrsg.): Jede/r ist willkommen! Die inklusive Schule – Theoretische Perspektiven und praktische Beispiele. Graz, 133–144

Geiling, U. & Söllner, C. (2008): FLEX Brandenburg: Evaluation der Wirkungen der förderdiagnostischen Begleitung und der systemischen Auswirkungen auf Grund- und Förderschulen. Ergebnisse der qualitativen Studie. Halle (Saale)

Geiling, U. et al. (2008): Evaluation der Wirkungen der förderdiagnostischen Begleitung und der systemischen Auswirkungen auf Grund- und Förderschulen. In: Liebers, K., Prengel, A. & Biewer, G. (Hrsg.): Die flexible Schuleingangsphase. Evaluationen zur Neugestaltung des Anfangsunterrichts. Weinheim/Basel, 163–247

Geiling, U. & Kulig, N. (2009): Der Mythos vom Vorteil leistungshomogener Gruppen in der flexiblen Schuleingangsstufe: Zwischen Irritation und Stabilität. In: Jerg, J. u. a. (Hrsg.): Perspektiven auf Entgrenzung. Erfahrungen und Entwicklungsprozesse im Kontext von Inklusion und Integration. Bad Heilbrunn, 87–95

Geiling, U. & Simon, T. (2010): Evaluation der pädagogischen Qualität der FLEX-Brandenburg 2010. Forschungsbericht. Martin-Luther-Universität Halle (Saale)

Gomolla, M. & Radtke, F.-O. (2002): Institutionelle Diskriminierung. Die Herstellung ethnischer Differenz in der Schule. Opladen

Götz, M. (2011): Schuleingangsstufe. In: Einsiedler, W. et al. (Hrsg.): Handbuch Grundschulpädagogik und Grundschuldidaktik (3., vollst. überarb. Auflage). Bad Heilbrunn, 82–92

Graumann, O. (2011): Integration behinderter Kinder in der Grundschule. In: Einsiedler, W. et al. (Hrsg.): Handbuch Grundschulpädagogik und Grundschuldidaktik (3., vollst. überarb. Aufl.). Bad Heilbrunn, 98–102

Haeberlin, U. (2009): Förderschulen – wohin geht der Trend? In: VHN, 78, 236–243

Katzenbach, D., Rinck, S. & Olde, V. (2006): Zwischenbericht zur Evaluation von Beratungs- und Förderzentren. Arbeitsstelle für sonderpädagogische Schulentwicklung und Projektberatung. Goethe Universität Frankfurt am Main

KMK (2010): Statistische Veröffentlichungen der Kultusministerkonferenz. Dokumentation Nr. 189. März 2010. Sonderpädagogische Förderung in Schulen 1999–2008

Krüsken, J. (2008): Schulleistungen in FLEX-Klassen bei den Vergleichsarbeiten Jahrgangsstufe 2 in Brandenburg in den Jahren 2004 bis 2006. In: Liebers, K., Prengel, A. & Bieber, G. (Hrsg.): Die flexible Schuleingangsphase. Evaluationen zur Neugestaltung des Anfangsunterrichts. Weinheim/Basel, 30–57

Liebers, K. (2008): Die Umsetzung verbindlicher pädagogischer Standards der flexiblen Eingangsphase im Spiegel der Schülerzahlstatistik in FLEX-Klassen. In: Liebers, K., Prengel, A. & Bieber, G. (Hrsg.): Die flexible Schuleingangsphase. Evaluationen zur Neugestaltung des Anfangsunterrichts. Weinheim/Basel, 72–97

Liebers, K., Prengel, A. & Bieber, G. (2008a): Einleitung. In: Liebers, K., Prengel, A. & Bieber, G. (Hrsg.): Die flexible Schuleingangsphase. Evaluationen zur Neugestaltung des Anfangsunterrichts. Weinheim/Basel, 7–11

Liebers, K., Prengel, A. & Bieber, G. (Hrsg.) (2008b): Die flexible Schuleingangsphase. Evaluationen zur Neugestaltung des Anfangsunterrichts. Weinheim/Basel

LISUM (2003): FLEX-Handbuch. Die Ausgestaltung der flexiblen Schuleingangsphase im Land Brandenburg – pädagogische Standards, Leitfäden und Praxismaterialien

Nickel, H. (1981): Schulreife und Schulversagen. Ein ökopsychologischer Erklärungsansatz und seine praktischen Konsequenzen. In: Psychologie in Erziehung und Unterricht, 28, 19–37

Ratz, Ch., Stein, R. & Faas, St. (2009): Gestaltung institutioneller Übergänge. In: Stein, R. & Orthmann Bless, D. (Hrsg.): Schulische Förderung bei Behinderungen und Benachteiligungen. Hohengehren, 182–214

Reiser, H. (1998): Sonderpädagogik als Service-Leistung? Perspektiven der sonderpädagogischen Berufsrolle. Zur Professionalisierung der Hilfsschul- bzw. Sonderschullehrerinnen In: Zeitschrift für Heilpädagogik, 2, 46–54

Reiser, H. (2002): Der Beitrag der Sonderpädagogik zu einer Schule für alle Kinder. In: Behindertenpädagogik, 41 (4), 402–417

Statistisches Bundesamt (2010): Bildung und Kultur. Allgemeinbildende Schulen. Fachserie 11, Reihe 1. Wiesbaden

Von der Grundschule in die Sekundarstufe I

Ursula Mahnke

Generell kann von einem erheblichen Nachholbedarf bei der Verankerung inklusiven Unterrichts im Sekundarbereich ausgegangen werden (Klemm 2010, 21). Als Gründe führt Meijer (2005) an:

> „zunehmende Fächerspezialisierung, Komplexität der Zusammenarbeitsformen der Lehrkräfte, größere Kluft zwischen Jugendlichen mit sonderpädagogischem Förderbedarf und ihren Gleichaltrigen mit zunehmendem Alter, verschiedene Schulzüge (oder leistungsdifferenzierte Klassen) und entsprechende Zuteilung der einzelnen Schülerinnen und Schüler zu unterschiedlichen Leistungsgruppen." (ebd., 7)

Diese Besonderheiten sind neben den historisch gewachsenen Rahmenbedingungen und dem Prozesscharakter von Schulentwicklung bei der Bezeichnung von Standards zu berücksichtigen. Letztlich können Standards aber lediglich die Richtung vorgeben, ohne bereits das Notwendige vom politisch Durchsetzbaren zu trennen. Letztlich müssen sich Standards an den Grundsätzen der UN-Behindertenrechtskonvention messen lassen, die in Artikel 24 „ein integratives Bildungssystem auf allen Ebenen" einfordern, das „Menschen mit Behinderungen gleichberechtigt mit anderen in der Gemeinschaft, in der sie leben, Zugang zu einem integrativen, hochwertigen und unentgeltlichen Unterricht an Grundschulen und weiterführenden Schulen" ermöglichen muss (BRK 2006). Der Versuch, inklusive Standards zum Übergang in die weiterführenden Schulen zu formulieren, scheint gewagt – ist er doch in hohem Maße von den jeweiligen individuellen Bedürfnislagen und den vor Ort vorfindbaren strukturellen Bedingungen geprägt. Darin mögen auch die Ursachen dafür liegen, dass dieser Bereich in der empirischen Integrationsforschung weitgehend ausgeklammert wird und lediglich zahlreiche Praxisbeispiele (zumeist einzelner Schule oder Fallbeispiele) dokumentiert sind. Im Folgenden sollen grundlegende Spannungsfelder beim Übergang in die weiterführende Schule genauer bezeichnet werden, um daraus Standards abzuleiten. Dabei wird versucht, Fragen zum Unterricht, zur Teamarbeit und zur Professionalisierung weitgehend auszuklammern, was aber nicht gänzlich gelingen kann, da sich die Gestaltung von Übergängen immer auch auf die vorzufindenden strukturellen Merkmale beziehen muss.

Gegliedertes Schulwesen

Inklusive Standards für den Übergang Grundschule – Sekundarstufe I stehen zunächst unter dem Postulat des in Deutschland vorherrschenden gegliederten Sekundarschulwesens – einem zentralen Widerspruch des Inklusionsgedankens. Die Ausgangslage für eine Schule für alle, wie sie etwa in den skandinavischen Ländern kultiviert wird, ist in Deutschland neben der Grundschule am ehesten in Gemeinschaftsschulen (Gesamtschulen) zu finden. Deshalb ist diese bislang die bevorzugte Schulform für eine Fortführung der Integration in der Sekundarstufe, obgleich dies eine Benachteiligung für all diejenigen Kinder bedeutet, für die aus unterschiedlichen Gründen keine Gesamtschule zur Verfügung steht. Inzwischen ist in den meisten Bundesländern ein zweigliedriges Sekundarschulsystem im Entstehen (Gymnasium und Haupt-/Realschule). Ob diese Entwicklung langfristig inklusive Strukturen erleichtert, bleibt abzuwarten, da mit der Einführung eines zweigliedrigen weiterführenden Schulwesens aus Sicht der Inklusion zwar strukturelle Verbesserungen einhergehen (können), die mehrgliedrige Abschlussorientierung aber unverändert bestehen bleibt und damit das Problem der Leistung bzw. Leistungsbewertung weiterhin gilt. So stellt auch Meijer (2005) in seinem Überblick für die European Agency fest: „Der Wunsch, mehr akademische Leistung zu produzieren, und der Wunsch Schülerinnen und Schüler mit sonderpädagogischem Förderbedarf zu integrieren, könnten sich gegenseitig ausschließen" (ebd., 8).

Dieser zentrale Widerspruch verführt dazu, Standards am bekannten (und vielfach kritisierten) „Zwei-Gruppen"-Konstrukt zu orientieren: Was brauchen *alle* Schülerinnen und Schüler? Was brauchen Kinder, deren Zugang und Teilhabe an Bildung durch Lernerschwernisse *spezifiziert* sind? Bereits in den 1990er Jahren wurde in Bezug auf Leistungsanforderungen für integrative Settings der Begriff des „dualen Curriculums" (Rath 1992) geprägt, der ein zweiteiliges Gesamtcurriculum mit Anteilen aus dem Lehrplan für den Unterricht in den üblichen Schulfächern sowie einen Lehrplan für den behinderungsspezifischen Förderbedarf eines Kindes vorsieht. Dicke und Maikowski (1998) haben dazu für „gemeinsames und individualisiertes Lernen für zieldifferent zu unterrichtende Schülerinnen" (ebd., 228) didaktische Konkretisierungen vorgenommen, die zwar die Praxis heterogenitätsungewohnter Lehrkräfte erleichtern, doch das Prinzip eines abschlussorientierten Lernens weiterhin aufrecht erhält. Wilhelm (2009) schlägt stattdessen individuelle Erziehungspläne für *alle* Schülerinnen und Schüler vor und beschreibt konkrete Schritte dazu: Voraussetzungen schaffen, Arbeitsgruppe bilden, Informationen austauschen, Bedürfnisse des Schülers/der Schülerin analysieren, Aufgaben entwickeln, Prioritäten setzen, für ein Vorhaben entscheiden, Handlungsplan erstellen, Umsetzung evaluieren, Fortschritte bewerten (vgl. Wilhelm 2009, 25).

Um nicht zu stark auf die didaktische Unterrichtsgestaltung zu fokussieren (vgl. hierzu Schnell & Meister in diesem Band), soll sich die Formulierung von inklusiven Standards hier auf das Strukturprinzip des gegliederten Schulsystems beziehen und damit auf die Frage nach einheitlichen Bildungs- bzw. Leistungsstandards. Ein seit einiger Zeit diskutierter Weg sind (abschlussbezogene) Bildungsstandards für *alle* Kinder, die *Mindeststandards* sowie *stufenbezogene Standards* enthalten, bei denen dann auch Kinder mit Lernerschwernissen bzw. kognitiven Einschränkungen einbezogen wären. Damit wird zwar die Gratwanderung zwischen Abschlussorientierung und individuellem Lernen nicht aufgehoben, aber zumindest entschärft. In diesem Zusammenhang wäre allerdings die Frage nach einer Dekategorisierung aufzuwerfen – diskutiert u. a. von Hinz (2009) als eine der zentralen Forderungen der Inklusion. Dies betrifft nicht nur die Sekundarstufe I, wird hier aber besonders augenfällig.

Soziale Bewältigung des Übergangs

Der Übergang auf die weiterführende Schule ist für alle Heranwachsenden ein einschneidendes Erlebnis, beschrieben als „kritisches Lebensereignis" (Philipp 1995) oder als „ökologischer Übergang" (Bronfenbrenner 1981). Heranwachsende erleben u. a. neue Lerngruppen, neue Unterrichtsfächer und ein ausgeprägtes Fachlehrersystem. Zwei Aspekte sollen hier herausgegriffen werden: ungewohnte Formen der Leistungsvergleiche und Entwicklungsaufgaben des Jugendalters.

Leistungsvergleiche

In der weiterführenden Schule werden Heranwachsende zunächst mit neuen bezugsgruppenorientierten Bewertungsmaßstäben konfrontiert, die sich am gegliederten System der Leistungsgruppierung orientieren. Das hat Auswirkungen auf das schulbezogene Selbstkonzept und die Lernfreude. Watermann et al. (2010) haben in einer aktuellen Studie an Haupt-, Realschulen und Gymnasien festgestellt, dass das Selbstkonzept vor allem am Gymnasium deutlich abnimmt, da hier der Leistungsvergleich am stärksten ausgeprägt ist und Leistungsunterschiede am stärksten wahrgenommen werden. Übertragen auf Heranwachsende mit Lernerschwernissen würde deren Selbstkonzept durch die Bezugsgruppenorientierung bei der Leistungsbewertung beim Übergang auf die weiterführende Schule starken Belastungen ausgesetzt – was jahrzehntelang auch als einer der zentralen Gründe für die Beschränkung zieldifferenter Integration auf die Grundschule galt. Untersuchungen aus der Integrationsforschung belegen dies nur teilweise. In der Forschungsübersicht von Hildeschmidt & Sander (1996) wird von einer positiven Leistungsentwicklung bei Schülern mit Lernbehinderungen in integrativen Schulen berichtet (ebd., 116 ff.), allerdings auch von zeitweiligen Einbrüchen im Selbstkonzept (ebd., 122 ff.). Zu einem ähnlichen Ergebnis kommt Dumke (1998, 247 ff.) aus seinen Studien zur Integration in der Sekundarstufe. Feyerer und Prammer (2003) schlagen deshalb in ihrem integrativen Unterrichtskonzept für die Sekundarstufe I Entwicklungsberichte statt Ziffernbeurteilungen vor (ebd., 148 ff.).

Die Frage von Standards zur Leistungsbewertung betrifft nicht nur die Notengebung, sondern vor allem grundlegende schulstrukturelle Voraussetzungen, wie sie oben angesprochen wurden. Unabhängig davon, ob die bildungspolitische Landschaft in Deutschland sich dahin entwickelt, die Notengebung in der Sekundarstufe ganz aufzuheben, sollte zumindest die Verarbeitung von Leistungsunterschieden in inklusiven Lernumgebungen in den Blick genommen werden. Insofern sollte die Gestaltung des Leistungsprozesses verstärkte Aufmerksamkeit erhalten: Alle Schülerinnen und Schüler setzen sich eigene Ziele und reflektieren diese, werden von den Lehrenden über erwartete Lernziele informiert und erhalten erforderliche (individuelle) Hilfen. Unterschiedliche Vergleichsmaßstäbe (soziale, lernzielorientierte, entwicklungsbezogene) sind anzuwenden und mit den Schülerinnen und Schülern zu kommunizieren.

Entwicklungsaufgaben im Jugendalter

Der Übergang in die weiterführende Schule ist für Heranwachsende ein „kritisches Lebensereignis" in zweifacher Hinsicht: Sie müssen die „Transition" in eine andere Schulform mit all ihren Spezifika und gleichzeitig die besonderen Entwicklungsaufgaben ihrer Altersgruppe bewältigen. Griebel und Niesel (2004, 35 ff.) beziehen ihr Konzept der Transition zwar auf Kindergartenkinder, doch übertragen auf den Übergang in die Sekundarstufe gelten auch hier die unterschiedlichen Ebenen von Entwicklungsaufgaben: auf der individuellen Ebene (Veränderung der Identität, Bewältigung starker Emotionen, Kompetenzerwerb), auf der interaktionalen Ebene (Aufnahme neuer Beziehungen, Veränderungen bzw. Verlust bestehender Beziehungen, Rollenzuwachs) und auf der kontextuelle Ebene (Integration mehrerer Lebenswelten).

Hinzu kommen für Heranwachsende altersspezifische Entwicklungsaufgaben: neue Beziehungen zu Altersgenossen beiderlei Geschlechts, Übernahme der männlichen und weiblichen Geschlechtsrolle, Akzeptieren der eigenen körperlichen Erscheinung, emotionale Unabhängigkeit von den Eltern. Auch wenn sich diese Anforderungen generell für alle Heranwachsenden stellen, so sind Entwicklungsanforderungen für Heranwachsende mit Behinderungen – insbesondere im Kontakt mit nichtbehinderten Gleichaltrigen – ungleich größer. Köbberling und Schley (2000) haben dies in ihrer Hamburger Studie über Heranwachsende mit geistiger Behinderung in der integrativen Sekundarstufe eindrucksvoll herausgearbeitet. Insbesondere die Konfrontation mit der Entwicklung von Gleichaltrigen führte oftmals zu konflikthaften Verläufen, in denen das Zusammenleben phasenweise geprägt war „von aufreibenden Auseinandersetzungen der Jugendlichen untereinander und mit sich selbst, und mitunter erschienen gesunde Entwicklungen bedroht" (ebd., 169). Die Autoren stellen aber auch fest:

> „Parallel verlaufende krisenhafte Entwicklungen bei nichtbehinderten Jugendlichen machen deutlich, dass diese grundsätzlich die gleichen schwierigen Prozesse der Selbstklärung zu bewältigen haben. Die Prozesse entsprechen dem entwicklungstheoretischen Verständnis, dass Wachstum grundsätzlich mit der Bewältigung von Krisen verknüpft ist, denn durch diese erarbeitet sich das Individuum die inneren Voraussetzungen und Strukturen, die es zur Bewältigung neuer, komplexer Umweltanforderungen benötigt." (ebd., 169 f.)

Zur Bewältigung dieser Entwicklungsanforderungen fordert Wilhelm (2009) „emotionale und soziale Unterstützung zur Minderung der auftretenden Stresswirkung" durch Informationen, Rückmeldungen, Ermutigung zur Problemlösung, aktivitätsfördernde Umweltgestaltung sowie Hilfen zur Bewertung von Situationen" (ebd., 19). Grubmüller (1998) benennt dazu konkrete Interventionen zur pädagogischen Konfliktlösung (ebd., 118 ff.). Zur Bewältigung von sehr heterogenen Entwicklungsbedürfnissen in einer inklusiven Schule sind Unterstützungsleistungen zu erbringen von den Erwachsenen, aber auch durch Peers mit ähnlichen Problemlagen.

Soziale Zusammensetzung der Lerngruppe

Übergangsentscheidungen auf das weiterführende Schulwesen werden in der erziehungswissenschaftlichen Diskussion weitgehend unter dem Gesichtspunkt der (leistungsbezogenen) Übergangsempfehlung der Schule und der Bildungsentscheidungen der Eltern sowie zunehmend auch unter sozial- und leistungsbedingten Disparitäten betrachtet (siehe ausführlich dazu Maaz et al. 2010). Für Kinder mit Lernerschwernissen stehen im Zentrum der Übergangsentscheidung eher die individuellen Lernbedürfnisse und die Passung pädagogischer Konzepte sowie der schulorganisatorischen Bedingungen – und nicht zuletzt die Bereitschaft von Lehrkräften und Schuladministration, diese Kinder integrativ/inklusiv zu unterrichten. Ohne auf diese individuell sehr unterschiedlichen Bedingungen im Einzelnen einzugehen, soll hier im Besonderen der Frage nach der sozialen Zusammensetzung der Lerngruppe nachgegangen werden, da ihr in den meisten Fällen eine nicht unerhebliche Bedeutung zugemessen wird.

Bereits beim integrativen Übergang vom Elementarsystem zur Grundschule wurde von Beginn an von Integrations-Praktikern und Eltern als zentrale Forderung erhoben, dass in einer vertrauten Sozialgruppe (Peers) die soziale Integration von Kindern mit Behinderungen am ehesten realisiert werden kann. Diese Forderung setzte sich für den Übergang in die weiterführende Schule aufgrund guter Erfahrungen fort und kollidiert hier zunehmend mit einer gravierenden Verschiebung von Bildungsentscheidungen zugunsten des Gymnasiums, in denen aus schulorganisatorischer Sicht vor allem für Kinder mit kognitiven Beeinträchtigungen bisher eine Integration nicht vorgesehen ist.

Schöler (2010) plädiert aus diesen Gründen dafür, verstärkt auch an Gymnasien Schülerinnen und Schüler (etwa mit geistiger Behinderung) inklusiv zu unterrichten, da „in einer gut geführten Integrationsklasse […] zumeist ein beträchtlicher Anteil der Mitschülerinnen und Mitschüler nach der Grundschule auf ein Gymnasium" gehe und damit der Anteil der vertrauten Mitschülerinnen und Mitschüler erheblich größer sei (vgl. ebd., 3). Sie verweist u. a. auch auf die soziale Zusammensetzung der Lerngruppen:

> „Unabhängig von der Tatsache, ob Schülerinnen und Schüler mit besonderem Förderbedarf die Schule besuchen, kann in der Regel an Gymnasien ein ausgeglichenes Sozialverhalten von den Mitschülerinnen und Mitschülern erwartet werden. In dieser Lernatmosphäre ist es relativ leicht, dass sich die Gleichaltrigen bewusst werden, welche Verantwortung sie haben, wenn sie das Vorbild für das Verhalten von Mädchen und Jungen sind, die in ihren kognitiven Lernmöglichkeiten eingeschränkt sind." (ebd., 4)

Bei einer konsequenten Umsetzung eines inklusiven Schulsystems würde die Forderung Schölers allerdings obsolet, da sich dann jede Schule – auch die Gymnasien – Schüler/innen mit Lernerschwernissen öffnen müssten und diese Schüler/innen mit vertrauten Peers auf die weiterführende Schule wechseln könnten. Unter dem Gesichtspunkt des Prozesscharakters von Schulentwicklung (s. o.) sollte eine förderliche soziale Zusammensetzung der Lerngruppe allerdings als notwendige Voraussetzung angesehen werden.

Vorbereitung des Übergangs

Bislang gibt es in den Bundesländern für den Übergang selbst – wenn überhaupt – sehr unterschiedliche und oftmals nicht-institutionalisierte Vorgehensweisen, die jeweils auf individuelle Bedürfnislagen und individuelle Gegebenheiten anzupassen sind. An einem Beispiel soll hier das seit 20 Jahren eingespielte Verfahren in Schleswig-Holstein aufgezeigt werden:

> Pauline ist zehn Jahre alt und ein fröhliches, interessiertes Mädchen. Sie und ihre drei Freundinnen, die in der Nachbarschaft wohnen, sind unzertrennlich und haben einen guten Stand in der gemeinsam besuchten dritten Klasse der Grundschule. Pauline hat eine hochgradige Sehbehinderung, ihr rechtes Auge ist blind, das linke Auge noch einen minimalen Sehrest, der aber vermutlich nach der Pubertät nicht mehr vorhanden sein wird. Sie hat bereits an mehreren Kursen im Landesförderzentrum Sehen (LFS) teilgenommen, dort andere Kinder mit Sehschädigungen kennen gelernt und altersgemäßen Zusatzunterricht in Mobilitätstraining und lebenspraktischen Fertigkeiten erhalten. Am Ende der dritten Klasse beginnt für die Beteiligten die Gestaltung des Übergangs in die weiterführende Schule. Frau Petersen, die Beratungslehrerin des LFS, übernimmt die Koordination. Paulines Eltern wünschen sich den Besuch des nahegelegenen Gymnasiums, weil Paulines Leistungen entsprechend gut sind und vermutlich auch die drei Freundinnen das Gymnasium wählen werden. Nach den Schulferien nimmt Frau Petersen Kontakt zu dem Schulleiter des Gymnasiums auf. Herr Assmussen berichtet über bereits vorhandene Erfahrung an seinem Gymnasium mit einem autistischen Schüler und weiteren Schüler/innen mit Körperbehinderung. Er erklärt sich gern bereit Pauline aufzunehmen und beide besprechen, wie die Vorbereitungen gestaltet werden. So ist zu klären, welche Hilfsmittel erforderlich sind (z. B. ein Laptop mit Braillezeile) und wer dafür der Kostenträger sein wird. Das Schulgebäude ist auf Barrierefreiheit zu prüfen und ggf. baulich zu verändern. Ein Klassenraum muss ausgesucht werden, der blendfrei ist bzw. so hergerichtet wird. Für Differenzierungsphasen beim Erlernen von Blindentechniken wird ein entsprechender Gruppenraum benötigt. Lehrkräfte müssen ausgesucht werden. Wünschenswert ist es, die Zahl der Fachlehrkräfte zu verringern, indem sich Lehrkräfte bereit erklären, mehrere Fächer in der Klasse zu unterrichten. Die Schul- und die Lehrerkonferenz sowie der örtliche Personalrat sind zu informieren (jedoch nicht um Zustimmung zu bitten). Die Schulaufsicht der Gymnasien ist zu informieren, damit z. B. eine Besprechungsstunde für den Klassenlehrer eingeplant wird. Ein Zeit- und Maßnahmenplan wird aufgestellt und mit den Eltern und der neuen Schule abgestimmt. Der Schulträger, die Krankenkasse und der Sozialhilfeträger werden beteiligt. Zum nächsten Treffen, an dem auch die Eltern teilnehmen, bringt Herr Assmussen den zukünftigen Klassenlehrer (Herrn Schmidt) mit, der sich freiwillig für die Übernahme dieser Aufgabe entschieden hat. Frau Petersen schlägt vor, dass Herr Schmidt zu einem Unterrichtsbesuch in die Grundschule kommt, um sich ein Bild zu machen. Frau Petersen bietet eine Einführungsveranstaltung in der zukünftigen Klassenkonferenz und ein mehrtägiges Seminar für die zukünftigen Fach- und Klassenlehrer im LFS an. Sie kündigt an, dass sie auch in der Sekundarstufe zunächst an zwei Vormittagen für Pauline am Gymnasium sein wird und die Beteiligten erörtern, welchen Unterstützungsbedarf sie vordringlich sehen. (Pluhar, C.: Arbeitspapier des Ministeriums für Bildung und Kultur des Landes Schleswig-Holstein zum Übergang in die Sekundarstufe I, 2011; unveröffentlicht)

Deutlich wird, dass zunächst das Ausloten und Bereitstellen von strukturellen und personellen Ressourcen mit allen Beteiligten im Vordergrund steht. Diese können im Einzelfall sehr unterschiedlich sein und sollen hier nicht vertieft werden. Zu den Ressourcen gehören in erster Linie entsprechende Absprachen, die in einem kooperativen und kommunikativen Prozess erfolgen müssen (am besten wie im Beispiel bereits ein Schuljahr vor dem Übergangszeitpunkt beginnend). Zahlreiche Praxisberichte zur Sekundarstufe verweisen auf deren Notwendigkeit und auf konkrete Verfahrensweisen (u. a. Feyerer & Prammer 2003).

Zunächst sollte die Suche nach der passenden Schule (z. B. bei bestimmten räumlichen Anforderungen) nicht den Eltern überlassen werden, sondern diese müssen von allen Beteiligten (Förderzentrum, Schulaufsicht, Inklusionsbeirat, Institutionen unabhängiger Beratung u. a.) darin unterstützt werden, eine wohnortnahe Schule unter dem Aspekt der sozialen Zusammensetzung der Lerngruppe (s. o.) zu finden. In Einzelfällen brauchen Lehrkräfte der aufnehmenden Schule konkrete Beratung und Fortbildung darüber, um besondere Lernbedingungen für die jeweiligen Kinder bereitzustellen. Dazu liefern Lehrkräfte von Förderzentren aufbereitete diagnostische Grundlagen als Ausgangslage und Angebote zur Sensibilisierung für die spezifischen Bedürfnisse. Das gilt auch für eine evtl. Ergänzung des Berufswahlcurriculums der aufnehmenden Schule. In der professionellen Kooperation zwischen beteiligten Schulen, Kosten- und Leistungsträgern, den Eltern und der Schulaufsicht sind verlässliche Absprachen, transparente Planung sowie ein verantwortungsvoller respektvoller Umgang miteinander erforderlich. Für alle diese Aufgaben beim Übergang in die weiterführende Schule sollte in allen Bundesländern ein institutionalisierter „Übergangslotse" bereitstehen (im Beispiel hat diese Aufgabe die Sonderpädagogin des LFS übernommen), der eine koordinierende aber auch beratende Funktion einnimmt. Inwieweit dieser an der (abgebenden bzw. aufnehmenden) Schule oder auf der Ebene der Schuladministration angebunden sein sollte, wäre im Einzelnen noch zu klären.

Eine der wichtigsten strukturellen Ressourcen stellt die Reduzierung des Fachlehrersystems in der Sekundarstufe dar, um Abstimmungs- und Informationsbedarf insbesondere bei Schüler/innen mit Lernerschwernissen auf ein erträgliches Maß zu reduzieren. Entsprechende Konzepte dazu wurden bereits in den 1970er Jahren an Gesamtschulen entwickelt. Das bekannteste – das Team-Kleingruppen-Modell (Schlömerkemper 1987; Ratzki et al. 1996) – stand damals bereits unter der Prämisse der Heterogenität der Schülergruppe. Diese Forderung wird auch auf europäischer Ebene für eine inklusive Schulpraxis der Sekundarstufe erhoben (dort unter dem Aspekt der „Stammklassen" genannt; Meijer 2005, 23).

Standards

Die genannten Standards sollen nun noch einmal komprimiert dargestellt und der jeweilige Bezug zu unterschiedlichen Strukturebenen in einem Strukturmodell von Übergangsstandards verdeutlicht werden (siehe Tabelle 1).

1. Bildungsstandards sind in Mindeststandards und stufenbezogene Standards zu differenzieren.

2. Der Leistungsprozess ist individuell zu gestalten, individuelle Vergleichsmaßstäbe sind anzulegen und allen Beteiligten zu kommunizieren.
3. Unterstützung von Entwicklungsaufgaben im Jugendalter durch Erwachsene und Peers in vergleichbaren Problemlagen.
4. Soziale Zusammensetzung der Lerngruppe – besondere Berücksichtigung von Freundschaftsgruppen.
5. Ausloten und Bereitstellen von strukturellen und personellen Ressourcen für individuelle Problemlagen – beginnend ein Schuljahr vor dem Übergang.
6. Unterstützen der Eltern bei der Suche nach einer geeigneten Schule.
7. Lehrkräfte der aufnehmenden Schule beraten und eventuell fortbilden.
8. Verlässliche Absprachen zwischen Leistungsträgern, Eltern und Schulaufsicht.
9. Etablierung eines institutionalisierten „Übergangslotsen".
10. Reduzierung des Fachlehrerprinzips.

Tabelle 1: Strukturmodell von Übergangsstandards

	Standards	Politisch-rechtliche Ebene	Administrative Ebene	Institutionelle Ebene	Ebene der Professionellen	Ebene der Schüler/innen und ihrer Eltern
1	Mindeststandards – stufenbezogene Standards	X				
2	Leistungsprozess individuell				X	X
3	Entwicklungsaufgaben im Jugendalter				X	X
4	soziale Zusammensetzung der Lerngruppe		X	X		
5	Ausloten und Bereitstellen von Ressourcen		X	X	X	
6	Eltern unterstützen bei Suche nach Schule		X	X		
7	Lehrkräfte beraten und fortbilden		X	X	X	
8	verlässliche Absprachen		X			
9	Übergangslotse		X	X		
10	Reduzierung des Fachlehrerprinzips			X	X	

Deutlich wird, dass der Übergang nur in gemeinsamer Kooperation aller Akteure verantwortungsvoll inklusiv gestaltet werden kann.

Literatur

BRK: Gesetz zu dem Übereinkommen der Vereinten Nationen vom 13. Dezember 2006 über die Rechte von Menschen mit Behinderungen sowie zu dem Fakultativprotokoll vom 13. Dezember 2006 zum Übereinkommen der Vereinten Nationen über die Rechte von Menschen mit

Behinderungen vom 21. Dezember 2008 In: Bundesgesetzblatt Jahrgang 2008 Teil II Nr. 35, ausgegeben zu Bonn am 31. Dezember 2008, 1419–1457. Online verfügbar unter: http://www.un.org/Depts/german/uebereinkommen/ar61106-dbgbl.pdf [Stand: 24.10.2011]

Bronfenbrenner, U. (1981): Die Ökologie der menschlichen Entwicklung. Stuttgart

Dicke, G. & Maikowski, R. (1998): Das Spannungsverhältnis zwischen individueller und gemeinsamer Förderung in der Sekundarstufe und die praktischen Möglichkeiten der Gestaltung und Planung des Unterrichts. In: Preuss-Lausitz, U. & Maikowski, R. (Hrsg.): Integrationspädagogik in der Sekundarstufe. Weinheim/Basel, 218–233

Dumke, D. (1998): Schulische Integration in der Sekundarstufe. In: Hildeschmidt, A. & Schnell, I. (Hrsg.): Integrationspädagogik. Auf dem Weg zu einer Schule für alle. Weinheim, 241–256

Feyerer, E. & Prammer, W. (2003): Gemeinsamer Unterricht in der Sekundarstufe. Weinheim/Basel/Berlin

Filipp, H.-S. (1995): Kritische Lebensereignisse. Weinheim

Griebel, W. & Niesel, R. (2004): Transitionen. Weinheim/Basel

Grubmüller, J. (1998): Pubertät und pädagogische Konfliktlösungen im Gemeinsamen Unterricht an Sekundarstufenschulen. In: Preuss-Lausitz, U. & Maikowski, R. (Hrsg.): Integrationspädagogik in der Sekundarstufe. Weinheim/Basel, 114–122

Hildeschmidt, A. & Sander, A. (1996): Zur Effizienz der Beschulung sogenannter Lernbehinderter in Sonderschulen. In: Eberwein, H. (Hrsg.): Handbuch Lernen und Lern-Behinderungen. Weinheim/Basel, 115–134

Hinz, A. (2009): Inklusive Pädagogik in der Schule – veränderter Orientierungsrahmen für die schulische Sonderpädagogik!? Oder doch deren Ende?? In: Zeitschrift für Heilpädagogik, 5, 171–179

Klemm, K. (2010): Gemeinsam lernen. Inklusion leben. Status Quo und Herausforderungen inklusiver Bildung in Deutschland. Im Auftrag der Bertelsmann-Stiftung. Gütersloh. Online verfügbar unter: http://www.bertelsmann-stiftung.de/bst/de/media/xcms_bst_dms_32811_32812_2.pdf [Stand: 07.08.2011]

Köbberling, A. & Schley, W. (2000): Sozialisation und Entwicklung in Integrationsklassen. Weinheim

Maaz, K. et al. (Hrsg.): Der Übergang von der Grundschule in die weiterführende Schule. Berlin

Meijer, C.J.W. (2005): Integrative und inklusive Unterrichtspraxis im Sekundarschulbereich. Zusammenfassender Bericht der Europäischen Agentur für Entwicklungen in der sonderpädagogischen Förderung. Online verfügbar unter: http://www.european-agency.org/publications/ereports/inclusive-education-and-classroom-practice-in-secondary-education/iecp_secondary_de.pdf [Stand: 07.08.2011]

Rath, W. (1992): Das Duale Curriculum. In: Sonderpädagogik, 22 (1), 50–53

Ratzki, A. et al. (Hrsg.) (1996): Team-Kleingruppen-Modell Köln-Holweide – Theorie und Praxis. Frankfurt am Main

Schlömerkemper, J. (1987): Lernen im Team-Kleingruppen-Modell. Frankfurt am Main

Schöler, J. (2010): Grenzenlos gemeinsam: Auch – Gerade! – warum nicht? Am Gymnasium. Vortrag in Köln am 14.03.2010. Online verfügbar unter: http://bidok.uibk.ac.at/library/schoeler-grenzenlos.html [Stand: 07.08.2011]

Watermann, R. et al. (2010): Die motivationale Bewältigung des Grundschulübergangs aus Schüler- und Elternsicht. In: Maaz, K. et al. (Hrsg.): Der Übergang von der Grundschule in die weiterführende Schule. Berlin, 335–385. Online verfügbar unter: http://www.bmbf.de/pub/bildungsforschung_band_vierunddreissig.pdf [Stand: 07.08.2011]

Wilhelm, M. (2009): Integration in der Sek. I und II. Wie die Umsetzung im Fachunterricht gelingt. Weinheim/Basel

Inklusionsstandards für Schulen für den Bereich Übergang Schule – Beruf

Kirsten Hohn

Für alle Schüler/innen in den letzten Schuljahren stellt sich die Frage, wie es nach der Schule weitergeht und welches der individuell richtige Weg ins Berufs- und Erwachsenenleben ist. In dieser Phase werden zentrale Weichen für gesellschaftliche Teilhabechancen gestellt. Im Folgenden wird der Frage nachgegangen, wie – ausgehend von unterschiedlichen Schulbiographien in Sondersystemen oder integrativen bzw. inklusiven Schulen – der Weg in den Beruf so gestaltet werden kann, dass eine berufliche Teilhabe entsprechend der individuellen Interessen, Fähigkeiten und Bedarfe für Schulabgänger/innen möglich wird. Leitend ist die Frage, wie die Grundsätze der UN-Konvention über die Rechte von Menschen mit Behinderung und der Ansatz der Inklusion im Übergang Schule – Beruf umgesetzt werden können.

Das Recht auf berufliche Teilhabe in der UN-Konvention über die Rechte von Menschen mit Behinderung

In der UN-Konvention über die Rechte von Menschen mit Behinderung schreiben die unterzeichnenden Staaten – einschließlich Deutschland – in Artikel 27 das „gleiche Recht von Menschen mit Behinderung auf Arbeit" fest. Dies beinhalte „das Recht auf die Möglichkeit, den Lebensunterhalt durch Arbeit zu verdienen, die in einem offenen, integrativen und für Menschen mit Behinderungen zugänglichen Arbeitsmarkt und Arbeitsumfeld frei gewählt und angenommen wird" (UNO 2006). Im englischsprachigen Original wird statt Integration der Begriff „inclusion" verwendet, der deutlicher die Rolle der Gesamtgesellschaft in diesem Prozess hervorhebt. In Bezug auf die berufliche Teilhabe bedeutet dies, dass es nicht mehr vorrangig darum geht, Menschen mit Behinderung in die Arbeitswelt – z. B. in einen Betrieb – zu integrieren, sondern dass sich Betriebe und Ausbildungssysteme so verändern, dass sie selbst inklusiv werden und dass hier die Stärken und Fähigkeiten und die Bedarfe jedes und jeder Einzelnen in den Arbeits- und Ausbildungsalltag einbezogen werden.

Die UN-Konvention unterstreicht den Paradigmenwechsel von einem medizinischen Modell und einer Politik der Fürsorge hin zu einem menschenrechtlichen Modell von Behinderung, mit dem die Ermöglichung eines selbstbestimmten Lebens gefordert ist (vgl. Degener 2009). Bereits das 1994 in Artikel 3 des Grundgesetzes verankerte Benachteiligungsverbot und damit verbundene Nachteilsausgleiche sowie die im Sozialgesetzbuch IX formulierten Leitlinien der Förderung von Selbstbestimmung und gleichberechtigter Teilhabe beschreiben diesen auf gesetzlicher und politisch-programmatischer Ebene eingeleiteten Paradigmenwechsel.

Doch was bedeutet dies in der Umsetzung beruflicher Teilhabe und Selbstbestimmung von Menschen mit Behinderungen in Deutschland? Welche Einfluss- und Gestaltungsmöglichkeiten hat Schule im Übergang junger Menschen in den Beruf? Wie können junge Menschen in ihrer Selbstbestimmung und Entscheidungskompetenz gestärkt werden? Wie kann darüber hinaus die Gesellschaft – insbesondere die Arbeits- und Ausbildungswelt – so gestaltet werden, dass Arbeitsmöglichkeiten und -bedingungen „inklusiv" werden?

Ausgehend von Artikel 27 der UN-Konvention stellen sich für den Übergang von der Schule in die Arbeitswelt einerseits Fragen zur Struktur des Arbeits- und Ausbildungsmarktes und des Arbeitsumfeldes: Was bedeutet *offen, integrativ/inklusiv und zugänglich*? Was ist mit *Lebensunterhalt* gemeint? Andererseits stellen sich Fragen zu den individuellen Möglichkeiten eines Menschen und zu den unterstützenden Faktoren: Was bedeutet *frei wählen und annehmen*? Und für beide Fragenkomplexe stellt sich die Frage: Wie ist das jeweils umzusetzen?

Die Gestaltung des Übergangs von der Schule in den Beruf für Menschen mit Behinderungen ist in Deutschland regional und auch schulspezifisch unterschiedlich. In einigen Bundesländern gibt es seit Jahren Konzepte zur Förderung beruflicher Teilhabemöglichkeiten auf dem allgemeinen Arbeitsmarkt, die kontinuierlich weiterentwickelt wurden, in anderen Bundesländern werden gerade die ersten Schritte dazu unternommen. Je nach Ausgangslage werden unterschiedliche Konzepte entwickelt, z. B. in Abhängigkeit davon, ob schulische Integration/Inklusion bereits und ggf. schon lange realisiert ist oder ob Kinder und Jugendliche mit Behinderungen eher in Sondereinrichtungen unterrichtet werden. Oft sind es auch Initiativen von Eltern oder das besondere Engagement einzelner Schulen bzw. Lehrer/innen oder anderer Fachkräfte, die in den letzten zwei Jahrzehnten die Schaffung beruflicher Selbstbestimmung für junge Menschen mit Behinderung gefördert haben.

Im Folgenden werden Standards für Inklusion beschrieben und an Beispielen erläutert, wie eine inklusive Praxis im Übergang von der Schule über eine Ausbildung oder Qualifizierung in die Erwerbstätigkeit gestaltet werden kann. Die hier vorgestellten Inklusionsstandards beschreiben Handlungsspielräume und Handlungsanforderungen von Schulen bzw. begleitenden Fachdiensten. Dabei wird zunächst dem nachgegangen, was in Artikel 27 der UN-Konvention gefordert wird.

Für die Unterstützung schwerbehinderter Schüler/innen und Schulabgänger/innen hat der Integrationsfachdient (IFD) nach §§ 109 ff. Sozialgesetzbuch (SGB) IX einen gesetzlichen Auftrag. Dem IFD kommt im Übergangsprozess durch seine Schnittstellen übergreifende Funktion eine besondere Bedeutung zu. Die Begleitung eines Schulabgängers/einer Schulabgängerin durch den IFD hört nicht mit dem Abschluss der Schulzeit oder mit Abschluss eines Ausbildungs- oder Arbeitsvertrages auf, sondern der IFD ist langfristig – also über Schnittstellen hinweg – zuständig. Wer (Schule oder IFD) im Rahmen dieses Übergangsprozesses welche Aufgaben übernimmt, hängt u.a. von den Konzepten und Programmen des jeweiligen Bundeslandes und der Beauftragung/Finanzierung des IFD für den Übergang Schule – Beruf ab. Gesetzlich geregelt ist die Aufgabe der Begleitung des Übergangs Schule – Beruf durch den IFD zwar seit 2001, doch eine bundesweite flächendeckende

Beauftragung und Finanzierung der IFD blieb bislang aus. Neben den IFD gibt es andere Trägerorganisationen, die insbesondere Schüler/innen und Schulabgänger/innen ohne anerkannte Schwerbehinderung im Übergang von der Schule in Ausbildung und Beruf unterstützen.

„Den Lebensunterhalt durch Arbeit verdienen ..."

Mit diesem Ziel des Artikel 27 der UN-Konvention sind strukturelle Bedingungen des Arbeits- und Ausbildungsmarktes in Deutschland verbunden, auf die Schulen nur bedingt Einfluss haben. So finden z. B. Menschen mit Lernschwierigkeiten oft eher einfache Arbeitsplätze mit geringer Entlohnung oder sie sind in einer Werkstatt für behinderte Menschen (WfbM) beschäftigt, deren Arbeitslohn keine Grundlage bietet, sich den Lebensunterhalt durch Arbeit selbst zu verdienen. Wenn zudem die individuell mögliche Arbeitsdauer nur eine Teilzeitbeschäftigung zulässt, erreichen Menschen im Niedriglohnsektor auch auf dem allgemeinen Arbeitsmarkt nur ein Gehalt, das häufig nicht oder nur bedingt den eigenen Lebensunterhalt abdeckt. In der Folge müssen ergänzende staatliche Leistungen (SGB II) beantragt werden. Das Gefühl einer sicheren, gesellschaftlichen Teilhabe und Zugehörigkeit wird dadurch häufig destabilisiert (vgl. Goffman 1992).

„... in einem offenen Arbeitsmarkt ..."

Die Erhöhung der Offenheit des Arbeitsmarktes für alle Menschen unterliegt teilweise gesetzlichen Bestimmungen – z. B. Benachteiligungs- und Diskriminierungsverbot in Artikel 3 Grundgesetz und in § 7 Allgemeines Gleichbehandlungsgesetz (AGG), Beschäftigungspflicht für Arbeitgeber/innen für schwerbehinderte Menschen (§ 71 SGB IX) – sowie Sensibilisierungskonzepten, mit denen die Offenheit von Arbeitgeber/innen für das Zur-Verfügung-Stellen von Arbeits- oder Ausbildungsplätzen für Menschen mit Behinderungen gefördert werden soll. Die Schule fördert diese Offenheit, wenn sie im Rahmen des berufsorientierenden Unterrichts tragfähige und vielfältige Kontakte zu Betrieben, Kammern und Sozialpartnern aufbaut. Das Einbeziehen von Firmen in Schulaktivitäten öffnet zudem manche Tür. So nutzte beispielsweise die Berufsvorbereitende Einrichtung (BvE) der Gustav-Heinemann-Schule in Pforzheim während eines Umbaus der Schule den Kontakt zu Betrieben, die am Umbau beteiligt waren. Hierdurch wurden Praktikumsmöglichkeiten und letztlich auch spätere Arbeitsverhältnisse ermöglicht. Arbeitgeber/innen und Kolleg/innen hatten dabei die Gelegenheit, Schüler/innen vor Ort in der Beteiligung am Umbau kennen zu lernen (vgl. Working Towards Diversity 2007, 45 ff.).

„... in einem integrativen/inklusiven Arbeitsmarkt ..."

Die Forderung nach einem inklusiven Arbeitsmarkt spricht auch die innerbetriebliche Ebene an. Wenn Inklusion im Betrieb gelingen soll, muss ein Selbstverständnis gleichberechtigter Teilhabe auch dort bestehen und dazu führen, dass alle Beschäftigten an dem Prozess beteiligt werden.

„... in einem für Menschen mit Behinderungen zugänglichen Arbeitsmarkt ..."

In Artikel 9 der UN-Konvention wird die Zugänglichkeit beispielsweise als Barrierefreiheit in Bezug auf Gebäude und öffentliche Verkehrsmittel und auf Informationen gefordert.

Bauliche Barrierefreiheit in Betrieben: Insbesondere kleine und ältere Betriebe sind oft nicht so gebaut, dass sie z. B. für Menschen mit körperlichen Einschränkungen nutzbar sind. Bei der Schaffung von Arbeits- und Ausbildungsplätzen gibt es Möglichkeiten, Zuschüsse für eine Arbeitsplatzanpassung über das Integrationsamt bzw. die Arbeitsagentur zu beantragen.

Für individuelle Assistenzleistungen besteht die Möglichkeit eine *Arbeitsassistenz* zu beantragen (§ 102 (4) SGB IX; Leistungsträger für die Arbeitsassistenz ist i. d. R. das Integrationsamt). Diese führt Assistenzleistungen aus, die eine Person behinderungsbedingt für die Durchführung der eigentlichen Arbeitstätigkeiten benötigt. Der/Die Assistent/in kann eine Person sein, die von dem/der Arbeitgeber/in oder von dem/der schwerbehinderten Arbeitnehmer/in selbst eingestellt wird, es können aber auch Kolleg/innen im Betrieb diese Aufgabe übernehmen, die dann anteilig dafür finanziert werden (zu rechtlichen Bedingungen und zur Umsetzung von Arbeitsassistenz vgl. BAG UB 2005 sowie www.arbeitsassistenz.de).

Bei der Begleitung von Schüler/innen bei betrieblichen Praktika und Qualifizierungen fällt oft auf, wo in der konkreten Arbeitssituation und am konkreten Arbeitsplatz nicht nur der räumliche Zugang zum Arbeitsplatz, sondern auch der inhaltliche Zugang zu den Arbeitstätigkeiten und der soziale Zugang zu den Kolleg/innen erschwert ist. *Jobcoaches*, die den Arbeitsplatz und die Arbeitstätigkeiten analysieren, entwickeln Hilfsmittel, mit denen Hindernisse und Barrieren abgebaut werden. Hierzu gehören beispielsweise Zählhilfen (z. B. technische Geräte, die Platz für eine bestimmte Anzahl von Dingen lassen, die dann nicht gezählt werden müssen, sondern durch das Hineinlegen zur richtigen Anzahl führen), Orientierungshilfen (wo bislang Wege mit Schrift ausgeschildert wurden, werden farbliche oder bildliche Markierungen hinzugefügt) oder Arbeitspläne (in denen z. B. die Arbeitsaufgaben und Arbeitsgeräte auf Fotos dargestellt sind). Oft profitieren von solchen Hilfsmitteln auch die nichtbehinderten Kolleg/innen im Betrieb. „Das erleichtert schließlich allen die Arbeit", stellt ein Arbeitgeber zu der Tatsache fest, dass ein Jobcoach für einen Praktikanten eine Orientierungshilfe im Betrieb entwickelt hat (Äußerung im Rahmen eines Interviews zur Evaluation des Projekts JobBudget der BAG UB; weitere Informationen und Praxisbeispiele zum Konzept des Jobcoachings: www.job-coaching.de). Mit Jobcoaching ist je nach individuellem Bedarf teilweise ein hoher zeitlicher Aufwand verbunden. Es bedarf einer ausreichenden Finanzierung, die bislang nicht flächendeckend gewährleistet wird.

„… frei gewählt und angenommen wird"

Die Wahlfreiheit ist ein Kernelement der UN-Konvention und eine Grundbedingung zur Verwirklichung von Inklusion. In bestehenden rechtlichen Regelungen gewinnt sie zwar zunehmend an Bedeutung, ordnet sich aber häufig vermeintlichen Sach- und Finanzierungszwängen unter. So wird in § 9 SGB IX zwar das Wunsch- und Wahlrecht als handlungsleitend hervorgehoben, zugleich aber von berechtigten Wünschen der Leistungsberechtigten gesprochen – offenbar wird davon ausgegangen, dass es auch unberechtigte Wünsche gibt. Leistungsträger können demnach begründen, warum sie ggf. eben nicht den Wünschen der Leistungsberechtigten entsprechen. Trotz dieser Einschränkung wird deutlich, dass die Umsetzung des Wunsch- und Wahlrechts programmatisches Ziel im SGB IX ist.

Im Übergang Schule – Beruf besteht ein strukturelles Problem in der Diskrepanz zwischen dem Ziel der Wahlfreiheit und dem üblichen Denken in (befristeten) Maßnahmen und der institutionsgebundenen Zuweisung dorthin. In den letzten Jahren wurden bestehende Maßnahmen der Berufsorientierung, Berufsvorbereitung und der Integration in Ausbildungs- und Arbeitsverhältnisse für Menschen mit Behinderung weiterentwickelt, neue sind hinzugekommen. Grundlegend ist bei diesen Weiterentwicklungen aber immer, dass Jugendlichen am Ende der Schule eine Arbeitsmarktfähigkeit zugeschrieben wird oder eben nicht – dies drückt sich auch in Worten wie „ausbildungsfähig", „beschäftigungsfähig" oder „werkstattbedürftig" aus – und dass ihnen zum anderen aufgrund dieser Einschätzungen und Feststellungen, die in der Regel die Arbeitsagentur oder das Jobcenter trifft (mit einer mehr oder weniger starken Einbeziehung der/des Jugendlichen), eine Empfehlung bzw. ein Leistungsanspruch zugewiesen wird (vgl. Pfahl 2011). „Ausbildungsfähigen" Schulabgänger/innen wird eine Ausbildung angeraten, wobei sie ggf. bei der Suche nach einem Ausbildungsplatz unterstützt und in der Ausbildung pädagogisch begleitet werden. „Noch nicht ausbildungsfähigen" Schulabgänger/innen wird eine berufsvorbereitende Bildungsmaßnahme (BvB) vorgeschlagen, Schulabgänger/innen mit Behinderungen, deren Leistungsfähigkeit zwischen den Anforderungen einer WfbM und des allgemeinen Arbeitsmarktes eingestuft wird, haben einen Anspruch auf eine Unterstützte Beschäftigung nach § 38a SGB IX, und Schulabgänger/innen, die eine Werkstattempfehlung erhalten, haben Anspruch auf eine berufliche Bildung im Berufsbildungsbereich einer WfbM. Diesen berufsqualifizierenden Maßnahmen werden häufig noch schulische Berufsvorbereitungsmaßnahmen vorgeschaltet, dies geschieht nicht unbedingt in einer individuell sinnvollen Bildungskette, sondern basiert teilweise auf den vorhandenen Leistungsangeboten der zuweisenden Arbeitsagentur. Die tatsächliche Bandbreite schulischer und nachschulischer berufsvorbereitender und -qualifizierender Angebote ist größer als hier dargestellt (für eine ausführlichere Darstellung der Maßnahmen und Möglichkeiten für Schulabgänger/innen mit Behinderung vgl. Hohn 2011). Die Tatsache, dass Schulabgänger/innen Maßnahmen zugewiesen werden bzw. dass sie auf bestimmte Maßnahmen Ansprüche haben, impliziert auch, dass sie auf andere, alternative Maßnahmen keinen rechtlichen Anspruch haben.

Jedoch bestehen Möglichkeiten, im Rahmen der Finanzierung über ein *Persönliches Budget* den Leistungserbringer – nach den Möglichkeiten des regional zur Verfügung stehenden Angebots – auszuwählen und damit die Wahlfreiheit über Inhalte und Qualifizierungsorte zu erhöhen. Der klassische Weg der Zuweisung in eine Maßnahme bei einem bestimmten Träger wird damit teilweise aufgehoben. Wer einen Anspruch auf eine Teilhabeleistung hat, kann dafür ein Persönliches Budget (nach § 17 SGB IX) beantragen. Hierdurch entsteht kein neuer oder weiterer Leistungsanspruch, sondern die Person kann durch ein bewilligtes Budget mit dem ausgezahlten Geld selbst entscheiden, bei welchem Träger sie diese Leistung einkaufen will (Umsetzungsmöglichkeiten und Beispiele für die Nutzung des Persönlichen Budgets im Bereich der beruflichen Teilhabe sind nachzulesen in Blesinger 2009).

Auf die bislang genannten eher strukturellen und gesetzlichen Rahmenbedingungen zur Wahlfreiheit und auf die Logik des Maßnahmedenkens haben Schulen höchstens im Rahmen gesellschaftspolitischer Stellungnahmen u. ä. Einfluss. Im Folgenden geht es um konkrete Möglichkeiten, in der Phase des Übergangs von der Schule in den Beruf Schüler/innen und Schulabgänger/innen mit Behinderung zu unterstützen, ihren beruflichen Werdegang so selbstbestimmt und selbst gewählt wie möglich gestalten zu können und die Schaffung inklusiver Strukturen zu unterstützen.

Personenzentriertes Denken

Um Menschen – ob mit oder ohne Behinderung – eine selbstbestimmte, von eigenen Entscheidungen geprägte Lebensgestaltung zu ermöglichen, ist ein personenzentrierter Ansatz der unterstützenden Personen und Institutionen wesentlich. Dabei sind nicht bestehende Maßnahmen und Unterstützungsangebote entscheidungs- und handlungsleitend, sondern es wird von dem einzelnen Menschen aus gedacht, mit ihm/ihr werden die individuellen Bedarfe und notwendige Unterstützungsleistungen erarbeitet und entschieden. Das heißt, dass die Person, die auf dem Weg von der Schule in das Berufs- und Erwachsenenleben ist, im Mittelpunkt steht und dabei gefördert und unterstützt wird, Entscheidungen für das eigene Leben zu treffen. Professionelle und private Unterstützer/innen akzeptieren dabei die Entscheidungen der Person. Wie sie personenzentriertes Denken lernen können, beschreibt Helen Sanderson in einer Zusammenstellung von Methoden (vgl. Sanderson 2010).

Persönliche Zukunftsplanung

Ein Instrument zur Umsetzung des personenzentrierten Ansatzes ist die Persönliche Zukunftsplanung, mit der Menschen ihre Zukunft bzw. bestimmte Themen- oder Lebensbereiche planen können. Die planenden Personen entscheiden dabei selbst über ihren Weg, werden aber je nach eigenen Wünschen fachlich und persönlich unterstützt. Ein zentrales Element ist eine persönliche Zukunftskonferenz. Die planende Person lädt hierzu die Menschen ein, die wichtig in ihrem Leben sind und die sie bei der Planung dabei haben möchte. Dies können z. B. Eltern, Geschwister, Nachbarn, Freund/innen, Lehrer/innen oder sozialpädagogische Fachkräfte sein. Persönliche Zukunftskonferenzen werden moderiert, die Ergebnisse werden festgehalten. Zunächst geht es darum, langfristige Träume und Wünsche zu entwickeln und zu benennen, später werden diese in kurzfristige konkrete Schritte formuliert. Es wird festgelegt, wer welche Aufgabe übernimmt und bis wann erfüllt und wer sich darum kümmert, dass alle Vereinbarungen auch umgesetzt werden. Im gesamten Prozess von der Planung bis zur Umsetzung stehen die Wünsche und Interessen, Fähigkeiten und Stärken der planenden Person im Mittelpunkt. Von dort ausgehend werden berufliche und andere Lebensperspektiven unter der Mitsprache und der Mitwirkung aller Beteiligten geplant. Mit Hilfe der verschiedenen Perspektiven der beteiligten Personen wird die Entwicklung und Verwirklichung der Ziele der planenden Person vorangebracht (zu Materialien und Methoden der Persönlichen Zukunftsplanung vgl. Doose, Emrich & Göbel 2004; www.persoenliche-zukunftsplanung.de; Hamburger Arbeitsassistenz 2007a, 2007b). In einem längeren Prozess kommt der Unterstützerkreis der Person i. d. R. häufiger zusammen, um die Umsetzung des Geplanten und ggf. weitere Schritte zu klären.

Im Rahmen der schulischen Berufsorientierung wird die Persönliche Zukunftsplanung bis jetzt erst vereinzelt angeboten. In ihrem Projekt „Aktion Berufsplan" hat die ACCESS Integrationsbegleitung in Erlangen von 2002 bis 2005 mit mehreren Schulen kooperiert und die Persönliche Zukunftsplanung verbunden mit einem Unterstützungsangebot zur beruflichen Integration für einzelne Schüler/innen der letzten zwei bis drei Schuljahre umgesetzt. Mittlerweile steht die Persönliche Zukunftsplanung als Regelangebot in den Lehrplänen für die Förderschulen mit dem Förderschwerpunkt Geistige Entwicklung in Bayern und Baden-Württemberg (vgl. Bayerisches Staatsministerium für Unterricht und Kultus 2007; Baden-Württemberg, Ministerium für Kultus, Jugend und Sport 2009). Eine Ausdehnung auf weitere Zielgruppen ist in Planung. Auch in anderen Bundesländern bzw. einzelnen Schulen gewinnt Persönliche Zukunftsplanung zunehmend an Bedeutung. Hierzu nur drei Beispiele: Die Hamburger Arbeitsassistenz hat in den letzten zehn Jahren verschiedene Projekte in der Kooperation mit Förderschulen und integrativen Schulen durchgeführt, in denen das Instrument der Persönlichen Zukunftsplanung (PZP) zur Berufsplanung von Schüler/innen eingesetzt und methodisch weiter entwickelt wurde. Die Lüneburger Assistenz kooperiert seit 2006 mit drei Schulen und nutzt das Instrument der PZP zur Berufsplanung mit Schüler/innen im Rahmen der erweiterten vertieften Berufsorientierung (evBO). Der IFD Trier arbeitet mit der

PZP mit Schüler/innen an mehreren Schulen, das dort entwickelte Konzept wird mittlerweile flächendeckend in Rheinland-Pfalz umgesetzt. Und auch außerhalb des schulischen Bereichs wird das Instrument der Persönlichen Zukunftsplanung zunehmend genutzt und vereinzelt auch von Leistungsträgern als Teilhabeleistung anerkannt und finanziert. Bei der Planung einer unterstützten Wohngemeinschaft des Vereins Mittendrin in Lübeck machten alle Bewohner/innen vor dem Einzug eine Persönliche Zukunftsplanung, die vom Sozialhilfeträger finanziert wurde. Ähnliche Beispiele gibt es in Ostholstein, einer Region, in der in den letzten zwei Jahren durch eine inklusive Weiterbildung zur PZP das Instrument weitere Verbreitung gefunden hat (vgl. Doose 2010). Auch wenn ein Großteil der hier genannten schulischen Beispiele überwiegend aus dem Bereich der Förderschulen kommen, darf nicht übersehen werden, dass Persönliche Zukunftsplanung ein hilfreiches Instrument für die Lebensplanung aller Schüler/innen (wie auch Erwachsenen) sein kann. In sich inklusiv verstehenden Schulen sollte dies also nicht auf Schüler/innen mit Behinderung beschränkt werden, sondern allen Schüler/innen zur Planungsunterstützung angeboten werden.

Neben der Persönlichen Zukunftsplanung gibt es bundesweit eine Reihe weiterer Instrumente zur personenzentrierten Teilhabeplanung von Menschen mit Behinderung, so z. B. die Berufswegekonferenz, die in Baden-Württemberg vor einigen Jahren entwickelt wurde (vgl. Deusch 2002) und nun auch in anderen Bundesländern zum Einsatz kommt. Gemeinsam ist diesen Planungsinstrumenten, dass die Person selbst sowie wesentliche Beteiligte aus dem privaten Umfeld, Schulen und Leistungsanbieter und Leistungsträger beteiligt werden, um in einem Planungsprozess gemeinsam mit der betreffenden Person z. B. die berufliche Zukunft zu planen und Umsetzungsschritte zu vereinbaren.

Schaffung beruflicher Wahlmöglichkeiten durch Arbeits- und Betriebserfahrungen

Im Übergang von der Schule in das Arbeitsleben spielt die Berufswahl eine wichtige Rolle. Um eine Entscheidung für einen Beruf oder ein Arbeitsfeld, aber auch für den richtigen Betrieb oder Arbeitsort zu finden, müssen Schüler/innen unterschiedliche Arbeitsfelder und Berufe, Arbeitsorte und Arbeitsbedingungen kennen lernen, sodass sie zwischen den verschiedenen Möglichkeiten abwägen können. Auch das Ausprobieren und Entdecken eigener beruflicher Wünsche und Fähigkeiten ist hierbei wichtig. In den „Qualitätsstandards für einen guten Übergang Schule-Beruf", die vor einigen Jahren im Rahmen einer transnationalen EQUAL-Partnerschaft entwickelt wurden, wird beschrieben, wie beteiligte Akteur/innen berufliche Wahlmöglichkeiten für Jugendliche mit Behinderungen schaffen oder verbessern können (vgl. Transition from School to Work 2005, 29 f.).

Erste Annäherungen an Themen der Arbeitswelt sind Unterrichtsinhalt und werden z. T. praxisnah durch schulinterne Arbeitstage oder Schülerfirmen vermittelt (vgl. z. B. Meschenmoser 2005). Betriebserkundungen (z. B. in Gruppen) und kurze Orientierungspraktika (sog. Schnupperpraktika) sind zum Kennenlernen von Arbeitsfeldern und Betrieben wichtig. Die Hamburger Arbeitsassistenz hat für das Kennenlernen von Arbeitsfeldern und Betrieben das Konzept der „Forschungsprojekte zur Erkundung von Betrieben" entwickelt. Schüler/innen stellen dabei zunächst Hypothesen zu bestimmten Berufen auf, besuchen dann mit vorbereitenden Fragestellungen Betriebe und werten die Betriebsbesuche aus, indem sie ihre Hypothesen überprüfen (vgl. z. B. Hamburger Arbeitsassistenz 2007a). Um sich aber wirklich in einem Betriebsalltag auszuprobieren, ist es sinnvoll, dass Schüler/innen auch intensivere Praktika/betriebliche Qualifizierungen über einen längeren Zeitraum machen. Dabei kann es neben dem Kennenlernen von Arbeitsfeldern auch um spezifische Ziele wie eine Belastungserprobung, die Erfahrung mit besonders großen oder kleinen Betrieben, bestimmten Arbeitszeiten o. ä. gehen. In langfristigen Qualifizierungen an einem konkreten betrieblichen Arbeitsplatz geht es schließlich auch um das Ziel einer Einstellung in einem Betrieb. Wege zur Umsetzung und Begleitung längerer Praktika im Rahmen der Konzeptentwicklung zur Berufsorientierung wurden in den letzten Jahren von einigen Hamburger Schulen im Projekt „TransFer" entwickelt (vgl. Sturm et al. 2011). Hier ist es gelungen, die beiden Lernorte Schule und Betrieb sinnvoll miteinander zu verzahnen (vgl. Großberger, Wald & Hinkelmann 2011).

Wesentliche Aspekte der Vorbereitung, Begleitung und Auswertung von betrieblichen Qualifizierungen wurden im Rahmen der EQUAL-Entwicklungspartnerschaft „Talente. Entwicklung von Selbstbestimmung und Wahlmöglichkeiten" (2005–2007) in einem Handlungsleitfaden zusammengestellt (vgl. Hohn 2008). Dieser kann als Reflexionsinstrument für Fachleute und Teams genutzt werden. Themen wie Arbeitswelt und Berufsfindung stehen i. d. R. in den Lehrplänen aller Schulen für die letzten Schuljahre. Oft sind es aber fehlende zeitliche Ressourcen und Kontakte zu Betrieben, die eine intensive Berufsvorbereitung auch durch betriebliche Praktika verhindern. Einzelne Schulen haben in den letzten zwei Jahrzehnten im Rahmen ihrer Möglichkeiten – häufig auch durch die Unterstützung von Modellprojekten – Konzepte für den Übergang Schule – Beruf entwickelt und umgesetzt. Zunehmend wurde der IFD hier mit einbezogen, um Schüler/innen über die Schnittstellen zwischen Schule und Qualifizierungsphase sowie Qualifizierungsphase und Beruf hinweg kontinuierlich von der gleichen Institution bzw. Fachkraft begleiten zu können. Beispiele aus verschiedenen Bundesländern zeigen den Nutzen der Einbeziehung des IFD oder anderer Fachdienste im Rahmen der schulischen Berufsorientierung und -vorbereitung: Dazu zählen u. a. die seit Ende der 1990er Jahre in Berlin durchgeführten Sprungbrett-Projekte (vgl. Ginnold 2008), das Konzept der Kombination der berufsvorbereitenden Einrichtung (BvE) und der Kooperativen Berufsvorbereitung (KoBV) in Baden-Württemberg, die flächendeckende Einrichtung von Stellenanteilen in den IFD sowohl für den Übergang Schule – Beruf als auch WfbM-allgemeiner Arbeitsmarkt in Nordrhein-Westfalen. Hervorzuheben ist auch die bayerische „Gesamtmaßnahme Übergang Förderschule – Beruf" für die Zielgruppe von Schüler/innen mit dem Förderschwerpunkt Geistige Entwicklung, die das vorhergehende gleichnamige Projekt verstetigt. Hierbei beteiligen sich verschiedene Kostenträger (Sozialministerium, Kultusministerium und Agentur für Arbeit), die durch die Einbeziehung der Regelinstrumente „Erweitere vertiefte Berufsorientierung" und „Unterstützte Beschäftigung" den Übergang Schule – Beruf finanzieren und Aspekte personenzentrierter Planung, individueller betrieblicher Qualifizierung etc. regelhaft verankern (vgl. Gößl, Kolb & Wirsching 2011).

Mehrere Bundesländer nutzen zum Beispiel das Arbeitsmarktprogramm Job4000 (2007–2013) für die Einbeziehung des IFD. Dieser unterstützt Schüler/innen und Lehrer/innen je nach finanzieller Ausstattung und konzeptionellen Schwerpunkten insbesondere bei individuellen Planungsprozessen (z. B. im Rahmen der Persönlichen Zukunftsplanung), durch die Akquise betrieblicher Praktikumsplätze, durch eine intensive Begleitung und Qualifizierung an betrieblichen Praktikumsplätzen (Jobcoaching) und durch die Beratung und Unterstützung von Arbeitgeber/innen u. a. bei Anträgen zur finanziellen Förderung von Arbeits- und Ausbildungsplätzen. Gerade Schulen, die bislang wenige Erfahrungen in der Begleitung von Schüler/innen im Übergang von der Schule in den Beruf haben, schätzen die Unterstützung und das Know-how von Fachkräften des IFD insbesondere bei der regionalen Vernetzung, dem Zugang zu Betrieben und der Praktikumsbegleitung. Dies wurde wiederholt in Interviews mit Lehrer/innen geäußert, die im Rahmen der wissenschaftlichen Begleitung des Programms Job4000 geführt wurden.

Beruf und Geschlecht, Behinderung, Migrationshintergrund etc.

Die Berufswahl von jungen Menschen ist oft abhängig von gesellschaftlichen Rollenbildern und Zuschreibungen aufgrund von askriptiven Merkmalen wie Behinderung, Geschlecht, Migrationshintergrund o. a. Immer wieder zeigt sich, dass sich trotz einer formellen Offenheit von Berufen für *alle* Menschen die tatsächliche Berufswahl auf bestimmte Berufe reduziert. Mädchen/Frauen wählen ihren Beruf aus einer geringeren Bandbreite von Berufen und Tätigkeiten, das gleiche gilt für Menschen mit Behinderung, Migrationshintergrund oder in Abhängigkeit zu den Berufen und dem Bildungsstand der Eltern. Die geringe Varianz der Berufe von Menschen mit Lernschwierigkeiten liegt auch in der geringen Zahl möglicher theoriereduzierter Ausbildungsberufe begründet, die nach dem Berufsbildungsgesetz geregelt sind. Die Ausbildungsberufe zu Fachpraktiker/innen sind in § 66 Berufsbildungsgesetz und § 42m Handwerksordnung gesetzlich geregelt. Von den von der Bundesagentur für Arbeit angegebenen 844 Ausbildungsberufen sind nur 61 Berufe spezifische Ausbildungen zu/r Fachpraktiker/in (vgl. http://berufenet.arbeitsagentur.de). Immerhin ist diese Anzahl in den letzten Jahren deutlich gestiegen.

Wenn auf Menschen gleich mehrere der o. g. askriptiven Merkmale zutreffen, wird das Berufswahlspektrum noch enger. Neben der reduzierten Berufswahl ist auch generell eine z. B. geschlechtertypische Berufswahl von Frauen und Männern festzustellen. Am Beispiel von Menschen mit Behinderungen zeigt dies z. B. die Auswertung der Daten von unterstützten Personen im Arbeitsmarktprogramm Job4000.

Danach arbeiten Frauen signifikant häufiger in der Küche, in der Hauswirtschaft, in der Alten- und Krankenpflege und im Zimmerservice, Männer arbeiten signifikant häufiger in der Produktion und Montage, im Garten- und Landschaftsbau und im Handwerk (vgl. BMAS 2011). Die Hamburger Arbeitsassistenz hat das berufsvorbereitende Konzept „Talente" entwickelt (Hamburger Arbeitsassistenz 2007b), mit dem der geschlechtertypischen Berufswahl junger Frauen mit Lernschwierigkeiten begegnet wird. Frauen werden hierin auch für eher männertypische Arbeitsfelder im handwerklichen oder technischen Bereich sensibilisiert und auf Wunsch dabei unterstützt, Praktika in diesen Bereichen zu machen und sich hier weiterzuentwickeln. Anwendbar ist das Konzept mittlerweile auch für junge Männer mit Lernschwierigkeiten, für sie auch mit dem Ziel einer Öffnung zu eher frauentypischen Arbeitsfeldern.

Passende Sprache

Um sich über Berufe und Ausbildungsmöglichkeiten informieren zu können und die nötigen Informationen zu Unterstützungs- und Fördermöglichkeiten oder die Absprachen und Regelungen in einem Betrieb zu verstehen, ist es wichtig, dass alle Informationen in einer Sprache übermittelt werden, die für die betreffende Person verständlich ist. Das heißt, dass z. B. gegenüber Menschen mit Lernschwierigkeiten u. a. eine „leichte Sprache" gesprochen bzw. geschrieben wird, dass bei Bedarf in Gebärdensprache und mit Dolmetscher/in mit gehörlosen Menschen kommuniziert wird oder dass schriftliche Informationen blinden Menschen nach Bedarf in elektronischer Form oder in Brailleschrift zur Verfügung gestellt werden.

Mobilität

Bei der beruflichen Teilhabe spielt es eine wichtige Rolle, dass Praktikant/innen bzw. Arbeitnehmer/innen eigenständig zu ihrem Arbeitsplatz kommen. Auf das Angebot und die Barrierefreiheit des Öffentlichen Nahverkehrs haben Schulen kaum Einflussmöglichkeiten – höchstens, indem sie sich in lokalpolitische Diskussionen zu Stadt- und Regionalplanungen u. ä. einbringen. Die Kompetenz, öffentliche Verkehrsmittel zu nutzen bzw. sich zu Fuß oder mit dem Fahrrad zu orientieren, kann jedoch frühzeitig trainiert werden, das heißt von Schulbeginn an und nicht erst in der Phase des Übergangs in das Berufsleben. Informationen über Möglichkeiten des Erwerbs eines Führerscheins auch für verschiedene Fahrzeuge und angepasste Prüfungsmodalitäten sollten bereits Thema in der Schule sein. Die Selbstverständlichkeit, mit der vor allem in Förderschulen immer noch viele Schüler/innen mit einem Fahrdienst zur Schule gebracht werden, muss in Frage gestellt werden.

Vernetzung und Kooperation von Schulen

Die Einbeziehung verschiedener Akteur/innen in der personenbezogenen Gestaltung des Übergangs Schule – Beruf wurde bereits v. a. unter dem Stichwort Persönliche Zukunftsplanung beschrieben. Doch auch eine vom Individuum unabhängige Vernetzung aller relevanten Akteur/innen ist ein Kriterium für die erfolgreiche Gestaltung von Übergängen. Mit den in Baden-Württemberg entwickelten Netzwerkkonferenzen, mit denen eine Zusammenarbeit der Akteur/innen strukturell beschrieben wird (vgl. Deusch 2002), wurde ein Modell entwickelt, das mittlerweile in andere Bundesländer übertragen wurde. Bundesweit gibt es verschiedene Konzepte und Umsetzungen der Kooperation im regionalen Netzwerk. Die Zusammensetzung ist regional unterschiedlich und auch abhängig von den Zielgruppen und der jeweiligen Schulart. Beispielhaft beschreibt Winfried Monz die regionale Vernetzung der Heidelberger Graf-Galen-Schule mit Arbeitgeber/innen, WfbM, IFD, Agentur für Arbeit, Eltern, Schulträger, Schulverwaltung, Öffentlichkeit und Medien (vgl. Monz 2011).

Fortbildung von Lehrer/innen und Fachkräften der beruflichen Integration

In den bisher beschriebenen Inklusionsstandards für den Übergang Schule – Beruf wird ein Bedarf an umfangreichem Fachwissen und Reflexionsvermögen von Lehrer/innen und Fachkräften der beruflichen Integration deutlich. Notwendig ist eine grundlegende und fortlaufende Aus- und Weiterbildung von Lehrer/innen und Fachkräften für die Gestaltung des Übergangs.

Ganzheitlichkeit

Die Gestaltung des Übergangs Schule – Beruf kann sich nicht allein auf Fragen von Berufsplanung und -qualifizierung beschränken. In dieser Phase sind für Schüler/innen und Schulabgänger/innen auch andere Lebensfragen von hoher Bedeutung, z. B. in Bezug auf Wohnen, Partnerschaft, Freizeitgestaltung sowie alltägliche Fragen wie Kontoführung u. ä. Ein ausschließlicher Fokus auf die berufliche Teilhabe ohne die soziale Teilhabe mit zu berücksichtigen wird schwerlich langfristig gelingen.

Förderung von Selbstbestimmung und Peer Support

Für die Entwicklung von Selbstbestimmung, den Austausch und die Auseinandersetzung, z. B. mit einer Behinderung und gesellschaftlichen Erfahrungen damit, ist es wichtig, die Vernetzungen und Angebote von und für Menschen mit Behinderungen zu kennen.

Ausblick

Mit der Zusammenfassung zentraler Elemente der Gestaltung des Übergangs Schule – Beruf im Sinne der Inklusion und der UN-Konvention über die Rechte von Menschen mit Behinderungen wurden einige grundlegende Standards benannt, die z. T. bereits Anwendung in der Praxis finden, jedoch ausbaufähig sind. Im Wesentlichen entsprechen diese auch dem Konzept der Unterstützten Beschäftigung, das die konzeptionelle Grundlage vieler der hier genannten Projekte und Initiativen bildet. In den letzten Jahren gab es verschiedene strukturelle Entwicklungen für den Zugang von Menschen mit Behinderungen zum allgemeinen Arbeits- und Ausbildungsmarkt, die hier beschrieben wurden. Diese beziehen sich häufig auf einen Personenkreis, dessen Leistungsspektrum zwischen WfbM und allgemeinem Arbeitsmarkt eingeschätzt wird. Es ist aber auch dafür Sorge zu tragen, dass Menschen mit Behinderungen und einem besonders hohen Unterstützungsbedarf nicht aus dem Blickfeld geraten. Insofern besteht der Bedarf einer Entwicklung von Konzepten und Strukturen zur Förderung von Menschen auch mit höherem Unterstützungsbedarf und zur Schaffung inklusiver Strukturen und Angebote. Die Leistungsfähigkeit von Menschen darf nicht zum Zugangskriterium zur gesellschaftlichen Teilhabe werden.

Standards

a) Administrative und institutionelle Ebene

- Eine selbstständige Lebensführung ist Thema im Schulunterricht und in der Begleitung des Übergangs in den Beruf. Mit dem Weg in den Beruf wird auch der Weg in ein selbstständiges Leben unterstützt und alle Lebensbereiche (Wohnen, Freizeit, Partnerschaft, Mobilität etc.) werden nach Bedarf mit einbezogen.
- Bei der Unterstützung schwerbehinderter Schüler/innen wird der IFD mit einbezogen.

b) Ebene der Professionellen

- Schulen bzw. begleitende Fachdienste informieren Arbeitgeber/innen und Kolleg/innen im Betrieb über die Beschäftigung von Menschen mit Behinderung sowie über spezifische Fragestellungen und behinderungsspezifische Bedarfe und bauen entsprechende Kooperationen auf.
- Schulen bzw. begleitende Fachdienste informieren Arbeitgeber/innen, Schüler/innen und Eltern über die Möglichkeit einer Arbeitsassistenz und unterstützen erforderliche Antragswege.
- Schulen bzw. begleitende Fachdienste setzen sich dafür ein, dass Schüler/innen und ggf. Eltern, andere Erziehungsberechtigte und ggf. gesetzliche Betreuer/innen bei der Berufsberatung in der Arbeitsagentur/beim Jobcenter und bei der Entschei-

dung über den beruflichen Weg umfassend beteiligt werden. Sie unterstützen die Selbstbestimmung und die Schaffung von Wahlfreiheit im Übergangsprozess und informieren über die Möglichkeiten des Persönlichen Budgets.
- Alle Schüler/innen erhalten in den letzten Schuljahren die Möglichkeit, mit dem Instrument der Persönlichen Zukunftsplanung ihre v. a. berufliche Zukunft zu planen, sie werden dabei von Lehrer/innen bzw. begleitenden Fachdiensten unterstützt.
- Schüler/innen werden während der Schulzeit dabei unterstützt, eigene Entscheidungen – auch ungewöhnliche – zu Tätigkeits- und Berufsfeldern zu treffen. Hierzu werden die erforderlichen Berufsfelderkundungen und unterschiedliche Praktika ermöglicht und durchgeführt.
- Im Rahmen der Begleitung von Praktika bzw. betrieblichen Qualifizierungen werden Arbeitsplätze und -tätigkeiten hinsichtlich möglicher Barrieren analysiert und geeignete Hilfsmittel entwickelt.
- Schüler/innen erhalten die während des Übergangs notwendigen Informationen in einer Sprache, die sie verstehen und die für sie passend ist.
- Die Schüler/innen werden über örtliche oder ggf. überregionale Selbstvertretungsorganisationen und Peer Support/Peer Counseling-Angebote informiert. Vertreter/innen entsprechender Vereine und Organisationen werden als Expert/innen in die Schule eingeladen bzw. Vereine und Organisationen werden besucht.

Literatur

Baden-Württemberg Ministerium für Kultus, Jugend und Sport (2009): Bildungsplan 2009. Schule für Geistigbehinderte

Bayerisches Staatsministerium für Unterricht und Kultus (Hrsg.) (2007): Lehrplan für die Berufsschulstufe – Förderschwerpunkt geistige Entwicklung. München

Blesinger, B. (2009): Persönliches Budget für berufliche Teilhabe. Dokumentation und Handlungsempfehlungen. Hamburg

Bundesarbeitsgemeinschaft für Unterstützte Beschäftigung (BAG UB) (Hrsg.) (2005): Handbuch Arbeitsassistenz. Hamburg

Bundesministerium für Arbeit und Soziales (BMAS) (Hrsg.) (2011): Tätigkeitsbericht der Gesamtbetreuung zum Programm Job4000, Berichtsstand 31.12.2010. Online verfügbar unter: http://www.bag-ub.de/projekte/job4000/download/taetigkeitsbericht_Job4000_Maerz_2011.pdf [Stand: 18.10.2011]

Degener, T. (2009): Welche legislativen Herausforderungen bestehen in Bezug auf die nationale Implementierung der UN-Behindertenrechtskonvention in Bund und Ländern? In: Behindertenrecht, 2, 34–51

Deusch, B. (2002): Die Berufswegekonferenz. Ein Instrument zur Optimierung des Übergangs Schule – Beruf. In: „Schritt für Schritt". Fachtagung zur Rehabilitation und Teilhabe schwerbehinderter Menschen im Arbeitsleben. Bonn

Doose, S. (2010): Vieles beginnt mit einem Traum. Projekt „Neue Wege zur Inklusion" in Ostholstein. In: impulse, 54, 18–25

Doose, S., Emrich, C. & Göbel, S. (2004): Käpt'n Life und seine Crew. Ein Arbeitsbuch zur persönlichen Zukunftsplanung. Kassel

Ginnold, A. (2008): Der Übergang Schule – Beruf von Jugendlichen mit Lernbehinderung. Einstieg – Ausstieg – Warteschleife. Bad Heilbrunn

Gößl, K., Kolb, R. & Wirsching, K. (2011): Übergang Förderschule – Beruf. Förderschwerpunkt geistige Entwicklung – ein Angebot in der Berufsschulstufe in Bayern. In: Fischer, E., Heger, M. & Laubenstein, D. (Hrsg.): Perspektiven beruflicher Teilhabe. Oberhausen, 69–78

Goffman, E. (1992): Stigma. Über Techniken der Bewältigung beschädigter Identität (10. Auflage). Frankfurt am Main

Großberger, A., Wald, G. & Hinkelmann, S. (2011): Betriebliches Coaching – Betriebe werden zu Lernorten. In: Sturm, H., Schulze, H., Schipull-Gehring, F., Klüssendorf, A. & Zagel, S. (Hrsg.): Übergangssystem Schule – Beruf in Hamburg. Entstehung und Herausforderungen. Bilanz des ESF-Projektes TransFer 2008–2011. Hamburg, 83–89

Hamburger Arbeitsassistenz (2007a): bEO – berufliche Erfahrung und Orientierung. Theoretische Grundlagen – Projektbeschreibung – Methoden – Materialien. Hamburg

Hamburger Arbeitsassistenz (2007b): Talente bei der Hamburger Arbeitsassistenz. Theoretische Grundlagen – Projektbeschreibung – Methoden – Materialien – Filme. Hamburg

Hohn, K. (2008): Qualitätskriterien für die Vorbereitung, Begleitung und Auswertung von Betriebspraktika. Ein Handlungsleitfaden für Fachkräfte der beruflichen Integration (2. Auflage). Hamburg

Hohn, K. (2011): Der Weg in den Beruf. Qualifizierungs- und Arbeitsmöglichkeiten für Menschen mit Lernschwierigkeiten. Online verfügbar unter: http://www.bag-ub.de/publikationen/Der_Weg_in_den_Beruf.pdf [Stand: 30.09.2011]

Meschenmoser, H. (2005): Schülerfirmen: Ein Lernarrangement zur Förderung arbeitsrelevanter Basiskompetenzen benachteiligter Jugendlicher. In: Felkendorff, K. & Lischer, E. (Hrsg.): Barrierefreie Übergänge? Jugendliche mit Behinderungen und Lernschwierigkeiten zwischen Schule und Berufsleben. Zürich, 40–51

Monz, W. (2011): Kooperative Berufsvorbereitung und berufliche Integration. In: Fischer, E., Heger, M. & Laubenstein, D. (Hrsg.): Perspektiven beruflicher Teilhabe. Oberhausen, 57–68

Pfahl, L. (2011): Techniken der Behinderung. Der deutsche Lernbehinderungsdiskurs, die Sonderschule und ihre Auswirkungen auf Bildungsbiografien. Bielefeld

Sanderson, H. & Goodwin, G. (2010): Personenzentriertes Denken. Online verfügbar unter: www.personcentredplanning.eu/files/hsa_minibook_pcp_german.pdf [Stand: 15.01.2012]

Sturm, H., Schulze, H., Schipull-Gehring, F., Klüssendorf, A. & Zagel, S. (Hrsg.) (2011): Übergangssystem Schule – Beruf in Hamburg. Entstehung und Herausforderungen. Bilanz des ESF-Projektes TransFer 2008–2011. Hamburg

Transition from School to Work (transnationale EQUAL-Partnerschaft) (2005): Qualitätsstandards für einen guten Übergang Schule – Beruf). Online verfügbar unter: http://www.tsw-equal.info/pdf/Qualitaetsstandards_fuer_einen_guten_Uebergang_Schule-BerufMa.pdf [Stand: 25.02.2011]

UNO (2006): UN-Konvention über die Rechte von Menschen mit Behinderungen (original 2006, deutschsprachige Fassung 2008. Online verfügbar unter: http://www.institut-fuer-menschenrechte.de/de/menschenrechtsinstrumente/vereinte-nationen/menschenrechtsabkommen/behindertenrechtskonvention-crpd.html#c1911 [Stand: 26.10.2011]

Working Towards Diversity (2007): Ergebnisbroschüre der transnationalen EQUAL-Partnerschaft (2005–2007), Nordhorn. Online verfügbar unter: http://www.bag-ub.de/publikationen/idx_publikationen.htm#WorkingTowardsDiversity [Stand: 25.02.2011]

4 Professionalisierung und Ausbildung

Professionalisierung und Ausbildung von Lehrkräften für inklusive Schulen

Vera Moser & Irene Demmer-Dieckmann unter Mitarbeit von Birgit Lütje-Klose, Simone Seitz, Ada Sasse und Ursula Schulzeck

Bezug zur UN-Behindertenrechtskonvention

Die UN-Konvention formuliert in Artikel 24 (4) einen deutlichen Auftrag zur Qualifizierung:

> „Um zur Verwirklichung dieses Rechts [auf inklusive Bildung; Anm. d. Verf.] beizutragen, treffen die Vertragsstaaten geeignete Maßnahmen zur Einstellung von Lehrkräften, einschließlich solcher mit Behinderungen, die in Gebärdensprache oder Brailleschrift ausgebildet sind, und zur Schulung von Fachkräften sowie Mitarbeitern und Mitarbeiterinnen auf allen Ebenen des Bildungswesens. Diese Schulung schließt die Schärfung des Bewusstseins für Behinderungen und die Verwendung geeigneter ergänzender und alternativer Formen, Mittel und Formate der Kommunikation sowie pädagogische Verfahren und Materialien zur Unterstützung von Menschen mit Behinderungen ein."

Inklusion bedeutet einen Perspektivenwechsel von einer Schule, die Kinder, welche für den praktizierten Unterricht für ungeeignet gehalten werden, aussondert hin zu einer Schule, die Verantwortung für alle Kinder übernimmt und den Unterricht hieran ausrichtet. Bei der Realisierung inklusiven Unterrichts geht es folglich nicht darum, eine ansonsten unveränderte Praxis mit „sonderpädagogischen" Maßnahmen zu begleiten. Gelingender inklusiver Unterricht nimmt die Heterogenität von Lerngruppen gezielt in den Blick und fragt nach Möglichkeiten differenzierten und gemeinsamen Lernens. Dabei kann auf die vorliegenden inklusionsdidaktischen Konzepte zurückgegriffen werden (vgl. u. a. Feuser 1995; Wocken 2010; Seitz 2008). Weitere wichtige Anknüpfungspunkte lassen sich aber auch in verschiedenen allgemeindidaktischen und fachdidaktischen Ansätzen finden und mit diesen zusammenführen (vgl. u. a. Peschel 2006; Ruf et al. 2008; van der Groeben 2008). Wie aber ist dies in die Qualifizierung von Lehrkräften einzubinden?

Zum Stand der Forschung im Bereich der Professionalisierung

Inklusive Bildung, so verlangt es die Konvention, muss ein selbstverständliches Thema in der Aus-, Fort- und Weiterbildung für *alle* Lehrämter werden: für Regel- wie für Sonderpädagog/innen. Regelpädagog/innen sind dabei die Hauptakteure, in gemeinsamer Verantwortung mit den Sonderpädagog/innen. Soll die Umsetzung der Konvention gelingen, so ist es notwendig, alle beteiligten Lehramtsprofessionen in der Ausbildung und in der Weiterqualifizierung entsprechend zu unterstützen. Alle

Absolvent/innen von Lehramtsstudiengängen müssen angemessen qualifiziert sein, um in einer inklusiven Schule unterrichten zu können.

Zum Stand der Forschung bezüglich der Qualifizierung des Personals für inklusive Schulen ist allerdings festzustellen, dass in dieser Spezifik noch keine hinreichenden evidenzbasierten Erkenntnisse vorliegen. Zurückgegriffen werden muss hier insbesondere auf Befunde der Integrationsforschung: Hier wurden vor allem die neuen Aufgabengebiete der Teamarbeit und Kooperation, der Beratung und der Unterrichtsstruktur in den Blick genommen; diese wurden ergänzt um Forschungen aus dem Bereich der Allgemeinen Didaktik bezüglich des Unterrichts in heterogenen Lerngruppen sowie um Forschungen zur Diagnostik und Schulentwicklung. Da diese Teilaspekte in den spezifischen Kapiteln dieses Buches verhandelt werden, wird in diesem Text die Frage der Professionsentwicklung vor allem unter dem Blick auf die Aufgabenverteilung in multiprofessionellen Teams untersucht sowie Modelle der Aus-, Fort- und Weiterbildung vorgestellt.

Professionelle Kooperationen/Teamarbeit

Zu den zentralen Professionsmerkmalen gehören zunächst ganz allgemein: a) Fachwissen („knowledge"), b) notwendige Kompetenzen („skills") und c) „commitments" (Überzeugungen/Einstellungen) (Bransford, Darling-Hammond & LePage 2005, 2 f.). Da sich inklusive Schulen durch multiprofessionelle Teams auszeichnen (Lehrer/innen der allgemeinbildenden Schulen, Förderschullehrer/innen, Sozialpädagog/innen, u. U. Therapeut/innen, Schulpsycholog/innen), kommen hier nicht nur unterschiedliche Wissensbereiche und fachliche Kompetenzen zusammen, sondern auch unterschiedliche Überzeugungen („commitments"). Insofern stellt sich als Kernproblem für die Professionalisierung der gemeinsamen Arbeit nicht nur die Frage nach einschlägigen Kompetenzen, sondern auch nach einer Verteilung und Verknüpfung der Tätigkeitsbereiche in kooperativer Form sowie deren Orientierung auf ein gemeinsames Ziel (hierzu liegt derzeit der Index für Inklusion vor, vgl. Boban & Hinz in diesem Band).

Zur Teamarbeit und Kooperation finden sich aus der Integrationsforschung dahingehend Befunde, dass das Arbeiten im Team bislang weitgehend informell auf der Ebene individueller kollegialer Arrangements organisiert wird (vgl. Wocken 1988; Schwager 2011) und nicht auf der Ebene gezielter Steuerungen im Prozess Schulentwicklung. Die Kooperationen wurden bislang unter den folgenden Aspekten untersucht:

a) Strukturen der Zusammenarbeit (z. B. Werning, Urban & Sassenhausen 2001; Reiser et al. 2002; Lütje-Klose, Urban, Werning & Willenbring 2005),
b) Professionelle Selbstkonzepte (Stadler 1976; Stein 2004),
c) Aufgabenbestimmungen sogenannter „institutionenunabhängiger Kompetenzen" von Förderschullehrern (Benkmann 2001; Reiser 1998; Heimlich 1998, 2004),
d) Organisationsformen Gemeinsamen Unterrichts.

ad a) Die Strukturen der Zusammenarbeit wurden sowohl kommunikations- wie konflikttheoretisch untersucht: Hier diskutiert u. a. Loeken (vgl. auch Haeberlin, Jenny-Fuchs & Moser Opitz 1992), dass institutionslogische Kommunikationen gemeinsamen, interdisziplinären Konfliktlösungen eher im Wege stehen (Loeken 2000, 175 ff.; Lütje-Klose et al. 2005 und Werning, Urban & Sassenhausen 2001). Anliker, Lietz und Thommen (2008; vgl. auch Salend et al. 1997) arbeiten fehlende organisatorisch abgesicherte Aufgabenverteilungen heraus, so dass letztlich Formen der Zusammenarbeit nur auf kommunikativer Ebene individuell entwickelt werden, wobei die Sonderpädagog/innen Organisationsentwicklungsaufgaben eher unausgesprochen übernehmen. Es sei insofern für inklusive Settings dringend erforderlich, „Anstellungsbedingungen und Berufsbilder zu konkretisieren" (Anliker, Lietz & Thommen 2008, 234).

ad b) Loeken (2000, 191; Stein 2004/2006, 334) diskutiert, dass sich die sonderpädagogische Berufsidentität primär institutionenbezogen entwickelt habe, wohingegen integrative/inklusive Settings eine aufgabenbezogene berufliche Orientierung erforderlich machen. Darüber hinaus seien professionelle Kompetenzen in den Selbstbildern der Sonderpädagog/innen vor allem in den Fachrichtungen Sprach-, Geistige und Hörbehinderung (Stein 2004) verankert. Dies wird durch eine qualitative Studie zu Rolle und Selbstverständnis der Sonderpädagog/innen im mobilen Dienst des Förderschwerpunkts Sprache gestützt (Lütje-Klose 2008).

ad c) In den bisherigen Beschreibungen der Kompetenzgebiete, die eine einschlägige empirische Kompetenzforschung bis dato ersetzen, werden in der Regel diagnostische Kompetenzen, Förder-, Beratungs-, Kooperationskompetenzen sowie Kompetenzen zum Arrangement von Lern- und Entwicklungsprozessen genannt (Benkmann 2001; Reiser 1998; Heimlich 1998, 2004; Baulig 1997; Opp 1998; Jonach & Röhner-Münch 2000; Lindmeier 2000; Lütje-Klose 1997). Sonderpädagogische Kompetenzen in inklusiven Settings werden darüber hinaus in der Regel mit einem „anderen Blickwinkel auf die Kinder" beschrieben, mit einer stärkeren Aufmerksamkeit „auf das einzelne Kind, seine spezielle Situation und Entwicklung" sowie an einer individuellen Bezugsnorm orientiert (Hinz et al. 1998, 52 ff.), kontrastierend zu Grundschulkolleg/innen, die durch eine „Zentrierung auf die Gruppe, den Überblick, den Lehrplan und die Vermittlung der Kulturtechniken", primär an einer sozialen Bezugsnorm orientiert, gekennzeichnet werden (ebd.; vgl. auch Gehrmann 2001). Unklar ist dabei, inwieweit diese in der Praxis entwickelten Einschätzungen der Befragten sich in den Handlungspraktiken in den Klassen wiederfinden lassen. Es kann jedenfalls vermutet werden, dass die wahrgenommene Aufgabenteilung mit Prozessen der Selbstversicherung im Rahmen der Aushandlung der Berufsrollen von Aufgaben im Team verbunden ist. Streitbar ist auch, ob nicht gerade eine Flexibilisierung der Aufgabenfelder und Herangehensweisen ein bedeutsamer Gelingensfaktor sein kann, denn er scheint mit flexiblen Rollenverteilungen unter Schüler/innen verbunden zu sein (vgl. Bargen et al. 2009).

ad d) Bezüglich der Organisationsformen der Aufgabenerfüllung legten Lütje-Klose und Willenbring (1999) unter Bezug auf Marvin (1990) folgende Differenzierungen vor: Co-Teaching, kooperative Zusammenarbeit, Koordinierte Zusammenarbeit, gleichberechtigte Kollaboration. Vergleichbar dazu entwarf Burns (2004) für den US-amerikanischen Raum ein sonderpädagogisches Professionsmodell als „Consultant Teacher", der in den folgenden Organisationsformen tätig sei: integrative Unterrichtung, zusätzliche Förderung im und außerhalb des Klassenraums, Förderunterricht in einer eigenen Institution. Darüber hinaus erfülle dieser auch sogenannte „indirekte Aufgaben" wie Diagnostik, Förderplanung, Kooperation, Platzierung, Beratung und Supervision (auch Reiser 1998; Willmann, Reiser & Urban 2008). Neben dieser allgemeinen Aufgabenbeschreibung im integrativen/inklusiven Unterricht liegt eine einzige Studie aus dem deutschsprachigen Raum vor, die in Anlehnung an Dumke (1991) eine detailliertere Deskription des integrativen Unterrichts anhand von Beobachtungsprotokollen vorgenommen hat: Hier wurden Teameffekte und Veränderungen des Unterrichts zwischen den Altersstufen beschrieben (zunehmende Lehrersteuerung bei Abnahme der Differenzierungsmaßnahmen, zunehmende Bewertungs- gegenüber abnehmenden Beratungstätigkeiten), ohne allerdings Differenzierungen zwischen den beteiligten Lehrkräften mit zu untersuchen (Schuck 1999; Hinz et al. 1998, 70 ff.). Lediglich wiederum organisationsbezogene Typisierungen der Förderschullehrkräfte wurden vorgenommen: Co-Lehrer, Ergänzungslehrer, Assistent, Unterrichtende, Individuallehrer (Hinz et al. 1998, 49 ff.).

Gelingender inklusiver Unterricht setzt auf die Ressource produktiven Austauschs auch unter ungleichen Lerner/innen. Es geht darum, Raum zu schaffen für selbstgesteuertes Lernen auf ungleichen Wegen, aber in sozialer Eingebundenheit. Ein entscheidender Aspekt professionellen Handelns ist es daher, im Unterricht ko-konstruktive Prozesse unter Schüler/innen zu stärken (vgl. Seitz 2008). Dies erfordert eine Organisation des pädagogisch-didaktischen Handelns entlang von Aufgaben und nicht entlang von Schüler/innengruppen. Eine Untersuchung in Bremen zeigte deutlich, dass die Schwierigkeiten zur Entwicklung von Lehrer/innenteams in integrativen Klassen zu professionellen Lerngemeinschaften größer sind, wenn Lehrkräfte nur wenige Stunden mit Doppelbesetzung zur Verfügung haben – die ko-konstruktive Entwicklung teambasierten Wissens braucht Zeit außerhalb des Unterrichts und gemeinsame Präsenz im Unterricht (vgl. Bargen et al. 2009).

Auch Schwager fasst in seiner jüngsten Betrachtung des Gemeinsamen Unterrichts zusammen, dass dieser in weitgehender Doppelbesetzung zu erfolgen habe, und zwar unter gegenseitigem Austausch der jeweiligen Wissensbestände und Perspektiven. Ein solcher Unterricht unterscheide sich vom Teamteaching dahingehend, dass es hierbei „nicht nur um eine methodisch raffinierte Vermittlung von Lerninhalten, sondern auch um Erziehung, um Förderung, um Therapie und um Beziehung geht" (Schwager 2011, 95). Dabei sei der Erhalt der Lerngruppe als Ganzer von besonderer Bedeutung (ebd., 96).

Das beschriebene Defizit an Steuerungen zeigt sich auch im internationalen Raum – es fehlen nach wie vor systematische Studien, die über die Rollen, Aufgaben und konzeptionellen Strategien der beteiligten Professionen Auskunft geben (vgl. Pugach 2006, 577). Allerdings ist eine solche aufgabenspezifische Aufteilung unerlässlich, denn: „Der geforderte Paradigmenwechsel, Heterogenität nicht als Belastung, sondern als pädagogische Herausforderung zu sehen, birgt die Gefahr in sich, jeden Lehrer als kompetent für jede Art von besonderer Lernentwicklung zu halten" (Graumann 2008, 23). Insofern ist eine Spezialisierung dringend angeraten, ohne diese aber mit Bezug auf bestimmte Klienten vorab zu entscheiden (exklusive Zuständigkeit für behinderte Kinder, exklusive Zuständigkeit für Kinder mit Migrationshintergrund etc.), weil eine solche das Prinzip der Inklusion unterlaufen würde. Vielmehr müssen insbesondere auch Aufgaben wie Curriculumsbezogene Lernstands- und Entwicklungsdiagnostik, Förderplanentwicklung, Unterrichtskonzeption und -organisation sowie Lernstandsevaluationen gemeinsam übernommen werden, um Inklusion umsetzen zu können (vgl. auch Feyerer 2009). Die kollegialen Absprachen berücksichtigen dabei auch Persönlichkeitsmerkmale der Lehrkräfte wie erworbene Qualifizierungen, zeitliche Budgets, Authentizität und individuelle Interessen. Dazu bedarf es auf der Ebene der Schulentwicklung klarer Steuerungsvorgaben, die sich am Konzept des inklusiven Unterrichts orientieren.

Friend und Bursuck (2006), deren US-amerikanisches Modell in Deutschland von Lütje-Klose (1997), Lütje-Klose und Willenbring (1999), Willmann (2006) und Schwager (2011) rezipiert wird, unterscheiden sechs verschiedene Formen der Teamarbeit in doppelt besetzten Unterrichtssituationen (vgl. Lütje-Klose 2011):

1. Lehrer/in und Beobachter/in („one teach, one observe"; während eine unterrichtet, beobachtet die andere, z. B. im Rahmen diagnostischer Erhebungen oder um die Passung des Unterrichts für einzelne Schüler/innen zu evaluieren)
2. Lehrer/in und Unterstützer/in („one teach, one support"; während eine unterrichtet, übernimmt die andere Unterstützungsfunktionen für einzelne Schüler/innen)
3. Stationsunterricht („station teaching"; es werden Gruppen gebildet, die von einer Lehrkraft zur anderen wechseln)
4. Parallelunterricht („parallel teaching"; Teilung der Klasse in zwei Gruppen)
5. alternativer Unterricht („alternative teaching"; Lehrer/innen arbeiten auf differenzierten Niveaus oder unterstützen die Schüler/innen individuell durch zusätzliche Maßnahmen, evtl. in einem anderen Raum)
6. Teamteaching (abwechselnder Unterricht beider Lehrkräfte).

Zielperspektiven für die professionelle Weiterentwicklung

Notwendig ist eine klare, wenn auch flexibel praktizierte Entscheidung über die Aufgaben im Gemeinsamen Unterricht und deren Verteilung auf die beteiligten Professionen; damit geht auch die Bestimmung von kooperativen Arbeitsformen sowie die Bindung der Professionellen an ein gemeinsames Ziel einher. Ob diese Verteilung von Zuständigkeiten der beteiligten Professionellen (Lehrer/innen an allgemeinbildenden Schulen, Sonderschullehrer/innen, Sozialpädagog/innen, Therapeut/innen, Psycholog/innen) während der Teambildung allmählich selbst entwickelt werden (z. B. orientiert an den vorhanden Ausbildungen) oder von den Schulen als Strukturentscheidung bereits vorgegeben wird, sollte vorab geklärt werden. Auf jeden Fall gehört diese Klärung zentral in den Bereich der *Schulentwicklung* (vgl. hierzu auch den Beitrag von Rolf Werning in diesem Band).

Als Anforderungssituationen für den inklusiven Unterricht sind zu nennen:

- Gemeinsame, individuell angepasste Unterrichtung unter weitgehender Beibehaltung eines gemeinsamen Lerngegenstandes/gemeinsamer Lernsituationen und unter Berücksichtigung klientenspezifischer Bedürfnisse,
- individuelle Lernstandserhebung und individuelle Entwicklungsdiagnostik in einer förderdiagnostischen Perspektive – bezogen auf das Curriculum,
- Anwendung vielfältiger didaktischer und methodischer Mittel,
- Gestaltung förderlicher Lernumgebungen („Lernlandschaften"),
- Entwicklungsorientierte Lernevaluation
- Förderung des sozialen Lernens (Nutzung und Stärkung vorhandener sozialer Ressourcen z. B. durch selbstständige Gruppenarbeiten und peer-assistiertes Lernen)
- Beratung von Schüler/innen, Eltern, Kolleg/innen und Organisationen,
- interdisziplinäre Kooperation,
- Schulentwicklung zur maximalen Reduktion möglicher Barrieren (räumlicher, sozialer, kultureller, sächlicher, personeller Art) unter Berücksichtigung größtmöglicher Vernetzungen und Kooperationen im sozialen Umfeld,
- Bestimmung der „angemessenen Vorkehrungen" (UN-Behindertenrechtskonvention) im Sinne zusätzlich erforderlicher Ressourcen und Expertisen (vgl. auch Feuser 1995; Wocken 2010; Moser, Jakob & Schäfer 2010; Seitz i. Dr.).

Universitäre Ausbildung

Bund und Länder sind für die Umsetzung der Aus-, Fort- und Weiterbildung zuständig. Alle Lehramtsstudiengänge müssen an die Anforderungen inklusiver Bildung angepasst werden und die bisherige schultypbezogene Ausbildung ist zugunsten einer schulstufenbezogenen Ausbildung aufgeben. Auch in den Hochschulen müssen inklusive Konzepte in der Ausbildung vorhanden sein und mehr Lehrkräfte mit Behinderung ausgebildet werden (vgl. Demmer-Dieckmann 2010). Vor dem Hintergrund der Behindertenrechtskonvention ist auch die Systematik der sonderpädagogischen Förderschwerpunkte zu überdenken. Bedarf es nach wie vor einer exklusiven grundständigen sonderpädagogischen Ausbildung mit der Fachrichtung Lernen oder Emotionale-Soziale Entwicklung oder ist diese auch in die Ausbildung für alle Lehrkräfte zu integrieren?

Die Monitoringstelle am Deutschen Institut für Menschenrechte stellte in ihrer Stellungnahme vom 31.3.2011 zum Stand der Umsetzung der UN-Behindertenrechtskonvention u. a. fest: „Neben der örtlichen Aussonderung manifestiert sich die schulische Segregation beispielsweise bereits bei der Ausbildung der Lehrkräfte (allgemeine Pädagogik hier, Sonderpädagogik dort)" (Deutsches Institut für Menschenrechte, 4). Diese gilt es mit dem Umbau des Lehrerbildungssystems abzubauen.

Entsprechend des Artikel 24.4 der UN-Konvention müssen bundesweit auch alle für die Lehreraus-, Lehrerfort- und -weiterbildung Verantwortlichen sicherstellen, dass die erforderlichen Kompetenzen für inklusiven Unterricht in den Lehrerbildungsgesetzen, Studien- und Prüfungsordnungen sowie Modulkatalogen verbindlich verankert werden. Die in den KMK-Standards von 2004 für die Lehrerbildung der theoretischen und praktischen Ausbildungsphase breit formulierten und allgemein gültigen elf Kompetenzen und inhaltlichen Schwerpunkte wie „Differenzierung, Integration, Förderung", „Diagnostik und Förderung individueller Lernprozesse" und „Konfliktbewältigung" sollten für die inklusive Schule präzisiert werden (vgl. Sekretariat der KMK 2004).

Die inklusive Schule ist „so ausgestattet und die Lehrerinnen sind so ausgebildet, dass sie jedes Kind willkommen heißen können. Wenn das vorhandene Können und Wissen nicht ausreicht, wird es beschafft: Durch Beratung, durch Qualifizierung und Fortbildung, durch zusätzliches Personal. Mit solchen inklusiven Schulen wird sich auch das Denken der Beteiligten ändern: Sie werden nicht mehr als erstes fragen, wohin ein Kind weitergereicht werden soll, sondern was zu tun ist, damit es bleiben kann" (Klauß 2010, 284).

Nicht jeder Pädagoge muss nun ein Sonderpädagoge sein. Aber jede Lehrkraft muss in der Lage sein, Lerninhalte sowohl für Schüler/innen mit Förderschwerpunkt Lernen als auch für schnell lernende Schüler/innen zu differenzieren. Sie muss über Kompetenzen eines effektiven Klassenmanagements, in der Vermeidung von Unterrichtsstörungen und des effektiven Umgangs mit Störungen verfügen. Jede Lehrkraft muss ein methodisches Repertoire im Umgang mit emotionalen und Verhaltensproblemen von Kindern und Jugendlichen anwenden können. Kooperation mit Fachleuten gehört dazu. Spezifische Kompetenzen in der Unterrichtung von Schüler/innen mit nicht so häufigen Förderschwerpunkten können, wenn erforderlich, in der Vorbereitung auf die Einbindung eines/einer solchen Schülers/Schülerin kooperativ erarbeitet werden. Insgesamt profitieren Regel- und Sonderpädagogen von einem wechselseitigen Kompetenztransfer, der insbesondere in der alltäglichen Teamarbeit wirksam wird.

Da inklusive Bildung in allen Fächern und Schulformen umgesetzt werden muss, ist der Umgang mit Schüler/innen mit Unterstützungsbedarf auch als verpflichtender Inhalt und als Querschnittsaufgabe für alle Fachdidaktiken zu verankern. Stichworte wie Inklusion, Integration von Schüler/innen mit Behinderung oder mit sonderpädagogischem Förderbedarf finden sich im KMK-Beschluss „Ländergemeinsame inhaltliche Anforderungen für die Fachwissenschaften und Fachdidaktiken in der Lehrerbildung" von 2008 ausschließlich im Bereich für Sonderpädagog/innen, das Stichwort Heterogenität nur in der Grundschulbildung (vgl. Sekretariat der KMK 2008) wieder.

Die bundesdeutschen Universitäten haben derzeit drei Lehrerbildungsmodelle für Inklusion vorgelegt: Das erste sind parallel laufende Studiengänge „Lehramt an Grundschulen" bzw. an Sekundarschulen und „Lehramt für Sonderpädagogik" (auch: „Lehramt an Förderschulen"), welches über kooperative Seminare vor allem in den Bereichen Diagnostik, Anfangsunterricht, Beratung und Schulpraktische Studien gemeinsame Ausbildungsanteile (Module) vorsehen (z. B. an den Universitäten Halle, Frankfurt a. M., Gießen, Berlin Humboldt-Universität). Das zweite Modell sind integrierte sonderpädagogische Studieninhalte in den allgemeinen Lehramtsstudiengängen (z. B. an der TU Berlin, an der Universität Koblenz-Landau, an der Universität Bremen). Das dritte Modell sind konsequente, grundständige Studiengänge „Inklusive Pädagogik" mit Doppelqualifizierung an den Universitäten Bremen und Bielefeld. Das vierte Modell sind Zusatzqualifikationen im Rahmen eines MA-Studiengangs, der an ein allgemeines Lehramtsstudium (BA) angeschlossen werden kann (z. B. an der Universität Bielefeld).

Unentschieden ist die Diskussion derzeit darüber, inwiefern fachrichtungsbezogene sonderpädagogische Studienanteile repräsentiert werden sollen. Hier gibt es das Modell, für die Inklusive Pädagogik einen zusätzlichen „Sonderpädagogischen Generalisten" auszubilden, der sich über die zentralen Förderschwerpunkte „Lernen", „Emotional-Soziale Entwicklung" und „Sprache" auszeichnet. Daneben könnte ein sogenannter „Spezialist" zwei der weiteren Förderschwerpunkte studieren. Ob diese Ausbildungen grundständig oder über zusätzliche Masterstudiengänge erworben werden sollen, entscheiden derzeit die universitären Strukturdebatten.

Studiengang „Inklusive Pädagogik"

Ein *Studiengang „Inklusive Pädagogik"*, der an Stelle eines schultypusbezogenen Lehramtsstudium treten sollte, könnte wie folgt aussehen:

Schulstufen- statt schulbezogene Lehramtsstudiengänge (Aufhebung der *schulbezogenen* zugunsten einer *stufenbezogenen* Ausbildung) unter deutlicher Akzentuierung des Forschenden Lernens (Beteiligung an praxisnahen Forschungsprojekten, Initiierung eigener Forschungsprojekte, an Seminarthemen gekoppelte „Praxistage").

Gemeinsame Ausbildung in den Bereichen:

a) Grundlagen der Bildungstheorie
b) Grundlagen der Kindheits- und Sozialisationsforschung
c) Geschichte der Pädagogik einschließlich ihrer Institutionen
d) Grundlagen der Schultheorie einschl. bildungssoziologischer Grundlagen
e) Grundlagen der sozial-emotionalen Entwicklung/Entwicklungspsychologie
f) Grundkenntnisse im Bereich der Thematik „Transition" (Übergang Kindergarten – Grundschule, Grundschule – Sek I und Schule – Berufliche Bildung)
g) Lerntheoretische Grundlagen einschließlich Grundlagen der Lernstandsdiagnostik
h) Didaktik und Methodik des Unterrichts in Heterogenen Lerngruppen
i) Didaktik, Methodik und Diagnostik des Anfangsunterrichts in den Kernfächern Deutsch und Mathematik
j) Professionstheoretische Grundlagen einschließlich Fragen der Kooperation und des Teamteachings (anzuschließen sind hier auch Praktikumsmodelle, in denen Kooperationsformen und Teamarbeit erprobt werden)

k) Grundlagen der Organisationsentwicklung
l) Grundlagen der pädagogische Beratung
m) Grundlagen des Schul- und Sozialrechts
n) Studium von zwei Unterrichtsfächern unter Berücksichtigung der Perspektive „Lernen in heterogenen Gruppen".

Zusatzqualifikation Inklusion:

a) Grundlagen der Sozialpädagogik
b) Grundlagen in den Entwicklungsbereichen Lernen, Sprache, Emotional-Soziale Entwicklung für den „Generalisten" bzw. Schwerpunktbildung in zwei Entwicklungsbereichen (Beeinträchtigungen des Sehens, Beeinträchtigungen des Hörens, Autismus, Geistige Entwicklung, körperlich-motorische Entwicklung) für den „Spezialisten" (die Entwicklung generalistischer und spezieller Ausbildungsprofile befindet sich gerade in der Erprobung)
c) Vertiefung der Kenntnisse im Bereich Pädagogischer Diagnostik
d) Vertiefung der Kenntnisse Didaktik und Methodik des Unterrichts in Heterogenen Lerngruppen
e) Vertiefung der Kenntnisse im Bereich Organisationsentwicklung
f) Vertiefung der Kenntnisse im Bereich Pädagogischer Beratung
g) Vertiefung der Kenntnisse der Gestaltung wertschätzender Kommunikation und der Schaffung eines positiven Klassenklimas

„best practice"-Beispiele

Es ist insgesamt zu fragen, ob nicht implizit durch die UN-Behindertenrechtskonvention die Lehramtstypen, wie sie die Kultusministerkonferenz festgelegt hat, grundlegend neu strukturiert werden sollten. Dies wird bildungspolitisch derzeit allerdings nur zögerlich diskutiert. Vor diesem Hintergrund stellen Kombi-Lehrämter für Grundschul- (bzw. Sekundarschul-)pädagogik und Sonderpädagogik, die eine Doppelqualifizierung ermöglichen, eine vielversprechende Entwicklungsperspektive dar, bei der wertvolle Erfahrungen für weitere ausbildungsstrukturelle Entscheidungen gesammelt werden können. Ein erstes Konzept zur Aus- und Weiterbildung integrationspädagogischer Lehrkräfte legte die Universität Saarbrücken vor (vgl. Meister & Sander 1993).

a) Studiengang Integrierte Sonderpädagogik an der Universität Bielefeld
(Birgit Lütje-Klose)

Der Studiengang Integrierte Sonderpädagogik in Bielefeld wurde unter Federführung der Schulpädagogin Dagmar Hänsel zum Wintersemester 2002/2003 als Modellversuch im Rahmen der Einführung der Bachelor- und Masterstudiengänge an der gesamten Universität eingerichtet. Die Sonderpädagogik ist in Bielefeld in der

Fakultät für Erziehungswissenschaft angesiedelt und versteht sich als Teildisziplin der Pädagogik. Dem Prinzip der Subsidiarität entsprechend wird die sonderpädagogische Ausbildung „curricular in das Fachstudium der Erziehungswissenschaft integriert und mit dem allgemein erziehungswissenschaftlichen Studium verschränkt" (Hänsel 2004, 84). Die Studierenden erwerben im aktuell noch bestehenden Studienmodell – aufbauend auf einem gemeinsamen Bachelor-Studiengang mit einer sonderpädagogischen Einführungsveranstaltung für alle Lehramtsstudierenden und einem sonderpädagogischen Wahlmodul – im Master einen Doppelabschluss für das Lehramt an Grund-, Haupt- und Realschulen und gleichzeitig für das Lehramt für sonderpädagogische Förderung. Diese Konzeption war zum Zeitpunkt ihrer Einrichtung einmalig, inzwischen bietet die Universität Bremen einen Studiengang „Inklusive Pädagogik" mit einer vergleichbaren Strukturierung an (vgl. hier den Beitrag von Seitz).

Der Studiengang Integrierte Sonderpädagogik verfolgt das Ziel, die fachliche Trennung zwischen allgemeiner Erziehungswissenschaft und Sonderpädagogik zu überwinden und eine mehrperspektivische Auseinandersetzung mit den Gegenstandsbereichen anzubahnen (vgl. Hänsel 2004). Es werden die Förderschwerpunkte Lernen sowie Emotionale und Soziale Entwicklung angeboten, denn diese beiden Förderschwerpunkte betreffen Lehrkräfte in Grundschulen in besonderem Maße und machen insgesamt weit über die Hälfte aller sonderpädagogischen Förderbedarfe aus. Die Problemlagen der Kinder stehen vielfach in engem Zusammenhang mit sozialer Randständigkeit, kultureller Differenz und psychosozialen Risikofaktoren. Sprachliche Förderaspekte, die ebenfalls zu den häufig auftretenden Förderbedarfen gehören, werden dabei im Förderschwerpunkt Lernen mit berücksichtigt. Neben den explizit sonderpädagogischen Lehrangeboten werden die verschiedenen Dimensionen von Heterogenität in diesem Studiengang in der allgemein erziehungswissenschaftlichen Ausbildung durchgängig thematisiert, z. B. in den Modulen zur Schultheorie, zur Gleichheit und Differenz, zum pädagogischen Umgang mit Heterogenität, zur Professionalisierung, zur Diagnostik und Beratung.

Mit dem neuen Lehrerausbildungsgesetz (LABG 2009) hat das Bundesland Nordrhein-Westfalen nun den rechtlichen Rahmen für ein verpflichtendes Lehrangebot in den Lehramtsstudiengängen des Landes zu inklusiven Fragestellungen geschaffen. In den neu konzipierten Lehramtsstudiengängen sind an allen lehrerbildenden Hochschulen Pflichtveranstaltungen zu den Themen Sonderpädagogik, Diagnostik und Deutsch als Zweitsprache vorgesehen wie sie in Bielefeld für den Bereich der Sonderpädagogik bereits umgesetzt werden. Das entsprechende Angebot in Bielefeld umfasst wie bisher eine einführende Pflichtvorlesung in die Sonderpädagogik und die inklusive Pädagogik. Für diejenigen Studierenden, die sich über dieses Angebot hinaus sonderpädagogisch qualifizieren möchten, besteht die Möglichkeit der Wahl eines sonderpädagogisch profilierten Lehramtes. Aus der im LABG festgelegten lehramtsspezifisch unterschiedlichen Ausrichtung und Leistungspunkteverteilung ergibt sich für Bielefeld im Unterschied zum bisherigen Modell allerdings eine Beschränkung des integrierten sonderpädagogischen Studiums auf das Grundschullehramt. Im Rahmen der individuellen Vertiefung wird dazu ein Wahlpflichtmodul Grundfragen der Sonderpädagogik und der inklusiven Pädagogik studiert, weiterhin werden die Module „Berufsfeldpraktikum", „Differenz und Heterogenität", „Pädagogik des Elementar- und Primarbereichs" und das Bachelor-Abschlussmodul sonderpädagogisch profiliert angeboten. Wer über das sonderpädagogisch profilierte Grundschullehramt hinaus das weitere Lehramt für sonderpädagogische Förderung erwerben möchte, hat dazu die Möglichkeit im Rahmen eines anschließenden zweisemestrigen sonderpädagogischen Masterstudiums.

b) Studiengang Inklusive Pädagogik an der Universität Bremen
(Simone Seitz)

Angelehnt an das Bielefelder Modell wurde auch an der Universität Bremen eine Konzeption für ein Kombi-Lehramt Inklusive Pädagogik entwickelt und seit 2008 umgesetzt. Das Lehramt Sonderpädagogik kann an der Universität Bremen seither ausschließlich als Doppelqualifizierung in Kombination mit dem grundschul- (bzw. sekundarschul)bezogenen Lehramt studiert werden. Derzeit wird dies umgesetzt im Studiengang Master of Education Inklusive Pädagogik: Lehramt Sonderpädagogik in Kombination mit dem Lehramt an Grund- und Sekundarschulen.

Zum Wintersemester 2011/2012 werden an der Universität Bremen alle Lehramtsstudiengänge neu strukturiert. Die Doppelqualifizierung wird beibehalten und umfasst dann das Lehramt Sonderpädagogik in Kombination mit dem grundschulbezogenen Lehramt. Im Unterschied zum derzeit angebotenen Masterstudiengang erstreckt sich der neue Studiengang dann über die gesamte zehnsemestrige Studienzeit des Bachelor- und Masterstudiums. Für die Sekundarstufe wird aktuell ein Weiterbildungsstudiengang entwickelt, der insbesondere für die Tätigkeit als Lehrkraft für Sonderpädagogik in den neu entstandenen Oberschulen (Sekundarschulen mit Abituroption) qualifizieren soll.

Mit der Studienstruktur werden zentrale Implikationen der UN-Behindertenrechtskonvention und der weit entwickelten inklusiven bzw. integrativen Praxis in Bremer Schulen aufgenommen. In den geltenden Bremer Schulgesetzen von 2009 ist die Umstellung auf inklusive Schulen festgeschrieben (vgl. Senatorin für Bildung und Wissenschaft 2009). Der entsprechende Umstrukturierungsprozess zu einem inklusiven bremischen Schulsystem soll laut Schulentwicklungsplan (vgl. Senatorin für Bildung und Wissenschaft 2008) bis 2017 abgeschlossen sein. Zu diesem Zeitpunkt sollen – bis auf zwei Ausnahmen – alle Förderzentren aufgelöst und strukturell als Zentren für Unterstützende Pädagogik (ZuP) in allgemeinbildende Schulen integriert bzw. als Regionale Beratungs- und Unterstützungszentren (REBUZ) in Beratungsinstitutionen überführt worden sein.

Das Kombi-Lehramt ermöglicht über das gesamte Studium hinweg eine Doppelqualifizierung. Die Studierenden müssen folglich erst nach dem Abschluss des Studiums entscheiden, in welchem Format sie ihr zweites Staatsexamen (Referendariat) absolvieren wollen und damit auch, in welchem Lehramtsprofil sie späterhin beruflich tätig sein wollen. Unabhängig von der späteren Entscheidung werden sie aber in der Universität gezielt auf die Arbeit in inklusiven Schulen vorbereitet. Die integrierte Studienstruktur ermöglicht es, an inhaltlich sinnvollen Punkten Lehrveranstaltungen zu öffnen, sowohl für Studierende der Doppelqualifizierung als auch für Studierende mit dem Berufsziel Grundschullehramt. Dies hat sich beispielsweise in einem Seminar zur inklusiven Schulentwicklung als besonders geeignet erwiesen, um in gemeinsame produktive Arbeitsprozesse zu kommen, denn inklusive Schulentwicklung kann nur gelingen, wenn sich alle Berufsgruppen hieran aktiv beteiligt fühlen (vgl. Booth & Ainscow 2002 nach Boban & Hinz 2003).

Die Studierenden werden entsprechend der Vorgaben für das Grundschullehramt in zwei Unterrichtsfächern ausgebildet. Darüber hinaus werden ihnen spezifische Kenntnisse inklusiver Fachdidaktik in den Lernbereichen Mathematik und Deutsch vermittelt, um die notwendige Verbindung von fachlichen („content knowledge") und inklusionspädagogischen bzw. -didaktischen Kompetenzen zu unterstützen. Neben der fachlichen Qualifizierung ist der Kompetenzbereich Teamarbeit, Kooperation und Beratung eine zentrale Herausforderung der inklusiven Schule und hat entsprechenden Niederschlag in der Konzeption des Studiengangs gefunden. Studierende absolvieren ihr Forschungs- und Unterrichtspraktikum in Tandems. Sie werden so zur Erprobung der gemeinsamen Planung, Durchführung und Reflexion von Unterricht herausgefordert und dazu angeregt, flexible Rollenverteilungen im Unterrichtshandeln zu entwickeln. Auch Forschungsaufgaben werden gemeinsam entwickelt und arbeitsteilig bearbeitet. Zusätzlich werden die Studierenden in einem weiteren Modul gezielt auf Aufgaben der Kooperation, des Team-Teaching und der Beratung in inklusiven Schulen vorbereitet, jeweils verknüpft mit Übungen (vgl. Seitz & Scheidt i. Dr.).

Inklusive Bildung in der zweiten und dritten Phase

Auch in den Vorbereitungsdienst aller Lehrämter und in die Fort- und Weiterbildung müssen Fragen der inklusiven Bildung systematisch aufgenommen werden. Auch die Ausbilder müssen sich hierfür qualifizieren ebenso wie die Lehrenden an den Universitäten. Die Prüfungsordnungen müssen so verändert werden, dass auch Sonderpädagogen den gesamten Vorbereitungsdienst in Integrationsklassen machen können, die Hälfte sollte verpflichtend in der Regelschule absolviert werden. Sonderpädagog/innen müssen auch lernen, wie alle Schüler/innen einer Lerngruppe unterrichtet werden und nicht nur kleine Fördergruppen.

„Training on the job" durch Fort- und Weiterbildung

Klare bildungspolitische Ziel- und Zeitvorgaben, auf welchem Weg und mit welchen Schritten die inklusive Schule erreicht werden soll, ermöglichen es auch Lehrkräften, sich für die beruflichen Herausforderungen einer inklusiven Schule zu qualifizieren.

Ein entsprechendes Fort- und Weiterbildungsprogramm ist erforderlich. Das gilt sowohl für Schulleitungen wie im Rahmen regionaler Fortbildung für Schulkollegien und einzelne Lehrkräfte. Multiplikatoren zum Thema inklusive Schule sind zu qualifizieren.

Für Lehrkräfte, die erstmals in Integrationsklassen unterrichten, sollten verpflichtende Fortbildungsangebote bestehen. Auch für bereits integrativ arbeitende Lehrkräfte werden verstärkt gezielte, an aktuelle Erfordernisse angepasste und bedarfsdeckende Fortbildungsangebote benötigt: „Training on the job" heißt hier das Motto und Lernen von und mit Lehrerinnen und Lehrern, die integrative Erfahrungen haben. Prozessbegleitende Theorie-Praxis-Seminare erweisen sich als besonders effektiv. Wechselseitige Hospitationen in Schulen mit „next practice" können manchmal hilfreicher sein als in solchen mit „best practice". Leuchtturmprojekte können auch entmutigend wirken. Die Schulen und Kollegien müssen konkret und vor Ort im inklusiven Schulentwicklungsprozess durch qualifizierte Prozessberater/innen unterstützt werden. Auch ein entsprechendes Schulleitercoaching ist sinnvoll. Regelmäßige Regionalkonferenzen zum Thema können als Netzwerke den Kompetenztransfer innerhalb einer Region begünstigen.

Fortbildungsmodule – „best pratice"-Beispiel Thüringen
(Ada Sasse & Ursula Schulzeck)

Die folgenden *10 Integrationspädagogischen Module* wurden durch das Thüringer Institut für Lehrerfortbildung, Lehrplanentwicklung und Medien in Kooperation mit der „Thüringer Forschungs- und Arbeitsstelle für gemeinsamen Unterricht" und in Kooperation mit den „Berater/innen für den gemeinsamen Unterricht" als jährlich wiederkehrendes landesweites Angebot entwickelt. Struktur und inhaltliche Ausrichtung der Module basieren auf den folgenden Überlegungen:

Etwa im Januar ist den Grund- bzw. weiterführenden Schulen bekannt, ob Schüler/innen mit sonderpädagogischem Förderbedarf zum Schulbesuch angemeldet sind oder ob Schüler/innen mit einem besonders umfangreichen Förderbedarf die Schuleingangsphase besuchen werden. Bis zum Beginn des Schuljahres im Juli bzw. im August des jeweiligen Kalenderjahres ist somit für Grund-, Regel-, Gymnasial- und Förderschullehrer/innen sowie weiteres pädagogisches Personal ausreichend Zeit, um sich in ausgewählten Fortbildungsmodulen auf die neue Aufgabe vorzubereiten. Für diese Phase sind in besonderem Maße die Module 1 bis 5 (für den Bereich der Grundschule) sowie die Module 1, 2, 7, 8 und 9 (für den Bereich der weiterführenden Schulen) geeignet.

Nach Beginn des Schuljahres benötigen Lehrer/innen und Erzieher/innen die Möglichkeit, sich über Praxiskonzepte des Gemeinsamen Unterrichts, über Fragen der Gestaltung des Schulalltags u. ä. auszutauschen. Solche integrationsbegleitenden Angebote stellen das Modul 6 (für den Bereich der Grundschule) sowie das Modul 10 (für den Bereich der weiterführenden Schulen) dar.

Da erfahrungsgemäß in Fortbildungen zum Gemeinsamen Unterricht ein erhöhter Austausch- und Diskussionsbedarf besteht, sind die Module 1 bis 10 jeweils als ganztätige Fortbildungsveranstaltung angelegt.

Die einzelnen Module beziehen sich auf die folgenden Schwerpunkte:

1. Modul: Geschichte, Grundbegriffe und pädagogische Orientierung schulischer Integration
Vorgestellt und diskutiert werden Besonderheiten des Gemeinsamen Unterrichts in den neuen Bundesländern, die veränderte Berufsrolle von Grund-, Regel-, Gymnasial- und Förderschullehrer/innen, der offene Unterricht und die entwicklungslogische Didaktik, die Entwicklung integrativer Schul- und Unterrichtskultur sowie die Entwicklung sozialer Kompetenzen am Schulanfang.

2. Modul: Kooperation – Zusammenarbeit von Grund- und Förderschullehrer/innen; Elternarbeit
Das Modul widmet sich der Planung und Gestaltung von Unterricht sowie der Arbeit an individuellen Förderplänen im Team, den Konfliktlösungsstrategien und Aushandlungsprozessen in interdisziplinären Teams, den Chancen und Schwierigkeiten in der Arbeit mit Eltern von Schüler/innen mit und ohne sonderpädagogischem Förderbedarf sowie den Möglichkeiten der Zusammenarbeit mit Selbsthilfeorganisationen.

3. Modul: Zieldifferenter Anfangsunterricht im Fach Deutsch
Um im Lernbereich Deutsch Gemeinsamen Unterricht erfolgreich gestalten zu können, sind Wissensbestände zu den Voraussetzungen für einen gelingenden Schriftspracherwerb, über Stufenmodelle des Lesen- und Schreibenlernens, über die Möglichkeiten der Analyse der Lernvoraussetzungen und des Lernstandes sowie über einschlägige pädagogische Konzepte und Modelle erforderlich, die in diesem Modul vermittelt werden.

4. Modul: Zieldifferenter Anfangsunterricht im Fach Mathematik
Um im Lernbereich Mathematik Gemeinsamen Unterricht erfolgreich gestalten zu können, sind Wissensbestände zu den Voraussetzungen für den Erwerb mathematischer Kompetenzen, zur Entwicklung eines mathematischen Zahl- und Operationsverständnisses, zu den Möglichkeiten der Analyse der Lernvoraussetzungen und des Lernstandes sowie über einschlägige pädagogische Konzepte und didaktische Materialien erforderlich, die in diesem Modul vermittelt werden.

5. Modul: Der Thüringer Bildungsplan für Kinder bis 10 Jahre als Grundlage für den Gemeinsamen Unterricht
Der „Thüringer Bildungsplan für Kinder bis 10 Jahre" enthält Bildungsvorstellungen aus der Perspektive des Kindes, die nicht an Altersgruppen, Klassenstufen oder konkrete Bildungsinstitutionen gebunden sind. Vielmehr wird kindliche Bildung hier als basale, elementare und primare Bildung beschrieben. Daher ist der „Thüringer Bildungsplan für Kinder bis 10 Jahre" geeignet, um Bildungsangebote für Kinder mit und ohne sonderpädagogischem Förderbedarf am gemeinsamen Gegenstand und auf unterschiedlichen Lernniveaus (zieldifferenter Unterricht) zu gestalten. In diesem Modul werden am Beispiel ausgewählter Bildungsbereiche Möglichkeiten des Lernens am gemeinsamen Gegenstand diskutiert.

6. Modul: Begleitende Angebote zwischen August und Dezember
Lehrer/innen und Erzieher/innen erhalten Gelegenheit, ihre Erfahrungen über den Beginn des gemeinsamen Unterrichts auszutauschen; sie können von den Erfahrungen der Kolleginnen und Kollegen profitieren, die bereits im Gemeinsamen Unterricht tätig sind. Zugleich besteht die Gelegenheit, sich über pädagogische Konzepte und didaktische Materialien, über Wege der Teamarbeit, der Zusammenarbeit mit den Eltern usw. zu verständigen.

7. Modul: Entwicklung sozialer Kompetenzen im Gemeinsamen Unterricht an weiterführenden Schulen
Im Rahmen dieses Moduls werden verschiedene offene Unterrichtsformen vorgestellt, die für die Entwicklung sozialer Kompetenzen im Gemeinsamen Unterricht besonders geeignet sind. Im Mittelpunkt der Veranstaltung stehen außerdem pädagogisch-didaktische Konzepte der Entwicklung von Toleranz und der Akzeptanz von Verschiedenheit.

8. Modul: Zieldifferenter Unterricht an weiterführenden Schulen (Arbeit mit unterschiedlichen Lehrplänen am Beispiel des Faches Deutsch)
Dieses Modul widmet sich der Frage, wie auf der Basis entwicklungsorientierter Modelle des Schriftspracherwerbs ein guter zieldifferenter Unterricht im Fach Deutsch gestaltet werden kann. Im Mittelpunkt der Veranstaltung stehen Konzepte, Methoden und Materialien für die Unterstützung von Schüler/innen, die beim Erwerb der Schriftsprache anhaltende und gravierende Schwierigkeiten haben. Besonderes Augenmerk wird auf die Planung des Gemeinsamen Unterrichts im Kontext verschiedener, in der zieldifferenten Integration jedoch gleichzeitig zu berücksichtigender Lehrpläne gerichtet.

9. Modul: Zieldifferenter Unterricht an weiterführenden Schulen (Arbeit mit unterschiedlichen Lehrplänen am Beispiel des Faches Mathematik)
Dieses Modul widmet sich der Frage, wie auf der Basis des struktur-niveauorientierten Mathematikunterrichts ein guter zieldifferenter Unterricht im Fach Mathematik gestaltet werden kann. Im Mittelpunkt der Veranstaltung stehen Konzepte, Methoden und Materialien für die Unterstützung von Schüler/innen, die beim Erwerb mathematischer Kompetenzen anhaltende und gravierende Schwierigkeiten haben. Besonderes Augenmerk wird auf die Planung des Gemeinsamen Unterrichts im Kontext verschiedener, in der zieldifferenten Integration jedoch gleichzeitig zu berücksichtigender Lehrpläne gerichtet.

10. Modul: Reflexion und Diskussion des Gemeinsamen Unterrichts in weiterführenden Schulen
Lehrer/innen von Förderschulen und von weiterführenden Schulen erhalten Gelegenheit, sich über Erfahrungen zur schulischen Integration zu beraten. Sie können von den Erfahrungen der Kolleginnen und Kollegen profitieren, die bereits im Gemeinsamen Unterricht tätig sind. Zugleich besteht die Gelegenheit, sich über pädagogische Konzepte und didaktische Materialien, über Wege der Teamarbeit, der Zusammenarbeit mit den Eltern usw. auszutauschen.

Unterstützt wird dieses Fortbildungsangebot durch eine Gruppe von Berater/innen für den Gemeinsamen Unterricht: In jedem Schulamtsbereich sind in der Regel zwei; im größten Schulamtsbereich des Landes sogar fünf Berater/innen tätig. Als Berater/innen für den Gemeinsamen Unterricht arbeiten Förderschullehrer/innen mit integrationspädagogischer Berufserfahrung, die mit einer halben Vollzeitstelle an das Schulamt abgeordnet werden. Auf ihre Tätigkeit wurden sie einer Fortbildungswoche an der Thüringer Forschungs- und Arbeitsstelle für Gemeinsamen Unterricht in Erfurt vorbereitet; seither treffen sie sich einmal monatlich zu einer ganztägigen Fortbildungsveranstaltung. Im Rahmen der monatlichen Fortbildung können sie Erfahrungen austauschen, Lösungen für drängende Praxisprobleme entwickeln oder auch externen Sachverstand hinzuziehen, indem beispielsweise Vertreter/innen des Thüringer Ministeriums für Bildung, Wissenschaft und Kultur, Behindertenbeauftragte, sozialrechtliche u. ä. Experten hinzugezogen werden. Da die Berater/innen für den Gemeinsamen Unterricht nicht auf ein vorgegebenes Arbeitsfeld zurückgreifen konnten, haben sie sich am Beginn ihrer Tätigkeit auf eine gemeinsame Beschreibung ihres Arbeitsfeldes verständigt. Als Kernaufgaben sehen sie die Tätigkeiten Informieren, Beraten, Unterstützen und Begleiten an. Die Ausdifferenzierung ihres Arbeitsfeldes haben sie in der folgenden Form vorgenommen. Geplant ist ein Wechsel der Berater/innen für Gemeinsamen Unterricht in die Schulaufsicht. Ihre professionelle Rolle wird damit um dienstrechtliche Kompetenzen erweitert und nachhaltig gestärkt.

Standards

a) Politisch-rechtliche Ebene

- Lehrerbildungsgesetze müssen den Unterricht für heterogene Lerngruppen verpflichtend für alle Lehrämter in der ersten und zweiten Phase integrieren sowie Studiengänge zur Inklusiven Pädagogik einrichten, dabei sind schulstufenbezogene Ausbildungen (gegenüber schultypenbezogene Ausbildungen) zu entwickeln;
- Studienordnungen sollten sich an den beschriebenen „best practice"-Modellen orientieren.

b) Administrative Ebene

- Auf der Ebene der Schulamtsbezirke müssen Beratungen für inklusiven Unterricht eingerichtet werden und Weiterbildungsmaßnahmen vorgehalten werden;
- Fort- und Weiterbildungen für den Bereich Inklusion sind finanziell sicherzustellen.
- Vorbereitungsdienste müssen für alle Lehrämter auch in inklusiven Schulen ermöglicht werden.
- Die Universitäten müssen Maßnahmen zur gezielten Gewinnung von Lehramtsstudierenden mit Behinderungen ergreifen.

c) Institutionelle Ebene

- Schulen müssen die professionelle Weiterentwicklung ihres pädagogischen Personals für Inklusion sowie Prozesse der Teambildung und der Kooperationsentwicklung in die Konzeption der Schulentwicklung aufnehmen; hierfür müssen auch zeitliche und räumliche Strukturen sichergestellt werden.

d) Ebene der Professionellen

- Der eigene Beratungs- und Weiterbildungsbedarf muss reflektiert und benannt werden; Formen der Teamarbeit und der Kooperation sind zu reflektieren und weiter zu entwickeln.

e) Ebene der Schüler/innen und ihrer Eltern

- Wünsche an die Professionellen zur Realisierung von Inklusion müssen artikuliert werden können – hierzu bedarf es der Sicherung von zeitlichen und räumlichen Strukturen.

Literatur

Anliker, B., Lietz, M. & Thommen, B. (2008): Zusammenarbeit zwischen integrativ tätigen schulischen Sonderpädagoginnen/Sonderpädagogen und Regellehrpersonen. In: Vierteljahresschrift für Heilpädagogik und ihre Nachbargebiete, 77, 226–236

Bargen, I. von, Freitag, C., Gorges, J.M., Hollwedel, K., Jacobsen, A., Schmidt, N. & Seitz, S. (2009): Förderdiagnostik zwischen Selektion und Integration. In: Landesinstitut für Schule (Hrsg.): Jahrbuch 2008. Bremen, 55–62

Benkmann, R. (2001): Sonderpädagogische Professionalität im Wandel. In: Zeitschrift für Heilpädagogik, 52, 90–98

Baulig, V. (1997): Qualifikationsbestimmung sonderpädagogischer Handlungsfelder. In: Zeitschrift für Heilpädagogik, 48, 9–13

Boban, I. & Hinz, Andreas (2003): Index für Inklusion. Deutsche Adaption des „Index for Inclusion" von Tony Booth und Mel Ainscow, Halle. Online verfügbar unter: http://www.eenet.org.uk/resources/docs/Index%20German.pdf [Stand: 18.08.2011]

Bransford, J., Darling-Hammond, L. & LePage, P. (2005): Introduction. In: Darling-Hammond, L. & Bransford, J. (Hrsg.): Preparing Teachers for a Changing World: What teachers should learn and be able to do. San Francisco, 1–39

Burns, E. (2004): The Special Education Consultant Teacher. Springfield

Demmer-Dieckmann (2010): Wie gestalten wir Lehre in der Integrationspädagogik im Lehramt wirksam? Die hochschuldidaktische Perspektive. In: Stein, A.-D., Krach, St. & Niediek, I. (Hrsg.): Integration und Inklusion auf dem Weg ins Gemeinwesen. Bad Heilbrunn, 257–269

Deutsches Institut für Menschenrechte (2008): Stellungnahme zum „Entwurf eines Gesetzes zu dem Übereinkommen der Vereinten Nationen vom 13. Dezember 2006 über die Rechte von Menschen mit Behinderungen". Berlin

Dumke, D. (Hrsg.) (1991): Integrativer Unterricht. Weinheim

Feuser, G. (1995): Behinderte Kinder und Jugendliche: Zwischen Aussonderung und Integration. Darmstadt

Feyerer, E. (2009): Individuelle Förderpläne als Grundlage individualisierter Erziehung, Bildung und Unterricht in Österreich. In: Zeitschrift für Inklusion, 1. Online verfügbar unter: http://www.inklusion-online.net/index.php/inklusion/article/view/22/32 [Stand: 18.08.2011]

Friend, M. & Bursuck, W. D. (2006): Including Students with Special Needs (4. Auflage). Boston

Gehrmann, P. (2001): Gemeinsamer Unterricht – Fortschritt an Humanität und Demokratie. Opladen

Graumann, O. (2008): Förderung und Heterogenität: Die Perspektive der Schulpädagogik. In: Arnold, K.-H., Graumann, O. & Rakhkochkine, A. (Hrsg.): Handbuch Förderung. Weinheim, 16–25

Groeben, A. van der (2008): Verschiedenheit nutzen. Berlin

Haeberlin, U., Jenny-Fuchs, E. & Moser Opitz, E. (1992): Zusammenarbeit. Wie Lehrpersonen Kooperation zwischen Regel- und Sonderpädagogik in integrativen Kindergärten und Schulklassen erfahren. Zürich

Hänsel, D. (2004): Integriertes sonderpädagogisches Bachelor- und Masterstudium an der Universität Bielefeld. Strukturverbesserung statt Qualitätsverbesserung? In: Carle, U. & Unckel, A. (Hrsg): Entwicklungszeiten. Forschungsperspektiven für die Grundschule. Bremen, 81–90

Heimlich, U. (2004): Heilpädagogische Kompetenz – Eine Antwort auf die Entgrenzung der Heilpädagogik? In: Vierteljahresschrift für Heilpädagogik und ihre Nachbargebiete, 73, 256–259

Heimlich, U. (1998): Von der sonderpädagogischen zur integrativen Förderung – Umrisse einer heilpädagogischen Handlungstheorie. In: Zeitschrift für Heilpädagogik, 49, 250–258

Hinz, A., Katzenbach, D. & Rauer, W. et al. (1998): Die Integrative Grundschule im sozialen Brennpunkt. Hamburg

Jacobs, S. (2004): Integrative Prozesse bei der Teamentwicklung im Gemeinsamen Unterricht. Qualitative Studie aus der Innenperspektive eines Teams an einer integrativen Gesamtschule. Kovac

Jonach, I. & Röhner-Münch, K. (2000): Interkulturelle Handlungskompetenz – auch für Sonderpädagogen? In: Vierteljahresschrift für Heilpädagogik und ihre Nachbargebiete, 69, 249–356

Klauß, T. (2010): Qualifizierung von Lehrerinnen und Lehrern für eine Schule für Alle. In: Hinz, A., Körner, I. & Niehoff, U. (Hrsg.): Auf dem Weg zur Schule für alle. Barrieren überwinden – Inklusive Pädagogik entwickeln. Marburg, 281–296

Lindmeier, C. (2000): Heilpädagogische Professionalität. In: Sonderpädagogik, 30, 166–180

Loeken, H. (2000): Erziehungshilfe in Kooperation. Heidelberg

Lütje-Klose, B. (1997): Wege integrativer Sprach- und Kommunikationsförderung in der Schule. Konzeptionelle Entwicklungen und ihre Einschätzung durch amerikanische und deutsche ExpertInnen. St. Ingbert, 385–456; 475–483

Lütje-Klose, B. (2008): Mobile sonderpädagogische Dienste im Förderschwerpunkt Sprache. Ergebnisse einer Gruppendiskussion. In: Zeitschrift für Heilpädagogik, 59 (8), 282–292

Lütje-Klose, B. (2010): Lehrerbildung für eine inklusive Schule – das Beispiel des Studiengangs „Integrierte Sonderpädagogik" an der Universität Bielefeld. In: Sonderpädagogische Förderung in NRW, 1, 3–9

Lütje-Klose, B. (2011): Inklusion – Welche Rolle kann die Sonderpädagogik übernehmen? In: Sonderpädagogische Förderung in NRW (im Erscheinen)

Lütje-Klose, B. & Willenbring, M. (1999): „Kooperation fällt nicht vom Himmel" – Möglichkeiten der Unterstützung kooperativer Prozesse in Teams von Regelschullehrerin und Sonderpädagogin aus systemischer Sicht. In: Behindertenpädagogik, 1, 2–31

Lütje-Klose, B., Urban, M., Werning, R. & Willenbring, M. (2005): Sonderpädagogische Grundversorgung in Niedersachsen – Qualitative Forschungsergebnisse zur pädagogischen Arbeit in Regionalen Integrationskonzepten. In: Zeitschrift für Heilpädagogik, 3, 82–94

Meister, H. & Sander, A. (Hrsg.) (1993): Qualifizierung für Integration. St. Ingbert

Moser, V., Schäfer, L. & Jakob, S. (2010): Sonderpädagogische Kompetenzen, „beliefs" und Anforderungssituationen in integrativen settings. In: Stein, A.-D., Niedick, I. & Krach, St. (Hrsg.): Integration und Inklusion auf dem Weg in das Gemeinwesen. Bad Heilbrunn, 235–244

Opp, G. (1998): Reflexive Professionalität. In: Zeitschrift für Heilpädagogik, 49, 148–158

Peschel, F. (2006): Offener Unterricht: Idee, Realität, Perspektive und ein praxiserprobtes Konzept zur Diskussion. Teil I: Allgemeindidaktische Überlegungen (9. Auflage). Baltmannsweiler

Preuss-Lausitz, U. (Hrsg.) (2008): Gemeinschaftsschule – Ausweg aus der Schulkrise? Konzepte, Erfahrungen, Problemlösungen. Weinheim /Basel

Pugach, M. C. (2006): Research on Preparing General Education Teachers to Work With Students With Disabilities. In: Cochran-Smith, M. & Zeichner, K. M. (Hrsg.): Studying Teacher Education. Mahwah, 549–559

Reiser, H. (1998): Sonderpädagogik als Serviceleistung. Perspektiven der sonderpädagogischen Berufsrolle zur Professionalisierung der Hilfsschul- bzw. Sonderschullehrerinnen. In: Zeitschrift für Heilpädagogik, 49, 46–54

Reiser, H. et al. (2002): Zwischenbericht zum DFG Forschungsprojekt Beratung für Erziehungshilfe in der Schule zwischen Lehrkräften mit verschiedenen Spezialisierungen (BES). Universität Hannover, Forschungsschwerpunkt Beratung für Erziehungshilfe in der Schule (BES). Online verfügbar unter: http://www.ifs.phil.uni-hannover.de/bes/ [Stand: 02.04.2007]

Ruf, U., Keller, S. & Winter, F. (Hrsg.) (2008): Besser lernen im Dialog. Dialogisches Lernen in der Unterrichtspraxis. Seelze-Velber

Salend, S. J., Johansen, M., Mumper, J., Chase, A., Pike, K. M. & Dorney, J. A. (1997): Cooperative teaching: The voices of two teachers. In: Remedial and Special Education, 18, 3–11

Seitz, S. (2008): Leitlinien didaktischen Handelns. In: Zeitschrift für Heilpädagogik, 6, 226–233

Seitz, S. (im Druck): Was Inklusion für die Qualifizierung von Lehrkräften bedeutet. Gewinn für LehrerInnen und SchülerInnen. In: Journal für LehrerInnenbildung, 3

Seitz, S. & Scheidt, K. (im Druck): Professionalisierung von Lehrkräften für inklusiven Unterricht. In: Lütje-Klose, B. (Hrsg.): Inklusion in Bildungsinstitutionen. Eine Herausforderung an die Heil- und Sonderpädagogik. Bad Heilbrunn

Sekretariat der Ständigen Konferenz der Kultusminister der Länder in der Bundesrepublik Deutschland (2004): Standards für die Lehrerbildung: Bildungswissenschaften. Beschluss der Kultusministerkonferenz vom 16.12.2004. Online verfügbar unter: http://www.kmk.org/fileadmin/veroeffentlichungen_beschluesse/2004/2004_12_16-Standards-Lehrerbildung.pdf [Stand: 15.11.2010]

Sekretariat der Ständigen Konferenz der Kultusminister der Länder in der Bundesrepublik Deutschland (2008): Ländergemeinsame inhaltliche Anforderungen für die Fachwissenschaften und Fachdidaktiken in der Lehrerbildung. Beschluss der Kultusministerkonferenz vom 16.10.2008 i. d. F. vom 16.09.2010. Online verfügbar unter: http://www.kmk.org/fileadmin/veroeffentlichungen_beschluesse/2008/2008_10_16-Fachprofile-Lehrerbildung.pdf [Stand: 15.11.2010]

Senatorin für Bildung und Wissenschaft Bremen (2008): Bremer Schulentwicklungsplan. Online verfügbar unter: http://www.bildung.bremen.de/fastmedia/13/Schulentwicklungsplan.pdf [Stand: 09.09.2011]

Senatorin für Bildung und Wissenschaft (2009): Bremer Schulegesetze 2009. Online verfügbar unter: http://www.bildung.bremen.de/fastmedia/13/Fassung1.pdf [Stand: 09.09.2011]

Schwager, M. (2011): Gemeinsames Unterrichten im Gemeinsamen Unterricht. In: Zeitschrift für Heilpädagogik, 3, 92–98

Schuck, K. D. (1999): Unterricht. In: Katzenbach, D. & Hinz, A. (Hrsg.): Wegmarken und Stolpersteine in der Weiterentwicklung der Integrativen Grundschule. Hamburg, 53–108

Stadler, H. (1976): Zum pädagogischen Selbstverständnis von Sonderschullehrern. Rheinstetten

Stein, R. (2004): Zum Selbstkonzept im Lebensbereich Beruf bei Lehrern für Sonderpädagogik. Am Beispiel von Lehrern für Sonderpädagogik in Rheinland-Pfalz. Hamburg

Werning, R., Urban, M. & Sassenhausen, B. (2001): Kooperation zwischen Grundschullehrern und Sonderpädagogen im Gemeinsamen Unterricht. In: Zeitschrift für Heilpädagogik, 5, 178–186

Willmann, M. (2006): Pädagogisch-therapeutische Unterrichtsmodelle im Förderschwerpunkt emotionale und soziale Entwicklung – eine Literaturübersicht. In: Heilpädagogische Forschung, 32, 76–90

Willmann, M., Reiser, H. & Urban, M. (2008): Kooperation und Beratung zwischen Lehrkräften an Regelschulen zu Fragen der schulischen Erziehungshilfe. In: Gasteiger-Klicpera, B., Julius, H. & Klicpera, C. (Hrsg.): Sonderpädagogik der emotionalen und sozialen Entwicklung. Stuttgart, 950–970

Wocken, H. (1988): Kooperation von Pädagogen in integrativen Grundschulen. In: Wocken, H., Antor, G. & Hinz, A. (Hrsg.): Integrationsklassen in Hamburger Grundschulen. Hamburg, 199–274

Wocken, H. (2010): Was ist inklusiver Unterricht? Eine Checkliste zur Zertifizierung schulischer Inklusion. In: Gemeinsam Leben, 18, 203–208

5 Inklusiver Unterricht

Humane entwicklungs- und leistungsförderliche Strukturen im inklusiven Unterricht

Annedore Prengel

Inklusiver Unterricht wurde seit den Integrations-Schulversuchen im letzten Drittel des zwanzigsten Jahrhunderts von Lehrerinnen und Lehrern entwickelt, in Berichten und Filmen dokumentiert, wissenschaftlich analysiert sowie theoretisch ausformuliert und reflektiert. Seither wird der Gemeinsame Unterricht der verschiedenen Kinder mit dem Argument begründet, dass das gemeinsame Lernen in heterogen zusammengesetzten Gruppen für ihre persönliche, soziale und kognitive Entwicklung förderlich sei (vgl. z. B. Deppe-Wolfinger, Prengel & Reiser 1990; Preuss-Lausitz 2011; Siegert 2005).

Ausgangspunkt inklusiven Unterrichts ist die Anwesenheit aller Kinder in einer Schule. Dabei ist der gemeinsame Zugang zu einer Schule auf der institutionellen Ebene zwar eine notwendige, aber noch keine hinreichende Bedingung für das Gelingen inklusiven Unterrichts. Dass in den seit den siebziger Jahren von behinderten und nichtbehinderten Kindern besuchten Integrationsklassen nicht in jedem Fall auch wirklich Gemeinsamkeit realisiert wurde und wird, sondern dass es hier vorkommt, dass – entgegen der Konzeption der Integrationspädagogik – interne Separation praktiziert wird, hatte heftige Kritik zur Folge. Um Distanz zu dieser Fehlentwicklung zu signalisieren und beflügelt von der UN-Behindertenrechtskonvention, setzte sich der Begriff der Inklusion nach und nach durch.

Daraus folgt: Inklusion in der Schule kann in dem Maße gelingen, in dem die Qualität inklusiver Praxis auch im alltäglichen Unterricht ermöglicht und gesichert wird. Ziel dieses Beitrags ist es, in knapper Form zentrale Kriterien für gelingenden Gemeinsamen Unterricht in heterogenen Lerngruppen anhand der folgenden sieben Thesen vorzustellen und zu begründen.

Die hier vorgestellten sieben Qualitätskriterien für inklusiven Unterricht sind aus langjährigen Erfahrungen, umfassenden empirischen Erhebungen und theoretischen Analysen hervorgegangen und enthalten unverzichtbare Essentials. In diesen Kriterien werden auch Paradoxien, von denen alle Bildungssysteme moderner Gesellschaften und damit auch inklusive Schulen betroffen sind, aufgegriffen; hier sind vor allem die widersprüchlichen Funktionen von Bildungsstandards sowie der Zusammenhang von Qualifikation und Selektion zu nennen (Fend 1980; Prengel 2011, 2011b).

Die sieben Thesen sind nicht gleichzusetzen mit Wirklichkeitsbeschreibungen, die schulisches Geschehen eins zu eins abbilden könnten. Denn alltägliche Ereignisse sind derart von gegensätzlichen, unvorhergesehenen und unvollkommenen Entwicklungen geprägt, dass die Thesen als orientierende Maximen angesehen werden müssen, die zugleich auch immer wieder im Widerspruch zum konkreten

Schulleben stehen können. Die Maßstäbe setzenden Kriterien sind gleichwohl unverzichtbar. Denn in dem Maße, in dem schulische und wissenschaftliche Vertreter inklusiver Pädagogik die immer gegebenen Widersprüche und Verbesserungsmöglichkeiten der eigenen Arbeit bewusst reflektieren und in dem Maße, in dem Schulen beginnen, sich inklusiver Pädagogik zuzuwenden, gewinnen stichhaltig begründete und Orientierung bietende Qualitätskriterien an Bedeutung.

Zur 1. These: Inklusiver Unterricht beruht auf einer Halt gebenden und responsiven Lehrer-Schüler-Beziehung

Humane Beziehungen bilden die Grundlage unserer gesellschaftlichen Aktivitäten in allen Altersstufen, und damit auch des schulischen Lernens in Kindheit und Jugend (Künkler 2011). Zahlreiche Forschungsrichtungen belegen immer wieder aufs Neue, dass sich die Qualität pädagogischer Beziehungen auf die leibliche, psychische, soziale und kognitive Entwicklung von Kindern und Jugendlichen auswirkt. Dazu gehören so unterschiedliche Ansätze wie die Bindungsforschung, die Entwicklungspsychologie, die Sozialisationsforschung, die Kriminologie, Unterrichtsforschung und zunehmend auch die Neurobiologie (vgl. z. B. Gahleitner 2009; Roth, Spitzer & Caspary 2009; Urieta 2011). Bei aller Unterschiedlichkeit in der Arbeit mit verschiedenen Altersgruppen – Lehrer-Schüler-Beziehungen haben existenzielle Auswirkungen und können Lernen ermöglichen oder auch blockieren. Schülerinnen und Schüler brauchen kontinuierlich verlässliche, vertrauensvolle und Halt gebende Beziehungen zu ihren Lehrer/innen. Gutes professionelles Handeln ist von *Responsivität* geprägt, das heißt, die Adressaten erleben, dass sie gehört und anerkannt werden.

Inklusion kann darum nur gelingen, wenn Pädagoginnen und Pädagogen sich intensiv um gute Beziehungen zu allen Mitgliedern der heterogenen Lerngruppe bemühen, Anerkennung sichtbar zum Ausdruck bringen und bewusst auf negative Zuschreibungen aller Art verzichten. Dieser Anspruch ist vor allem in solchen Situationen schwer zu verwirklichen, in denen einzelne Lernende die Lehrpersonen irritieren, weil sie ihnen unsympathisch, störend, unbegabt oder unverständlich vorkommen. Das gilt nicht selten für Kinder und Jugendliche mit dem Förderschwerpunkt emotionale und soziale Entwicklung, die besonders oft von einer Schule oder einer Einrichtung in die andere versetzt werden. Es sind vor allem solche Kinder und Jugendlichen, die in ihren Familien hochproblematische oder traumatisierende Bindungserfahrungen gemacht haben und darum sehr auf angemessene, heilsame Bindungen in professionellen Settings angewiesen sind (Prengel 2006).

Inklusive Schulen haben Konzepte entwickelt, in deren Zentrum eine Halt gebende Beziehung zu einer professionellen erwachsenen Person steht, um zu ermöglichen, dass alle in ihrer Schule gehalten werden und Mitglieder ihrer Schulgemeinde bleiben können (vgl. Stähling 2006; Becker & Prengel 2011). Lehrpersonen können in einfachen, aber persönlich bedeutsamen Ritualisierungen, wie zum Beispiel alltäglich jedes Kind persönlich freundlich begrüßen und verabschieden, solchen

Beziehungen kontinuierlich Ausdruck verleihen. Um verlässliche, responsive Beziehungen auch bei schwierigen Konflikten aufrecht halten zu können, sind Lehrkräfte auf professionelle Kooperation und Supervision angewiesen (siehe 7. These).

Wichtig ist, dass gute professionelle Relationen nicht etwa gleich zu setzen sind mit übertriebener Akzeptanz. Mit Verlässlichkeit auf der Beziehungsebene geht auch einher, dass Pädagog/innen hohe Erwartungen an Kinder und Jugendliche haben und ihnen bei Übergriffen gegen andere Grenzen setzen.

Zur 2. These: Im inklusiven Unterricht werden respektvolle Peer-Beziehungen gepflegt

Ein überaus deutlicher Befund der Kindheits- und Jugendforschung ist, dass Mädchen und Jungen Gleichaltrige brauchen, um sich gut und zunehmend unabhängig entwickeln zu können. Schülerbefragungen ergeben, dass Peer-Beziehungen schon vom Anfangsunterricht an hochbedeutsam sind (Petillon 1993; Oswald 2009). Das einschneidendste Argument gegen die schulische Separation ist, dass die Trennung von anderen Kindern wesentliche Erfahrungen und Lernpotenziale mit Gleichaltrigen unmöglich macht. Die inklusive Schule verspricht ein bereicherndes Zusammensein der Kinder und Jugendlichen untereinander, das allerdings nicht von selbst zustande kommt, wenn sich verschiedene Schülerinnen und Schüler in einem Raum befinden. Um seine Versprechungen einzulösen, muss im inklusiven Unterricht die Peergruppe intensiv gepflegt werden.

Es ist unerlässlicher Bestandteil inklusiven Unterrichts, dass alle in einer Klasse Lehrenden kontinuierlich eine Haltung der *Selbstachtung* und der *Anerkennung der anderen* fördern und in Klassenregeln und Ritualen, wie zum Beispiel Kreisgesprächen zur Konfliktbearbeitung, vermitteln (vgl. z. B. die Anregungen dazu bei Kahlert et al. 2002). Darüber hinaus werden kooperative Lern- und Spielaktivitäten gepflegt. Verbale oder körperliche aggressive Handlungen werden nicht ignoriert, bei Übergriffen gegen andere wird vielmehr, wie unter der ersten These erwähnt, eingeschritten. Falls bei schwerwiegendem Fehlverhalten gegen andere eine Strafe für angemessen gehalten werden sollte, muss sie helfen, den angerichteten Schaden wieder gut zu machen um zu reintegrieren; sie darf darum weder stigmatisieren noch ausgrenzen.

Zur 3. These: Zum inklusiven Unterricht gehört eine differenzierende Didaktik, die individualisierungsfähige gestufte Standards und Offenheit für die Themen der Kinder und Jugendlichen kombiniert

In der didaktischen Struktur des inklusiven Unterrichts werden zwei grundlegende orientierende Prinzipien, quasi zwei Standbeine, kombiniert: die Orientierung an von Erwachsenen vorgegebenen Bildungsstandards und die Orientierung an

Themen und Interessen der Kinder und Jugendlichen (Heinzel 2011). Während die verbindlichen Bildungsstandards gleiche, dabei aber zeitlich zu verschiedenen Zeitpunkten zu erreichende Ziele betreffen, bietet die unterrichtliche Offenheit den Kindern und Jugendlichen Freiräume für ihre Themen und Interessen.

Die Didaktik der heterogenen Lerngruppe ermöglicht zieldifferentes Lernen durch Freiarbeit, die teilweise auch anhand von Wochen- und Tagesplänen und Stationenlernen praktiziert wird (Drews & Wallrabenstein 2002; Lähnemann 2008; Platte, Seitz & Terfloth 2006; Urieta 2011). Hinzu kommen fächerübergreifende und fachbezogene Projekte. Diese didaktische Offenheit erlaubt es, dass die Schülerinnen und Schüler ihre individuellen und kollektiven Themen und Interessen zu ihren Unterrichtsgegenständen machen und dabei von ihren Pädagoginnen und Pädagogen unterstützt werden.

Angesichts der Freiheiten, die diese Didaktik bietet, ist im Interesse der Chancengleichheit von bildungsbenachteiligten Schülerinnen und Schülern notwendig, den Erwerb elementarer Kulturtechniken verantwortungsvoll zu sichern. Dabei genügen die üblichen eindimensionalen Bildungsstandards in der Form von Regel- oder Minimalstandards den Ansprüchen der Didaktik der heterogenen Lerngruppe nicht. Sie müssen stufenförmig so ausdifferenziert werden, dass sie für heterogene Lernausgangslagen vielfältige jeweils passende domänenspezifische Ziele angeben können. Individualisierungsfähige Standards für den inklusiven Unterricht beruhen also auf domänenspezifischen Stufenmodellen, zum Beispiel des Schriftspracherwerbs und des mathematischen Lernens. Solche Stufenmodelle können es zwar nicht leisten, die stets unvorhersehbaren Aneignungsprozesse der Lernenden abzubilden, aber sie bieten den Lehrenden Orientierung bei der Sicherung individuell passender pädagogischer Angebote zum Erreichen der jeweiligen Zone der nächsten Entwicklung. Stufenmodelle sind geeignet, für eine zeitlich lernzieldifferente, dabei aber inhaltlich lernzielgleiche Didaktik eine Struktur anzubieten. Das heißt konkret, dass für alle eine Reihe fachlich gleicher, dabei aber stufenförmig aufgefächerter Lernziele, wie zum Beispiel *lesen*, *schreiben* und *rechnen,* verbindlich sind. Da die Schülerinnen und Schüler sich auf verschiedenen Kompetenzstufen befinden, streben sie die je individuell nächstliegende Stufe an und erreichen diese in ihrem je eigenen Tempo. Am Beispiel des Schriftspracherwerbs: Manche lernen lange auf einer basal-präliteralen Stufe, während andere sich auf der alphabetischen Stufe befinden und noch andere die lexikalisch-orthografische Stufe erreichen. Aufgabe der Lehrerinnen und Lehrer ist es, jedes Kind zu seiner individuell bestmöglichen Leistung im Bereich zentraler Kulturtechniken einschließlich der entsprechenden Vorläuferfähigkeiten anzuregen, das ist der Sinn individualisierungsfähiger Standards und Struktur bietender Stufenmodelle.

Gerade für Lehrpersonen, die beginnen inklusiv zu arbeiten und die Sicherheit alter Strukturen des gleichschrittigen Lehrplans aufgeben, sind solche Strukturen für Binnendifferenzierung hilfreich (Prengel 2007).

Zur 4. These: Im inklusiven Unterricht werden didaktische Materialien angeboten, die Differenzierung ermöglichen

Die differenzierende Didaktik der heterogenen Lerngruppe ist realisierbar anhand von Lernmaterialien, mit denen die Schülerinnen und Schüler individuell arbeiten. Eine vielseitige, für alle vorkommenden Lernausgangslagen passende sowie vorbereitete Umgebung ist Voraussetzung für Binnendifferenzierung. Da das Lernen der Schülerinnen und Schüler mit heterogenen Kompetenzen nicht gleichschrittig durch die frontale Lehre der Lehrkräfte für alle gemeinsam ermöglicht werden kann, müssen die Lernenden in wesentlichen Teilen des Unterrichts materialbasiert eigenständig arbeiten, sei es in Einzel-, Partner- oder Gruppenarbeit.

Das Materialangebot sollte sich an den beiden in der dritten These erläuterten didaktischen Prinzipien orientieren: Die Stufenmodelle für zentrale Domänen des Lernens, vor allem für den Schriftspracherwerb sowie für mathematisches Lernen, bieten eine Struktur für die systematische Auswahl von Lernmaterialien, während die vielseitigen Themen und Interessen der Kinder und Jugendlichen anzeigen, welche weiteren Gegenstände und Medien zur Unterstützung kreativer Lernprozesse benötigt werden.

Der Gestaltung der vorbereiteten Umgebung kommt besondere Bedeutung zu, weil die Gefahr besteht, dass vorwiegend Arbeitsblätter, die recht mechanisch abgearbeitet werden, zum Einsatz kommen. Zu einer vielseitigen pädagogischen Umgebung für inklusiven Unterricht gehören hingegen so unterschiedliche Dinge wie zum Beispiel Musikinstrumente und Computer, räumliche Arrangements für Theaterspiel und naturwissenschaftliche Experimente, Bibliothek und Spiel- und Bewegungsmaterial sowie die Erweiterung des pädagogischen Raums über die Schule hinaus durch Exkursionen und Projekte.

Zur 5. These: Im inklusiven Unterricht wird eine pädagogische Diagnostik praktiziert, die im Sinne des Assessment for Learning auch Selfassessment und Peer-assessment einschließt

Die Didaktik des inklusiven Unterrichts beruht auf einer kontinuierlichen pädagogischen Diagnostik, denn um passende Angebote für individuelles Lernen realisieren zu können, müssen sich die Lehrkräfte immer wieder über die Lernausgangslagen der Schüler/innen informieren. Es geht bei einer solchen pädagogischen Diagnostik also nicht um Leistungstests, die im Sinne der summativen Analyse und des Assesssment *of* Learning nach dem Lernprozess dem Vergleich mit Altersnormen oder dem Vergleich zwischen Klassen, Schulen oder Schulsystemen dienen. Es geht vielmehr um eine didaktische Diagnostik, die im Sinne der formativen Analyse und des Assessment *for* Learning der unmittelbaren alltäglichen Optimierung des Lehrens und Lehrens dient (OECD 2005; Black & Wiliam 1998; Prengel, Riegler & Wannack 2009). Auf diesem Hintergrund können Lehrkräfte Kindern auch immer wieder präzise erklären, welche Ziele zum jeweiligen Zeitpunkt anzustreben sind.

Dabei sind Stufenmodelle für Lernprozesse hilfreich, weil sie dazu beitragen, die gegenwärtig erreichte Kompetenzstufe und die Zone der nächsten Entwicklung zu benennen. Zentral für diese Art der pädagogischen Diagnostik ist die grundlegende, in den ersten Jahren der Integrationspädagogik gewonnene Erkenntnis „Jedes Kind ist auf seiner Stufe kompetent" (Prengel & Liebers 2006). Diese Aussage gilt für alle Kinder, auch für ein schwerstbehindertes Kind, zu dessen Kompetenzen zum Beispiel ausgesagt werden könnte: „*Martin kann weinen und sich trösten lassen*" oder „*Anna kann Blickkontakt aufnehmen und abbrechen*". Solche Ressourcenorientierung dient sowohl der Anerkennung aller Kinder und Jugendlichen in heterogenen Lerngruppen als auch der genauen Analyse der erreichten Kompetenzen, um an ihnen anknüpfen zu können. Wenn im Gegensatz dazu vor allem Defizite diagnostiziert werden, müssen diagnostische Ergebnisse ungenau bleiben, weil man die Zone der bereits erreichten und der als nächstes anstehenden Entwicklung nicht in den Blick bekommt.

Bestandteile des formativen Assessment sind Selfassessment und Peerassessment. Die Lernenden reflektieren ihren Lernprozess und erhalten Rückmeldungen von ihren Peers, so dass sie sich selbst Ziele setzen können.

Zur 6. These: Im inklusiven Unterricht wird ein mehrperspektivischer Leistungsbegriff angewendet

Formen der Leistungsbewertung werden in Bezugsnormentheorien verhandelt. So unterscheidet Falko Rheinberg (2001) eine individuelle, eine kriteriale und eine sozial-vergleichende Bezugsnorm. Inklusive Pädagogik favorisiert zunächst die individuelle Bezugsnorm, in der es darum geht, individuelle Lernentwicklungen im Vorher-Nacher-Vergleich zu bewerten. Dabei ist aber klarzustellen, dass auch die beiden anderen Bezugsnormen für Leistungsinterpretationen im inklusiven Unterricht unverzichtbar sind und implizit auch meist mitspielen, wenn es um Leistung geht. Die kriteriale Bezugsnorm ermöglicht sachliche Leistungsbeschreibungen, wie sie zum Beispiel anhand von domänenspezifischen Stufenmodellen möglich sind. Leistungsschwächen und Leistungsstärken sind dabei den beteiligten Lehrenden und Lernenden bewusst und es gehört zur Kommunikationskultur im inklusiven Unterricht, dass sie respektvoll, weder diskriminierend noch entmutigend, besprochen und gerade nicht ausgeblendet werden. In diesem Sinne ist aus meiner Sicht die Inklusionspädagogik nicht frei von der sozial-vergleichenden Bezugsnorm, denn sie kann ihren Schülerinnen und Schülern – völlig unabhängig vom jeweiligen Leistungsstand – die oft schmerzlich wahrgenommene Einsicht in die Tatsache, dass jemand anderes bessere Leistungen erbringt, nicht ersparen. Diese Position ist in der Inklusionspädagogik umstritten. Konsens ist aber, dass sie dem Absolutheitsanspruch und der Destruktivität des Leistungsprinzips viel entgegenzusetzen hat.

Ein mehrperspektivischer Leistungsbegriff (Prengel 2002) kann dazu beitragen, dass Schülerinnen und Schüler Anerkennung erfahren, ohne Leistungshierarchien auszublenden. So lassen sich folgende Perspektiven der Leistungsinterpretation auffächern: Grundlage jeder Leistungsbeurteilung bildet im inklusiven Unterricht die nicht hinterfragbare Anerkennung jedes Mädchens und jedes Jungen als Mitglied der Schul- und Klassengemeinschaft, denn sie werden hier nicht mit Ausgrenzung durch Sitzenbleiben oder Überweisung in andere Schulformen aufgrund von erbrachten Leistungen bedroht. Die individuelle und die kriteriale Bezugsnorm ermöglichen eine Anerkennung der persönlichen Leistung jedes einzelnen und seiner Leistungsentwicklung. Wenn auf einer solchen Basis Leistungsunterschiede im Sinne der sozial-vergleichenden Bezugsnorm thematisiert werden, erfahren Schülerinnen und Schüler in ihrer Schule, dass Leistungshierarchien nicht zu Entwertungen führen müssen.

Zur 7. These: Im inklusiven Unterricht kooperieren multiprofessionelle Teams

Zur Didaktik der heterogenen Lerngruppe gehört die Kooperation in multiprofessionellen Teams mit schulpädagogischer, fachdidaktischer, sonderpädagogischer und sozialpädagogischer Qualifikation (Keim et al. 1996; Schöler 1997; Krämer-Kilic 2009). Die gemeinsame Verantwortung für die heterogene Lerngruppe bietet Entlastung, dazu nur einige Beispiele: Die vielen Materialien können im Team konzipiert und arbeitsteilig beschafft werden, die Situationen von Einzelnen und Gruppen in den Klassen können gemeinsam reflektiert werden, die Aufgaben der alltäglichen Beobachtung und der pädagogischen Diagnostik sowie der Begleitung der Lernenden während des individualisierenden Unterrichts können auf mehrere Personen verteilt werden (Ehlert, Maag-Merki & Werner 2011). Sonderpädagogisch ausgebildete Fachkräfte können behinderungsspezifisches Knowhow recherchieren und im Team weitergeben (Reiser 1998).

Für alle Beteiligten sind regelmäßige Teamgespräche und Super- oder Intervision Voraussetzungen für gemeinsames pädagogisches Handeln (Dlugosch 2006). Sie dienen der Entlastung bei Krisen, Störungen und Konflikten, indem eingeengte Perspektiven erweitert und neue Handlungsoptionen entwickelt werden. Die Kooperation im Team ist eine wesentliche Ressource inklusiven Unterrichts, sie kann aber bei Konflikten zwischen den Kooperationspartnern auch selbst Krisen hervorrufen und wird dann selbst zum Thema der Supervision.

Die hier vorgeschlagenen Elemente inklusiven Unterrichts müssen eingebettet sein in eine inklusionsförderliche Schulentwicklung, Ressourcenzuteilung und Bildungspolitik. Die Thesen dieses Beitrags sind als Versuch zu verstehen, Tendenzen der Spaltung zwischen Personenorientierung und Leistungsorientierung zu überwinden, um einen humanen, entwicklungs- und leistungsförderlichen Unterricht zu unterstützen und dafür Strukturen zu benennen.

Literatur

Becker, U & Prengel, A. (2010): Kindern institutionell Halt geben – Strukturen für „schwierige" Kinder in inklusiven Grundschulen. In: Heinzel, F. (Hrsg.): Kinder in der Gesellschaft. Was wissen wir über aktuelle Kindheiten? Beiträge zur Reform der Grundschule des Grundschulverbandes. Band 130. Frankfurt am Main

Black, P. & Wiliam, D. (1998): Assessment and Classroom Learning. In: *Assessment in Education*, 5 (1), 7–74

Deppe-Wolfinger, H., Prengel, A. & Reiser, H. (1990): Integrative Pädagogik in der Grundschule. Bilanz und Perspektiven der Integration behinderter Kinder in der Bundesrepublik Deutschland 1976–1988. München

Dlugosch, A. (2006): „So hab' ich das noch nie gesehen ..." Kollegiale Fallberatung auf der Grundlage der Themenzentrierten Interaktion. In: Friedrich Jahresheft: Diagnostizieren und Fördern, 128–131

Drews, U. & Wallrabenstein, W. (2002): Freiarbeit in der Grundschule. Offener Unterricht in Theorie, Forschung und Praxis. Frankfurt am Main

Ehlert, A., Maag-Merki K. & Werner, S. (2011): Selbstregulation im Unterricht fördern. In: Albisser, S. & Bieri Buschor, C. (Hrsg.): Sozialisation und Entwicklungsaufgaben Heranwachsender. Baltmannsweiler, 247–266

Fend, H. (1980): Theorie der Schule. München/Wien/Baltimore

Gahleitner, S. B. (2009): Persönliche Beziehungen aus bindungstheoretischer Sicht. In: Lenz, K. & Nestmann, F. (Hrsg.): Handbuch persönliche Beziehungen. Weinheim/München, 145–169

Hascher, T. & Hagenauer, G. (2011): Emotionale Aspekte des Lehrens und Lernens. In: Brandt, S. T. (Hrsg): Lehren und Lernen im Unterricht. Baltmannsweiler, 127–148

Heinzel, F. (2011): Generationenvermittlung in der Grundschule. Ende der Kindgemäßheit? Bad Heilbrunn

Kahlert, J. et al. (2002): Achtsamkeit und Anerkennung. Materialien zur Förderung des Sozialverhaltens in der Grundschule. Köln. Online verfügbar unter: http://www.unfallkasse-nrw.de/fileadmin/server/download/Sonderschriften/S_04-Achtsamkeit_und_Anerkennung.pdf [Stand: 24.06.2011]

Keim, W. et al. (Hrsg.) (1996): Team-Kleingruppen-Modell Köln-Holweide – Theorie und Praxis. Frankfurt am Main

Krämer-Kilic, I. (2009): Zwei Pädagogen unterrichten gemeinsam (Teamteaching) – Aspekte zur Umsetzung im gemeinsamen Unterricht (Inklusion). Online verfügbar unter: bidok.uibk.ac.at/library/kraemerkilic-teamteaching.html [Stand: 24.06.2011]

Künkler, T. (2011): Lernen in Beziehung. Zum Verhältnis von Subjektivität und Relationalität in Lernprozessen. Bielefeld

Lähnemann, C. (2008): Freiarbeit aus SchülerInnen-Perspektive. Wiesbaden

OECD (Hrsg.) (2005): Formative Assessment: Improving Learning in Secondary Classrooms. Paris

Oswald, H. (2009): Persönliche Beziehung in der Kindheit. In: Lenz, K. & Nestmann, F. (Hrsg.): Handbuch persönliche Beziehungen. Weinheim und München, 491–512

Petillon, H. (2011): Grundschulkinder und ihre sozialen Beziehungen. In: Einsiedler, W. et al. (Hrsg.): Handbuch Grundschulpädagogik und Grundschuldidaktik. Bad Heilbrunn, 168–176

Petillon, H. (1993): Das Sozialleben des Schulanfängers. Die Schule aus der Sicht des Kindes. Weinheim

Platte, A., Seitz, S. & Terfloth, Karin (Hrsg.) (2006): Inklusive Bildungsprozesse. Bad Heilbrunn

Prengel, A. (2006): ILeA. Individuelle Lernstandsanalysen in der Grundschule. Ein Beobachtungsheft zur psychosozialen Gesamtsituation. Landesinstitut für Schule und Medien Brandenburg. Potsdam und Ludwigsfelde. Online verfügbar unter: http://www.bildungsserver. berlin-brandenburg.de/ilea1.html, [Stand: 13.03.2010]

Prengel, A. (2011): Selektion versus Inklusion – Gleichheit und Differenz im schulischen Kontext. In: Faulstich-Wieland, H. (Hrsg.): Umgang mit Heterogenität und Differenz. Baltmannsweiler, 23–48

Prengel, A. & Liebers, K. et al. (2006): ILeA 1. Individuelle Lernstandsanalysen 1. Lehrerheft 1. Landesinstitut für Schule und Medien Brandenburg. Potsdam und Ludwigsfelde. Online verfügbar unter: http://www.bildungsserver.berlin-brandenburg.de/ilea1.html [Stand: 13.03.2010]

Prengel, A., Riegler, S. & Wannack, E. (2009): „Formative Assessment" als Re-Impuls für pädagogischdidaktisches Handeln. In: Röhner, C. et al. (Hrsg.): Europäisierung der Bildung – Konsequenzen und Herausforderungen für die Grundschulpädagogik. Jahrbuch Grundschulforschung Band 13. Wiesbaden, 253–257

Prengel, A. (2002): „Ohne Angst verschieden sein?" – Mehrperspektivistische Anerkennung von Schulleistungen in einer Pädagogik der Vielfalt. In: Hafeneger, B., Henkenborg, P. & Scherr, A. (Hrsg.): Pädagogik der Anerkennung – Grundlagen, Konzepte, Praxisfelder. Schwalbach/Taunus, 203–221

Prengel, A. (2007): Heterogenität als Chance. In: de Boer, H., Burk, K.-H. & Heinzel, F. (Hrsg.): Lehren und Lernen in jahrgangsgemischten Klassen. Frankfurt am Main, 66–75

Prengel, A. (2011b): Zwischen Heterogenität und Hierarchie in der Bildung – Studien zur Unvollendbarkeit der Demokratie. In: Ludwig, L. et al. (Hrsg.): Bildung in der Demokratie. Tendenzen – Diskurse – Praktiken. Opladen, 83–94

Preuss-Lausitz, U. (2011): Integration und Inklusion von Kindern mit Behinderungen – ein Weg zu einer produktiven Vielfalt in einer gerechten Schulen. In: Faulstich-Wieland, H. (Hrsg.): Umgang mit Heterogenität und Differenz. Baltmannsweiler, 161–180

Reiser, H. (1998): Sonderpädagogik als Service-Leistung? In: Zeitschrift für Heilpädagogik, 49, 46–54

Rheinberg, F. (2001): Bezugsnormen und schulische Leistungsbeurteilung. In: Weinert, F.E. (Hrsg.): Leistungsmessungen in Schulen. Weinheim/Basel, 59–71

Roth, G., Spitzer, M. & Caspary, R. (2009): Lernen und Gehirn: Der Weg zu einer neuen Pädagogik (6. Auflage). Freiburg

Sander, A. (2001): Von der integrativen zur inklusiven Bildung. Internationaler Stand und Konsequenzen für die sonderpädagogische Förderung in Deutschland. In: Hausotter, A., Boppel, W. & Menschenmoser, H. (Hrsg.): Perspektiven Sonderpädagogischer Förderung in Deutschland. Dokumentation der Nationalen Fachtagung vom 14.–16. November 2001 in Schwerin. Middelfart (DK), 143–164. Wiederveröffentlichung online verfügbar unter: http://bidok.uibk.ac.at/library/sander-inklusion.html [Stand: 01.08.2009]

Schnell, I. (2007): Inklusion. In: Demmer, M. (Hrsg.): ABC der Ganztagsschule. Schwalbach/Taunus. Online verfügbar unter: http://www.abc-der-ganztagsschule.de/Buchprojekt.html [Stand: 29.07.2009]

Schöler, J. (1997): Leitfaden zur Kooperation von Lehrerinnen und Lehrern – nicht nur in Integrationsklassen. Heinsberg

Siegert, H. (2005): Klassenleben. Dokumentarfilm. Berlin

Stähling, R. (2006): „Du gehörst zu uns" Inklusive Grundschule. Ein Praxisbuch für den Umbau der Grundschule. Hohengehren

Urieta, K. (2011): Kinder in schwierigen Übergangssituationen vom Elementar- zum Primarbereich. Eine biografieanalytische Studie. Berlin

Vereinte Nationen (2006): Übereinkommen über die Rechte von Menschen mit Behinderungen. Online verfügbar unter: http://files.institut-fuer-menschenrechte.de/437/Behindertenrechtskonvention.pdf [Stand: 10.08.2009]

Gemeinsam und individuell – Anforderungen an eine inklusive Didaktik

Ulrike Meister & Irmtraud Schnell

Kinder und Jugendliche mit umfänglichen Behinderungen besuchen bislang nur in geringer Anzahl allgemeine Schulen. Dieser Beitrag stellt deshalb grundlegende Überlegungen zur Inklusion dieser Schülergruppe an. Er versteht sich als diesbezügliche Ergänzung der Ausführungen von Annedore Prengel.

Grundlegendes

Für inklusiven Unterricht sind individualisierende und offene Unterrichtskonzepte grundlegend, die vor allem im Rahmen der Grundschulpädagogik weit entwickelt sind. Sie bieten schon jetzt Raum für individuelle Zugangsweisen. Angewandt werden sie jedoch in selektiven Strukturen, auch wenn sie nicht für diese entwickelt wurden, sondern, wirklich ernst genommen, über sie hinausweisen. Die Offenheit der Unterrichtskonzepte findet ihre Grenze in Erwartungen normierter Lernergebnisse, je nach Jahrgangsstufe und Schulart. So können sie nicht wirksam werden im Sinne heterogener Lernprozesse ohne jede Einschränkung.

Inklusiver Unterricht bezieht hingegen alle Formen der inneren und einige Formen der äußeren Differenzierung ein, je nach den individuellen, kulturellen, kognitiven, entwicklungspsychologischen, emotionalen sowie sozialen Ausgangslagen und Bedürfnissen der Schülerinnen und Schüler. Zur didaktischen Erschließung (und Reduktion) der im Prinzip unbegrenzten Wissensbestände halten wir ein inklusiv erweitertes Verständnis von Klafkis Begriff kategorialer Bildung für geeignet. Erweitert ist das Verständnis insofern, als es das Elementare – das heißt, das im Besonderen eines Gegenstandes sichtbar werdende Allgemeine – und das Fundamentale – die für das Subjekt bedeutsame Einsicht – beides als Einheit im Exemplarischen gefasst, um vielfache Dimensionen erweitert (vgl. Klafki 1996, 87–107; Feuser 2008; von der Groeben 2008).

Der Intention inklusiven Unterrichts widerspricht die künstliche äußere Trennung nach Jahrgängen, die altersgleiche Entwicklungsverläufe suggeriert. Sowohl für den mathematischen als auch für den schriftsprachlichen Bereich konnte aufgezeigt werden, dass sich die diesbezüglichen Lernvoraussetzungen der Schulanfänger/innen um bis zu vier Jahren unterscheiden (vgl. Hanke 2005, 115). Deshalb sollte inklusiver Unterricht perspektivisch in jahrgangsgemischten Gruppen stattfinden. Diese Offenheit enthebt inklusiven Unterricht nicht der Notwendigkeit einer curricularen Verortung. Diese leistet immer eine Vermittlung zwischen dem Individuum – in erster Linie seinen Fähigkeiten und Leistungen – und der sozialen Lebenswirklichkeit – das heißt vor allem, den in einer Gesellschaft zugänglichen

Bildungsabschlüssen und Ausbildungs- und Berufsperspektiven. Die inklusive Öffnung der Curricula hält grundsätzlich allen Kindern alle Wege offen, kommt aber nicht umhin, sich der sozialen Funktionalität von Schule zu stellen. Individuelle Zielsetzungen werden auf zweierlei Weise verfolgt:

- in entwicklungslogisch bestimmten Lehrgangsthemen; hier erschließt sich ein systematisches, methodisches, formalisiertes Regelwissen in Stufenfolgen. Dies kann in eher homogenen Kooperationsformen oder parallelen individuellen Lernhandlungen geschehen;
- in Themen mit dominantem Lebensweltbezug; hier erschließt sich ein Stück Welt von der basalen, unmittelbaren (selbstbezogenen) Leiberfahrung in immer größeren konzentrischen Kreisen bis zur emotionalen und kognitiven Durchdringung eines Weltausschnittes. Dies kann in vorwiegend heterogenen, gemeinsamen Lernhandlungen geschehen.

Im Folgenden seien einige der bekanntesten Unterrichtskonzepte für offenen und individualisierenden Unterricht aufgeführt und unter der Fragestellung beleuchtet, in welcher Hinsicht sie für inklusive Lerngruppen modifiziert oder erweitert werden können.

Didaktisch-methodische Ansätze für inklusives Lernen:

- Freiarbeit
- Didaktik des weißen Blattes (Zehnpfennig 1992; Peschel 2003)
- Didaktik der Kernideen (Ruf & Gallin 1998)
- Projektmethode/Lernen am Gemeinsamen Gegenstand
- Werkstatt-/Stationsarbeit
- Wochenplanarbeit
- Aufgabenformate
- Selbstreflexive und dialogische Dokumentation und Rückmeldung (Portfolio, Pensenpläne, Erfolgssterne, Lerntagebuch, Briefzeugnisse etc.)
- Innere Differenzierung.

Diese Ansätze basieren auf einer Kritik des gängigen lehrer- und lehrplanzentrierten inhaltlichen Gleichschritts. Dort steuert in erster Linie die Lehrkraft die Lerngegenstände und die mehr oder weniger differenzierten Lernprozesse. Ein solcher Unterricht erreicht die Kinder nie wirklich; denn sie erlangen kein Bewusstsein davon, was und wie sie lernen wollen.

Die oben aufgeführten Ansätze dagegen gehen vom Kind mit seinen spezifischen aktuellen Interessen und Lernbedürfnissen aus. Es selbst bestimmt den Inhalt, die Vorgehensweisen, das Tempo und die Sozialformen seiner Lernprozesse, unterstützt und begleitet von der Lehrkraft und/oder anderen Schüler/innen. Für alle Konzepte gilt, dass die individuellen Vorhaben, Arbeitsetappen, Umsetzungsprobleme und Arbeitsergebnisse in der Lerngruppe transparent und nachvollziehbar sowie Gegenstand gemeinsamer Reflexionen werden.

Nach der Methode des „Weißen Blattes" zum Beispiel überlegen die Kinder in einem Gesprächskreis zu Beginn des Unterrichts, womit sie sich befassen wollen und welche Materialien ihnen dabei helfen. Am Ende der Lernphase zeigt jedes Kind, wie es das weiße Blatt gefüllt hat. Alle reflektieren ihre Vorgehensweisen und Ergebnisse.

Zehnpfennig, Peschel u. a. lösen sich von normierten Unterrichtsinhalten und -methoden, selbst ein Schulbuch soll es nur als Angebot geben. Stattdessen geben sie Raum für individuelle Interessen und Zeitplanung; auch unterschiedliche Lernausgangslagen können Eingang finden; Grundlage für die Lernfortschritte sind Sachbücher und Internetseiten. Bei aller individuellen Offenheit geht diese Methode von einer gemeinsamen Voraussetzung der Kinder aus: Alle haben eine Lernintention, das heißt eine Vorstellung davon, was Lernen bedeutet und welchen Inhalt ihr Interesse hat, ebenso eine Vorstellung von der Bedeutung eines leeren Blattes und von, wie komplex auch immer, symbolisch dargestellten Mitteilungen; auch eine gewisse Eigenständigkeit in Bearbeitungsmethoden ist hierbei unterstellt. Im inklusiven Unterricht muss man jedoch davon ausgehen, dass diese Prämissen nicht für alle Kinder zutreffen. Dieses Konzept im inklusiven Unterricht anzuwenden, müsste zumindest die Überlegung einschließen, welche Zugangsweisen zu subjektiv bedeutsamen (oder als bedeutsam vermuteten) Lernfeldern sich für Kinder eignen, die noch keine bestimmte (oder für andere erkennbare) Intentionalität in Bezug auf das Lernen, das heißt die aktive, intentional gesteuerte Auseinandersetzung mit sich und der Welt, entwickelt haben. Oder für diejenigen, für die Zeichen in Form von Grafik oder Buchstaben noch keine Ausdrucksform darstellen, Kinder, die sich über Blicke, Gestik, Mimik, Hauttemperatur oder Laute verständigen, was heißt Lernen für sie? Welche gemeinsamen Lerngegenstände ergeben sich aus einer solchen, breit angelegten Perspektivenvielfalt? Welche „von außen" gegebenen Impulse sind mit der Vorstellung selbstgesteuerter Lernprozesse vereinbar?

Exemplarisch für die komplexen Anforderungen der o. g. Ansätze sei hier noch die Projektmethode erwähnt (vgl. Graumann 2002). Auch sie beginnt mit der Wahl des Themas durch die Schülerinnen und Schüler. Projektarbeit ist problem- und produktorientiert. Ihrem Wesen nach handelt es sich um einen demokratischen Aushandlungsprozess, in dem die Einzelnen das Vorhaben, die Vorgehensweisen, die Medien, das Produkt und seine Präsentation in Abstimmung mit der Gruppe planen, umsetzen und reflektieren. Auch hier stellt sich die Frage nach einem erweiterten Verständnis der Lerndimensionen nicht nur als „extra angefügte", „*auch noch* zu berücksichtigende" Lernbezüge für einzelne Kinder, sondern als mögliche Lerngegenstände oder Lernweisen für die *gesamte* Gruppe (vgl. Seitz 2005).

Voraussetzung für das Arbeiten am gemeinsamen Thema ist das geteilte Bewusstsein über den Gegenstand: geteilte Vorstellungen, geteilte Intentionen, gemeinsame Handlungsplanung. Kinder, die dieses Bewusstsein (noch) nicht teilen – oder nicht erkennbar teilen – können dennoch an diesem Prozess partizipieren.

Auch bei (noch) nicht geteiltem Bewusstsein kann eine thematische Gemeinsamkeit entstehen, indem sie gestiftet wird. Das meint Folgendes: Eine basale individuelle Aktivität oder Vorliebe eines Kindes mit starker Beeinträchtigung hat vielleicht zunächst eine Bedeutung nur in sich und nur für dieses einzelne Kind, das sie erlebt. Jedoch im Zusammenhang mit dem Vorhaben einer Lerngruppe kann diese basale

Aktivität oder Vorliebe nun eine Deutung erfahren, die sie ursprünglich nicht hatte, nämlich die Interpretation, einen Beitrag zum gemeinsamen Inhalt darzustellen. Die Lerngruppe bezieht jene Handlung in ihren Prozess so ein, als ob sie diesen Zusammenhang hätte. (Hier unterscheiden wir uns in einer Nuance von dem Ansatz der „fraktalen Muster", wie ihn Simone Seitz (2005) entwickelt hat. Sie geht eher von einer tatsächlichen inhaltlichen Übereinstimmung aus, von einem identischen Grundmuster in jedem individuellen Zugang).

Vielleicht kann im Moment nur ein Teil der Kinder diesen Bezug teilen, das einzelne Kinder mit schwerer mehrfacher Behinderung dagegen (noch) nicht. Gleichwohl ist diese Deutung wertvoll. So kann ein Kind mit schwerer mehrfacher Beeinträchtigung durch die Reaktion anderer Personen eine Erfahrung der eigenen Selbstwirksamkeit machen, ohne dass es den thematischen Zusammenhang zum Lernprozess der gesamten Gruppe bewusst teilt; für alle anderen hingegen repräsentiert diese Erfahrung einen thematischen Bezug und damit einen Sinn für das eigene Tun, der durch die Deutung entstanden ist. Zugleich eröffnet die auf diese Weise wahrgenommene und geteilte basale Erfahrung für die Mitschülerinnen und -schüler eine neue Erlebensweise, die so nur im inklusiven Zusammenhang möglich ist. Das Erleben des Zusammenhangs stellt einen ganz eigenen Wert dar: als soziale Erfahrung aller, als Impuls je eigener Erlebnisweisen und neuer Vorstellungsbilder oder als metakognitive Bereicherung. Einen solchen Zusammenhang herzustellen, mag nicht immer möglich oder sinnvoll sein, sollte in den didaktischen Überlegungen gleichwohl als zentraler Gesichtspunkt Berücksichtigung finden.

Diese Erweiterungen im Hinblick auf eine inklusive Fachdidaktik auszuführen, bedarf weiterer Überlegungen.

Ein Beispiel
Eine Lerngruppe erforscht im Rahmen des Projekts „Sehen können" Orientierungsmöglichkeiten für Menschen mit Sehbehinderung bzw. Blindheit in ihrem Wohnort.

Zu diesem fächerübergreifenden Thema bieten sich viele (schrift-)sprachliche Lernanlässe (z. B. Beobachtungsprotokolle, Fragebögen, Interviews, Tabellen, Petitionen ...). Unter dem Gesichtspunkt entwicklungslogisch angelegter lehrgangsorientierter Lernangebote können diese in elaborierten schriftsprachlichen bis hin zu einfacheren, schematischen Sprachformen und in Form von Bildsymbolen oder Körpersprache gehalten sein.

Die Erschließung des Themas unter lebensweltlichen Aspekten reicht von basalen Erfahrungen auf der Wahrnehmungsebene – vermutlich in erster Linie auditive und taktile Sinneserfahrungen – bis hin zu differenzierten Recherchen in den Medien. Die oben erläuterte Stiftung eines gemeinsamen inhaltlichen Bezuges für alle Kinder könnte sich auf folgende Weise darstellen:

Ein Schüler mit schwerer mehrfacher Behinderung löst z.B. mit einem BIGmack ein akustisches Signal aus, das die Lerngruppe, die darauf aufmerksam gewartet hat, als ein akustisches Ampelsignal deutet. Sie setzt sich, zusammen mit dem Schüler im Rollstuhl, in Bewegung und meldet ihm durch den Ausdruck von Freude oder Zustimmung den Erfolg seines Signals zurück.

Die Mitschüler/innen nehmen diese Deutung in dem Bewusstsein vor, dass die Aktion des Kindes mit schwerer mehrfacher Behinderung für es selbst bedeutsam wird durch die Wirkung, die andere ihm zurückspiegeln. Vielleicht nimmt das Kind diese Deutung an und erhält einen Impuls zur Entwicklung intentionalen Handelns. Seine Mitschüler/innen wiederum erfahren dabei die Relevanz eines Signals und können auf der metakognitiven Ebene hohe Sensibilität und Einsicht erlangen.

Standards

a) Institutionelle Ebene

- Lernbereiche und -zugänge haben die Bedürfnisse bzw. die vermuteten Bedürfnisse und Fähigkeiten aller Kinder zum Ausgangspunkt.
- Curricula müssen dem Recht auf Partizipation verpflichtet sein. Grundsätzlich haben alle Kinder Zugang zu allen denkbaren Wissensbeständen und Kulturgütern. Die Auswahl von Themen aus dem prinzipiell unbegrenzten Wissen richtet sich nach den aktuellen – vermuteten – Lernbedürfnissen, Lernmöglichkeiten (Zonen der nächsten Entwicklung) und Interessen der Kinder.
- Das Lernangebot ist grundsätzlich offen, es legt keine/n Schüler/in auf einen bestimmten Ausschnitt, eine bestimmte Menge, einen bestimmten Themenbereich fest.

b) Ebene der Professionellen

- Alle Heterogenitätsdimensionen werden berücksichtigt: Lernentwicklungen, basale Erlebnisfähigkeit, kognitive Erkenntnisfähigkeit, Alter, Kulturalität, soziale Herkunft, soziale Lage, familiäre Situation, Erziehungsmuster, Begabungen, Interessen, Geschlecht, Krankheit, Beeinträchtigung …
- Die Arbeit in eher homogenen Lernsituationen und die Arbeit in eher heterogenen Lernsituationen halten sich die Waage. Die Erfahrung von Gemeinsamkeit kann sich auf beiden Wegen erschließen.
- Therapeutische Ansätze und Unterricht ergänzen und vernetzen sich.
- Zentrale Basis inklusiven Unterrichts ist eine sensible Gesprächskultur, die alle Beteiligten mit ihren jeweiligen Möglichkeiten einbezieht.
- Kenntnisse der Sprachentwicklung des Kindes sind grundlegend für eine inklusive Didaktik. Sie beziehen Kenntnisse nicht verbaler Ausdrucksmöglichkeiten und deren Förderung durch multimodale Methoden der Unterstützten Kommunikation ein.

Literatur

Feuser, G. (2008): Didaktik integrativen Unterrichts. Eine Problemskizze. In: Eberwein, H. & Mand, J. (Hrsg.): Integration konkret. Begründung, didaktische Konzepte, inklusive Praxis. Bad Heilbrunn, 121–135

Graumann, O. (2002): Gemeinsamer Unterricht in heterogenen Gruppen. Von lernbehindert bis hochbegabt. Bad Heilbrunn

Groeben, A. von der (2008): Verschiedenheit nutzen. Besser lernen in heterogenen Gruppen. Berlin

Hanke, P. (2005): Unterschiedlichkeit erkennen und Lernprozesse in gemeinsamen Lernsituationen fördern – förderdiagnostische Kompetenzen als elementare Kompetenzen im Lehrer-

beruf. In: Bräu, K. & Schwerdt, U. (Hrsg.): Heterogenität als Chance. Vom produktiven Umgang mit Gleichheit und Differenz in der Schule. Münster, 115–128
Klafki, W. (1996): Neue Studien zur Bildungstheorie und Didaktik. Weinheim/Basel
Peschel, F. (2003): Offener Unterricht. Idee, Realität, Perspektive und ein praxiserprobtes Konzept zur Diskussion. Baltmannsweiler
Seitz, S. (2005): Zeit für inklusiven Sachunterricht. Baltmannsweiler
Ruf, U. & Gallin, P. (1998): Dialogisches Lernen in Sprache und Mathematik. Band 2: Spuren legen – Spuren lesen. Unterricht mit Kernideen und Reisetagebüchern. Seelze-Velber
Zehnpfennig, H. & Zehnpfennig, H. (1992): Was ist „Offener Unterricht". In: Landesinstitut für Schule und Weiterbildung (Hrsg.): Schulanfang. Ganzheitliche Förderung im Anfangsunterricht und im Schulkindergarten. Soest, 46–60

6 Lern- und entwicklungsbezogene Diagnostik

Angemessene Vorkehrungen zur Sicherung von Lernerfolgen in der inklusiven Schule

Als Schlüsselstelle zur Verwirklichung des Rechts auf Bildung werden in der UN-Behindertenrechtskonvention „angemessene Vorkehrungen" gefordert. In Artikel 24, Absatz 2, heißt es: „Die Vertragsstaaten stellen sicher, dass […] angemessene Vorkehrungen für die Bedürfnisse des Einzelnen geschaffen werden" (DIM 2008). Für diesen Zusammenhang sollen im Folgenden aus vier Perspektiven solche Vorkehrungen bestimmt werden, die sich auf die Sicherung von Lernerfolgen in der inklusiven Schule beziehen: 1. Nachteilsausgleiche, 2. Pädagogische Testdiagnostik für die inklusive Schule, 3. Unterrichtsbegleitende Diagnostik sowie 4. Klassenführung, guter Unterricht und adaptive Lehrkompetenzen.

Nachteilsausgleiche

Irmtraud Schnell

Die Feststellung eines Nachteilsausgleichs diente im selektiven Schulsystem der Berücksichtigung spezieller erschwerender Voraussetzungen von Kindern und Jugendlichen, ohne dass die Vergleichbarkeit der Leistungen in Frage gestellt werden musste. In den Schulgesetzen der Länder finden sich, zum Teil seit den 1990er Jahren, Regelungen zum Ausgleich von Beeinträchtigungen, die als „Nachteile" verstanden werden. In diesem Sinne wird auch im Beschluss der Kultusministerkonferenz vom 20.10.2011 zur inklusiven Bildung die Funktion des Nachteilsausgleichs bestimmt: „Nachteilsausgleiche dienen dazu, Einschränkungen durch Beeinträchtigungen oder Behinderungen auszugleichen oder zu verringern. Sie sollen ermöglichen, individuelle Leistungen mit anderen zu vergleichen" (KMK 2011, 10).

Die Vergleichbarkeit der Leistungen als Anforderung an den Nachteilsausgleich kann in der Umsetzung durchaus zu Fragen führen und hat bisweilen erhebliche Konflikte bis hin zu Rechtsstreiten hervorgerufen, wenn die Trennschärfe zwischen Ausgleich der Beeinträchtigung und Hilfestellung nicht herzustellen ist, der Grad der Beeinträchtigung in Frage und/oder der Verdacht der Unterstützung im Raum steht. Je genauer die Selektionsmaßnahmen in einem Land – z. B. beim Übergang in die weiterführende Schule oder in die nächsthöhere Klasse – definiert sind, desto eher erscheinen Konflikte, wie diese zum Beispiel: Erhält ein Kind mit Dyskalkulie bei einem Test 15 Minuten zusätzliche Arbeitszeit oder 20 Minuten? Wie wird die (orthographisch nicht immer korrekte) Rechtschreibleistung eines Kindes mit sprachlichen Beeinträchtigungen im dritten Schuljahr gewertet? Ist ein Hörverstehenstest in der Fremdsprache für einen hochgradig hörbeeinträchtigten Schüler überhaupt durchzuführen? Liest er den Text vorher? Handelt es sich dann noch um Hörverstehen? Wird bei einer Konstruktionsaufgabe in Geometrie, die eine halbseitig gelähmte Schülerin zeichnen soll, (nur) erwartet, dass sie die Konstruktion beschreibt oder zeichnet eine Lehrkraft nach Angabe der Schülerin? Und wie sieht eigentlich ein Nachteilsausgleich im gegliederten Schulsystem aus, wenn ein Mädchen oder Junge zieldifferent unterrichtet wird?

Angesichts der Komplexität des Problems und der Hürden im Detail sind die Aussagen im Beschluss der KMK nicht konkret genug, aber doch wegweisend:

> „Es gilt, Bedingungen zu finden, unter denen Kinder und Jugendliche ihre Leistungsfähigkeit unter Beweis stellen können, ohne dass die inhaltlichen Leistungsanforderungen grundlegend verändert werden. [...] Die Anwendung von Formen des Nachteilsausgleichs gibt insbesondere den Kindern und Jugendlichen mit Behinderungen die Chance, Kompetenzen unter angemessenen äußeren Bedingungen nachzuweisen. Ein Nachteilsausgleich ist stets auf den Einzelfall abzustimmen, da bei gleichen Erscheinungsformen nicht immer gleiche Formen des Nachteilsausgleichs angemessen sind." (KMK 2011, 10f.)

Gegenüber bestehenden Regelungen des Nachteilsausgleichs werden die individuellen Voraussetzungen von Kindern und Jugendlichen mit Beeinträchtigungen hervorgehoben, denen die Regelungen entsprechen sollen, und dem Prozesscharakter des Lernens in der inklusiven Schule wird insofern Rechnung getragen, als die Festlegungen regelmäßig überprüft, dokumentiert und gegebenenfalls angepasst werden sollen (KMK 2011, 11). Die Kritik daran, dass die Vergleichbarkeit der Leistungen, die zum Ende der Schulzeit gewährleistet sein soll, die pädagogische Arbeit in inklusiven Bildungsinstitutionen schon in allen vorausgehenden Schuljahren beeinflusst, bleibt davon gleichwohl unberührt. Im inklusiven Unterricht müssen alle Kinder in ihren je möglichen Leistungen bestmöglich gefördert werden. Je näher wir dem Ziel eines „inclusive education system" (vgl. DIM 2008, Artikel 24) kommen, desto unkomplizierter könnte der Umgang mit dem Nachteilsausgleich werden. Dass die Regelung *innerhalb* der Schule geschieht, wäre schon jetzt nicht nur möglich, sondern auch sinnvoll und ein Schritt zur progressiven Realisierung der UN-Behindertenrechtskonvention.

Standards

- Schülerinnen und Schüler sind darauf angewiesen, dass einzelne Lehrkräfte und Schulbehörden ein inklusives Verständnis dergestalt entwickeln, dass die je individuellen Leistungen unter der Bedingung der je individuellen Beeinträchtigung erkannt, ständig – bei selbstkritischer Unterstellung eigener Fehleinschätzungen – weiter beobachtet, wertgeschätzt und so herausgefordert werden.
- Nachteilsausgleiche müssen innerhalb der Schule entlang des Einzelfalls geregelt werden.

Literatur

Deutsches Institut für Menschenrechte (2008): Übereinkommen über die Rechte von Menschen mit Behinderungen. Online verfügbar unter: http://www.institut-fuer-menschenrechte.de/de/menschenrechtsinstrumente/vereinte-nationen/menschenrechtsabkommen/behindertenrechtskonvention-crpd.html [Stand: 24.11.2011]

Kultusministerkonferenz (KMK) (2011): Inklusive Bildung von Kindern und Jugendlichen mit Behinderungen in Schulen. (Beschluss der Kultusministerkonferenz vom 20.10.2011). Online verfügbar unter: http://www.kmk.org/fileadmin/pdf/Bildung/AllgBildung/Anhoerungstext-Entwurf-2010-12-03-205-AK.pdf [Stand: 18.11.2011]

Pädagogische Testdiagnostik für die inklusive Schule

Holger Probst & Nils Euker

Grenzen der Individualisierung

Jedes Kind ist anders; alle Kinder sind gleich. Obwohl offensichtlich widersprüchlich, ist diese Aussage grundwahr, ja, sogar trivial. Denn alle Personen wie auch alle Dinge sind vergleichbar; sie unterscheiden und sie ähneln sich zugleich. Ob man zwei Menschen als ähnlich oder verschieden betrachtet, hängt also von der jeweils fokussierten Eigenschaft ab, und je nach deren Wahl wird man Gleichheit oder Unterschiede feststellen.

Im Blick auf lernende Kinder dominiert seit geraumer Zeit die pädagogische Sicht, ihre persönlichen Besonderheiten, ihre Unterschiede sowie ihre Individualität in ihrer Entwicklung in ihren Lern- und Lösungswegen zu betonen. Hier dominiert eine analytische, *idiographische* Sicht (vgl. Jäger 1988), die das jeweils Besondere und Unterscheidende hervorhebt und gebietet, das pädagogische Handeln extrem zu individualisieren. Diese Einstellung kam mit der Abwendung vom „Lernen im Gleichschritt", von Jahrgangs- und Leistungsklassen, von der Klassifikation der Schulkinder nach Schultypen und wird nun vertieft in der Abkehr von den Kategorien der Sonderpädagogischen Förderbedarfe bzw. der Abgrenzung behindert vs. nicht-behindert. Auch graduelle Unterscheidungen einst entscheidender Dimensionen – Intelligenz, schulischer Lernerfolg, Sozialverhalten – werden hinterfragt und beiseite gelassen; dies alles unter der aktuellen Vorgabe der Inklusion mit der „Anerkennung der Unterschiedlichkeit *aller* Mitglieder und damit der Besonderheit jedes und jeder einzelnen" (Brügelmann 2011, 355, Herv. i. O.; vgl. auch Hinz 2009).

Psychologische Diagnostik hingegen dient auch im pädagogischen Anwendungsbereich der Zuordnung von Personen zu Gruppen und Graden, und sie funktioniert auf der Grundlage *nomothetischer* Dimensionen. D. h. sie arbeitet mit Testverfahren, die die Existenz allgemeiner (Entwicklungs-)Regeln (/nomos/ = Gesetz) annehmen und die viele Individuen mit einem Satz von Dimensionen *messen* (!), wie Intelligenz, phonologische Bewusstheit oder pränumerische Kenntnisse. Mitte der 1980er Jahre trat neben die messende Diagnostik die Förderdiagnostik mit ihren intuitiven, qualitativen, beobachtenden Zugängen zum kindlichen Lernen und Verhalten. Sie erfand und entdeckte, sie reklamierte Förderung, Therapie, Intervention als Ziel und Legitimation. Im Gegensatz zu „harten" Messverfahren wurde Förderdiagnostik als „weich" apostrophiert und wird heute offenbar zur ersten Wahl für die diagnostischen Aufgaben in der inklusiven Praxis (zur Entwicklung und Zukunft sonderpädagogischer Diagnostik vgl. Kuhl et al. in Vorb.).

Diagnostik im schulischen Kontext: Gepflogenheit und neue Grundsätze

Mit dem Fortbestehen der Bildungshoheit der Bundesländer wird auch deren Ausgestaltung der UN-Richtlinie zur Inklusion höchst unterschiedlich ausfallen. Damit ist zu rechnen, weil bereits bei der Integration erstaunliche Differenzen der Schulgesetze und Verordnungen zwischen den einzelnen Bundesländern auffielen. Dies zeigt sich in gravierenden Diskrepanzen der Förderschülerquoten – streuend von 4,5 % bis 11,7 % – sowie im Anteil der Kinder mit sonderpädagogischem Förderbedarf, die integrativ beschult werden (nämlich 6,6 % bis 41,9 % (!); vgl. Klemm 2010). Diese Zahlen zeigen, dass die rechtlichen Vorgaben entscheidenden Einfluss auf die pädagogischen und dann wohl auch diagnostischen Handlungsanweisungen der Schulämter, der Schulleitungen und Lehrkräfte haben werden. Dabei könnte die Einführung der Inklusion Anlass und Startschuss sein, durch vergleichbare Diagnostik Maßstäbe und Kriterien für die Ressourcenzuweisung festzulegen.

Wie wird überhaupt die Ressourcenzuweisung für Kinder mit *special needs* geklärt werden? Für konsequente und frühe Verfechter bedeutet inklusive Pädagogik „Theorien zur Bildung, Erziehung und Entwicklung, *die Etikettierungen und Klassifizierungen ablehnen*" (Biewer 2009, 193; Herv. die Verf.). In der Tat rücken Verordnungsentwürfe der Bundesländer Berlin, Hamburg und Bremen von der personenbezogenen (und damit „etikettierenden") Zuweisung von Förderressourcen ab: Für sog. LES-Schüler/innen – das sind solche mit Förderbedarf Lernen, Emotional-Soziales und Sprache – sollen die Regelschulen pauschale Zuweisungen von Förderlehrerstellen/-stunden entsprechend einem Sozialindex erhalten. Man orientiert sich an strukturellen Risikofaktoren des Einzugsgebiets der jeweiligen Schule – wie seinem Anteil an Arbeitslosen, Hartz-IV-Empfängern, Alleinerziehenden, Migranten – bzw. an deren Folge, dem mittleren Prozentsatz von Förderschüler/innen der letztvergangenen Jahre. Zwar ist die Grundidee der gemeinsamen Schule für alle Kinder in vielen Schulgesetzen und entsprechenden Verordnungen niedergelegt (KMK 2011; Schleswig-Holstein (SchulG; SoFVO); Hessen (HSchG; VOSB); Berlin (SopädVO); Bayern (BayEUG)). Aber offenbar sind es die Stadtstaaten mit direkterem Durchgriff auf ihre Institutionen, die mit der pauschalen Zuweisung vorangehen. Demnach wird es in der Mehrzahl der Bundesländer zunächst beim Etikettierungs-Ressourcen-Dilemma bleiben (vgl. Kornmann 1994): Be/sonder/er/pädagogischer Förderbedarf wird durch individuelle Klassifikation zugewiesen.

Mit gutem Grund werden die übrigen Förderbedarfe – außer LES – überall weiterhin personenbezogen festgestellt. Dies muss nicht gegen die Ächtung von Klassifikation und Kategorisierung verstoßen, denn bestimmte *needs* sind in der Tat nach Umfang und Qualität nur am Einzelfall zu begründen (z. B. Pflegebedarf, Integrationshelfer/in, intensive Förderung in speziellen Lernbereichen). Und selbst wenn sekundär präventive Maßnahmen wie z. B. Teilnahme an Fördergruppen oder Trainings nach individuell diagnostizierter Bedürftigkeit zugestanden würden, müsste dies nicht als Stigmatisierung im Sinne von Bloßstellung wirken; nämlich dann nicht, wenn „reguläre Institutionen strukturelle Veränderungen" (Biewer 2009, 193) durchgemacht haben und Schulen dem Gebot der Entwicklung einer förderlichen Lernumgebung nachgekommen sind; dann werden sie eine selbstverständlich helfende und unterstützende Förderkultur vorhalten.

Unvermeidlich und auf den Schultern bisheriger Konzeption und Praxis stehend lässt die Kultusministerkonferenz Prinzipien von Prävention (statt Selektion) und Förderdiagnostik (statt Klassifikation) in die aktuellen Entwürfe einfließen (vgl. u. a. KMK 2011; HSchG). So wird beispielsweise bereits seit 2006 in der hessischen „Verordnung über die Förderung von Schülerinnen und Schülern mit besonderen Schwierigkeiten beim Lesen, Rechtschreiben oder Rechnen (VOLRR)" von Lehrkräften der allgemeinen Schulen die Planung und Erstellung individueller Förderpläne auf der Grundlage einer umfassenden Förderdiagnostik für Risikokinder verlangt.

Diagnostik als Grundlage der Förderplanung soll den Lernprozess aller Kinder begleiten. Auf Förderschullehrkräfte – seien sie in ambulanten oder mobilen Beratungs- und Förderzentren organisiert oder direkt an den Schulen verortet – kommen in diesem Setting Aufgaben der Beratung und der kooperativen Unterstützung der Lehrkräfte der allgemeinen Schule zu. In Nordrhein-Westfalen wird bereits die Planung angemessener unterrichtlicher Lernangebote durch *gemeinsam* von Grund- und Sonderschullehrer/innen durchgeführte und verantwortete Diagnostik geleistet.

Folgende Eckpunkte diagnostischer Praxis sind daher zu erwarten:

- Die Zuweisung von Ressourcen geschieht in der Regel nach individueller Diagnose (Ressourcen nach Etikettierung).
- Schulen mit pauschaler Ressourcenzuweisung haben intern zu klären, welche Kinder in den Genuss besonderer Förderung kommen.
- Grundschullehrkräften fallen im erheblichen Umfang Aufgaben der Diagnostik und Förderplanung zu, und zwar bei allen Kindern, die bei ihnen schulpflichtig werden.
- Beginnend mit der Einschulung werden kontinuierlich aber auch zu bestimmten Stoßzeiten (Einschulung, Übergang in Klasse 3) umfassendere diagnostische Aufgaben anfallen.
- „Weiche" Verfahren der Beurteilung und Beobachtung und informelle Tests werden bevorzugt Anwendung finden.
- Die geforderte *prozessbegleitende* Förderdiagnostik verlangt die turnusmäßige Anwendung der zum Einsatz kommenden Verfahren.

Die erwarteten gesetzlichen Rahmenbedingungen verlangen insgesamt mehr – und besonders lernprozessbegleitende – Diagnostik, die Indikation und Dokumentation von Fördermaßnahmen sowie Erfolgskontrolle. Unter dieser Vorgabe bieten sich innovative diagnostische Modelle an, nämlich die *Curriculum basierte Messung* (CBM) sowie das Konzept *Response to Intervention* (RTI; s. Jagnjic & Ennemoser in Vorb.). Im Rahmen von inklusiver Förderung empfiehlt sich die enge Verschränkung diagnostischer und eingreifender Schritte. CBM sieht vor, Lernfortschritte in regelmäßigen, kurzfristigen Abständen zu prüfen. In Takten von ein bis zwei Wochen und über den Zeitraum mehrerer Monate hinweg ergeben curricular valide Aufgaben gleicher Schwierigkeit eine Kurve der Lernfortschritte und geben der Lehrkraft direkte Rückmeldung zum Erfolg ihrer Fördermaßnahme. Zeigen sich im Längsschnitt keine Lernfortschritte eines Kindes, indiziert dies ein intensiveres Lernsetting für das stagnierende Kind.

Prävention und Lernbegleitung werden in Zukunft die Schwerpunkte diagnostischen Handelns sein. An der vorgesehenen Diagnose- und Förderdokumentation (*Förderdiagnostische Stellungnahme lt.* VOSB), die an die Stelle des sonderpädagogischen Gutachtens treten könnte, werden fortan die Entscheidungen über sonderpädagogischen Förderbedarf auszurichten sein. Zu berücksichtigen bleibt, dass die Möglichkeiten eines Förderzentrums zum präventiven Handeln in hohem Maße von den zugeteilten personellen Mitteln abhängen. Wenn, wie im gegenwärtigen Entwurf der hessischen „Verordnung über Unterricht, Erziehung und sonderpädagogische Förderung von Schülerinnen und Schülern mit Beeinträchtigungen oder Behinderungen" (VOSB) vorgesehen, *eine* Förderschullehrkraft für die präventive Förderung von bis zu 32 Schüler/innen (!) zuständig ist und pauschal lediglich *eine* (Förder-)Lehrerstelle für *sieben* Schüler/innen mit festgestelltem Förderbedarf zugewiesen wird, ist Erfolg präventiver Maßnahmen kaum zu erwarten.

Diagnostische Aufgaben und diagnostische Kapazität

Betrachten wir die Frage- und Problemstellungen, mit denen die inklusive Schule zu rechnen hat, im Detail. Zur Einschulung erscheinen dort einige Kinder mit bereits aktenkundigem Förderbedarf, mit denen die Grundschule bisher nicht in Berührung kam, weil diese Kinder – meist aus der Frühförderung bekannt – direkt einer Sonder-/Förderschule zugeführt wurden. Auf deren anamnestische Unterlagen wie auf aktuelle Testinformation gestützt, steht eine umfassende Beurteilung ihres kognitiven, sprachlichen, schriftsprachlichen und numerischen Lernstandes sowie der Ressourcen und Risiken ihres sozial-kulturellen Hintergrundes und Umfeldes an. Auf Grundlage der gesammelten Informationen gilt es, ein Fördersetting zu entwerfen, welches u. a. pädagogische, therapeutische und pflegerische Maßnahmen integriert und bei der Planung schulische wie außerschulische Unterstützungssysteme berücksichtigt. Dies zu tun, haben nur absolvierte Sonder-/Förderpädagog/innen gelernt; sie werden vom mobilen Beratungszentrum hinzu gezogen oder gehören zum Stammpersonal der inklusiven Schule. Besonders im letzteren Fall bestehen gute Aussichten, dass es zum Kompetenztransfer (oder auch -austausch) zwischen den Kolleg/innen kommt.

Unter einem zweiten Fall können wir Kinder fassen, die „unbescholten" (d. h. ohne vorschulische, aktenkundige Auffälligkeiten) eingeschult, alsbald durch mangelnde Vorkenntnisse auffallen oder mittelfristig im Lernfortschritt oder Verhalten zurückbleiben. Sie fallen der Grundschullehrkraft auf, die sich hilfesuchend an eine Förderlehrkraft des Förderzentrums wendet. Letztere wird ggf. kooperativ mit dem/der Grundschullehrer/in eine diagnostische Beurteilung vornehmen, die sich auf die konkreten Lern- bzw. Verhaltensprobleme, also Lernstand und Fehlkonzepte im fraglichen Bereich, konzentriert und in einen Förderplan mündet. Die Umsetzung des Förderplans obliegt der Grundschullehrkraft. Bleiben die Lernschwierigkeiten bestehen, wird die Grundschullehrkraft dies dem/der Schulleiter/in melden, der/die – je nach Verordnung – den *Förderausschuss* einberuft und eine/n Förderpädagog/in des mobilen Zentrums hinzuzieht. Auf der Grundlage der *förderdiagnostischen Stellungnahme* wird über Art und Umfang des zusätzlichen (sonderpädagogischen?) Förderbedarfs entschieden.

Wer soll und kann dieses leisten? Während sich Lehrkräfte der Grundschule bislang bereits zufrieden mit der bloß beratenden Funktion ihrer zuständigen Förderlehrer/innen äußern (Kuhl, Steiner & Probst i. Vorb.), streben Lehrkräfte an Förderschulen mit Blick auf kommende Inklusion mehr an, nämlich ihre aktiv unterstützende Präsenz in der Regelschule (vgl. Holler-Zittlau 2011). Im Rahmen der Zusammenarbeit von Grundschul- und Förderschullehrkräften könnten beide Seiten die fachlichen Kompetenzen ihrer Profession in die individuelle und gruppenbezogene Förderdiagnostik und Förderplanung einbringen. Im Bundesland Nordrhein-Westfalen zieht die Ausbildungsordnung sonderpädagogische Förderung (AO-SF) bereits Grundschullehrkräfte zur sonderpädagogischen Beurteilung heran und stellt sie gleichberechtigt und gleichkompetent an die Seite von Förder-/Sonderpädagog/innen. Ihrer Ausbildung entsprechend reagieren Grundschullehrkräfte – die alle Anerkennung für die Bewältigung erstaunlicher Heterogenität ihrer Klassen verdienen – möglicherweise zurückhaltend: „Das habe ich nicht gelernt." Verfügen die Beurteiler – seien sie Grundschullehrer/innen oder -leiter/innen – weder über theoretisch-konzeptionelle noch über testdiagnostische Kompetenz (s. u.), so sind in der Beurteilung der Kinder laienhafte, modische und Allerwelts-Einlassungen zu befürchten wie diese: *Jason hat Wahrnehmungsprobleme, ... kann sich nicht konzentrieren, ... Verdacht auf AD(H)S, Legastheniker (?), ... kann sich nicht einfügen, ... spricht kleinkindhaft, ... verwechselt die Buchstaben.*

Die diagnostischen Handreichungen der Kultusministerien für Grundschullehrkräfte sind wenig angetan, deren theoretisches oder testdiagnostisches Niveau zu professionalisieren (vgl. Moser 2011). Extemporierte Beurteilungsbögen und Hinweise, die die Kultusministerien als Handreichungen bereitstellen, atmen den Geist der Testkritik der 1970er und 1980er Jahre, deren Adepten in die Kultusministerien aufgestiegen sind; so zu finden im Modul „Pädagogische Diagnostik" des E-Learning-Centers auf dem Hessischen Bildungsserver (in der Berufung auf Eberwein & Knauer 1998).

Mehr diagnostische Kompetenz für Grundschullehrkräfte

Wenn es sinnvoll und angesichts des zunehmenden diagnostischen Bedarfs kapazitär dringend geboten ist, Grundschullehrer/innen zu diagnostischen Aufgaben heranzuziehen und sie dafür zu qualifizieren, so bestehen dazu zwei Möglichkeiten.

Ein erster Zugang, der zur Erweiterung diagnostischer Handlungsfähigkeit von Grundschullehrkräften führen kann, verliefe über Fortbildungen zu ökonomischen und didaktisch transparenten Schulleistungstests, zur Feststellung des Lernstandes und zur diagnosegeleiteten Erstellung von Förderplänen (wie z. B. HSP oder WLLP; s. u. „gute Tests").

Ein zweiter Zugang zu kompetenter Diagnostik geht über entwicklungs- und lerntheoretische Konzepte. Diese sind Grundlage professionellen Wissens über die schriftsprachliche Entwicklung (sensu Frith 1985; Günther 1986; Klicpera & Gasteiger-Klicpera 1993), die Entwicklung numerisch-quantitativen Denkens (sei es sensu Krajewski, Nieding & Schneider 2007; Wittmann & Müller, mathe 2000; Kutzer 1999) und der sprachlichen Kompetenz (Grimm & Weinert 2002; Szagun 2001). Sie dienen einerseits der Vertiefung und Differenzierung quantitativer Ergebnisse, können aber auch theoretischer Leitfaden freier Beurteilung und der Entwicklung von Förderplänen sein. Der theoretisch-konzeptuelle Weg führt über Studieninhalte und Berufserfahrung, setzt also einen umfangreicheren (Aus-)Bildungsgang voraus. Auf dem gegenwärtigen Stand ist nicht gesichert, dass Regelschullehrkräfte, die ihnen zugedachten diagnostischen Aufgaben nebst der daraus hervorgehenden Förderindikation nach Umfang und Differenziertheit übernehmen könnten.

Standardisierte Tests des Lernstandes gerade im inklusiven Umfeld

Die einstmals berechtigte Kritik an Schulleistungstests als folgenlose Klassifikation und gar Stigmatisierung trifft nicht mehr zu, seit diese lernrelevante Konstrukte erfassen (vgl. Kornmann 2006) und enge Verbindungen mit Fördermaterial und Trainings eingegangen sind (z. B. ELFE-Test – ELFE-Training; s. u.). Für alle Fälle erkannter oder vermuteter Lern- und Entwicklungsprobleme (= Diagnoseanlässe) stehen Lehrkräften für die Grundschule und für Beratungs- und Förderzentren Tests des Lernstandes zur Verfügung. Sie sind das sicherste Rezept, den aktuellen Lern- und Leistungsstand festzustellen; insbesondere für das Alter der Einschulung und der ersten Klasse gibt es geeignete Tests (s. u.). Darüber hinaus mag es indiziert oder freigestellt sein, einen Testwert förderdiagnostisch zu vertiefen. Aber ohne inter- und intraindividuell vergleichbare Werte werden vermeintlich festgestellte Lernstände je nach Klassenniveau, Einzugsbereich der Schule und persönlicher Theorie und Haltung der Lehrkräfte divergieren (vgl. Birkel & Birkel 2002). Damit landet unsere Empfehlung entschieden bei Testverfahren, die bei der Anlegung kritischer Grenzwerte zur Gruppierung, ja, zur zeitweiligen Klassifikation von Schüler/innen führen. Dies rechtfertigt sich wie folgt: Unvermeidlich müssen Kinder nach Gruppen unterschieden werden, wenn Förderbedarf in einem konkreten Lernbereich – sei es Lesetempo, die Bewältigung numerischer Anforderungen oder Sprachverständnis – durch prekäre Performanz ersichtlich ist. Freilich geschehen nur Zuweisungen zu einer Lern- oder Fördergruppe, die zunächst zeitlich und inhaltlich für ein anstehendes Förderziel gelten. Ob die Förderung der Schüler/innen und Schülergruppen beispielsweise in separaten leistungshomogenen Kleingruppen, im binnendifferenzierten Unterricht oder in einem peergestützten Setting in leistungsheterogenen Kleingruppen stattfindet, ist abhängig vom Lerngegenstand und den didaktisch-methodischen Kompetenzen der beteiligten Lehrkräfte. Auch „vulnerable und marginalisierte" Schüler/innen, und solche, denen „eine hochindividualisierte Förderung" zusteht (Biewer 2009, 193; Müller 2009, 180), sind dann doch soweit als gleich anzusehen, dass man sie *einem* Training, *einer* Gruppe und *einem* nächsten Lernziel zuweisen kann.

Ferner: Die Vergewisserung über den Erfolg einer Fördermaßnahme kann nur gelingen, wenn Veränderungen der Schüler/innen (oder ihre Stagnation) beim wiederholten Anlegen derselben Messlatte ersichtlich sind. Bona fide erklärte Fortschritte (*„Chantals Sprache hat sich sehr gebessert"*) besagen nichts.

Geeignete Verfahren für Test und Training

Was ist hinter der lapidaren Bezeichnung „gute Tests" im Rahmen inklusiver Beschulung zu erwarten? Es sind Tests des Lernstandes und der aktuellen Kompetenz in den basalen Schulfächern, die niederschwellig für den (Grundschul-)Anwender, preiswert für das Schulbudget und indikativ für Schritte der Förderung sowie zugleich wissenschaftlich (theoretisch-empirisch) gediegen sind. Sie sind der diagnostische Scout und Wegweiser evaluierter, mindestens aussichtsreicher Förderkonzepte und/oder indizierter Förder- und Übungsschritte sowie Teil von Tandems aus Test und Training. Darin haben sich gerade standardisierte Tests förderdiagnostisch qualifiziert (Krajewski i. Dr.; Probst 2009a, b).

Folgende Verfahren sind engste und erste Wahl, weil sie diese Kriterien erfüllen: Sie sind ohne diagnostisches Studium, in max. einer Schulstunde und in der Gruppe/Klasse durchzuführen sowie in wenigen Minuten auszuwerten; es liegen passende anschließende Trainings vor; ihre Testformulare (leider nicht alle) sind preiswert. Eine kurze Aufzählung muss genügen.

Testverfahren	Fördermaterial
Phonologische Bewusstheit	
Gruppentest zur Früherkennung von Lese- und Rechtschreibschwierigkeiten (Barth & Gomm 2004) Münsteraner Screening (Mannhaupt 2005)	Hören Lauschen Lernen I, II (Küspert & Schneider 2003; Plume & Schneider 2004)
Lesen	
Würzburger Leise Leseprobe – Revision (WLLP-R; Schneider, Blanke, Faust & Küspert 2011)	

Testverfahren	Fördermaterial
Salzburger LeseScreening (SLS; Mayringer & Wimmer 2003)	Lesen, Denken Schreiben I, II (Grissemann & Roosen 1991)
Stolperwörter-Test (Metz 2005)	
ELFE-Lesetest (Lenhard & Schneider 2006)	ELFE-Training (Software) (Lenhard 2006)
Schreiben	
Hamburger Schreibprobe (HSP; May 2002) Salzburger Lese- und Rechtschreibtest (SLRT; Landerl, Wimmer & Moser 1997)	Lesen, denken, schreiben I, II (Grissemann & Roosen 1991) Erst nachdenken, dann schreiben (Laetsch-Bregenzer 2001) Rechtschreibleiter (Hawellek o. J.) paLABra (Software; Reber 2006)
Mathematik	
Mathematische Basiskenntnisse (MBK-0; Krajewski i. Dr.)	Mengen Zählen Zahlen (Krajewski, Nieding & Schneider 2007)
Deutscher Mathematiktest (DEMAT)	Blitzrechnen (Krauthausen 1998a; 1998b)

Fazit

Beim Rückblick auf die vorangestellte Zuspitzung („Jedes Kind anders – alle Kinder gleich") erscheint das Weitermachen in Richtung immer hochspeziellerer Individualisierung weder sinnvoll noch möglich. Realistisch und durchführbar ist es hingegen, mit Hilfe vergleichbarer, wiederholbarer und an lerntheoretischen Konzepten orientierten Verfahren Fördergruppen derzeit ähnlicher Kinder zu bilden, die entsprechend ihrer Zone der aktuellen Leistung anzusprechen sind. Die Förderung dieser Schülergruppen sollte möglichst im binnendifferenzierten Setting stattfinden, kann aber zeitweise auch in leistungshomogenen Kleingruppen geschehen. Kinder mit mehr Förderbedarf können in einem begrenzten Rahmen, jahrgangsübergreifend, zeitlich und fachlich wechselnd auf der Basis von Tests des Lernstandes die gleiche Förderung erfahren, weil sie in einer relevanten Hinsicht gleich sind.

Die absehbaren Umsetzungen der bundesdeutschen Kultusministerien lassen nicht erwarten, dass die Prinzipien, auf die man sich mit der UN-Behindertenrechtskonvention verpflichtet hat, eingelöst werden. Dabei ist nicht die fortbestehende „Klassifikation", „Etikettierung" und zeitweilige Besonderung förderbedürftiger Schüler/innen ein Problem, sondern das Unterbleiben ihrer diagnostisch indizierten, vorübergehenden und wechselnden Zuweisung zu klassen- oder jahrgangsinternen Lern-/Fördersettings. Im Schutz der UN-Behindertenrechtskonvention mit ihrer Ächtung jeglicher Segregation und Klassifikation wird die Betreuungsdichte förderbedürftiger Kinder abnehmen. Auf absehbare Zeit werden Regelschulpädagog/innen nicht vorbereitet sein, die versprochene Prävention für ein noch heterogeneres Schülerklientel zu leisten, wie sie ihnen bei reduzierten Stellen für Förderschullehrer/innen aufgebürdet wird. Dem gilt es durch die diagnostische Qualifizierung von Grundschullehrkräften und der rechtzeitigen Ansiedlung sonderpädagogischer Kompetenz an allgemeinen Schulen vorzubeugen.

Literatur

Biewer, G. (2009): Grundlagen der Heilpädagogik und Inklusiven Pädagogik. Bad Heilbrunn
Birkel, C. & Birkel, P. (2002): Wie einig sind sich Lehrer bei der Aufsatzbeurteilung? Eine Replikationsstudie zur Untersuchung von Rudolf Weiss. In: Psychologie in Erziehung und Unterricht, 49, 219–224
Brügelmann, H. (2011): Den Einzelnen gerecht werden – in der inklusiven Schule. In: Zeitschrift für Heilpädagogik, 62, 355–361
Eberwein, H. & Knauer, S. (1998): Einführung und Problemstellung. In: Eberwein, H. & Knauer, S. (Hrsg.): Handbuch Lernprozesse verstehen. Wege einer neuen (sonder-)pädagogischen Diagnostik. Weinheim
Frith, U. (1985): Beneath the surface of developemental dyslexia. In: Patterson, K. E., Marshall, J. C. & Coltheart, M. (Hrsg.): Surface dyslexia: Neuropsychological and cognitive studies of phonological reading. London, 301–330
Grimm, H. & Weinert, S. (2002): Sprachentwicklung. In: Oerter, R. & Montada, L. (Hrsg.): Entwicklungspsychologie. Weinheim, 517–550
Günther, K. B. (1986): Ein Stufenmodell der Entwicklung kindlicher Lese- und Schreibstategien. In: Brügelmann, H. (Hrsg.): ABC und Schriftsprache: Rätsel für Kinder, Lehrer und Forscher. Konstanz, 32–54
Hinz, A. (2009): Inklusive Pädagogik in der Schule – veränderter Orientierungsrahmen für die schulische Sonderpädagogik!? Oder doch deren Ende? In: Zeitschrift für Heilpädagogik, 60, 171–179
Holler-Zittlau, I. (2011): Veränderungen in der Bildungspolitik Hessens. In: Zeitschrift für Heilpädagogik, 62, 378–381
Jäger, R. (1988): Psychologische Diagnostik. Ein Lehrbuch (1.2 Historische Kontroversen – Idiographie und Nomothetik). München/Weinheim
Jagnjic, A. & Ennemoser, M. (in Vorb.): Direkte Diagnostik und Intervention: Curriculum-basiertes Messen. In: Moser, V. (Hrsg.): Enzyklopädie Erziehungswissenschaft Online. Weinheim
Klemm, K. (2010): Gemeinsam lernen. Inklusion leben. Status Quo und Herausforderungen inklusiver Bildung in Deutschland. Gütersloh
Klicpera, C. & Gasteiger-Klicpera, B. (1993): Lesen und Rechtschreiben – Entwicklung und Schwierigkeiten. Bern
KMK (2011): Empfehlung der Kultusministerkonferenz zur inklusiven Bildung von Kindern und Jugendlichen mit Behinderung in Schulen – Entwurfsfassung vom 03.12.2010
Kornmann, R. (1994): Von der prinzipiell nie falschen Legitimation negativer Ausleseentscheidungen zum Etikettierungs-Ressourcen-Dilemma. In: Behinderte in Familie, Schule und Gesellschaft, 17 (1), 51–59
Kornmann, R. (2006): Tests werden besser. In: Vierteljahresschrift für Heilpädagogik und ihre Nachbargebiete, 3, 250–253

Krajewski, K. (im Druck): Test mathematischer Basiskompetenzen im Kindergartenalter (MBK-0). Göttingen

Kuhl, J., Jagnjic, A., Sinner, D., Probst, H., Hofmann, C. & Ennemoser, M. (in Vorb.): Von der sonderpädagogischen Diagnostik zur pädagogisch-psychologischen Diagnostik im Dienst schulischer Prävention. In: Moser, V. (Hrsg.): Online Enzyklopädie Erziehungswissenschaft. Weinheim

Kuhl, J., Steiner, K. & Probst, H. (in Vorb.): Die Arbeit Sonderpädagogischer Förderzentren aus der Sicht der Grundschule – Lehrerurteile zur Arbeit hessischer Beratungs- und Förderzentren. Empirische Sonderpädagogik

Kutzer, R. (1999): Überlegungen zur Unterrichtssituation im Sinne struktur-orientierten Lernens. In: Probst, H. (Hrsg.): Mit Behinderungen muss gerechnet werden. Solms-Oberbiel, 15–69

Moser, V., Schäfer, L. & Redlich, H. (2011): Kompetenzen und Beliefs von Förderschullehrkräften in inklusiven settings. In: Lütje-Klose, B., Langner, M.-T., Serke, B. & Urban, M. (Hrsg.): Inklusion in Bildungsinstitutionen. Eine Herausforderung an die Heil- und Sonderpädagogik. Bad Heilbrunn, 143–149

Müller, C. M. (2009): Schulinterne Diagnostikansprechpartner. Eine Praxiskonzeption zur Umsetzung systematischer Förderung im Schulalltag. In: Zeitschrift für Heilpädagogik, 60, 180–187

Probst, H. (2009): Phonologische Bewusstheit und lautorientiertes Schreiben bei ausgewählten Risikokindern – Präventive Förderung im Eingangsbereich der Schriftsprache. Heilpädagogische Forschung, 35, 155–167

Probst, H. (2009): Präventive Rechtschreibförderung von Risikoschülern durch ihre Grundschullehrerinnen. In: Heilpädagogische Forschung, 35, 202–212

Szagun, G. (2001): Wie Sprache entsteht – Spracherwerb bei Kindern mit beeinträchtigtem und normalem Hören. Weinheim

Wittmann, E. C. & Müller, G. N. (o. J.): Projekt mathe 2000. Online verfügbar unter: http://www.mathematik.uni-dortmund.de/ieem/mathe2000/index.html [Stand: 22. 11. 2011]

Rechtsquellen

BayEUG. (o. J.): Bayerisches Gesetz über das Erziehungs- und Unterrichtswesen

HSchG. (o. J.): Hessisches Schulgesetz

SchulG. (o. J.): Schleswig-Holsteinisches Schulgesetz

SoFVO. (o. J.): Landesverordnung über sonderpädagogische Förderung des Landes Schleswig Holstein

SopädVO. (o. J.): Sonderpädagogikverordnung – Berlin

VOSB. (o. J.): Entwurfsfassung der Verordnung über Unterricht, Erziehung und sonderpädagogische Förderung von Schülerinnen und Schülern mit Beeinträchtigungen oder Behinderungen des Landes Hessen

Verzeichnis von Tests und Trainings

Barth, K. & Gomm, B. (2008): Gruppentest zur Früherkennung von Lese- und Rechtschreibschwierigkeiten. Phonologische Bewusstheit bei Kindergartenkindern und Schulanfängern (PB-LRS). München

Gölitz, D., Roick, T. & Hasselhorn, M. (2006): Deutscher Mathematiktest für vierte Klassen: DEMAT 4. Göttingen

Grissemann, H. & Roosen, H. (1991): Lesen – Denken – Schreiben I & II: zur Individualisierung des Unterrichts in Regel- und Sonderschulklassen. Ein Modellprogramm zur selektiven Förderplanung bei Schülern mit Schwierigkeiten beim Erlernen des Lesens und der Rechtschreibung. Rangendingen

Hawellek, T. (o. J.): Rechtschreibleiter. Oberursel

Krajewski, K. (im Druck): Test mathematischer Basiskompetenzen im Kindergartenalter (MBK-0). Göttingen

Krajewski, K., Küspert, P. & Schneider, W. (2002): Deutscher Mathematiktest für erste Klassen: DEMAT 1+. Göttingen

Krajewski, K., Liehm, S. & Schneider, W. (2004): Deutscher Mathematiktest für zweite Klassen: DEMAT 2+. Göttingen

Krajewski, K., Nieding, G. & Schneider, W. (2007): Mengen, zählen, Zahlen (MZZ): Die Welt der Mathematik verstehen. Koffer mit Fördermaterialien und Handreichungen. Berlin

Krauthausen, G. (Hrsg.) (1998a): Blitzrechnen. Kopfrechnen im 1. und 2. Schuljahr. CD-ROM. Leipzig

Krauthausen, G. (Hrsg.) (1998b): Blitzrechnen. Kopfrechnen im 3. und 4. Schuljahr. CD-ROM. Leipzig

Küspert, P. & Schneider, W. (2003): Hören, lauschen, lernen I [Spiel]: Sprachspiele für Kinder im Vorschulalter; Würzburger Trainingsprogramm zur Vorbereitung auf den Erwerb der Schriftsprache. Göttingen

Laetsch-Bregenzer, C. (2001): Erst nachdenken, dann schreiben! Mit dem Rechtschreibtest „Inventar impliziter Rechtschreibregeln" (IiR) von H. Probst. Donauwörth

Landerl, K., Wimmer, H. & Moser, E. (1997): Salzburger Lese- und Rechtschreibtest (SLRT). Bern

Lenhard, W. (2006): ELFE-Trainingsprogramm [Software]: ELFE-T; Förderung des Leseverständnisses für Schüler der 1. bis 6. Klasse. Göttingen

Lenhard, W. & Schneider, W. (2006): Ein Leseverständnistest für Erst- bis Sechstklässler: ELFE 1-6 ; Manual. Göttingen

Mannhaupt, G. (2005): Münsteraner Screening zur Früherkennung von Lese-Rechtschreibschwierigkeiten. Berlin

May, P. (2002): Hamburger Schreibprobe (HSP 1-9). Diagnose orthografischer Kompetenz zur Erfassung der grundlegenden Rechtschreibstrategien. Hamburg

Mayringer, H. & Wimmer, H. (2003): Salzburger Lese-Screening für die Klassenstufen 1-4. Bern

Metz, W. (2005): Stolperwörtertest. Online verfügbar unter: http://www.wilfriedmetze.de/html/stolper.html [Stand: 22.11.2011]

Plume, E. & Schneider, W. (2004): Hören, lauschen, lernen II [Spiel]: Spiele mit Buchstaben und Lauten für Kinder im Vorschulalter. Würzburger Buchstaben-Laut-Training. Göttingen

Reber, K. (2006): Metalinguistische Intervention mit dem Computerprogramm paLABra In: Bahr, R. & C. Iven, C. (Hrsg.): Sprache Emotion Bewusstheit. Beiträge zur Sprachtherapie in Schule, Praxis, Klinik. Idstein, 380-388

Roick, T., Gölitz, D. & Hasselhorn, M. (2004): Deutscher Mathematiktest für dritte Klassen: DEMAT 3+. Göttingen

Schneider, W., Blanke, I., Faust, V. & Küspert, P. (2011): Würzburger Leise Leseprobe - Revision. Göttingen

Wittmann, E. C. & Müller, G. N. (o. J.): Projekt mathe 2000. Online verfügbar unter: http://www.mathematik.uni-dortmund.de/ieem/mathe2000/index.html [Stand: 22.11.2011]

Unterrichtsbegleitende Diagnostik

Reimer Kornmann

Die im vorigen Abschnitt dargestellte Diagnostik von Lernständen im Kontext von Unterricht soll Informationen liefern, die für die Planung und Evaluation schulischer Lernangebote mit inklusivem Anspruch geeignet sind. Bei der Evaluation kann sich nun zeigen, dass wichtige Kriterien inklusiver Pädagogik bei einzelnen Kindern oder der gesamten Lerngruppe verfehlt worden sind. Ein solches Ergebnis legt zwei mögliche Schlussfolgerungen nahe: Entweder hätten die Inhalte, Ziele und Methoden des Unterrichts bereits im Zuge der Planung besser auf die individuellen Lernvoraussetzungen der Kinder abgestimmt werden müssen, oder das Unterrichtskonzept entsprach zwar den individuellen Lernvoraussetzungen, wurde aber nicht entsprechend der Planung umgesetzt. Die erste Erklärung verweist auf die Möglichkeit, die Planungen zu revidieren, während die zweite Erklärung das Unterrichtsgeschehen selbst betrifft. Hierauf beziehen sich die weiteren Ausführungen dieses Abschnitts.

Trotz sorgfältiger und umsichtiger Planungen ist nie auszuschließen, dass der Unterricht zu Ergebnissen führt, die den Arbeitsgrundsätzen inklusiver Pädagogik nicht entsprechen. Solche Effekte sind frühestens während der Durchführung des Unterrichts zu beobachten. In diesen Fällen sind genauere Analysen notwendig, um die Diskrepanzen zwischen Anspruch und Wirklichkeit zu erkennen und bei der weiteren Unterrichtsgestaltung gezielt zu überbrücken. Solche Analysen beziehen sich auf drei Komponenten des Unterrichtsgeschehens (vgl. Kornmann 1998, 2000):

1. Den Kindern werden Impulse gegeben.
2. Diese Impulse haben einen Einfluss auf die Inhalte, Formen und Ergebnisse der Tätigkeiten der Kinder.
3. Die Tätigkeiten der Kinder ziehen bestimmte Konsequenzen nach sich (ähnlich auch die „Episodenliste" von Hartke & Plagmann 2004, 94).

Zu 1): Unter *Impulsen* werden alle Lernangebote, Anforderungen, Aufgaben, Aufforderungen und Fragen verstanden, die sich an die Kinder richten. In vielen Fällen sind sie direkt beobachtbar und eindeutig beschreibbar. Besonders gut lassen sich diese Impulse in ihrem zeitlichen Ablauf erfassen und beschreiben, wenn sie im Zuge der Unterrichtsplanung schon vorformuliert worden sind und somit als Beobachtungskategorien zur Verfügung stehen. In solchen Fällen müssen nur Abweichungen vom geplanten Unterrichtsverlauf zusätzlich registriert werden. Nun sind die verschiedenen Impulse mit bestimmten pädagogischen Erwartungen und impliziten Anforderungen verbunden. Diese lassen sich jedoch nicht direkt beobachten, schlagen sich aber in den Begründungen für die Wahl und Gestaltung der Impulse nieder und können daher vorab im Zuge der Unterrichtsplanung oder im Nachhinein bei der Besprechung der Beobachtungen schriftlich festgehalten werden. Nun gibt es aber im Unterrichtsgeschehen auch implizite Anforderungen, nämlich die Beachtung und Einhaltung von vereinbarten Regeln, die das Lern-, Arbeits- und Sozialverhalten betreffen. Auf sie wird man bei den Unterrichtsbeobachtungen meistens nur dann aufmerksam, wenn einzelne Kinder gegen sie verstoßen. Entsprechende Beobachtungen betreffen jedoch schon die zweite Komponente des Unterrichtsgeschehens, die Tätigkeiten der Kinder.

Zu 2): *Tätigkeiten* der Schülerinnen und Schüler sind zunächst alle Äußerungen oder Verhaltensweisen, die sich direkt beobachten und erfassen lassen, die man also hören und/oder sehen kann. Allerdings sind nur solche Tätigkeiten zu berücksichtigen, die in einem direkten Bezug zu den Impulsen und Anforderungen stehen. Dabei kann es sich um Bemühungen handeln, die Impulse aufzunehmen und sich mit ihnen zu befassen, aber auch um Versuche, den Anforderungen aus dem Wege zu gehen, oder gar um Verstöße gegen bestimmte Regeln. Bei den meisten Tätigkeiten, die sich auf bestimmte Aufgaben beziehen, lassen sich Merkmale des Vorgehens (oder des Prozesses) und der Ergebnisse (der Produkte) voneinander unterscheiden. Nicht oder nur selten direkt beobachtbar ist jedoch eine weitere, sehr wichtige Klasse von unterrichtlich relevanten Tätigkeiten, nämlich die der Denkhandlungen. Bei diesen planen, reflektieren und kontrollieren die Lernenden ihr Vorgehen und bewerten die Ergebnisse ihres Tuns. Nur in seltenen Fällen und in besonderen Situationen kommt es vor, dass Teile der Denkhandlungen in verbalsprachlicher Form zum Ausdruck gebracht werden („lautes Denken"). Im Allgemeinen aber müssen die Denkprozesse, die den Tätigkeiten zugrunde liegen, aus den Ergebnissen der direkten Beobachtungen erschlossen werden oder sie können nachträglich von den Lernenden in sogenannten „klinischen Interviews" (exemplarisch siehe Scherer 1995, 117–121 und die anschließend dargestellten Fallbeispiele) erfragt werden. Beide Informationsquellen sind allerdings mit einem subjektiven Faktor belastet. So beruhen die Rückschlüsse von den beobachtbaren Verhaltensweisen auf die zugrunde liegenden Denkprozesse lediglich auf Hypothesen, die im Verlauf des diagnostischen Prozesses noch durch weitere Informationen oder theoretische Überlegungen erhärtet oder relativiert werden müssen. Gleiches gilt für die Selbstauskünfte der Befragten, die aufgrund sprachlich bedingter Missverständnisse und anderer Kommunikationsprobleme leicht fehlgedeutet werden können und ebenfalls erst im Rahmen des gesamten diagnostischen Prozesses ihren Stellenwert erhalten.

Zu 3): Viele *Konsequenzen* der Tätigkeiten (einschließlich des „Nicht-Tuns"), die im Zusammenhang mit den Impulsen stehen, lassen sich ebenfalls direkt beobachten und registrieren. Es kann sich dabei um Rückmeldungen und Kommentare der Lehrperson und der Mitschülerinnen und Mitschüler handeln, oder es können gelungene Arbeitsergebnisse sein, über die sich das betreffende Kind sichtlich freut, ebenso misslungene Versuche, über die es sich erkennbar ärgert, zudem können die Arbeitsergebnisse die Grundlage für weiterführende Tätigkeiten bilden. Auch bei dieser Komponente lassen sich die Selbstbewertungen der Kinder nur aus ihrer Mimik und Gestik oder aus dem Gelingen und Misslingen ihrer Arbeiten hypothetisch erschließen. Insgesamt aber bietet dieser Informationsblock zahlreiche gut belegbare und belastbare Daten.

Bei der Planung und Durchführung solcher Unterrichtsbeobachtungen sind die jeweilige Problemlage sowie die personellen und technischen Bedingungen zu berücksichtigen. In Unterrichtsstunden mit Doppelbesetzung kann eine der beiden Lehrpersonen die Beobachtung übernehmen, eventuell auch mittels Video-Aufzeichnung. Bei einer gemeinsamen Planung des Unterrichts stehen die wichtigsten Impulse vorab schon fest, so dass lediglich Abweichungen von dem geplanten Verlauf sowie die Tätigkeiten der Kinder mit den nachfolgenden Konsequenzen erfasst werden müssen. Vorab kann auch geklärt werden, warum bei welchen Inhalten und Unterrichtsformen die Beobachtungen erfolgen sollen, ob sie sich global auf die gesamte Klasse, konstant auf ein einzelnes Kind oder abwechselnd auf mehrere Kinder richten sollen. Entscheidender Gesichtspunkt bei der Planung des Vorgehens muss das übergeordnete Leitziel für die Diagnostik sein: Sie soll Informationen liefern, die erkennen lassen, ob und inwieweit die Kriterien für eine inklusiv orientierte Unterrichtsgestaltung erfüllt sind. Zu analysieren ist also, ob einzelne oder mehrere Kinder bei bestimmten Inhalten, Unterrichtsformen und Interaktionen in Situationen geraten, die den Vorstellungen von Inklusion nicht entsprechen. Zugleich sollen die Ergebnisse Hinweise auf notwendige Veränderungen des Unterrichts liefern, die den Vorstellungen von Inklusion besser entsprechen. Sehr aufschlussreich kann es sein, wenn sich die Beobachtungen auf unterschiedliche Themen, Inhalte und Methoden richten. Hierbei können diskrepante Ergebnisse auftreten. Solche Diskrepanzen geben oft Hinweise auf günstige und ungünstige Lernbedingungen, die mit inhaltlichen oder methodischen Merkmalen der Unterrichtsgestaltung zusammenhängen und daher bei der Planung der weiteren Lernangebote zu berücksichtigen sind. Zu diesem Zweck sind einzelne Fragen zu klären, die an den drei dargestellten Komponenten ansetzen, aber bei den Interpretationen jeweils aufeinander zu beziehen sind. Die nachfolgend angeführten Fragen sind lediglich Beispiele. Zu ihrer Beantwortung sind stets die Ergebnisse von konkreten Beobachtungen heranzuziehen.

Zu 1. Beispiele für Fragen, die die Qualität der Impulse betreffen:

- Knüpfen die Inhalte an den Erfahrungen der Kinder an und entsprechen sie ihren Interessen und Lernbedürfnissen?
- Liegt das Niveau der Lernanforderungen in der Zone der nächsten Entwicklung?
- Wird den Kindern genügend Orientierung bei ihren Lerntätigkeiten geboten?
- Erhalten die Kinder genügend Freiraum für eigene Erkundungen und Überlegungen?
- Sehen die Lernangebote kooperative Arbeitsformen vor?
- Werden Möglichkeiten selbstständigen Lernens geboten?
- Welche entwicklungsförderlichen Anregungen versprechen die Impulse?

Zu 2. Beispiele für Fragen, die die Tätigkeiten betreffen:

- Greifen die Kinder die Impulse auf und zeigen sie Zeichen von Freude und Engagement bei ihren Tätigkeiten?
- Entspricht das Niveau der Tätigkeiten den individuellen Möglichkeiten?

- Halten sich die Kinder bei ihren Tätigkeiten an Regeln, die dem gemeinsamen Spielen, Lernen und Arbeiten dienlich sind?
- Unterstützen sich die Kinder bei ihrem Tun?
- Finden die Kinder auch Gelegenheit zu selbstständigem Tun?
- Kontrollieren die Kinder ihre Tätigkeiten?
- Zu welchen Ergebnissen kommen die Kinder?

Beide Fragenkomplexe sind noch in Abhängigkeit von den inhaltlichen Anforderungen weiter auszudifferenzieren.

Zu 3. Beispiele für Fragen, die die Konsequenzen betreffen:

- In welcher Form und Häufigkeit erhalten die Kinder Rückmeldungen?
- Beziehen sich die Rückmeldungen sowohl auf Vorgehensweisen als auch auf Ergebnisse?
- Welche Hilfen werden angeboten, wenn Kinder Probleme haben?
- Lassen Inhalte und Formen der Rückmeldungen entwicklungsförderliche Wirkungen erwarten?
- Bieten Form und Inhalte der Rückmeldungen den Kindern ermutigende Perspektiven?
- Fördern die Rückmeldungen die Fähigkeit zur realistischen Selbsteinschätzung der Kinder?
- Erfahren die Kinder auch weitere Konsequenzen, die von den Rückmeldungen durch die Lehrperson unabhängig sind?

Der hier beschriebene diagnostische Zugang betrifft die grundsätzliche Frage, ob die unterrichtlichen Impulse (oder Lernangebote) den Lernvoraussetzungen und Lernmöglichkeiten der Schülerinnen und Schüler entsprechen und damit eine wesentliche Voraussetzung inklusiver Unterrichtsgestaltung erfüllen. Zwar lassen sich die Lernangebote oder Anforderungen ebenso wie die Tätigkeiten der Schülerinnen und Schüler zu großen Teilen objektiv beobachten und beschreiben, die individuellen Lernvoraussetzungen und Lernmöglichkeiten müssen hingegen indirekt erschlossen werden. Der Rückschluss von den beobachtbaren Tätigkeiten der Schülerinnen und Schüler auf ihre Lernvoraussetzungen und Lernmöglichkeiten erfordert jedoch theoretisch fundierte Interpretationen. Einen hilfreichen Interpretationsansatz bietet ein Modell von Katzenbach (2004). Es bezieht sich auf die Beschreibung, Erklärung und Behebungsmöglichkeiten von Lernstörungen und sieht vier Interpretationsebenen vor.

Die erste Ebene verweist auf die fehlende Passung zwischen den unterrichtlichen Lernangeboten und den individuellen Lernvoraussetzungen. Dieser Aspekt dürfte den weitaus größten Teil auftretender Problemfälle abdecken, er ist zudem theoretisch sparsam, und so bietet er auch die praktisch einfachsten Lösungsmöglichkeiten. Sie bestehen in Versuchen, die Lernangebote besser auf die emotionalen, kognitiven und motorischen Lernvoraussetzungen der Kinder abzustimmen und sie durch ermutigende, lernförderliche Rückmeldungen zu unterstützen. Bleiben bei den entsprechenden Änderungen die erwarteten Erfolge aus, dann ist die nächste

Ebene des Modells von Katzenbach (2004) einzubeziehen. Sie betrifft die subjektive Sinnhaftigkeit der Lerntätigkeit und – damit zusammenhängend – die Einsicht in die Bedeutung des Lerngegenstands. Diese bleibt manchen Kindern aufgrund biografisch bedingter Erfahrungen zunächst verschlossen, so dass sie keinen Zugang zu den entwicklungsförderlichen Lernangeboten finden. Gravierende Problemlagen dieser Art sollten nach Möglichkeit schon vorab im Zusammenhang mit der Klärung der allgemeinen Lernvoraussetzungen erkannt worden sein. Gleiches gilt auch für die beiden weiteren Ebenen des Modells von Katzenbach (2004). Sie betreffen zum einen die aktuell wirksamen Nöte von Kindern, die sie am schulischen Lernen hindern, und zum anderen unbewusste Nachwirkungen von Problemen, die aus frühen Beziehungsstörungen oder Traumatisierungen resultieren und nach Formen der Verarbeitung drängen, die sich mit den üblichen Unterrichtskonzepten nicht leicht verbinden lassen.

Trotzdem muss versucht werden, für Kinder, die solchen extremen Belastungen ausgesetzt sind oder unter deren Folgen leiden müssen, auch in einem inklusiv orientierten Unterricht gerecht zu werden. Ein wichtiger Schritt in diese Richtung ist das Bemühen, die Sinnhaftigkeit der störenden Verhaltensweisen vor dem Hintergrund der biografischen Erfahrungen und der belastenden Lebensumstände zu verstehen. Eine hierauf ausgerichtete Diagnostik ist – auch in zeitlicher Hinsicht – aufwändig und bedarf fundierter theoretischer Konzepte, die sich mit praktischen pädagogischen Erfahrungen verbinden müssen. Oft ist schon viel erreicht, wenn die diagnostischen Informationen dazu beitragen, störende Verhaltensweisen als normale Reaktionen auf nicht normale Lebensbedingungen zu verstehen und dies konkret belegen zu können. Solche Erkenntnisse mögen schon ein wenig zur Entlastung schwieriger pädagogischer Situationen beitragen, auch wenn sie keine direkten Hinweise auf hilfreiche praktische Entscheidungen liefern. Entsprechende Hinweise können sich jedoch unter (glücklichen) Umständen aus der Reflexion anfallender Beobachtungen im pädagogischen Alltag ergeben, doch muss für die Wahrnehmung solcher „Fingerzeige" eine entsprechende Sensibilität und Bereitschaft entwickelt worden sein. Eindrucksvolle Beispiele hierfür finden sich in den Fallstudien von Götz-Hege (2000) und Hoffmann (2006). Einen Entwurf für eine Systematik inklusionsförderlicher „Achtsamkeiten" im pädagogischen Feld hat Bühler-Garcia (2002) vorgelegt. Er könnte Grundlage für weiterführende Arbeiten zur Fundierung einer lern- und entwicklungsförderlichen Diagnostik mit inklusivem Anspruch sein. Diese hätte sich an den nachfolgend aufgeführten Standards auf der Ebene der Professionellen zu orientieren.

Standards

1. Fähigkeit zur Einschätzung pädagogischer Situationen unter dem Gesichtspunkt, ob in diesen diskriminierende Bedingungen wirksam werden können
   - Kenntnis und Beachtung von Merkmalen allgemein wirksamer diskriminierender Bedingungen durch

- Unterrichtsinhalte, zu denen nicht alle Kinder einen Zugang finden können
- Unterrichtsmethoden, die gleichschrittiges Lernen vorsehen und fachlich unzureichend fundiert sind bzw. nicht den aktuellen didaktischen Standards entsprechen (insbesondere in den Bereichen Schriftsprache und Mathematik)
- inhaltlich unklare Instruktionen, Regelungen und Rückmeldungen, die den Kindern die Orientierung hinsichtlich der an sie gestellten Erwartungen erschweren
- Unterrichtssprache, die nicht für alle Kinder durchgängig verständlich ist
- Rückmeldungen, die vorwiegend pädagogisch unerwünschte Vorgehensweisen und Ergebnisse der Kinder betonen
- konkurrenzorientierte Leistungsrückmeldungen und Verzicht auf individuell orientierte Bezugsnormen
- unklare oder fehlende Absprachen und Regelungen bezüglich des Lern-, Arbeits- und Sozialverhaltens im Unterricht

• Sensibilität für individuell wirksame diskriminierende Bedingungen, die aus mangelnder Berücksichtigung oder Fehleinschätzungen individueller Lernvoraussetzungen und Lernmöglichkeiten resultieren – wie etwa bei

- Indikatoren und Folgen von Beeinträchtigungen der Sinnestüchtigkeit und Einschränkungen der Bewegungsmöglichkeiten
- Indikatoren, Erklärungskonzepten und Folgen von Verhaltensweisen, die dem Symptomkomplex des Autismus zugeordnet werden
- Indikatoren, Erklärungskonzepten und Folgen von Verhaltensweisen, die dem Symptomkomplex der Hyperaktivität zugeordnet werden
- Indikatoren, Erklärungskonzepten und Folgen von Verhaltensweisen, die dem Symptomkomplex des Aufmerksamkeitsdefizits zugeordnet werden
- Indikatoren und Folgen außerschulischer Erfahrungen, die den Zugang zu den schulischen Lernangeboten erschweren können
- Indikatoren und Folgen emotionaler, kognitiver und sozialer Beeinträchtigungen, die den Zugang zu den schulischen Lernangeboten erschweren können

2. Kenntnis praktikabler und wirksamer Konzepte zur Vorbeugung, Minderung und Überwindung diskriminierender Bedingungen im Unterricht

• Verwendung entwicklungsorientierter Kategorien bei der Wahrnehmung und Deutung von Geschehnissen im Unterricht und Verhaltensweisen einzelner Kinder – begünstigt durch

- Orientierung des eigenen Menschenbildes an dialektischen Konzepten zur Beschreibung und Erklärung menschlicher Entwicklung
- Fähigkeit und Bereitschaft zur Aufdeckung mechanistischer und defizitorientierter Einflüsse bei der Unterrichtsgestaltung, in Lehr- und Übungsmaterialien, in diagnostischen Instrumenten und Gutachten, in Deutungsmustern bei Gesprächen über wahrgenommene Probleme im Unterricht
- Fähigkeit und Bereitschaft zur konstruktiven Umdeutung („reframing") mechanistischer und defizitorientierter Wahrnehmungsinhalte – Beispiel Fehleranalyse

- Orientierung der diagnostischen Fragestellungen und Methoden an der Zone der nächsten Entwicklung
  - Fähigkeit und Bereitschaft, den aktuellen Lern- und Entwicklungsstand einzelner Kinder in problematischen Bereichen auf der Grundlage anfallender Gelegenheitsbeobachtungen, Analyse vorliegender Dokumente, systematischer Unterrichtsbeobachtungen und gezielter Gespräche mit verschiedenen Informanten einzugrenzen
  - Fähigkeit und Bereitschaft zur Entwicklung von Ideen, um Hinweise auf die Zone der nächsten Entwicklung zu erhalten – etwa durch gezielte Variationen der unterrichtlichen Anforderungen und Erwartungen oder bei informellen Einzelprüfungen

3. Fähigkeit und Bereitschaft zur kooperativen und transparenten Gestaltung aller diagnostischen Vorgehensweisen (im Sinne einer Einbeziehung aller Beteiligten und Betroffenen in den gemeinsamen Erkenntnisprozess)

- Grundsätzliche Bereitschaft, von anderen Menschen lernen zu wollen (eine inklusive Grundhaltung!)
- Fähigkeit und Bereitschaft, die Fragestellungen und Vorgehensweisen des diagnostischen Prozesses allen Beteiligten gegenüber verständlich und gut begründet darzustellen
- Fähigkeit und Bereitschaft, auf Wunsch über die Ergebnisse und die weiteren Konsequenzen des diagnostischen Prozesses mit allen Beteiligten zu sprechen sowie deren Wünsche und Anregungen für das weitere Vorgehen zu berücksichtigen

4. Fähigkeit und Bereitschaft zum souveränen Umgang mit widersprüchlichen Informationen und ungeklärten Fragen

- Fähigkeit und Bereitschaft, unklar gebliebene Sachverhalte, offene Fragen und widersprüchliche Informationen möglichst eindeutig und in Übereinstimmung mit allen am diagnostischen Prozess Beteiligten zu formulieren
- Fähigkeit und Bereitschaft zum Aufbau und zur Pflege von Kontakten zu Personen und Institutionen, die bei anhaltenden diskriminierenden Bedingungen lösungsorientierte Hilfen geben können

5. Überzeugend begründete Widerständigkeit gegenüber traditionellen diagnostischen Methoden und Strategien, welche die selektiven Strukturen des Schulsystems unterstützen

- Bevorzugung von Verfahren mit individueller und curricularer Bezugsnorm (Verhaltensanalyse im Sinne der pädagogischen Verhaltensmodifikation, fehleranalytische Auswertung anfallender Leistungsproben, Variationen von Anforderungen bei Leistungsprüfungen, Verwendung qualitativer Kategorien bei Unterrichtsbeobachtungen)
- Fähigkeit und Bereitschaft zur Reanalyse bei vorliegenden Ergebnissen psychometrischer Verfahren
- Verzicht auf etikettierende Diagnosen

Literatur

Bühler-Garcia, G. (2002): Situationswahrnehmung in soziokulturell heterogenen Lerngruppen. Zeitschrift für Heilpädagogik, 53 (6), 222–227

Götz-Hege, J. (2000): Zur Wiederentdeckung des Subjekts in der Pädagogik. Neue Wege in der heilpädagogischen Betreuung lern- und entwicklungsbeeinträchtigter Kinder und Jugendlicher. Frankfurt am Main

Hartke, B. & Plagmann, E. (2004): Lernprozessbegleitende Diagnostik von Lernvoraussetzungen im sozial-emotionalen und Verhaltensbereich. In: Mutzeck, W. & Jogschies, P. (Hrsg.): Neue Entwicklungen in der Förderdiagnostik. Weinheim, 123–137

Hoffmann, I. (2006): „Gute" Jungs kommen an die Macht, „böse" in die Sonderschule. Bedingungen der Entstehung und Verstärkung von Lernproblemen und Verhaltensauffälligkeiten männlicher Kinder und Jugendlicher. Saarbrücken

Katzenbach, D. (2004): Wenn das Lernen zu riskant wird: Anmerkungen zu den emotionalen Grundlagen des Lernens. In: Dammasch, F. & Katzenbach, D. (Hrsg.): Lernen und Lernstörungen bei Kindern und Jugendlichen. Zum besseren Verstehen von Schülern, Lehrern, Eltern und Schule. Frankfurt am Main, 83–104

Kornmann, R. (1998): Beurteilung im gemeinsamen Unterricht. In: Knauer, S., Meißner, K. & Ross, D. (Hrsg.): 25 Jahre gemeinsames Lernen. Beiträge zur Überwindung der Sonderpädagogik. Berlin, 283–292

Kornmann, R. (2000): Die Rekonstruktion von Prozessen der Urteilsbildung als Aufgabe der pädagogischen Diagnostik – dargestellt am Beispiel von Lernbehinderungen. In: Becker, K., Groeben, A. v. d., Lenzen, K.-D. & Winter, F. (Hrsg.): Leistung sehen, fördern, werten. Tagungsdokumentation. Bad Heilbrunn, 384–390

Scherer, P. (1995): Entdeckendes Lernen im Mathematikunterricht der Schule für Lernbehinderte. Theoretische Grundlegung und unterrichtspraktische Erprobung. Heidelberg

Klassenführung, guter Unterricht und adaptive Lehrkompetenz

Irmtraud Schnell

Diagnostische Zugänge im engeren und im unterrichtsbegleitenden Sinne sind wesentliche Grundlagen einer individualisierenden Pädagogik. Die Sicherung von Lernerfolgen hängt darüber hinaus aber auch eng mit der Pädagogik für die ganze Lerngruppe zusammen, insofern, als es gelingen sollte, einerseits die individuellen Lernvoraussetzungen und -chancen aller Schülerinnen und Schüler zu erfassen und leistungsfördernd zu entwickeln sowie ihnen andererseits im sozialen Gefüge der Lerngruppe wertschätzend Geltung zu verschaffen. Daher wird im Folgenden auf die Forschung zur Klassenführung eingegangen. Sie ist zentrales Thema der Bildungs- und Unterrichtsforschung, die sich jedoch auf das bestehende Schulsystem mit zielgleichem Unterricht bezieht. Einsiedler (1997) hebt in seinem Literaturüberblick die Bedeutung des Klassenmanagements für die Leistungsentwicklung als wesentliche Variable der Unterrichtsqualität hervor (vgl. ebd., 240). Es stellt sich die Frage, wie die Aufgaben, die mit der Klassenführung verbunden sind, auf eine Lerngruppe bezogen werden können, deren Heterogenität nicht um ein wie auch immer erhobenes Normalmaß herum gelagert ist, sondern Beeinträchtigungen in verschiedener Hinsicht einschließt. Und wie wirkt sich die Doppelbesetzung von Allgemein- und Sonderpädagog/in, die zumindest zeitweise vorzusehen ist, auf die Effizienz der Klassenführung aus? Kann kooperative Klassenführung Lehrkräfte und/oder Schüler/innen be- oder entlasten und unter welchen jeweiligen Bedingungen?

Die Beschäftigung mit Klassenführung in inklusiven Klassen offenbart die Widersprüchlichkeit eines subjektorientierten pädagogischen Handelns in selektiven Strukturen in aller Deutlichkeit. Es bleibt daher zu verfolgen, inwiefern der Bezug zu vorliegenden Forschungsergebnissen für inklusiven Unterricht anschlussfähig ist und es könnte sich erweisen, dass bei zukünftigen empirischen Studien die Wertschätzung individueller Leistungen wie die Kooperation der Kinder bzw. Jugendlichen untereinander einer höheren Aufmerksamkeit bedarf. Ob z. B. die Ergebnisse, die in der Scholastik-Studie (Längsschnitt-Studie an bayerischen Grundschulen; vgl. Weinert & Helmke 1997) erhoben wurden, für die Bedingungen der Unterrichtsarbeit in inklusiven Klassen herangezogen werden können, ist durchaus zu bezweifeln.

Als besonders bedeutsam für die Lernwirksamkeit des Unterrichts wird allgemein die Klassenführung betrachtet, die in verschiedenen Veröffentlichungen mit „classroom-management" gleichgesetzt wird. Was inhaltlich unter diesen beiden Begriffen verstanden wird, unterscheidet sich jedoch. Seidel (2009) bezeichnet Klassenführung als Syndrom, das verschiedene Unterrichtsmerkmale bündelt: „Zentral ist dabei die Auffassung, Lernumgebungen so zu gestalten, dass Lernen störungsarm abläuft, die vorgegebene Lernzeit maximal ausgeschöpft wird und die Lehrenden die Lernprozesse optimal begleiten und unterstützen" (ebd., 148). Kounin benannte vier Faktoren einer effektiven Klassenführung: Allgegenwärtigkeit und Überlappung (1), Flüssigkeit, Reibungslosigkeit und Bewegung im Unterricht (2), Gruppenaktivierung/Überprüfung (3) und Abwechslung/Sachmotivation (4) (vgl. z. B. Wellenreuther 2009).

Die Zielperspektive bestimmt die Kategorien, unter denen Unterricht und seine Ergebnisse betrachtet werden. Im Sinne eines hohen Leistungszuwachses zum Beispiel definieren Helmke und Weinert Klassenführung folgendermaßen: „Der Unterricht erfolgreicher [...] Lehrer erfolgt kontinuierlich; die Übergänge zwischen Unterrichtsphasen sind kurz, reibungslos und verlaufen regelhaft; es gibt nur minimale Pausen zwischen verschiedenen Unterrichtsepisoden; das nötige Lernmaterial steht durchwegs zur Verfügung" (Helmke & Weinert, 248). In der Untersuchung der Profile erfolgreicher Klassen konnten bislang noch wenig eindeutige Aussagen zu notwendigen Bedingungen des Erfolgs gemacht werden bis auf den Aspekt der „(aus Schülersicht erhobene[n]) Klarheit der Lehreräußerungen" (ebd., 251). Darüber hinaus lasse sich allenfalls noch die Klassenführung hinzurechnen. Lompscher (1997) weist zusätzlich auf die Bedeutung der Lerntätigkeit der Schülerinnen und Schüler hin, die als vermittelnde Dimension zwischen Unterricht und Entwicklung betrachtet werden müsse (vgl. ebd., 254).

Guldimann (2010) kritisiert im Zusammenhang der Lehr- und Lernforschung, dass die Person bzw. Persönlichkeit der Lehrkräfte ausgeblendet werden (vgl. ebd., 259). Um die Frage der Gütekriterien für Unterricht zu klären, trägt Guldimann das Konzept der adaptiven Lehrkompetenz vor, das Sachkompetenz, diagnostische Kompetenz, didaktische Kompetenz und Klassenführungskompetenz vereine, und führt aus:

Einer „mit hoher adaptiver Lehrkompetenz ausgestatteten Lehrperson gelingt,

- bei aller Individualität und Heterogenität der Schülerinnen und Schüler,
- in genauer Kenntnis des Unterrichtsinhalts,
- unter Ausschöpfung eines didaktischen Repertoires und
- durch Führung und Begleitung des Lernenden, einer Lerngruppe oder Schulklasse

den Unterricht so zu gestalten, dass möglichst viele Schülerinnen und Schüler ihren Voraussetzungen und Möglichkeiten entsprechend lernen und verstehen können. Eine Lehrperson mit adaptiver Lehrkompetenz schafft optimale Voraussetzungen für einen guten Unterricht". (ebd., 260)

Diese Umschreibung der Kompetenzen von Lehrpersonen lässt sich durchaus auf inklusiven Unterricht beziehen, scheint aber noch nicht ausreichend. Eine diesbezüglich ergiebigere Perspektive zeigt hingegen Karl Dieter Schuck (2011) auf. Ausgehend von der Kritik am bedingungsanalytischen Diskurs, der nach Zusammenhängen zwischen Merkmalen des Unterrichts und Effektvariablen suche, plädiert er, Lerngruppen als Systeme zu betrachten, die ihre Wirkungen vom ersten Tag an und auf kaum vorhersehbare Weise entfalten, den Unterrichtserfolg im Prozess der inhaltlichen Auseinandersetzung und im Zusammenhang der umgebenden Kultur selbst herstellend:

> „Schüler und Lehrer kooperieren auf dem Hintergrund ihrer bisher entwickelten Weltsicht und konstruieren alltäglich ihre Handlungsbedingungen neu. Sie gestalten ihren unmittelbaren Lebensraum Klasse, sie geben den Bedingungen ihres Handelns erst durch ihre Handlungen Bedeutung und führen damit Ergebnisse herbei, die nur durch die täglichen Kooperationsprozesse und die individuelle Lerntätigkeit erklärlich sind und keinesfalls durch noch so komplexe Bedingungsanalysen vorhergesagt werden können." (ebd., 108)

Diese Sichtweise auf Unterricht, die u. a. vor dem Hintergrund der Forschungserträge zu den Integrativen Regelklassen in Hamburg gewonnen wurde, eröffnet den Zugang zur Entwicklung inklusiver Unterrichtsqualität, in der alle Subjekte zur Wirkung und zur Entfaltung kommen können. Sie verlangt von Lehrkräften, sich einerseits als Personen auf vielfältige Kooperationsprozesse einzulassen, andererseits vor dem Hintergrund fachlicher Kompetenz unterschiedliche unterrichtliche Bedingungen herzustellen.

Schuck weist auf einen weiteren wesentlichen Faktor gelingender Lernprozesse hin, nämlich die Bedeutung der bewussten Zusammensetzung von Klassen: „Nicht zufällige Prinzipien sollten daher zur Geltung kommen, sondern Überlegungen zur Kontrolle des Heterogenitätsspektrums, zur Vermeidung massiver Belastungen und zur Schaffung von Anregungspotenzialen durch die Zusammensetzung der Lerngruppen" (ebd., 109). Zur Sicherung von Lernerfolgen gehört demnach die bewusste Gestaltung heterogener Lernumgebungen, nur so können die Subjekte sich an- und miteinander weiter entwickeln und Lehrkräfte werden nicht überfordert. Ein „inclusive education system", in dem in allen Schulen ein größeres Heterogenitätsspektrum bestehen kann als im gegliederten Schulsystem, bietet diesbezüglich mehr Gestaltungsmöglichkeiten. Das altersübergreifende Lernen eröffnet darüber hinaus Chancen der Bewahrung bestimmter Kulturen des Umgangs miteinander und der Tradition eines anerkennenden Umgangs mit individuellen Leistungen in der Institution Schule, die in Jahrgangsklassen jeweils erst entwickelt werden müssen und so einer höheren Zufälligkeit unterliegen. Daneben schützt das größere Leistungsgefälle vor Festlegungen auf Mittelmaße.

Die empirische Forschung zu Unterrichtsqualität und Klassenführung in inklusiven Klassen sollte die Perspektive der Schülerinnen und Schüler wie der Lehrperson und die gemeinsame Konstruktion der Lernumgebung und -effekte einbeziehen. Es sind Nachweise zur Bedeutung einer pädagogischen Grundhaltung zu erbringen, die die Aufmerksamkeit neben dem inhaltlichen Angebot auch auf die lernenden Subjekte richtet. Diese Grundhaltung würde von Schülerinnen und Schülern anerkannt (vgl. Fend 2008, 304) und sollte auf ihre Effekte bezüglich der Lernerfolge hinterfragt werden.

Die Begriffe Klassenmanagement bzw. „classroom-management" täuschen vor, durch bestimmte pädagogische bzw. unterrichtliche Maßnahmen ließen sich Lernerfolge herstellen. Es ist gut, dass die Unterrichtsforschung keine entsprechenden Garantien geben kann und die Klassenführung offen auf die Kooperation in der jeweiligen Klasse verwiesen wird: „Die Herausforderung eines guten Klassenmanagements besteht darin, ein Klassenklima zu schaffen, das eine Ausschöpfung des Potenzials aller Schüler ermöglicht, so dass insgesamt Lernfreude und ein hohes Kompetenzniveau resultiert", so Wellenreuther (2009, 119).

In dieser Äußerung Wellenreuthers findet sich das Wort Freude. Die Bedeutung einer Kultur des Einladens aller Schülerinnen und Schüler zum Lernen und die hohe Bedeutung der Freude am Lernen wie der Begeisterung für neue Herausforderungen und nicht zuletzt der zentrale Stellenwert gerechter tragfähiger Beziehungen in der Klasse – das kennen Pädagoginnen und Pädagogen seit langem. Vermutlich sind sie aus forschungsmethodischen Gründen ins Hintertreffen geraten. Sie werden der Pädagogik von der Hirnforschung erneut ins Stammbuch geschrieben.

Standards

a) Standards auf der institutionellen Ebene

- Bewusste Zusammensetzung des Heterogenitätsspektrums von Klassen
- Gestaltung der Kooperationsverhältnisse

b) Standards auf der Ebene der Professionellen

- Kultur des Einladens zum Lernen und der Freude beim Lernen

Literatur

Einsiedler, W. (1997): Unterrichtsqualität und Leistungsentwicklung: Literaturüberblick. In: Weinert, F.E. & Helmke, A. (Hrsg.): Entwicklung im Grundschulalter. Weinheim, 225–240

Fend, H. (2008): Schule gestalten. Systemsteuerung, Schulentwicklung und Unterrichtsqualität. Wiesbaden

Guldimann, T. (2010): Adaptive Lehrkompetenz – das Wissen der Lehrpersonen über guten Unterricht. In: Jürgens, E. & Standop, J. (Hrsg.): Was ist „guter" Unterricht? Namhafte Expertinnen und Experten geben Antwort. Bad Heilbrunn, 257–277

Helmke, A. & Weinert, F.E. (1997): Unterrichtsqualität und Leistungsentwicklung. Ergebnisse aus dem Scholastik-Projekt. In: Weinert, F.E. & Helmke, A (Hrsg.): Entwicklung im Grundschulalter. Weinheim, 241–251

Lompscher, J. (1997): Unterrichtsqualität und Leistungsentwicklung. Kommentar. In: Weinert, Franz E. & Helmke, A. (Hrsg.): Entwicklung im Grundschulalter. Weinheim, 253–258

Schuck, K.D. (2011): Unterricht bei heterogenen Voraussetzungen. In: Kaiser, A., Schmetz, D., Wachtel, P. & Werner, B. (Hrsg.): Didaktik und Unterricht. Behinderung, Bildung, Partizipation. Enzyklopädisches Handbuch der Behindertenpädagogik. Band 4. Stuttgart, 101–109

Seidel, T. (2009): Klassenführung. In: Wild, E. & Möller, J. (Hrsg.): Pädagogische Psychologie. Heidelberg, 135–148

Weinert, F.E. & Helmke, A. (Hrsg.): Entwicklung im Grundschulalter. Weinheim

Wellenreuther, M. (2009): Forschungsbasierte Schulpädagogik. Anleitung zur Nutzung empirischer Forschung für die Schulpraxis. Baltmannsweiler

7 Unabhängige Beratung

Unabhängige Beratung als Qualitätsmerkmal inklusiver Bildung

Sibylle Hausmanns & Eva Katharina Wingerter

Seit Beginn der Elternbewegung „Gemeinsam leben – gemeinsam lernen" hat Beratung von Eltern, die ihre Kinder mit Behinderungen in der Kita nebenan unterbringen und in die allgemeine Schule einschulen wollten, eine zentrale Rolle gespielt. Im Laufe der Zeit traten andere Themen dazu: Freizeit, der Übergang Schule – Beruf, Wohnen und Arbeiten außerhalb von Institutionen. Eltern wurden durch die Auseinandersetzungen um Teilhabechancen ihrer Kinder zu Experten, die sich nicht nur im klassischen Selbsthilfesinne gegenseitig stützten, sondern begannen, politischen Einfluss zu nehmen und mit juristischen Mitteln zu kämpfen. Die UN-Behindertenrechtskonvention zeigt diese Entwicklung nun in einem neuen Licht.

Selbstvertretung und Partizipation

Die „Freiheit eigene Entscheidungen zu treffen" (BRK Präambel o) und „das gleiche Recht aller Menschen mit Behinderungen, mit gleichen Wahlmöglichkeiten wie andere Menschen in der Gemeinschaft zu leben" (BRK Artikel 19), die die Konvention zusichert, sind auch in Deutschland noch nicht Realität. Menschen mit Behinderungen müssen für ihre Rechte eintreten, um sie gegenüber Staat und Gesellschaft als Experten in eigener Sache durchzusetzen.

Schon die Entstehungsgeschichte der UN-Behindertenrechtskonvention macht deutlich, dass Menschen mit Behinderungen und ihren Organisationen eine entscheidende Rolle zukommt, wenn es darum geht, sicher zu stellen, dass Menschen mit Behinderungen in den vollen Genuss ihrer Menschenrechte kommen. „Nichts über uns – ohne uns!" ist die Formel, die bei den Verhandlungen in New York richtungweisend war, und nun auf allen Ebenen mit Leben erfüllt werden muss. Schon die Präambel der Konvention greift den Gedanken auf „dass Menschen mit Behinderungen die Möglichkeit haben sollen, aktiv an Entscheidungsprozessen über politische Konzepte und Programme mitzuwirken, besonders wenn diese sie unmittelbar betreffen (BRK Präambel n))."

Artikel 4.3 formuliert als allgemeine Verpflichtung der Vertragsstaaten:

„Bei der Ausarbeitung und Umsetzung von Rechtsvorschriften und politischen Konzepten zur Durchführung dieses Übereinkommens und bei anderen Entscheidungsprozessen in Fragen, die Menschen mit Behinderungen betreffen, führen die Vertragsstaaten mit den Menschen mit Behinderungen, einschließlich Kindern mit Behinderungen, über die sie vertretenden Organisationen enge Konsultationen und beziehen sie aktiv ein." (BRK Artikel 4.3)

Artikel 33 regelt die innerstaatliche Durchführung und Überwachung der Konvention und bestimmt im Absatz 3:

„Die Zivilgesellschaft, besonders Menschen mit Behinderungen und die sie vertretenden Organisationen wird in den Überwachungsprozess einbezogen und nimmt in vollem Umfang daran teil." (BRK Artikel 33)

Es kommt also darauf an, Beteiligungs- und Überwachungsprozesse mit einer gewissen Nachhaltigkeit und (personellen) Kontinuität und auf einem hohen fachlichen Niveau zu organisieren, um auf Augenhöhe mit Entscheidern aus Politik und Verwaltung an der Umsetzung der Konvention zu arbeiten. Zur Fachlichkeit gehört die Parteilichkeit von und für Menschen (Kinder) mit Behinderungen und ihre Belange aus eigener Betroffenheit und/oder als Eltern in Sachwalterschaft für die Rechte der Kinder. Erfahrungen, Wissen, Lösungen, wie sie in klassischen Selbsthilfezusammenhängen kommuniziert, erprobt und gelebt werden, müssen in bessere Strategien gegen Diskriminierung und für gleiche Rechte und in die Verbesserung der Qualität von Angeboten einfließen, auch im Bildungsbereich.

In den Verhandlungen zur UN-Behindertenrechtskonvention haben sich die Organisationen der Menschen mit Behinderungen mit ihrem Vorschlag zu einer offenen Definition von Behinderung durchsetzen können. Die Präambel stellt fest, „dass das Verständnis von Behinderung sich ständig weiterentwickelt und dass Behinderung aus der Wechselwirkung zwischen Menschen mit Beeinträchtigungen und einstellungs- und umweltbedingten Barrieren entsteht, die sie an der vollen und gleichberechtigten Teilhabe an der Gesellschaft hindern" (BRK Präambel e). Wer also die Lebensverhältnisse von Menschen mit Behinderungen verbessern, wer z. B. inklusive Bildung ermöglichen will, muss sein Augenmerk auf einstellungs- und umweltbedingte Barrieren richten und sie abbauen. Diese Sichtweise bezieht die gesamte Gesellschaft in die Umsetzung der UN-Behindertenrechtskonvention ein. Sie verpflichtet aber auch, im Einzelfall identifizierte Barrieren mittels „angemessener Vorkehrungen" sofort zu beseitigen. Die Verweigerung angemessener Vorkehrungen stellt eine Diskriminierung dar (vgl. BRK, Artikel 2 und 5.3).

Inklusive Bildung

Inklusive Bildung ist ein Schlüssel für die gesellschaftliche Teilhabe von Menschen mit Behinderungen. Deshalb ist inklusive Bildung in der UN-Behindertenrechtskonvention zentrales Thema. Hinsichtlich der schulischen Förderung von Kindern mit Behinderungen trifft diese eine Wertentscheidung zugunsten inklusiver Bildung. Die Vertragsstaaten – also auch die Bundesrepublik – haben sich dabei zu zweierlei verpflichtet:

1. ein inklusives Bildungssystem auf allen Ebenen zu schaffen. Unabhängig davon, ob gerade jetzt ein Kind mit Behinderung an gerade dieser Schule aufgenommen werden soll, müssen alle Schulen in die Lage versetzt werden, alle Kinder ihres Einzugsbereiches aufzunehmen und ihnen hochwertige Bildung anzubieten. Diese Systemischen Veränderungen brauchen Zeit. Prof. Riedel spricht in seinem Gutachten zur Wirkung der Konvention auf das deutsche Schulsystem von

einer Legislaturperiode. Die politische Debatte darüber dauert an (vgl. Riedel 2010).
2. jedem Kind im Einzelfall diskriminierungsfreien Zugang zur allgemeinen Schule mit angemessenen Vorkehrungen zu gewähren. Dieser Anspruch wird von der Kultusministerkonferenz und den meisten Kultusministerien bestritten (vgl. KMK 2010). Eine gerichtliche Klärung steht aus. Derzeit werden Eltern, die klagen, Vergleiche angeboten.

Der zentrale Begriff der UN-Kinderrechtskonvention, der Vorrang des Kindeswohls, wird in Artikel 7 der UN-Behindertenrechtskonvention mit fast wortgleicher Formulierung übernommen. Eltern und Behörden sind in ihren Entscheidungen demnach gleichermaßen an den Vorrang des Kindeswohls gebunden. Auch der elterliche Erziehungsplan findet hier seine Grenze. Die UN-Kinderrechtskonvention stellt auch klar, dass Kinder Rechtssubjekte, also Träger eigener Rechte sind. Wenn Eltern sich für inklusive Bildung ihres Kindes einsetzen, mag das auch ihrem Erziehungsplan und somit ihrem Elternwillen entsprechen; sie verhelfen aber in erster Linie einem Recht ihres Kindes zum Durchbruch. Inklusive Bildung dient in der Regel dem Wohl aller beteiligten Kinder, davon ist auszugehen (vgl. Riedel 2010). Die Frage, ob inklusive Bildung im konkreten Fall dem Kindeswohl dient, muss mit der Gegenfrage beantwortet werden, welche angemessenen Vorkehrungen getroffen werden können und müssen, damit umwelt- und einstellungsbedingte Barrieren fallen. Letztlich wird nur in sehr seltenen, sorgfältig zu begründenden Fällen das Kindeswohl einer gemeinsamen Beschulung entgegenstehen.

Die Vertragsstaaten sind in einer Bringschuld, was die Organisation angemessener Vorkehrungen angeht, wenn sie dem Vorwurf der Diskriminierung entgehen wollen. In Deutschland steht dem die Zersplitterung der Zuständigkeiten zwischen bundesweit 16 verschiedenen Schulgesetzgebungen und diversen Sozialgesetzbüchern sowie ebenso vielen Behörden entgegen.

Die besondere Herausforderung des Zugangs zu inklusiver Bildung

Eltern, die heute ein Kind mit Behinderungen in eine allgemeine Schule einschulen wollen, haben die Behindertenrechtskonvention und damit das Recht ihres Kindes auf inklusive Bildungen auf ihrer Seite. Allerdings finden sie sich inmitten eines offenen gesellschaftlichen, politischen und juristischen Konfliktes um dieses Recht wieder. Ihnen bleibt nur ein sehr kleines Zeitfenster, um für ihr Kind eine Lösung zu finden. Denn ihr Kind steht in diesem Moment vor der Schultür. Sie können nicht warten, bis in noch nicht absehbaren Zeitdimensionen ein Umbau des Bildungssystems stattgefunden haben mag. Sie brauchen jetzt eine Lösung im Sinne eines diskriminierungsfreien Zugangs zur allgemeinen Schule mit angemessenen Vorkehrungen. Die positive Nachricht ist, Eltern, die sich für den Zugang ihres Kindes mit Behinderung zur allgemeinen Schule einsetzen, sind de jure von ihrem „Bittstellerstatus" befreit. Eltern kommt die Aufgabe zu, als Sachwalter auf die Einhaltung der Rechte ihres Kindes (den Zugang zu inklusiver Bildung mit angemessenen Vorkehrungen) zu bestehen.

Diese Aufgabe stellt jedoch eine große Herausforderung für Eltern dar. Probleme treten dabei vor allem auf der faktischen Ebene des Zugangs auf. Um das Recht ihres Kindes einfordern zu können, fehlt Eltern oftmals schon das Wissen und nähere Informationen über die Rechtsansprüche des Kindes und deren Durchsetzungskraft.

Eltern sollen im Entscheidungsprozess von den beteiligten Behörden „umfassend beraten" werden. Dazu haben sowohl die jeweiligen Schulbehörden, als auch die vielfältigen möglichen Träger angemessener Vorkehrungen den gesetzlichen Auftrag. Sie beraten allerdings im Rahmen ihrer Zuständigkeit und zur Verfügung stehenden Maßnahmen und Ressourcen. Somit wird der Beratungsanspruch der Eltern nicht unbedingt im Hinblick auf „inklusive" Lösungen erfüllt. Nicht selten hören Eltern in diesem Zusammenhang Sätze wie, „Das hat keine Aussicht auf Erfolg", „Hierfür sind nicht ausreichend Ressourcen vorhanden" oder „Dies stellt eine Überforderung ihres Kindes dar".

Eltern erleben im schulischen Kontext immer wieder, dass ihr Kind auf Grund seiner Behinderungen von der Gesellschaft ausgegrenzt und diskriminiert wird oder ihm notwendige Hilfen sowie das Recht ein „Kind unter Kindern zu sein" verwehrt werden. Dies stellt eine große emotionale Belastung für Eltern dar. Nach Inkrafttreten der UN-Behindertenrechtskonvention stößt diese Ausgrenzung bei Eltern mehr denn je auf Unverständnis. Es ist schwer nachzuvollziehen, dass eine andere Person bzw. eine Behörde über die Erziehung und Bildung des eigenen Kindes entscheidet, entgegen den Erziehungsvorstellungen der Eltern und dem Rechtsanspruch des Kindes.

Entscheiden sich Eltern dafür, das Recht auf inklusive Bildung ihres Kindes zu verfolgen, bleibt die Durchsetzung der dafür notwendigen angemessenen Vorkehrungen sowie das Vermitteln zwischen den Beteiligten, und damit ein Großteil der Verantwortung für die Qualität der Bildung ihres Kindes, ihnen überlassen. Hierbei erleben Eltern eine ständige Bevormundung durch Fachleute, was das Wohl ihres Kindes betrifft. Dies empfinden Eltern als belastend und diskreditierend.

Aufgrund fehlender Informationen oder falscher unzulänglicher Beratung, können Familien den Rechtsanspruch auf gemeinsame Schulbildung oftmals gar nicht erst in Anspruch nehmen bzw. realisieren. Einigen Familien mangelt es an Kraft und Kompetenz für notwendige Behördengänge und Auseinandersetzungen. Aber auch mangelnde sprachliche Ressourcen sind eine Barriere, denn nicht alle Familien verstehen die bürokratische Amtssprache. Ebenso schränken mangelnde finanzielle Möglichkeiten die Inanspruchnahme von Hilfeleistung ein. Oftmals bleibt Eltern nur der Rechtsweg, um das Recht ihres Kindes durchzusetzen, nicht allen Familien ist es jedoch möglich, gegebenenfalls auch juristisch gegen die Nichtbewilligung von Leistungen vorzugehen.

Letztgenannte Faktoren treffen in besonderem Maße auf Familien aus sozial benachteiligten Schichten, sowie Familien mit Migrationshintergrund zu. Wissenschaftliche Studien belegen einen Zusammenhang von sozialer Benachteiligung, Armut und/oder Migrationshintergrund und der Entstehung von Behinderung.

Nach Ergebnissen des Elften Kinder – und Jugendberichts der Bundesregierung aus dem Jahr 2002 „besteht ein Zusammenhang zwischen sozialer Schichtzugehörigkeit und Behinderung – und zwar nicht nur im Falle der so genannten Lernbehinderung. Die unteren sozialen Schichten sind bei nahezu allen Behinderungsarten überproportional betroffen" (BMFSJ 2002, 222). Dieser Risikogruppe fehlt oftmals bereits der Zugang zu Unterstützungssystemen und Leistungen und insbesondere auch zu allgemeinbildenden Schulen, was sich negativ auf die Teilhabechancen an der Gesellschaft auswirken kann.

Es besteht ein sehr hoher Bedarf von Familien mit Kindern mit Behinderungen oder von Behinderung bedrohten Kindern, an orientierender Unterstützung, Information und Aufklärung rund um das Thema inklusive Bildung sowie Begleitung bei der Umsetzung des individuellen Rechtsanspruches. Aber auch die psychosoziale Begleitung in dieser emotional sehr belastenden Zeit ist von hoher Bedeutung. Das Gefühl akzeptiert zu werden, ernst genommen zu werden und als Experte für das eigene Kind anerkannt zu werden, ist dabei besonders wichtig. Viele Betroffene wünschen sich außerdem Kontakt mit anderen Gleichbetroffenen sowie die Möglichkeit zum Erfahrungsaustausch.

Die doppelte Rolle der Eltern

Eltern sind über die Entscheidungen, die ihre Kinder mit Behinderungen betreffen, hinaus dazu aufgerufen, die Umsetzung der Konvention zum Thema inklusive Bildung zu überwachen und zu begleiten. Sie sollen dabei nach der UN-Behindertenrechtskonvention „die notwendige Unterstützung erhalten […], um es den Familien zu ermöglichen, zum vollen und gleichberechtigten Genuss der Rechte der Menschen mit Behinderungen beizutragen" (BRK, Präambel x)).

Sie tragen mit ihrem Kampf dazu bei, das gesellschaftliche, politische und juristische Bewusstsein für das Recht auf inklusive Bildung in all seinen Facetten zu schärfen und Vorstellungen zur notwendigen Qualität der Umsetzung zu entwickeln. Um diesen Anforderungen gerecht zu werden, schlagen wir ein System *Unabhängiger Beratung* vor. Dieses kann darüber hinaus die Zugangs- und Teilhabechancen von Menschen mit Behinderungen an der Gesellschaft verbessern.

Das Modellprojekt Unabhängige Beratung in Hessen

Um Eltern die aufgezeigte notwendige Unterstützung bieten zu können, erprobt die Landesarbeitsgemeinschaft Hessen Gemeinsam leben – gemeinsam lernen e.V. *Unabhängige Beratung* in einem Modellprojekt mit Unterstützung der Aktion Mensch. Der Sitz dieser Inklusiven Beratungs- und Koordinationsstelle Hessen (IBKS) ist in Frankfurt am Main, zur Zeit ist diese mit 1,5 Personalstellen ausgestattet.

Das Angebot der IBKS richtet sich an Menschen mit Behinderungen und ihre Familien aus ganz Hessen sowie Fachpersonen. Ziel ist es Menschen mit Behinderungen und ihren Familien frühzeitig umfassende Informationen zum Thema inklusive Bildung zur Verfügung zu stellen und sie dabei zu unterstützen für ihr Kind ein Leben inmitten der Gesellschaft zu ermöglichen. Im Sinne des Empowerment-Ansatzes soll Menschen mit Behinderungen bzw. ihren Eltern darüber hinaus Hilfe zur Selbsthilfe angeboten werden, um sie bei der Wahrnehmung von Partizipationsrechten zu unterstützen.

Mit der Stärkung des Rechtsanspruchs auf inklusive Bildung ist der Bedarf an Beratung zu dieser Thematik enorm gestiegen. Das bisherige Beratungsangebot deckt den Bedarf jedoch nicht adäquat ab und Eltern werden dabei nicht ausreichend über die Rechte ihres Kindes informiert. Aus diesen Gründen liegt der inhaltliche Fokus der Arbeit der IBKS auf dem Thema inklusive Bildung. Die personelle Aufstellung erfordert darüber hinaus eine inhaltliche Akzentuierung. Anfragen zu anderen Themenbereichen leiten wir, möglichst innerhalb der Landesarbeitsgemeinschaft, an sachkundige Stellen weiter. Die Beratungsstelle hat vier Pfeiler: 1. Beratung, 2. Stärkung der Selbstvertretung, 3. Bewusstseinsbildung, 4. Multiplikatorenausbildung.

1 Beratung

Wir wissen, dass der Weg zur inklusiven Bildung in vielen Fällen derzeit noch eine Zumutung ist für Kinder und ihre Familien. Immer noch müssen die Betroffenen Vorkämpfer sein. Die Entscheidung, sich in diese Rolle zu begeben oder nicht, liegt bei den Eltern. Unabhängige Beratung unterstützt die Entscheidungsfindung. Zur Information, Unterstützung und Begleitung von Eltern und Kindern ist es notwendig, zersplitterte Zuständigkeiten zu überblicken und über derzeit bestehende Maßnahmen und Möglichkeiten hinaus zu denken, um Alternativen im Sinne der UN-Behindertenrechtskonvention zu entwickeln und einzufordern.

Die Beratung von Familien findet sowohl in Einzelfallberatungen als auch in Form von Informationsveranstaltungen oder Gruppenberatungen statt. Im ersten Jahr konnten wir rund 400 Familien beraten, davon wurden ca. 100 Familien intensiv in Form von Einzelfallberatungen und 25 Familien bei Rechtsverfahren begleitet. Wichtig ist zu betonen, dass die ratsuchenden Familien aus allen sozialen Schichten kamen. Gerade im Bereich der Rechtsbegleitung war ein hoher Anteil sozial benachteiligter Familien und/oder Familien mit Migrationshintergrund zu verzeichnen. Auch Fachpersonen greifen gerne auf unsere Beratung zurück, wir hatten rund 100 Anfragen im vergangenen ersten Jahr.

Darüber hinaus wurden Informationsmaterialien zu verschiedenen Themen erarbeitet, die den beratenen Familien zur Verfügung gestellt werden oder aber auch im Internet verfügbar sind. Es wird derzeit an Materialien in einfacher Sprache und Übersetzungen in verschiedenen Sprachen gearbeitet.

2 Stärkung der Selbstvertretung

Die Umsetzung der Rechtsansprüche der UN-Behindertenrechtskonvention muss auf verschiedenen Ebenen durchgesetzt werden. Dies betrifft zum einen die Bundes- und Landesebene; hier muss dafür gesorgt werden, dass die betreffenden Gesetze konventionskonform geändert werden. Die UN-Behindertenrechtskonvention schreibt vor, dass bei diesem Transformationsprozess Menschen mit Behinderung eingebunden und beteiligt werden sollen. Um dieses Recht vor Ort wahrzunehmen und um auch auf regionaler Ebene das Thema voranzutreiben, haben sich unter Anleitung und Begleitung der IBKS in den letzten Jahren zahlreiche lokale Initiativen mit regionaler Schwerpunktsetzung gegründet und unter dem Dach der LAG Hessen zusammengeschlossen.

Die IBKS Hessen unterstützt die Initiativen in ihrer Arbeit und Organisation, indem sie diese berät, die Gruppenaktivitäten auf Landesebene koordiniert, den Austausch untereinander fördert, Wissen transportiert, Strategieentwicklung begleitet und Elternbildungsmaßnahmen durchführt. Sie organisiert so die Wahrnehmung von Beteiligungsrechten und die Begleitung und Überwachung der Umsetzung der Konvention.

3 Bewusstseinsbildung

Die UN-Behindertenrechtskonvention hat ein neues Verständnis von Behinderung entworfen, das betont, dass Behinderung durch das Zusammentreffen einer Beeinträchtigung mit umwelt- und einstellungsbedingten Barrieren entsteht. Daher ist ein weiterer Aufgabenbereich der *Unabhängigen Beratungsstelle* dazu beizutragen, dass diese Barrieren abgebaut werden. Deshalb zählt die Bewusstseinsbildung Betroffener, der Gesellschaft, Interessierter sowie Fachpersonen über den Anspruch und die Auswirkungen der UN-Behindertenrechtskonvention ebenfalls zu dem Aufgabenbereich der IBKS. Dies geschieht zum Beispiel in Form von Informationsveranstaltungen und Referententätigkeiten.

Die IBKS bereitet Wissen auf und gibt es in Schulungen und Handreichungen an Eltern und verschiedene beteiligte Berufsgruppen sowie an Politik und Verwaltung weiter. Sie macht Wissen im Internet verfügbar. Auch Presse- und Öffentlichkeitsarbeit werden für die Aufklärung und Schaffung von Akzeptanz genutzt.

4 Professionelle Multiplikatorenausbildung

Ein weiterer Zweig der Arbeit liegt in der Fort- und Weiterbildung von Fachleuten zum Thema inklusive Bildung. Diesbezüglich gibt es bisher kaum ein Angebot und die Nachfrage nach Seminaren zu dem Thema ist sehr hoch. Wir bieten z. B. Seminare zum Thema Übergang vom Kindergarten in die Schule oder zu Rechtsansprüchen aus der UN-Behindertenrechtskonvention hinsichtlich der Beschulung von Kindern mit Behinderungen an. Außerdem bieten wir Fortbildungen zur Weiterentwicklung und Qualitätsberatung von Institutionen unter inklusiven Gesichtspunkten an. Die Zielgruppen des Fortbildungsangebotes sind Kindergärten und Kindertageseinrichtungen, Therapeut/innen, Frühförderung, Lehrer/innen und andere Berufsgruppen der Kinder-, Jugend- und Behindertenhilfe. Im ersten Jahr haben rund 250 Fachpersonen unser Fortbildungsangebot wahrgenommen. Die Tendenz ist steigend.

Die Ausbildung von Multiplikatoren ist auch deshalb von hoher Notwendigkeit, weil die Begleitung der Familien zu diesem Thema nicht alleine durch die IBKS geleistet werden kann. Die Beratung steht daher auch für Fachleute zur Verfügung, die Familien begleiten. Sinnvoll wäre es jedoch, ein flächendeckendes Netz unabhängiger Beratung aufzubauen. Derzeit stehen Eltern der lokalen Initiativen ehrenamtlich als Ansprechpartner vor Ort für Eltern zur Verfügung. Um aber eine qualitativ hochwertige und kontinuierliche Beratung leisten zu können, ist eine Professionalisierung dieses Angebots in Form *Unabhängiger Beratung* anzustreben. Die Finanzierung der Beratungsstelle wird derzeit maßgeblich durch eine Förderung der Aktion Mensch geleistet, da es für diese Form der Beratung noch keinen Leistungsanspruch, z. B. nach Sozialgesetzbuch IX, gibt.

Das Konzept Unabhängiger Beratung

Das Konzept Unabhängiger Beratung basiert zum einen auf den Erfahrungen der Elternbewegung „Gemeinsam leben – gemeinsam lernen" der letzten 25 Jahre, auf der aktuellen Bedarfsanalyse von Eltern von Schulkindern sowie auf dem Austausch mit vergleichbaren Projekten auf Bundesebene. Das Konzept ist an dem Unterstützungsbedarf von Familien mit Kindern mit Behinderungen orientiert. Diese Unterstützungsleistung stellt eine wertvolle Ressource für ratsuchende Familien dar.

Prof. Dr. Hans Weiß unterscheidet drei Ebenen sozialer Ressourcen,

> „die engere und weitere Familie einschließlich der Verwandtschaft (primäres Netzwerk), ferner der Freundes- und Bekanntenkreis, die Nachbarschaft sowie Selbsthilfegruppen (sekundäres Netzwerk) und schließlich das professionell-fachliche Hilfe- und Unterstützungssystem wie Frühförder- und Beratungsstellen, medizinische Einrichtungen und dgl. (tertiäres Netzwerk)". (Weiß 2010, 258)

Diese Netzwerke können Betroffenen und Eltern instrumentelle, emotionale und kognitiv-orientierende Unterstützung bieten. Das Angebot *Unabhängiger Beratung* deckt alle drei von Prof. Dr. Hans Weiß genannten Unterstützungsebenen ab, geht aber darüber hinaus noch auf einen vierten Bereich ein:

1. die kognitiv-orientierende Unterstützung durch Elternbildung sowie Aufklärung und Bereitstellung von Informationen
2. die instrumentelle Unterstützung in Form von Beratung und Information jeglicher Form
3. die emotionale Unterstützung, durch psychosoziale Begleitung, Motivierung, Wegbegleitung und die Ermöglichung des Kontakts und Austauschs mit anderen betroffenen Familien
4. die Unterstützung der Selbstvertretung und Wahrnehmung von Partizipationsrechten durch Organisation und Koordination von Selbsthilfe.

Seit den 1980er Jahren fordert die Selbstvertretungsbewegung unter dem Motto „Nichts über uns – ohne uns!" die aktive Beteiligung von Menschen mit Behinderungen als Experten in eigener Sache bei sämtlichen sie betreffenden Prozessen. Mit ihrem Erfahrungsschatz können sie entscheidend dazu beitragen, die Lebensbedingungen von Menschen mit Behinderungen zu verbessern. Sie wissen am besten, wie ihre spezifischen Belange umgesetzt werden können. Dieser Ansatz ist auch bei der Umsetzung der UN-Behindertenrechtskonvention leitend, bei der Menschen mit Behinderungen und ihre Familien aktiv zu beteiligen sind. Doch um diese Aufgabe wahrnehmen zu können, benötigen Eltern und Menschen mit Behinderung hierbei oftmals Unterstützung, insbesondere hinsichtlich des nötigen Wissens, moralischer Bestärkung und der Selbstvertretung.

Die Vertretung der Rechte des eigenen Kindes stellt also eine besondere Herausforderung dar, die i. d. R. eine gewisse Distanz und Verarbeitungsleistung der Behinderung des eigenen Kindes voraussetzt. Eltern bei dieser Aufgabe zu unterstützen, ist ein weiterer Aufgabenbereich *Unabhängiger Beratung*.

Alle Unterstützungsleistungen *Unabhängiger Beratung* basieren auf den Grundsätzen des Empowerments, im Sinne der Hilfe zur Selbsthilfe. Die Unterstützung soll Familien oder Menschen mit Behinderung dazu ermächtigen, selbst gewählte Ziele zu erreichen und zu verfolgen. Es ist wichtig dabei zu beachten, dass das Angebot und die Materialien für Alle zugänglich sind (z. B. leichte Sprache oder Materialien in verschiedenen Sprachen).

Merkmale Unabhängiger Beratung

Das Angebot *Unabhängiger Beratung* vereint Elemente des sekundären Netzwerkes (Selbsthilfeorganisation) mit Elementen des tertiären Netzwerkes (fachlich-professionelle Beratung) in einer Stelle. Diese Dualität zeichnet unabhängige Beratung aus.

Ein weiteres Merkmal für das Konzept *Unabhängiger Beratung* ist, dass das Angebot „Lebensphasen übergreifend" ausgerichtet ist. Eltern und Menschen mit Behinderungen soll somit *eine zentrale* Anlaufstelle geboten werden, an die sie sich in allen Fragen des inklusiven Lebens wenden können. Das System der Behindertenhilfe mit sehr unterschiedlichen behördlichen Zuständigkeiten, Anspruchsbedingungen verschiedener Rechtssysteme und divergierenden Maßnahmen ist für Eltern und Betroffene äußerst unübersichtlich und komplex. Daher stellt es einen großen Gewinn dar, einen Ansprechpartner zu haben, der einen Überblick über sämtliche Systeme besitzt.

Unabhängige Beratung zeichnet sich dadurch aus, dass der Ratsuchende bestimmt, welche Hilfen und Angebote er braucht. Es handelt sich um ein freiwilliges Angebot, auf das Eltern zurückgreifen können. Der Beratende sollte nur auf das antworten, wonach er gefragt wurde. Oberste Prämisse bei der Beratung muss sein, Eltern in ihren Entscheidungen nicht zu bevormunden oder zu beeinflussen. Entscheidungen sollen von den Eltern selbst getroffen werden und die Beratung sollte vor allem eine Lösung im Blick haben.

Ein großes Problem liegt in der Zugänglichkeit von Unterstützungssystemen. Rat- und hilfesuchende Eltern haben aus unterschiedlichen Gründen (vor allem unzureichendes Wissen, komplizierte Zugangswege) Schwierigkeiten, überhaupt Zugang zu den für sie und ihr Kind richtigen Stellen zu finden (vgl. Weiß 2010, 249). Demnach muss das Angebot einer *Unabhängigen Beratungsstelle* möglichst niedrigschwellig sein. Eine Verpflichtung öffentlicher oder staatlicher Einrichtungen, auf dieses Angebot hinzuweisen, wäre empfehlenswert. Institutionell-professionelle Hilfsangebote müssen nach Hans Weiß so niedrigschwellig organisiert sein, dass Familien mit behinderten Kindern möglichst unabhängig von ihren Ressourcen einen rechtzeitigen Zugang dazu erhalten.

Insbesondere im Hinblick auf den Personenkreis sozial benachteiligter Menschen und Familien mit Migrationshintergrund, für die der Zugang zu Unterstützungssystemen in doppelter Hinsicht erschwert ist, ist es wichtig, dass dieses freiwillige Angebot für Alle verfügbar und zugänglich ist. Deshalb ist es auch von besonderer Bedeutung, dass die Beratung kostenfrei ist.

Die Ergebnisse wissenschaftlicher Studien, wie z. B. der Bielefelder Untersuchungen (vgl. Engelbert 1999), sowie die Erfahrungen aus der Praxis des Hessenmodellprojekts „Unabhängige Beratung" belegen einen eindeutigen Zusammenhang zwischen der Qualität und der Möglichkeit der Inanspruchnahme von Leistungen für Menschen mit Behinderungen und dem Informationsgrad der Person, der diese Leistung zusteht.

Das professionelle Handeln wird von dem Menschenbild der UN-Kinderrechtskonvention sowie der UN-Behindertenrechtskonvention geleitet. Menschen mit Behinderung sind dabei als Subjekte von Rechten anzuerkennen. Ziel der Arbeit sollte sein, die Autonomie sowie möglichst eine vollständige und wirksame Teilhabe von Menschen mit Behinderung an der Gesellschaft zu verwirklichen.

Das Besondere des Ansatzes dieser neuen Beratungsform ist darüber hinaus die systemische Unabhängigkeit. Der Anspruch *Unabhängiger Beratung* liegt darin, nicht im Rahmen und in Grenzen bereits bestehender Angebote und Maßnahmen zu beraten, sondern nach den Maßgaben des Rechtsanspruchs der zu Beratenden. Dabei gilt zu berücksichtigen, dass die UN-Behindertenrechtskonvention einen Paradigmenwechsel der Behindertenhilfe eingeleitet hat, nach dem Hilfe und Unterstützung unabhängig von der Art und Schwere der Behinderung zu den Menschen kommen muss, nicht umgekehrt. Das Denken in Maßnahmen ist im Zeitalter von Inklusion überholt. Nicht immer bietet das vorhandene Leistungsangebot bereits die angemessene Lösung und Förderung für die spezifischen Bedürfnisse von Menschen mit Behinderungen. Unabhängige Beratung zeichnet aus, dass sie über das Bestehende hinaus denkt und ggf. nach neuen Lösungen sucht. *Unabhängige Beratung* unterstützt die Betroffenen darin für alle Bereiche des Lebens inklusive Zugangsmöglichkeiten und Wahlmöglichkeiten zu schaffen.

Im Selbstverständnis *Unabhängiger Beratung* sind Eltern die Experten, die am besten wissen, was für ihr Kind das Richtige ist. *Unabhängige Beratung* hat nicht den Zweck als weiterer Experte Eltern einen Ratschlag zu erteilen, was das Richtige für ihr Kind ist oder warum ein Angebot nicht das Richtige für das eigene Kind sein soll. Nicht das beratende System entscheidet darüber, was das Beste für den Ratsuchenden bzw. dessen Kind ist. Es geht darum Eltern darin zu befähigen und zu bestärken, die Rechte ihres Kindes wahrzunehmen und einzufordern. Dies kann auch bedeuten, dass der Ratsuchende lediglich nach Informationen sucht und nicht nach einer Lösung, da er diese eigenständig finden möchte.

Zusammengefasst ist folgende Haltung für die Arbeit *Unabhängiger Beratung* leitend und sollte als selbstverständlich vorausgesetzt werden:

- die Anerkennung des Menschenbildes im Sinne der Menschenrechte (explizit UN-Behindertenrechtskonvention und UN-Kinderrechtskonvention)
- die Anerkennung von Behinderung als einen natürlichen und wertvollen Bestandteil des Lebens und die Akzeptanz von Unterschiedlichkeit: „Es ist normal verschieden zu sein" (Richard von Weizsäcker)
- eine wertschätzende Haltung allen Menschen gegenüber
- Eltern/Menschen mit Behinderungen sind Expert/innen in eigener Sache und Träger/innen von Rechten.
- Die Ratsuchenden geben das Ziel vor, der Berater ist Wegbegleiter.
- Alternative Denkmuster werden angeregt.
- Informieren, aufklären, nicht bevormunden.
- Fragen statt sagen.
- Ressourcen und Fähigkeiten werden erkannt und ausgebaut.
- Neutralität und Objektivität gegenüber allen Beteiligten
- Die Zentrierung auf Probleme sollte vermieden werden. Alternativ sollte eine zukunftsorientierte, lösungsorientierte Sichtweise und Perspektive angeregt werden.

Fazit

Das Angebot *Unabhängiger Beratung* kann einen großen Beitrag für das elterliche Coping mit der Behinderung ihres Kindes leisten. Dies gilt sowohl für den Umgang mit Belastungen emotionaler Art wie für die Bewältigung von Belastungen auf der realen, faktischen Ebene. Sie leistet einen Beitrag für die Prävention und Abwendung von Diskriminierung und Ausgrenzung. Sie unterstützt Menschen mit Behinderungen und ihre Familien dabei, ihre Bedürfnisse und Rechte einzufordern. Sie trägt dazu bei, die Ansprüche der UN-Behindertenrechtskonvention umzusetzen und auf dem Weg zu einer inklusiven Gesellschaft voran zu kommen. Unabhängige Beratung unterstützt und ermöglicht Eltern von Kindern mit Behinderungen die nachhaltige Wahrnehmung von Beteiligungsrechten auf allen Ebenen sowie die Beteiligung an Monitoringprozessen.

All dies spricht für die Implementierung eines gesetzlichen Anspruchs auf unabhängige Beratung und die Erweiterung der bereits bestehenden Beratungslandschaft um das Konzept der Unabhängigen Beratung. Zu fordern ist daher, dass ein Anspruch auf unabhängige Beratung in das Sozialgesetzbuch IX aufgenommen wird. Gegebenenfalls sollten die Länder wegen ihrer Zuständigkeit für die Umsetzung inklusiver Bildung an den Kosten beteiligt werden.

Standards

a) Politisch-rechtliche Ebene

- Unabhängige Beratung versteht sich als Teil einer Bewegung für die Rechte von Menschen mit Behinderungen. Sie leistet einen Beitrag zu Empowerment und Partizipation von Kindern und Jugendlichen mit Behinderungen und ihren Eltern.
- Unabhängige Beratung bündelt die Expertenkompetenz der Betroffenen, bringt sie in politische Entscheidungsprozesse ein und erhöht so deren Qualität.
- Unabhängige Beratung unterstützt die Umsetzung der UN-Kinderrechtskonvention und der UN-Behindertenrechtskonvention, indem sie mit den Betroffenen neue Konzepte der Teilhabe entwickelt und ihre Implementierung betreibt.
- Unabhängige Beratung ermutigt und ermächtigt Kinder und Jugendliche mit Behinderungen und ihre Eltern, den Rechtsweg zur Durchsetzung ihrer Rechte zu beschreiten.

b) Administrative Ebene

- Unabhängige Beratung ist eine kostenlose, barrierefreie, niedrigschwellige und freiwillige Anlaufstelle (unabhängig von den Ressourcen der Beratenen).
- Unabhängige Beratung entwickelt ihre Konzepte in Zusammenarbeit mit den Betroffenen.
- Unabhängige Beratung braucht eine gesicherte öffentliche Finanzierung (SGB IX und/oder Kultusministerium).

c) Institutionelle Ebene

- Unabhängige Beratung ist nur den zu beratenden Personen und deren Rechtsansprüchen verpflichtet.
- Unabhängige Beratung denkt über bestehende Angebote und Maßnahmen hinaus und fordert neue, angepasste Lösungen ein, um den gleichberechtigten Genuss von Rechten sicher zu stellen.
- Unabhängige Beratung berät über Zuständigkeiten hinweg und lebensphasenübergreifend. Sie passt sich dem jeweils veränderten Bedarf der Beratenen an.
- Unabhängige Beratung stellt Informationen für Menschen mit Behinderungen und ihre Angehörigen bereit und unterstützt sie durch psychosoziale Begleitung.
- Unabhängige Beratung koordiniert Selbsthilfe.
- Unabhängige Beratung organisiert die Wahrnehmung von Beteiligungsrechten.

d) Ebene der Professionellen

- Unabhängige Beratung stärkt das Wissen und die Kompetenz der zu Beratenden. Die Ratsuchenden werden unterstützt, selbst eine Entscheidung und eine Lösung für das Problem zu finden.

- Unabhängige Beratung ist Hilfe zur Selbsthilfe. Sie bietet Beratung und Unterstützung, die Menschen mit Behinderungen und ihre Angehörigen darin stärkt, ihre Rechte einzufordern und bei der Gestaltung von Entscheidungen mitzuwirken.
- Unabhängige Beratung ergreift Partei, aber sie bevormundet nicht.

e) Ebene der Kinder und Jugendlichen und ihrer Eltern

- Kinder und Jugendliche mit Behinderungen und ihre Eltern sind Experten in eigener Sache und bleiben die Entscheider.
- Sie nutzen die Struktur der Unabhängigen Beratung um ihre Rechte einzufordern und im Besonderen ihre Beteiligungsrechte wahrzunehmen und zu organisieren.

Literatur

Bundesministerium für Familien, Senioren, Frauen und Jugend (Hrsg.) (2002): Elfter Kinder und Jugendbericht. Bericht über die Lebenssituation junger Menschen und die Leistungen der Kinder- und Jugendhilfe in Deutschland. Bonn

Deutsches Institut für Menschenrechte (2008): Übereinkommen über die Rechte von Menschen mit Behinderungen. Online verfügbar unter: http://www.institut-fuer-menschenrechte.de/de/menschenrechtsinstrumente/vereinte-nationen/menschenrechtsabkommen/behindertenrechtskonvention-crpd.html#c1911 [Stand: 29.10.2011]

Engelbert, A. (1999): Familien im Hilfenetz. Bedingungen und Folgen der Nutzung von Hilfen für behinderte Kinder. Weinheim. München

Riedel, E. (2010): Gutachten zur Wirkung der internationalen Konvention über die Rechte von Menschen mit Behinderung und ihres Fakultativprotokolls auf das deutsche Schulsystem. Mannheim/Genf

Ständiges Sekretariat der Kultusministerkonferenz (2010): Inklusive Bildung von Kindern und Jugendlichen mit Behinderungen in Schulen. Online verfügbar unter: http://www.kmk.org/fileadmin/pdf/Bildung/AllgBildung/Anhoerungstext-Entwurf-2010-12-03-205-AK.pdf [Stand: 29.10.2011]

Weiß, H. (2010): Familien mit behinderten Kindern: Belastungen und Ressourcen im Kontext gesellschaftlicher Hilfen. In: Prüfstand der Gesellschaft: Behinderung und Benachteiligung als soziale Herausforderung. Würzburg, 258

Zu den Autoren und Autorinnen

Ines Boban adaptierte 2001/2002 gemeinsam mit Andreas Hinz den schulischen Index für Inklusion für den deutschsprachigen Raum. Seit 2003 ist sie Wissenschaftliche Mitarbeiterin im Arbeitsbereich Allgemeine Rehabilitations- und Integrationspädagogik an der Martin-Luther-Universität Halle-Wittenberg, zur Zeit wieder mit spezifischer Zuständigkeit für einen berufsbegleitenden Studiengang Integrationspädagogik für alle allgemeinbildenden Lehrämter. E-Mail: ines.boban@paedagogik.uni-halle.de; Homepage: http://www.inklusionspaedagogik.de

Barbara Brokamp arbeitete als Lehrerin an unterschiedlichen Schulformen, als Trainerin, Fortbildnerin und Supervisorin der Deutschen Gesellschaft für Supervision e.V. Seit 2007 ist sie im Stiftungsmanagement und der Projektentwicklung in der Montag Stiftung Jugend und Gesellschaft in Bonn tätig. Sie verantwortet dort u. a. den Bereich Inklusion. E-Mail: b.brokamp@montag-stiftungen.de

Dr. Irene Demmer-Dieckmann hat bereits vor 20 Jahren ihren Vorbereitungsdienst als Sonderpädagogin in einer Integrationsklasse in Bremen absolviert und anschließend zehn Jahre in verschiedenen Integrationsklassen gearbeitet. Seit sieben Jahre bildet sie an der Technischen Universität zu Berlin Lehramtsstudierende aus und bietet Seminare zur Integrationspädagogik an. E-Mail: Demmer-Dieckmann@tu-berlin.de

Prof. i. R. Dr. Helga Deppe ist pensionierte Universitätsprofessorin und arbeitet im Fachbereich Soziologie der Behinderten am Institut für Sonderpädagogik der Johann-Goethe-Universität Frankfurt am Main. Sie ist maßgeblich beteiligt an der wissenschaftlichen Begleitforschung über Integration in Kindergärten und Schule in Hessen

Nils Euker ist Förderschullehrer an einer Schule mit dem Förderschwerpunkt Geistige Entwicklung und als Wissenschaftlicher Mitarbeiter im Fachbereich Psychologie in der Arbeitsgruppe Schulische Prävention und Evaluation (Leitung: Prof. Dr. Marco Ennemoser), Arbeitsschwerpunkt: Diagnose und Förderung der Schriftsprache bei Menschen mit Geistiger Behinderung, tätig. E-Mail: Nils.Euker@psychol.uni-giessen.de

Prof. Dr. Ute Geiling ist seit 2011 Professorin für Lernbehindertenpädagogik am Institut für Rehabilitationspädagogik der Martin-Luther-Universität Halle-Wittenberg. Zur Zeit ist ihr Forschungsinteresse auf inklusive Handlungspraktiken im Spannungsfeld von Elementar- und Primarpädagogik gerichtet. E-Mail: ute.geiling@paedagogik.uni-halle.de; Homepage: http://ilea-t.reha.uni-halle.de.

Sibylle Hausmanns ist Geschäftsführerin der Landesarbeitsgemeinschaft Hessen Gemeinsam leben – gemeinsam lernen e.V., Frankfurt. E-Mail: hausmanns@gemeinsamleben-hessen.de

Prof. Dr. Andreas Hinz adaptierte 2001/2002 gemeinsam mit Ines Boban den schulischen Index für Inklusion für den deutschsprachigen Bereich. Er ist seit 1999 Professor für Allgemeine Rehabilitations- und Integrationspädagogik an der Martin-Luther-Universität Halle-Wittenberg und für die integrationspädagogische Qualifizierung aller Lehrämter verantwortlich. E-Mail: andreas.hinz@paedagogik.uni-halle.de; Homepage: http://www.inklusionspaedagogik.de

Kirsten Hohn engagiert sich als Mitarbeiterin der Bundesarbeitsgemeinschaft für Unterstützte Beschäftigung e.V. (BAG UB) seit zehn Jahren für eine selbstbestimmte berufliche Teilhabe von Menschen mit Behinderungen. E-Mail: kirsten.hohn@bag-ub.de

Prof. Dr. Dieter Katzenbach ist Sonderschullehrer und Diplom-Pädagoge. Nach der Promotion war er in Einrichtungen der Behindertenhilfe und der Schule für Praktisch Bildbare tätig. Seit 2000 hat er die Professur für Erziehungswissenschaft mit dem Schwerpunkt Geistigbehindertenpädagogik an der Goethe-Universität Frankfurt inne. Seine Forschungsschwerpunkte sind psychodynamische Aspekte der Genese von Lernstörungen, subjektorientierte Ansätze in der Pädagogik bei geistiger Behinderung, Bausteine sonderpädagogischer Professionalität sowie der Gemeinsame Unterricht behinderter und nichtbehinderter Kinder und Jugendlicher bzw. Inklusive Bildung. E-Mail: d.katzenbach@em.uni-frankfurt.de

Prof. Dr. Reimer Kornmann ist emeritierter Professor und als Lehrbeauftragter an der Pädagogischen Hochschule Heidelberg sowie der Goethe-Universität Frankfurt tätig. Er begleitet wissenschaftlich den Modellversuch „Begabungsgerechte Schule" des Kreises Offenbach. E-Mail: kornmann@ph-heidelberg.de

Oliver Knuf ist Diplom-Pädagoge und Leiter des Arbeitsbereichs „Individuelle Hilfen für Kinder und Jugendliche mit Behinderungen" beim Club Behinderter und ihrer Freunde e.V. (CeBeeF) in Frankfurt am Main. Der CeBeeF ist der größte Träger von schulbegleitenden Maßnahmen in Frankfurt. E-Mail: o.knuf@cebeef.com

Prof. Dr. Maria Kron vertritt an der Universität Siegen/Department Erziehungswissenschaft und Psychologie das Gebiet der Heil- und Sonderpädagogik und Inklusion. Ihre Schwerpunkte in Lehre und Forschung sind Inklusive Bildung und Erziehung, Diagnostik und Förderung sowie Forschungen im Feld des Elementarbereichs und der Schule. E-Mail: kron@fb2.uni-siegen.de

Prof. Dr. Birgit Lütje-Klose vertritt seit 2007 die Professur für Sonderpädagogik mit dem Schwerpunkt Heterogenität an der Universität Bielefeld. Zuvor war sie als Lehrerin im Hochschuldienst an der Universität Hannover an der Ausbildung von Lehramtsstudierenden beteiligt. Weiterhin arbeitete sie drei Jahre als Lehrerin in integrativen Klassen und als Sprachtherapeutin im mobilen Dienst. E-Mail: birgit.luetje@uni-bielefeld.de

Prof. Dr. Wolfgang Mack forscht und lehrt an der Pädagogischen Hochschule Ludwigsburg, Fakultät für Sonderpädagogik (Standort Reutlingen). Seine Arbeitsschwerpunkte sind berufliche Integration von sozial benachteiligten Jugendlichen und jungen Erwachsenen, Bildung und Soziale Arbeit im Kontext von sozialer Benachteiligung, sozialpädagogische Theorie der Lebensbewältigung sowie Kooperation von Schule und Sozialer Arbeit. E-Mail: mack@ph-ludwigsburg.de

Dr. Ursula Mahnke ist seit 20 Jahren in der universitären Lehrerausbildung an unterschiedlichen Universitäten tätig. Ebenso lange beschäftigt sie sich mit der Integration von Kindern mit Behinderungen in die Allgemeine Schule. Sie ist in der Lehreraus- und -fortbildung sowie in der Beratung von Schulen und betroffenen Eltern tätig. E-Mail: umahnke@t-online.de

Ulrike Meister hat als Förderschullehrerin 14 Jahre im gemeinsamen Unterricht gearbeitet und im Rahmen ihrer sechsjährigen Tätigkeit als pädagogische Mitarbeiterin am Institut für Sonderpädagogik in Frankfurt am Main insbesondere den Schwerpunkt Integration/Inklusion vertreten. Sie arbeitet heute als Beratungslehrkraft mit dem Schwerpunkt der Inklusion von Kindern und Jugendlichen mit Autismus an der Heinrich-Hoffmann-Schule in Frankfurt und wirkt in der Lehrerfortbildung der Arbeitsstelle für Schulentwicklung und Projektbegleitung am Institut für Sonderpädagogik zum Thema inklusiver Unterricht mit. E-Mail: meister@em.uni-frankfurt.de

Prof. Dr. Vera Moser, Professorin für Pädagogik bei Beeinträchtigungen des Lernens und Allgemeine Rehabilitationspädagogik an der Humboldt-Universität zu Berlin, arbeitet zu Fragen der Professionsentwicklung und Schulentwicklung im Bereich Inklusion. Zudem hat sie Arbeiten zum disziplinären Selbstverständnis der Sonderpädagogik vorgelegt. E-Mail: vera.moser@hu-berlin.de

Prof. Dr. Annedore Prengel ist emeritierte Professorin der Universität Potsdam. Forschungsschwerpunkte sind: Interdisziplinäre, theoretische und empirische Zugänge zu Heterogenität in der Bildung, Menschenrechtsbildung, Lehrer-Schüler-Beziehungen, Qualitative Forschungsmethoden in der Erziehungswissenschaft, Pädagogische Diagnostik, Grundschulreform, Anfangsunterricht und Inklusion in Kita und Schule. E-Mail: aprengel@uni-potsdam.de

Prof. i. R. Dr. rer. nat. Holger Probst arbeitet im Fachbereich Psychologie der Justus Liebig-Universität Gießen. Er befasst sich mit der Entwicklung und Anwendung psychologisch-pädagogischer Testverfahren im Kontext von Diagnose und Förderung in der Arbeitsgruppe Schulische Prävention und Evaluation (Leitung: Prof. Dr. M. Ennemoser). E-Mail: holger.probst@psychol.uni-giessen.de

Prof. Dr. Ada Sasse ist Professorin für Grundschulpädagogik an der Humboldt-Universität zu Berlin. Ihre Schwerpunkte in Forschung und Lehre sind u. a.: Gemeinsamer Unterricht von Kindern und Jugendlichen mit und ohne Behinderungen, Integrations- und sonderpädagogische Infrastrukturen im sozialen und demographischen Wandel. E-Mail: ada.sasse@staff.hu-berlin.de

Dr. Irmtraud Schnell, Regel- und Sonderpädagogin, arbeitet nach vielen Jahren Berufstätigkeit an Regel- und Sonderschulen und im integrativen Unterricht an Regelschulen als Studienrätin im Hochschuldienst am Institut für Sonderpädagogik der Goethe-Universität Frankfurt. Ihre Schwerpunkte in Forschung und Lehre sind Heterogenität von Lerngruppen und Inklusion. E-Mail: i.schnell@em.uni-frankfurt.de

Ursula Schulzeck, Dipl.-Math., ist Mitarbeiterin an der Thüringer Forschungs- und Arbeitsstelle für den Gemeinsamen Unterricht. E-Mail: ursula.schulzeck@gu-thue.de

Prof. Dr. Simone Seitz ist seit 2009 Professorin für Inklusive Pädagogik (Schwerpunkt Geistige Entwicklung) an der Universität Bremen. Zuvor war sie als Wissenschaftliche Mitarbeiterin am Institut für Allgemeine Didaktik und Schulpädagogik der Universität Dortmund, am Institut für Sonderpädagogik der Pädagogischen Hochschule Heidelberg sowie als Lehrerin für Sonderpädagogik in verschiedenen integrativen Grundschulen tätig. E-Mail: simone.seitz@uni-bremen.de

Vittorio Emanuele Sisti-Wyss arbeitet im Bildungsdepartement des Kantons Aargau (Schweiz) im Bereich Schulentwicklung. Er hat integrative Konzepte mit den Themenschwerpunkten „Lernschwierigkeiten" (1993), „Hochbegabung" (1998) und „Behinderungen" (2006) erarbeitet und implementiert. Zudem ist er an der Entwicklung und Umsetzung der Weiterbildungsangebote in diesen Bereichen beteiligt. Als kantonaler Projektverantwortlicher leitete er den Schulversuch „Grund- und Basisstufe" (2004–2010). E-Mail: sisti.wyss@bluewin.ch

Petra Wagner, Diplom-Pädagogin, ist seit über 25 Jahren in Projekten zur interkulturellen und bilingualen (türkisch-deutschen) Erziehung im Elementar- und Grundschulbereich tätig. Seit 2000 hat sie die Leitung der Projekte KINDERWELTEN am Institut für den Situationsansatz in der Internationalen Akademie INA gGmbH an der Freien Universität Berlin inne, seit 2011 ist sie Direktorin des Instituts für den Situationsansatz sowie Leiterin der Fachstelle KINDERWELTEN für Vorurteilsbewusste Bildung und Erziehung. E-Mail: petra.wagner@kinderwelten.net; Homepage: www.kinderwelten.net

Prof. Dr. Rolf Werning promovierte nach dem Studium der Sonder- und Diplom-Pädagogik in Erziehungswissenschaften an der Universität Dortmund. Sein Referendariat sowie seine Tätigkeit als Lehrer absolvierte er an Förderschulen. Er war Mitarbeiter an der wissenschaftlichen Einrichtung „Laborschule" der Universität Bielefeld. Seit 1997 ist er Professor für Pädagogik bei Lernbeeinträchtigungen an der Leibniz-Universität Hannover. E-Mail: rolf.werning@ifs.phil.uni-hannover.de

Eva Katharina Wingerter hat an der Goethe-Universität Frankfurt Lehramt für Förderschulen sowie Erziehungswissenschaften mit dem Schwerpunkt Sonder- und Heilpädagogik studiert. Seit ihrem Abschluss ist sie bei der LAG Hessen „Gemeinsam leben – gemeinsam lernen e.V." angestellt und dort seit vier Jahren für das Modellprojekt „Unabhängige Inklusive Beratung" verantwortlich. Neben der Beratung und Begleitung von Familien auf dem Weg in die allgemeine Schule bietet sie Seminare für Fachleute zum Thema Inklusive Bildung in Hessen an. E-Mail: wingerter@gemeinsamleben-hessen.de

Vera Moser
Detlef Horster (Hrsg.)

Ethik der Behindertenpädagogik

Menschenrechte, Menschenwürde, Behinderung

Eine Grundlegung

2012. 212 Seiten. Kart. € 27,90
ISBN 978-3-17-021298-5

Die Autorinnen und Autoren regen mit ihren Beiträgen dazu an, das Verhältnis von Behinderung und Gesellschaft unter moralischen Gesichtspunkten angemessen zu reflektieren, denn Behinderung ist kein Tatbestand, der ganz selbstverständlich soziale Verhaltens- und Kommunikationsweisen auslöst. Dazu bedarf es der Reflexion, die eingebunden ist in das gegenwärtige Verständnis vom Individuum, seiner Menschenwürde, seiner Sorge für andere, in die Konzeption von Anerkennung und Gerechtigkeitsvorstellungen. In diesem interdisziplinär angelegten Buch kommen ausschließlich Autorinnen und Autoren zu Wort, die die Ethikdiskussion in der Behindertenpädagogik auf einer rationalen Basis führen. Weltanschaulichen und religiösen Hintergründen, die häufig in der Behindertenpädagogik präsent sind, erteilen sie in den Beiträgen eine Absage.

Prof. Dr. Vera Moser lehrt Allgemeine Rehabilitationspädagogik an der Humboldt-Universität zu Berlin. **Dr. Detlef Horster** ist Professor für Sozialphilosophie an der Universität Hannover.

▶ www.kohlhammer.de

W. Kohlhammer GmbH · 70549 Stuttgart
Tel. 0711/7863 - 7280 · Fax 0711/7863 - 8430 · vertrieb@kohlhammer.de

Ulrich Heimlich
Joachim Kahlert (Hrsg.)

Inklusion in Schule und Unterricht

Wege zur Bildung für alle

2012. 208 Seiten. Kart. € 26,80
ISBN 978-3-17-020011-1

Praxis Heilpädagogik,
Handlungsfelder

Mit dem Inkrafttreten der UN-Konvention über die Rechte von Menschen mit Behinderung ist das inklusive Bildungssystem zum Leitbild der Bildungspolitik geworden. Auch die Heil- und Sonderpädagogik stellt sich immer mehr auf das gemeinsame Lernen in der Schule für alle Kinder ein. Die Zielsetzung der Inklusion wirkt sich sowohl im Rückblick auf die bisherige Geschichte der heil- und sonderpädagogischen Institutionen als auch bezogen auf die Analyse des gegenwärtigen Entwicklungsstandes der schulischen Organisationsformen sonderpädagogischer Förderung verändernd aus. Ebenso wie die Schulorganisation bedarf unter inklusiver Perspektive auch der Unterricht der Innovation. Zu jedem dieser Aspekte werden die derzeit gesicherten wissenschaftlichen Erkenntnisse konsequent mit Praxisbeispielen im Sinne von „Best practice" verbunden. Der vorliegende Band richtet sich an Studierende aller heil- und sonderpädagogischer Studiengänge.

Prof. Dr. Ulrich Heimlich hat den Lehrstuhl für Lernbehindertenpädagogik an der Ludwig-Maximilian Universität München.
Prof. Dr. Joachim Kahlert hat dort den Lehrstuhl für Grundschulpädagogik und Grundschuldidaktik.

W. Kohlhammer GmbH · 70549 Stuttgart
Tel. 0711/7863 - 7280 · Fax 0711/7863 - 8430 · vertrieb@kohlhammer.de

Kaiser/Schmetz/Wachtel
Werner (Hrsg.)

Bildung und Erziehung

2010. 296 Seiten
Fester Einband. € 34,-
ISBN 978-3-17-019632-2

Behinderung, Bildung, Partizipation
Enzyklopädisches Handbuch der
Behindertenpädagogik, Band 3

Kaiser/Schmetz/Wachtel
Werner (Hrsg.)

Didaktik und Unterricht

2011. 314 Seiten
Fester Einband. € 34,90
ISBN 978-3-17-019633-9

Behinderung, Bildung, Partizipation
Enzyklopädisches Handbuch der
Behindertenpädagogik, Band 4

▶ www.kohlhammer.de

W. Kohlhammer GmbH · 70549 Stuttgart
Tel. 0711/7863 - 7280 · Fax 0711/7863 - 8430 · vertrieb@kohlhammer.de